Ullstein

YUPPIES (S. 384) –

ÜBER DAS BUCH:

Nobel geht die Welt zugrunde – unter diesem sarkastischen Motto könnte das vorliegende Buch stehen. Der Autor zeigt ein überall sichtbares, tagtäglich angestrengtes Streben nach Vornehmheit auf. Jeder möchte sich würdig und stolz, entweder in aller Bescheidenheit oder unter tosendem Beifall, über andere erheben. Der Mensch als *animal ambitiosum* wünscht und sucht eine ehrenvolle Stellung in der Gruppe, am Arbeitsplatz oder im gesellschaftlichen Leben. Dieses Streben nach Vornehmheit orientiert sich an einem allgemein anerkannten Vorbild: der Welt der Adeligen, den feinen Ritualen und Symbolen der Hocharistokratie. Mit heiterer Ironie präsentiert Roland Girtler in seiner faszinierenden kulturanthropologischen Studie die Lebensstile, Regeln, Gewohnheiten und liebevoll gepflegten Extravaganzen von Adeligen, Politikern, Aufsteigern, Honoratioren, Ganoven, Räubern, Jägern, Gentlemen, Yuppies, Generälen, Professoren, Geistlichen und vielen anderen Zeitgenossen.

DER AUTOR:

Roland Girtler, Jahrgang 1941, Soziologe und Kulturwissenschaftler, lehrt an der Universität als Professor. Er ist der Autor vielbeachteter Reportagen über städtische und ländliche Sub- und Randkulturen.

Weitere Veröffentlichungen (u. a.):
Der Strich (1985); *Aschenlauge. Bergbauernleben im Wandel* (3. Aufl. 1988); *Wilderer. Soziale Rebellen im Konflikt mit den Jagdherrn* (1988); *Wanderer zwischen den Welten* (1988); *Über die Grenzen* (1991); *Verbannt und vergessen. Eine untergehende deutschsprachige Kultur in Rumänien* (1992); *Würde und Sprache in der Lebenswelt der Vaganten und Ganoven* (1992); *Schmuggler* (1992).

ROLAND GIRTLER

DIE FEINEN LEUTE

Von der vornehmen Art,
durchs Leben zu gehen

Ullstein

Sachbuch
Ullstein Buch Nr. 35417
im Verlag Ullstein GmbH,
Frankfurt/M – Berlin

Ungekürzte Ausgabe

Umschlagentwurf und Illustration:
Zack-Design-München

in Coproduktion mit dem Campus Verlag,
Frankfurt am Main
Printed in Germany 1994
Druck und Verarbeitung:
Clausen & Bosse, Leck
ISBN 3 548 35417 3

August 1994

*Gedruckt auf alterungsbeständigem
Papier mit chlorfrei gebleichtem Zellstoff*

Die Deutsche Bibliothek – CIP-Einheitsaufnahme

Girtler, Roland:
Die feinen Leute: von der vornehmen Art, durchs Leben zu gehen /
Roland Girtler. – Ungekürzte Ausg. – Frankfurt/M;
Berlin: Ullstein, 1994
(Ullstein-Buch; 35417: Ullstein-Sachbuch)
ISBN 3-548-35417-3
NE: GT

Für Birgitt,
deren gütiger Noblesse
ich einiges verdanke

Inhalt

Einleitung

Viel ist über Menschen geschrieben worden, die von der Gesellschaft abgelehnt, degradiert, geknechtet, weggeschoben, niedergehalten oder stigmatisiert wurden und werden, wie Obdachlose, Vagabunden, Kriminelle, Dirnen, Dienstboten und andere wenig angesehene Leute. Es gibt jedoch kaum Studien, die das Leben, die Strategien und die Kniffe der angeblich „feinen Leute" beschreiben und interpretieren. In jeder Gesellschaft, in jeder Gruppe und jeder Subkultur sind sie zu finden, als Aristokraten, als Leute mit Geld, als edle Ganoven und als vornehme Vagabunden. Auf sie alle will ich mich hier beziehen, denn Vornehmheit (oder das, was man dafür hält) ist an keine sozialen Grenzen und Gruppen gebunden und schwebt über allem.

Überall, von den Aristokraten bis hin zu den großen Ganoven und Stadtstreichern, finden sich Strategien, die dazu dienen, die Heiligkeit der eigenen Person hervorzukehren. Übrigens wird von nicht wenigen alten Aristokraten erzählt, sie seien durch Raub, Piraterie und andere wenig menschenfreundliche Praktiken zu Vermögen und Ansehen gelangt[1]. Und einige führten Kriege, veranstalteten Eroberungszüge oder waren ganz einfach schlau und listig (indem sie betrogen oder heirate-

[1] Als Seeräuber betätigt sich z. B. um 1000 n. Chr. die Prinzessin und Schwester des norwegischen Königs Sela (Leip, 1977, S.48). Freibeuter gab es auch in der Familie Killigrew, die an der Küste in Cornwall ihr Stammschloß hatte und aus der hohe Diplomaten, Generäle und andere wichtige Leute kamen. Sir John K., das Oberhaupt der Familie um 1580, war Vizeadmiral, obwohl sein Vater als Pirat bekannt gewesen ist (Leip, 1977, S.133). Auch den Fürsten von Monaco wird nachgesagt, sie wären Freibeuter gewesen.
Ein Pirat mit Namen Balthasar Cossa wurde sogar Papst. Sein Vater war durch Beteiligung an den Räubereien der Anjous zu Landbesitz und einem Barontitel gekommen. Cossa warb mit seiner Piratenbeute ein Söldnerheer an, mit welchem er Bologna überfiel. Bologna übergab er Papst Bonifaz IX, der Cossa in der Folge zum päpstlichen Kämmerer und dann zum Kardinal machte. Als Johannes XXIII war er einer der drei Päpste am Konzil von Konstanz (1414 — 1417). Er dankte ab und wurde schließlich als Kardinalerzbischof in den Ruhestand versetzt (Leip, 1977, S.76 ff).

ten), um zu Macht und Vornehmheit zu gelangen. Grundsätzlich unterscheiden sie sich kaum vom geschickten, aber offiziell nicht geadelten Ganoven.
Es scheint gerade heute ein verstärktes Interesse an noblem Leben, adeligen Ritualen (z. B. bei Hochzeiten) und überhaupt feinen Leuten zu bestehen. Die Werbung bedient sich dieses Phänomens und macht Geschäfte. Man ist stolz, sogar als Sozialdemokrat, auf adelige Vorfahren verweisen zu können. Ein nobler Titel und nobles Benehmen verzieren den zu Vermögen und Einfluß gekommenen Menschen. Nichts fasziniert den braven Bürger so sehr wie der vornehme Aristokrat und der elegante Ganove. Ersterem gilt es nachzueifern, und letzteren bewundert man.
In gewisser Weise befinde ich mich mit dieser Studie in Widerspruch zu den üblichen sozialhistorischen Überlegungen. Nach diesen ist die Zeit des Adels vorbei, denn an seine Stelle seien neue Formen der Elite getreten. Die Sache ist jedoch, wie wir noch sehen werden, komplizierter.
Dieser Arbeit liegt die keineswegs neue oder spektakuläre These zugrunde, daß Menschen sich abmühen, große Anstrengungen auf sich nehmen und nicht einmal vor Betrug und ähnlichem zurückschrecken, um die Vornehmheit und Heiligkeit ihrer Person darzutun. Diese Absicht bewegt auch die Menschen, die aufbrechen, um als Kaufleute fremde Welten zu entdecken, als Alpinisten hohe Berge zu besteigen, als Wissenschaftler sich unter allerlei verdächtiges Volk zu mischen oder in einer anderen Eigenschaft Aufsehen zu erregen.
In solchen Heldentaten ist der stille Wunsch nach Verewigung des eigenen edlen Namens durch eine wissenschaftliche Idee, eine Erfindung oder sogar die Benennung eines Klettersteiges verborgen.

Neu an dieser Studie gegenüber ähnlichen Studien ist sowohl die Absicht, systematisch den Strategien der Vornehmheit nachzuspüren, als auch die Überlegung, daß das gesamte menschliche kulturelle Handeln vorrangig durch den Drang nach Vornehmheit, nach Beifall bestimmt ist. Dieser Trieb tritt somit neben den der Liebe, den des Hungers und den der Selbsterhaltung. Und er kann sogar — zum Beispiel in Krisensituationen — über alle anderen Triebe triumphieren.
Das heißt also, der Mensch sucht nicht nur Anerkennung (wie die Soziologen gewöhnlich glauben), sondern er wünscht für seine würdige Person Beifall und eine besondere Heiligung — das ist mehr als bloße Anerkennung. Ich will daher im Sinne der philosophischen Anthropologie den Menschen als ein *„animal ambitiosum“* bezeichnen[2], nämlich als ein Wesen, das nach Ehre, Gunst und Beifall, somit nach Vornehmheit strebt. Dieser Drang nach Vornehmheit hängt eng mit dem kulturellen Schaffen des Menschen zusammen.
Alle Kulturen haben einen großen Bedarf an Symbolen. Das menschliche Handeln scheint mir weitgehend motiviert und besetzt durch die Bildung, Pflege und Erhaltung dieser Symbole. Und es wird besonders viel Zeit aufgewendet, nobel und höchst ehrenvoll zu erscheinen.
Zu solchen Symbolen gehören eine würdige Kleidung, Schmuck, Orden, Kronen, Waffen und andere Dinge. Es scheint hier wichtig, ein paar Gedanken zum Begriff „Symbol“ einzubringen.

[2] Das Wort „ambitiosum“ scheint mir am ehesten das auszudrücken, was ich mit diesem Buch zeigen will. „Ambitiosus (a,um)“ heißt soviel wie „ehrsüchtig“, „nach Gunst und Beifall haschend“. Wegen eines für meine Zwecke geeigneten Wortes sprach ich (der ich selbst 8 Jahre Lateinunterricht genossen habe) mit Herrn Universitätsprofessor Dr. Franz Römer, Altphilologe an der Universität Wien. Ihm verdanke ich den wesentlichen Hinweis auf dieses Wort. Daher sei ihm hier gedankt.

Der Philosoph Cassirer bezeichnet in seiner „Philosophie der symbolischen Formen“ (3. Bd., 1929) den Menschen als ein „animal symbolicum“. Das heißt, der Mensch unterscheidet sich von anderen Lebewesen dadurch, daß er bewußt Symbole verwendet, um andere über irgendetwas, wie z. B. seine besondere Würde, zu informieren. In der Tierwelt gibt es keine Symbole. Das Tier beschäftigt sich wohl mit seiner Umwelt, erkennt Gegenstände und weiß auf bestimmte Reize zu reagieren, jedoch Symbole schaffen und sie benützen, das kann es nicht. Der Mensch vermag einen Gegenstand — ein Stück Holz, ein Schwert oder eine kuriose Kopfbedeckung — zu einem Symbol von Macht und Herrschaft zu machen. Damit dieses Symbol — zum Beispiel eine Krone — wirksam ist, ist es allerdings auch notwendig, daß die Mitglieder einer bestimmten Gruppe den betreffenden Gegenstand in derselben Weise interpretieren (vgl. den modernen Trachtenanzug, der zum Symbol adeliger und anderer vornehmer Leute wurde).
Symbole begleiten das menschliche Leben. Alte werden aufgegeben oder uminterpretiert und neue werden geschaffen (siehe dazu die Überlegungen von G. H. Mead 1968).
Die Tierverhaltensforschung wird etwas Ähnliches, wie die bewußte Schaffung von Symbolen, im tierischen Verhalten nicht entdecken (vgl. Lindesmith u. Strauss, Bd. 1, 1974, S. 43 ff). Und hier liegt das Spannende einer Kulturwissenschaft, die jene Symbole und Rituale untersucht, die der Mensch einsetzt, um sich selbst zu heiligen. Wie das vor sich geht, darüber will diese kulturanthropologische Studie Auskunft geben. Kulturanthropologisch ist sie insofern, als nicht bloß die Rituale und Symbole feiner Leute in unserer (europäisch — amerikanischen) Kultur erarbeitet werden — obwohl ich dies so geplant habe und es vorrangig auch tue — sondern ich werde mir gestatten, da dieses Phänomen der Vornehmheit m. E. ein universelles ist, auch historisches Material und ethnologische Erkenntnisse einzubeziehen.

Einschieben möchte ich noch einige ketzerische Gedanken zu dem typisch menschlichen Phänomen der Bescheidenheit. Die Bescheidenheit als spezifisch menschliche Strategie verweist auf eine Widersprüchlichkeit im menschlichen Denken und Handeln: Einerseits achtet der Mensch sorgsam darauf, daß die Heiligkeit seiner Person entsprechend herausgestellt und nicht verletzt wird. Andererseits jedoch gilt es in so ziemlich allen Kulturen als unfein und abscheulich, wenn man besonders aufdringlich auf die Vornehmheit seiner Person hinweist. Es gewinnt der an Ansehen, der sich in Bescheidenheit übt und anderen, „gewöhnlichen" Individuen demütig begegnet. Seine Vornehmheit erhält dadurch eine Steigerung. Der Kaiser, der einem Kutscher die Hand gibt, und der Papst, der einem Kind aus den Slums die Stirn küßt, werden in ihrer Bescheidenheit, Leutseligkeit und Demut gefeiert. Diese Art Bescheidenheit dient demnach dazu, die Würde der eigenen Person noch deutlicher hervorzutun. Sie zeigt den Zeitgenossen an, daß man ein ganz passabler Mensch ist, der zwar in seiner Vornehmheit alle überstrahlt, aber geneigt ist, auch andere Menschen zu akzeptieren.

Die Formen und Rituale der Bescheidenheit können vielfältig sein. Sie erleichtern menschliche Kontakte und geben der würdigen Person den Anschein des „Menschlichen". Dies erfreut die sozial Tieferstehenden, die sich geehrt sehen. Die bescheidene Person kann so damit rechnen, besonders gewürdigt zu werden. Sie erinnert an ein Gedicht von Wilhelm Busch, welches mit „Selbstkritik" übertitelt ist:

Die Selbstkritik hat viel für sich.
Gesetzt den Fall, ich tadle mich,
So hab ich erstens den Gewinn,
Daß ich so hübsch bescheiden bin;
Zum zweiten denken sich die Leut,
Der Mann ist lauter Redlichkeit;

Auch schnapp ich drittens diesen Bissen
Vorweg den andern Kritiküssen;
Und viertens hoff ich außerdem
Auf Widerspruch, der mir genehm.
So kommt es dann zuletzt heraus,
Daß ich ein ganz famoses Haus.

Vornehme Bescheidenheit und dezente Selbstkritik — beide gehören zusammen — erhöhen also die Person, geben ihr etwas Hoheitsvolles. Zu den Praktiken der würdigen Bescheidenheit gehören auch öffentliche Gesten der Demut durch einen heiligen oder heldenhaften Menschen, wie vornehme Zurückhaltung im gesellschaftlichen Beisammensein, das Waschen der Füße armer und alter Männer, Kniefall an heiligen Stätten und ähnliche Rituale. Die Rituale der Bescheidenheit erniedrigen jedoch nicht, wie Wilhelm Busch andeutet, die eigene Person vor anderen Menschen. Im Gegenteil, ihre Heiligkeit wird dadurch mitunter erst recht zum Leuchten gebracht. Goethe meint daher etwas spöttisch: „Nur Lumpe sind bescheiden!"
Bescheidenheit erleichtert menschliches Zusammenleben, denn sie dämpft eventuell den Neid, wesentlich ist mit ihr aber zumeist der Wunsch verknüpft, daß der Weihrauch, der einem der eigenen Meinung nach zusteht, auch sicher erbracht wird. In dieser Richtung ist ein Staatsmann zu verstehen, der im Gegensatz zu seinen mit Orden übersäten Generälen nur eine einfache Auszeichnung trug, die er selbst einmal erworben hatte. Dies verschaffte ihm zusätzlich Verehrung und ein besonderes Charisma.
Aber auch Leute, meist sind es berufsmäßig heilige Menschen, die sich durch eine auffällige Demut und Selbstkasteiung hervortun, gehören hierher. Für einige mag es wichtig sein, statt auf Erden im Jenseits gepriesen, belobigt und geehrt zu werden. Selbst in ihrer „demütigen" und demonstrativen Bescheidenheit steckt bisweilen ebenfalls das Verlangen, anderen Menschen vorgezogen zu werden und ehrenvoller als sie zu sein, allerdings erst in der Ewigkeit, was ja ohnehin günstiger ist.

In meinen Ausführungen werde ich andeuten, daß „adeliger" und nobler Lebensstil in seinen verschiedenen Ausformungen in allen Kulturen, Subkulturen und zu allen Zeiten — auch heute in der Republik und der Demokratie — als höchst achtenswert gilt. Aristokraten genießen wieder Ansehen. Ihnen ähnlich verhalten sich große Ganoven wie einstens die Piraten oder brave Christen, Sozialdemokraten und andere Leute, die fein sein wollen.

Dagegen ist grundsätzlich nichts einzuwenden. Problematisch finde ich die Versuche der Heiligung der eigenen Person allerdings dann, wenn andere Menschen dabei entwürdigt und degradiert werden, indem man meint, sie wären „rassisch" oder aus irgendeinem anderen Grund nicht vollwertig.[3]

[3] Auf diese Problematik hat Levi-Strauss in seinem schönen Buch „Rasse und Geschichte" hingewiesen. Er meint, daß beinahe in allen „primitiven" Kulturen die Meinung vorherrsche, die Menschen der eigenen Gruppe seien körperlich und geistig anderen Menschen und Gruppen, die man wenig freundlich als Lauseier, Erdaffen, Schweine usw. bezeichnet, weit überlegen.
In der aristokratischen Heiratspolitik steckt übrigens auch ein „rassistisches Moment", da man angehalten wird, nur innerhalb einer bestimmten Schicht zu heiraten, und Heiraten außerhalb adeliger Kreise kaum akzeptiert werden. Eine ähnliche Tendenz findet sich aber auch beim guten Bürger und edlen Ganoven.

Dem Thema der Vornehmheit will ich mich von einer soziologischen, historischen und vor allem kulturanthropologischen Perspektive[4] her nähern. Meine folgenden Ausführungen bauen auf Interviews auf, die ich mit adeligen Damen und adeligen Herren führte, aber auch auf eigene Beobachtungen, die ich bei diversen Veranstaltungen und bei Einladungen in einen aristokratischen Club machen konnte. Als besonders ergiebig erwies sich das Studium von Büchern über den „guten Ton“; weiters wurden historische Berichte und Darstellungen aus der Literatur, soweit sie für meinen Zweck brauchbar schienen, herangezogen.[5]

Mir geht es darum, das „typische“ Handeln der „feinen Leute“ zu beschreiben, zu interpretieren und miteinander zu vergleichen. Dabei werde ich auch auf Anekdoten zurückgreifen, denn ich glaube, daß die Anekdote (die häufig als nichtwissenschaftlich abgetan wird) ein anschauliches und nicht unwichtiges Mittel zur Erkenntnisgewinnung sein kann. Manche Autoren meinen, in der Anekdote würde die „Wahrheit“ erst so richtig anschaulich.

Meine Arbeit sähe ich gerne in die kulturanthropologische Tradition von vor allem zwei, für mich bedeutende Wissenschaftler gestellt: Marcel Mauss und Thorstein Veblen. Marcel Mauss hat in seiner berühmten Studie „Die Gabe“ (auf sie werde ich noch eingehender zu sprechen kommen) durch historische, so-

[4] Im Sinne der Kulturanthropologie, wie ich sie verstehe, geht es mir um das „Wesen“ des Menschen, also darum, daß in den verschiedenen Kulturen gewisse menschliche Grundstrukturen wie die Notwendigkeit des Nahrungserwerbes, der Austausch von Gaben oder eben der Drang nach Vornehmheit, sich gleichen bzw. konstant sind (vgl. Girtler, 1979, S. 270ff).

[5] Grundsätzlich fühle ich mich der „freien Feldforschung“ verbunden. Charakteristisch ist für diese das freie, unstandardisierte Interview, die teilnehmende Beobachtung und das Bemühen, möglichst viel Datenmaterial (Zeitungsartikel, Anekdoten usw.) heranzuziehen (dazu siehe näher: Girtler, 1984). Ein solches Vorgehen ist durchaus im Sinne der klassischen Kulturanthropologen (z. B. von Marcel Mauss).

ziologische und ethnologische Rückgriffe gezeigt, daß in allen Kulturen das Geschenk in vielerlei Hinsicht eine wichtige Bedeutung hat. Es verpflichtet zu einem Gegengeschenk und ist mit einer Reihe anderer Leistungen, wie Höflichkeiten, Festessen usw. verknüpft. Mauss begreift das Geschenk als ein „totales Phänomen", welches sich so ziemlich auf alle Teile des menschlichen Lebens erstreckt und damit natürlich auch, wie wir schon ahnen, auf die feinen Leute und ihre Strategien der Vornehmheit. Auch der zweite Autor, Thorstein Veblen, hat mich wesentlich beeinflußt. Er hat mir mit seinem 1899 zum erstenmal erschienenen Buch „The Theory of the Leisure Class" (deutsch: „Theorie der feinen Leute") wichtige Anstöße für diese Studie gegeben. In gewisser Weise führe ich Veblens Überlegungen weiter, gehe aber über sie hinaus.

Veblen spricht davon, daß es der „demonstrative Konsum" und der „demonstrative Müßiggang" sind, die für das Leben der feinen Leute charakteristisch sind. Ich meine, daß Veblens Überlegungen zu eng gegriffen sind, zumal sie sich nur auf einen (!) bestimmten, aristokratischen beziehungsweise müßiggehenden Personenkreis beziehen. In meinen Ausführungen werde ich jedoch zeigen, daß der Grundsatz der Vornehmheit das Leben in allen „Schichten" durchzieht. Vornehmheit äußert sich nicht bloß im Konsum und im Müßiggang, ihre Strategien sind vielfältig.

Damit widerspreche ich den Vorstellungen, die davon ausgehen, Menschen wären mit einem erreichten Zustand zufrieden. Der Arbeiter, der seine existentiellen Probleme gelöst hat und saturiert ist, schaut sehnsuchtsvoll zum Bürger auf und eifert ihm nach. Er kauft sich ein nobles bürgerliches Schlafzimmer und sucht die feine Gesellschaft. Der wohlbestallte Bürger dagegen nimmt sich den Adeligen zum Vorbild. Er schafft sich einen Wappenring an und läßt sich in einen Golfclub einschreiben. Unter sie mischt sich schließlich der feine Ganove, der über allen stehen will. Der Drang nach nobler Lebensart ist typisch für menschliches Handeln.

Auch wenn im folgenden einige Beschreibungen ironisch-heiter klingen mögen, so ist mir doch meine kulturanthropologische Absicht wichtig, nämlich zu zeigen, daß der Mensch in allen Kulturen danach trachtet, zu den „feinen Leuten" zu gehören. Es gelingt allerdings nicht jedem. Dennoch möchte ich den Menschen als ein Wesen bezeichnen, das „vornehm" sein will und sich als *animal ambitiosum* nach Beifall sehnt. Dies entspricht seiner inneren, typisch menschlichen Struktur.

Danken möchte ich all den liebenswürdigen Menschen, die mir bei dieser Studie geholfen haben. Zu ihnen gehören freundliche Prinzessinnen, gütige aristokratische Herren, edle Ganoven und vor allem Oberst John Graf Gudenus, dessen Güte ich einiges zu verdanken habe. Ebenso gilt mein Dank einer charmanten Erzherzogin von Österreich und ihrer Tochter, die den Mut hatten, mich, einen wackeren Republikaner und Radfahrer, zweimal zum Mittagessen (zu dem ich mit dem Rad fuhr) einzuladen.

Der Adel als historischer Stand und als Wunschziel des Bürgers

Ein kleiner kursorischer Blick in die Geschichte und soziale Stellung des alten Adels scheint nicht unwichtig zu sein. Er zeigt die Attraktivität an, die aristokratisches Leben traditionell genoß. Der Bürger strebte zu Höherem, er wollte es dem Adel gleichtun, zumindest durch die Kopie der adeligen Lebensart auch an der Wertschätzung des Adels teilhaben. Letztes Ziel des Bürgers war es aber, selbst in den Adelsstand erhoben zu werden. Solche Anstrengungen setzen schon sehr früh ein. Was ist also der „Adel" und was ist darunter zu verstehen?

Der Adel ist ein „Stand", der — anders als die „Klasse" — nicht bloß durch ökonomische Kriterien bestimmt ist. Für den Adeligen ist eine spezifische „Lebenslage" charakteristisch. Diese wiederum drückt sich aus als Komponente des Lebensschicksals von Menschen, die miteinander durch eine bestimmte Einschätzung der „Ehre" verknüpft sind (Weber, 1922, S.635). Diese „ständische Ehre" findet inhaltlich ihren Ausdruck in einer speziell gearteten Lebensführung derjenigen, die diesem Kreis angehören. Sie wird also nur dem zuteil, der einen bestimmten Lebensstil an den Tag legt. Zu diesem Stil gehören standeseigene Traditionen, bestimmte Heiratskreise, Bevorzugung und Ablehnung bestimmter Tätigkeiten usw. Eine angemessene Erziehung, ein „standesgemäßer" Beruf, eine mehr oder minder ehrenvolle Abstammung und der Besitz von Herrschaftspositionen sind klassische Symbole des Adelsstandes, der nicht bloß ein Geburtsstand ist, sondern auch ein politischer Stand, den man erwerben kann.

Das höfische Leben wurde zum Ausdruck des mächtigen und angesehenen Adeligen. Durch prunkvolle Bauten und einen auffälligen Lebensrhythmus vermochte er symbolisch seinen Stand zu präsentieren. Der Neid des reichen Bürgers war ihm gewiß. Dieses, für spätere Lebenswelten maßgebliche höfische Treiben in Mitteleuropa entstand vor einem spezifischen historischen Hintergrund, der für unsere Belange wichtig ist.

Das Wort „Adel“ kommt von „udal“ (Erbhof) und bezieht sich ganz allgemein auf Grundeigentum und die Art der Abstammung. Mit der Entwicklung des Lehenswesens im ostfränkisch-deutschen Reich kam es zur Ausbildung einer strengen Hierarchie innerhalb des Adels. Der König an der Spitze der Lehenspyramide verlieh Herzögen, Markgrafen, Grafen und dem freien Adel Güter als Lehen (feudum, beneficium). Der Hochadel besaß seinerseits das Recht, das Lehen als „Afterlehen“ weiter zu vergeben und selbst Lehen zu verleihen. Beim Tode des Herrn oder des Lehensträgers mußten die Lehen neu vergeben bzw. mußte neu um sie angesucht werden (Dopsch, 1980, S.26f).
Im Sinne des alten Lehenssystems war es also, daß das Lehen nicht in das Eigentum des Lehensträgers überging. Der König als Herr über das Land hatte lediglich die Verfügungsgewalt über dieses. Der Anspruch auf das Grundeigentum, das die heutige Hocharistokratie ihr eigen nennt, wäre also, anknüpfend an die alte Lehensordnung, ein äußerst problematischer. Die Habsburger z. B. würden im Sinne dieser Tradition auf die von ihnen beanspruchten Besitzungen kein echtes Eigentumsrecht haben.
Das alte Lehensprinzip wurde jedoch bereits sehr früh durchlöchert. Ämter und Lehen wurden zunehmend vererbt, was zu einer empfindlichen Schmälerung der Königsmacht führte (Dopsch, 1980, S.27).
Allerdings verfügte der Adel außer dem Lehen auch über Eigenbesitz, welchen er vor allem durch Eroberungen, Siedlungstätigkeiten in herrschaftsfreiem Raum, durch Schenkung oder eben durch widerrechtliche Aneignung von Lehen („Allodialisierung“) erworben hatte.
Durch private Fehden, Kriege, Kreuzzüge und Kämpfe gegen den Landesherrn und andere Adelsfamilien kam es im 12. und 13. Jahrhundert zu einer beträchtlichen Dezimierung des freien Adels. Gleichzeitig mit dessen Niedergang kommt es zu einem Aufstieg der landesfürstlichen Dienstmannschaft, der Ministerialität. Dieser neue Stand ist aus dem unfreien Gefolge des Landesfürsten, der Grafen und des freien Adels hervorgegangen, wobei der Kriegsdienst zu Pferd und die Übernahme von Hof-

ämtern die wichtigsten Faktoren für sozialen Aufstieg waren (Dopsch, 1980, S.28). Der Ministeriale als königlicher Dienstmann war zunächst an den Dienst seines Herrn gebunden. Bald jedoch konnte auch er Lehen und freies Eigen besitzen. Der rasche soziale Aufstieg einzelner Ministerialenfamilien, die sich schon seit dem Ende des 12. Jahrhunderts als *maiores nobiliores* oder *potentiores* von den übrigen abgesetzt hatten, führte dazu, daß sie sich mit Grafen und Edelfreien zu einem neuen sozialen Stand, den sogenannten Landherren, verbanden. Die besonderen Besitz- und Hoheitsrechte, durch die sich die Landherren seit dem 13. Jahrhundert vom niederen Adel abhoben, werden in Urkunden klar umrissen. Zu diesen Rechten gehörten: der Besitz „herrenmäßiger" Herrschaften mit Burgen als Mittelpunkt; die Landgerichtshoheit; der Besitz von Märkten, Maut und Zoll; Patronatsrechte; die Hochwildjagd und die Führung eines besonderen Wappens (Dopsch, 1980, S.29).
Die beiden wohl wichtigsten Symbole des hohen Adeligen — die Hochwildjagd und das Führen eines Wappens — sind auch heute wichtige Attribute des „noblen Mannes", der Vornehmheit mit Jagd und einem Wappen zu verbinden sucht.
Sozial unter den Landherren standen als niedriger Adel die Ritter und edlen Knechte. Diese hatten nicht die aktive Lehensfähigkeit. Man sprach von „Einschildrittern", die nur einen Schild für empfangenes Lehen besaßen, aber keines weitergeben konnten. Diese Ritter und edlen Knechte sind aus der großen Gruppe der kleinen Ministerialen, aus den Burgmannen landesfürstlicher Burgen, bisweilen auch aus dem reichen Bürgertum der Städte und wohlhabenden Bauernfamilien hervorgegangen (Dopsch, 1980, S.30).
Der Zuzug aus nichtadeligen Kreisen, wie dem Bürgertum und dem Bauernstand, setzte bereits sehr früh ein. Das Interesse an der Nobilität bestand und man tat viel, um in diese zu gelangen. Im 12. und 13. Jahrhundert entwickelten sich besondere ritterliche Ideale für den gesamten Adel, vom Kaiser bis zum Einschildritter. Hier wurden Formen des adeligen Benehmens und Lebensstils entwickelt, die in gewisser Weise bis heute weitergeführt werden und die den „Herrn von Geblüt" auszeichnen.

Im Unterschied zu später übten alle Gruppen des mittelalterlichen Adels irgendeine Herrschaft über Land und Leute aus. Die Grundherrschaft war ihrem Wesen nach ein Vertragsverhältnis zwischen dem Grundherrn und den Grundholden. Der Grundherr überließ seinen Holden, den Bauern, nicht nur das notwendige Land zur Bewirtschaftung, er war auch zu ihrem Schutz verpflichtet. Dafür schuldeten ihm seine Grundholden neben den genau festgesetzten Abgaben Hilfeleistungen, nämlich den Robot, der zum Nachteil der Untertanen seit dem Ende des Mittelalters immer weiter ausgedehnt wurde. Neben dem Adel war auch die Kirche als Grundherr von Bedeutung, beide, Adel und Kirche, prägten das Kulturleben des Mittelalters.
Am Ende des Mittelalters verlor der Adel mit dem Aufkommen des Söldnerheeres und der Handfeuerwaffen wichtige angestammte Funktionen. Die Burgen hatten ihren Sinn verloren und auf wirtschaftlichem Gebiet erwuchs den Adeligen in den landesfürstlichen Städten eine übermächtige Konkurrenz. Die Folge war neben einem zahlenmäßigen Rückgang der alten Aristokratie eine zunehmende Verwahrlosung in allen Lebensbereichen des Adels, die im Raubrittertum ihren deutlichsten Ausdruck fand. Diese Krisen eröffneten nun neuen, wirtschaftlich potenten Kreisen den lang verwehrten Aufstieg in den Adel.
Das Recht der Nobilitierung blieb weiter dem König vorbehalten. Die Zugehörigkeit zu den oberen Ständen, das *Inkolat* oder *Indigenat*, war allerdings an einen Besitz im Umfang von 10 bis 12 Pfund Herrengült, der in die Landtafel eingetragen war, außerdem an die eheliche Geburt und eine standesgemäße Heirat innerhalb des Adels gebunden (Dopsch, 1980, S.32).
Nach den Bauernkriegen wurden im österreichischen Raum zahlreiche neue Familien nobilitiert. Fremde Adelsfamilien zogen zu, ähnlich wie nach der Französischen Revolution. Es entwickelte sich in der Folge so etwas wie eine Internationalität des Adels. Das verbindende Merkmal des Adels war neben dem gemeinsamen Lebensstil noch die besondere Betonung der katholischen Konfession (Dopsch, 1980, S.33).
Ab der Mitte des 17. Jahrhunderts erfolgte die Verleihung der Landstandschaft an ständische Beamte, Offiziere und Gelehrte.

Zahlreiche Nobilitierungen vermehrten die Oberschicht des landständischen Adels. Die hohen Taxen hielten jedoch viele davon ab, den Eintritt in den Herrenstand zu suchen.
Mit dem Jahr 1848 kam es zum Ende der ständischen Macht und zur Aufhebung der patrimonialen Gerichtsbarkeit. Die adelige Grundherrschaft, an die die Bauern ihre Robote zu leisten hatten, wurde beseitigt. Die alte Form der Adelsherrschaft und das adelige Landleben — vor allem in Österreich — löste sich zusehends auf. Angehörige des Hochadels traten in zunehmendem Maße als Träger von Hofämtern, als Feldherrn, Offiziere und Diplomaten in den Dienst des Kaisers. Die alten Burgen und Schlösser auf dem Land wurden von den Stadtpalais abgelöst. Der Adel erwies sich im 19. Jahrhundert neben dem Kaiserhof als Mäzen von Kunst und Wissenschaft. Der französische Kultureinfluß nahm zu, man sprach französisch und die jungen Edelleute zog es auf ihren kostspieligen Kavalierstouren nach Italien und Frankreich.
Kaiser Franz Joseph, ein Herrscher, der die alte Aristokratie besonders förderte, besetzte die wichtigsten politischen Positionen fast ausnahmslos mit Adeligen. Die Attraktivität des Adels war enorm. Es ist daher auch einleuchtend, daß im 19. Jahrhundert die Militärs, die Industriellen und die Bankiers, die zu einiger gesellschaftlichen Macht gelangt waren, vermehrt in den Adel drängten. Man sprach von ihnen als der „zweiten Gesellschaft der Donaumonarchie“ (Dopsch, 1980, S.36).
Der Ansturm in den Adel war groß und ebenso die vom Kaiser vorgenommenen Nobilitierungen. Während zwischen 1701 und 1803 in der Monarchie bloß 1483 Nobilitierungen vorgenommen worden waren, waren es 8831 für den Zeitraum von 1804 bis 1918. Mit wenigen Ausnahmen beschränkten sich die Adelserhebungen auf die drei unteren Ränge des einfachen Adels: „von“, „Ritter“ und „Freiherr“ (Baron).
An den zwischen 1804 und 1918 Geadelten hatten die Offiziere mit 4044 den größten Anteil, gefolgt von den Beamten (2157), den Vertretern des Handels und der Industrie (1008) und 282 Persönlichkeiten der Wissenschaft und Kunst (Dopsch, 1980, S.37). Die Offiziere besaßen bereits seit 1757 (nach dreißigjähri-

ger Dienstzeit) den Anspruch auf Erhebung in den Adelsstand, die seit 1804 taxfrei war. Ansonsten waren die Taxen, die für Verleihungen zu zahlen waren, beträchtlich: 1000 Gulden für den einfachen Adel und 12.600 für den Fürstenrang. Konnten diese Summen nicht binnen Jahresfrist bezahlt werden, so wurde die Verleihung hinfällig. Der alte Hochadel dominierte die Gesellschaft jedoch hinsichtlich Prestige und Ansehen mit Hilfe seiner Grundherrschaft noch immer und versuchte seinerseits, sich in das Industrie- und Bankenwesen einzuschalten, was ihm zum Teil auch gelang. Die tatsächliche wirtschaftliche Macht lag aber bei jenen, die als Bürger die Industrie aufbauten und das Geldwesen in den Händen hatten. Sie wollten in den Adelsstand aufgenommen werden. Bereits im Mittelalter fanden bedeutende Wirtschaftstreibende den Zugang zum Adel, wie z. B. die Fugger, die 1514 zu Reichsgrafen erhoben wurden.

Die meisten Nobilitierungen fanden allerdings, wie gesagt, im 19. Jahrhundert statt. Zu diesen „neuen" Adeligen zählen z. B. in Wien die Industriellen Alexander Schoeller und Franz Mayr. Letzterer wurde zum Freiherrn 'Melnhof' erhoben. Auch jüdischen Bankiers gelang es — allerdings nicht leicht —, in den Adelsstand erhoben zu werden. 1822 wurde Salomon Mayer, der Begründer der Wiener Linie der Rothschilds, Freiherr. Die Rothschilds besaßen einige Palais in Wien, ihre Soireen wurden von den Mitgliedern der kaiserlichen Familie besucht. Die Baronin Julia von Rothschild empfing in ihrer Villa am Genfer See Kaiserin Elisabeth; und Baron Louis Rothschild, der letzte Chef der Wiener Firma, war mit einer Gräfin Auersperg verheiratet. Er fühlte sich als Mitglied der österreichischen Hocharistokratie. Er besaß in den dreißiger Jahren unseres Jahrhunderts mehr als die Hälfte des gesamten Finanz- und Industrievermögens der Republik Österreich (Dopsch, 1980, S.38f).

Da die Bewerber um die Erhebung in den Adelsstand selbst Vorschläge bezüglich des Prädikats einbringen konnten (denen meist auch stattgegeben wurde), ergaben sich häufig vermeintlich romantisch oder kriegerisch klingende Zusatznamen, die in Verbindung mit dem bürgerlichen Familiennamen mitunter jedoch heiter und beinahe komisch wirken konnten. Beispiele dafür sind Namen wie Adler von Adlerschwung, Beutler von Heldenstern, Bleiweis von Trsteniski, Dunst von Adelsheim, Ferroni Edler von Eisenkron, Mayer Ritter von Monte Arabico, Wurzel Edler von Hohenstamm, Cypra Edler von Cypressenburg u. ä. (Reden, 1984, S.86).

Der Bürger, der zwar in einigen Städten, wie z. B. Hamburg oder Venedig, ein eigenes Selbstverständnis entwickelt hatte und gar nicht Adeliger werden wollte, spielte insgeheim mit dem Gedanken, seinen Stand zu überwinden. Aber dazu brauchte er Geld.

Bürgerlicher Stolz verschwand mit der Verleihung des Adelsprädikates. Höfische Formen, die der Bürger schon vorher pflegte, erhielten durch den Ritter- oder Freiherrentitel ihre formale Rechtfertigung. Es war der Hof mit seinem Lebensstil, der den Bürger — und hier vor allem den Bankier — interessierte und faszinierte. Er wollte daran teilhaben und suchte die Verbindung zum Hof. Sie kostete ihn etwas, doch sie versprach ihm Exklusivität.

Wie ich angedeutet habe, entsteht im ausgehenden Mittelalter großer Reichtum in den Städten. Dies war u. a. eine Folge der Erschließung der Gold- und Silbergruben, der Ausplünderung des Orients und der Indianer. Mit all dem verbanden sich noch Finanzgeschäfte, an denen wesentlich z. B. die Fuggers beteiligt waren. Reichtumsbildung setzt in Deutschland schon im 15. Jahrhundert ein, Frankreich und England folgen im 17. Jahrhundert (Sombart, 1986, S.24). Börsenspekulanten und Südseeschwindler erwerben beträchtliches Vermögen. Diese neue reiche Klasse verbindet sich nun mit dem Adel und schafft eine völlig neue Gesellschaftsschicht, deren Kern der eben erworbene Reichtum und deren Schale der feudale Lebensstil ist. Diese Verschmelzung von Adelsvornehmheit und Bürgergeld vollzieht sich im letzten Jahrhundert in allen „kapitalistischen" Ländern gleichmäßig (Sombart, 1986, S.28f).

Die emporstrebenden Geldmänner erhielten in dem Maße Zutritt zum Adel, in dem ihre Bedeutung im gesellschaftlichen Leben anwuchs. Allerdings waren sie sich klar, daß Reichtum allein nicht berechtigt, der Aristokratie anzugehören, sondern

Eigenschaften, die ganz und gar unbürgerlich waren: eine gewisse Distanz zum Geschäftsleben, Pflege der Familientradition, ein Stammbaum usw. Dies alles findet seinen sichtbaren Ausdruck in den Gepflogenheiten, ein Wappen zu führen. Defoe berichtet: „Wir sehen englische Kaufleute, die zu Reichtum gelangten und Tag für Tag das Heroldsamt auf der Suche nach den Wappen ihrer Ahnen bestürmen, um diese dann auf ihre Kutschen zu malen, auf ihre Teller zu gravieren, auf ihre Möbel zu sticken oder auf die Giebel ihrer neuen Häuser einzuschnitzen . . ."

Das Band zwischen Adel und Reichtum wurde schließlich dadurch verfestigt, daß Söhne und Töchter aus beiden Gruppen einander heirateten und Kinder zeugten. Solche Verbindungen waren in England, aber nicht nur dort, eine alltägliche Erscheinung. Arme oder verarmte Adelige versuchten vornehmlich durch die Verehelichung mit reichen Erbinnen aus der Kaufmannschaft, ihr Wappen zu vergolden (Sombart, 1986, S.34). So sagte die Herzogin von Chaulnes zu ihrem Sohn, der die Schwester eines Finanzmannes heiratete: „Mein Sohn, diese Heirat ist gut; es ist richtig, wenn Ihr Euren Boden mit Mist bereichert" (Sombart, 1986, S.38).

Zu diesen Heiratspraktiken hält Mercier — vielleicht resignierend — folgendes fest: „Die Geldmacht hat sich in unserer Zeit mit dem Adel vereint, und sie ist es, die die Basis seiner wirklichen Macht bildet. Die Mitgift fast jeder Gemahlin eines Seigneurs entstammt den Gutskassen. Es ist lächerlich zu sehen, wie ein Comte oder Vicomte, der nichts besitzt als seinen guten Namen, um die Hand der reichen Tochter eines Finanzmannes anhält, während der vor Reichtum strotzende Finanzmann um das Mädchen von hohem Stand wirbt, das zwar mittellos ist, jedoch einer vornehmen Familie entstammt . . ." (Sombart, 1986, S.38f).

Diese Heiratspolitik war gang und gäbe, obwohl man der Meinung war, Vornehmheit und Geschäftssinn schließen einander aus. In Frankreich war dieser Gedanke vielleicht noch lebendiger als in England. Trotzdem heiratete man, wenn man dem Adel angehörte, die Töchter reicher Händler, oder man beteilig-

te sich an gewinnbringenden Unternehmungen. Aber man verachtete die Rotüre. Es war zwar eines vornehmen Mannes würdig, Geld auszugeben, nicht aber, es zu verdienen. Montesquieu sprach das denkwürdige Wort: „Alles ist verloren, wenn der einträgliche Beruf des Finanzmannes schließlich auch ein geachteter Beruf zu werden verspricht! Dann erfaßt ein Ekel alle übrigen Stände, die Ehre verliert alle ihre Bedeutung, die langsamen und natürlichen Mittel sich auszuzeichnen, verfangen nicht mehr, und die Regierung ist in ihrem innersten Wesen erschüttert" (Sombart, 1986, S.35). Dieser Aussicht entsprach umgekehrt die Sehnsucht des reichen Kaufmannes, zum Adel zu gehören und dann, wenn ihm dies gelungen ist, gewisse Lebensformen zu übernehmen, die rein äußerlich nichts mit der Existenz als Geschäftsmann zu tun haben.
Vor allem in Frankreich ab dem 17. Jahrhundert gab es für finanzkräftige Bürger eine spektakulär simple Art, in den Adelsstand aufgenommen zu werden: Mit dem Kauf eines feudalen Grundbesitzes kaufte man sich gleichzeitig in die vornehme Gesellschaft ein. Im 18. Jahrhundert wimmelte es von neugebackenen Seigneurs, die zu ihrer Würde einfach durch den Ankauf eines adeligen Gutes gelangt waren. So unterzeichnete bei einer Taufe der zu Geld gekommene Sohn eines kleinen Schankwirtes in Moirans, der einige Adelsgüter und damit die Titel aufgekauft hatte, mit: Comte des Sampigny, Baron de Dagouville, Seigneur de Brunoy, Seigneur de Villers, Seigneur de Fouey, Seigneur de Fountaine, Seigneur de Chateauneuf etc. (Sombart, 1986, S.37).
Der französische Adel des 17. und 18. Jahrhunderts bestand also zu einem nicht geringen Teil aus Leuten, die sich in den Adel hineingekauft hatten. Es handelte sich dabei um den zu Reichtum, Ansehen, Auszeichnung und Besitz gelangten „Dritten Stand", wie man etwas spöttisch meinte.

Ich habe versucht zu zeigen, daß der Adel für den reich gewordenen Kaufmann, Industriellen oder Bankier eine besondere Attraktivität besaß. Zunehmend wurde der Adel von Leuten aus diesen Kreisen aufgestockt und finanziell gestützt. Vom Adel

her sah man zwar äußerst kritisch auf diese Neuankömmlinge herab, jedoch man akzeptierte sie schließlich; zumindest nach einigen Generationen, denn sie verstanden, die Lebensweise des Aristokraten gut zu kopieren.
Es ist nicht zu übersehen, daß auch heute der Adel — obwohl er formal abgeschafft worden ist — noch weiter von enormer Anziehungskraft ist. Nicht nur, was Wappen, Ringe und andere Symbole anbelangt, sondern auch was Lebensstil und Benehmen betrifft. Auf vielen Gebieten, wie gezeigt werden wird, hat der Adel bzw. adeliger Lebensstil so etwas wie Vorbildcharakter. Als Adeliger kann man gewiß sein, respektiert, mit Ehren überhäuft und privilegiert behandelt zu werden. Aber nicht nur das, Adel bedeutet auch eine spezifische Exklusivität, die den Betreffenden über andere heraushebt. Eine Vielzahl von Symbolen und Handlungsmustern garantieren diese Sonderstellung.
Wie die Wiener Unterwelt auf das blaue Blut einer Prinzessin reagierte, erlebte ich, als ich mich vor einigen Jahren mit einer jungen Studentin aus fürstlichem Haus in einem Wiener Unterweltlokal, in dessen Hinterzimmern ein illegales Glücksspiel betrieben wurde, einfand. Der Wirt — ein Mann, der stets zwei Revolver bei sich trägt und mit dem ich guten Kontakt hatte — begrüßte uns freundlich. Ich stellte die junge Frau als Prinzessin vor, was große Bewunderung bei dem Wirt erregte. Und als ich den Wirt bat, er möge doch der „Prinzessin" erlauben, bei dem verbotenen Glücksspiel zuzuschauen, bat er uns, ihm zu folgen. Sie durfte — obwohl es Frauen in diesen Kreisen grundsätzlich untersagt ist, bei diesem Spiel anwesend zu sein — zusehen, wie die um einen Tisch sitzenden Männer ihr Geld einsetzten.
Nicht nur der Unterweltler, sondern auch die Leser der Boulevardblätter, Zeitungen und Magazine stehen dem Adeligen mit mehr oder minder großer Ehrfurcht gegenüber. Aristokraten sind attraktive Mittel, um den Illustrierten und anderen Blättern Farbe zu geben. Es mischten sich hier für den Leser nostalgische Sehnsucht nach der zumeist vergangenen Pracht des Adels mit dem Glauben, es mit Menschen zu tun zu haben, die etwas Au-

ßergewöhnliches sind. Die Abschaffung des Adels in Österreich durch das Gesetz vom 3. April 1919 („Gesetz über die Aufhebung des Adels, der weltlichen Ritter- und Damenorden und gewisser Titel und Würden") bewirkte in manchem das Gegenteil von dem, was gewollt war. Das „Verbot" des Adels zog seine Mystifizierung nach sich, was den Adel höchst interessant machte und noch weiter macht.

Adel und Grundbesitz

Historisch ist der alte Adel in enger Beziehung zu Grund und Boden zu sehen. Vom Besitz, auf dem Bauern für ihre Herren arbeiteten, leiteten sich ursprünglich adeliges Prestige und adeliger Name ab. Grundbesitz, Name und Privilegien standen in enger Verbindung miteinander. Dieser Konnex löste sich jedoch in den letzten Jahrhunderten auf, als Wirtschaftsleute, Beamte und Offiziere in den Adel aufstiegen. Der adelige Name war nun nicht mehr allein und konsequent mit einem Grundbesitz verknüpft. Grob konnte man daher zwischen dem alten Adel, der über Grund und Boden verfügte, und dem, der bloß den adeligen Namen trug, unterscheiden.

Bestimmend jedoch und Vorbild in der noblen Welt war und blieb der grundbesitzende Adel, bei dem sich Besitz und Lebensstil zu einer klassischen Einheit verband.

Nichtbesitzende Adelige versuchten mitunter allerdings, durch Bodenerwerb sich dem traditionellen Adel gleichzustellen und ihn sogar zu übertreffen. So gelang es einem am Ende der Monarchie geadelten Industriellen und seinen Nachkommen, zu einem Waldbesitz von 34.644 ha in Österreich zu gelangen, wodurch sie um fast 1000 ha mehr an Wald als ein bekanntes Fürstengeschlecht besaßen. Hier wird die alte Tradition deutlich, nach der der Adel an Grund und Boden gebunden ist und der Titel mit diesem verliehen wurde. Trotz der Aufhebung aristokratischer Privilegien blieb die besondere Vorrangstellung des grundbesitzenden Adels mit seinem deutlichen Charisma erhalten. Dieses Charisma drückt sich unter anderem darin aus, daß die im Wald oder sonstwie für den adeligen Herrn Tätigen in ihm grundsätzlich nicht bloß den sehen, der sie für ihre Dienste bezahlt, sondern vor allem den, dem man eine gewisse Ehrerbietung entgegenbringen muß.

Als nach 1800 mit der Industrialisierung Wirtschaftsleute in die Aristokratie eindrangen, kam es zum wirtschaftlichen Niedergang des alten Adels. Eine „zweite Schicht" wird als sogenannter Industrieadel heraufgeschwemmt und bringt die alte auf

Grundbesitz basierende Aristokratie in Verlegenheit. Es ist nun diese „zweite Gesellschaft", die — bis heute — versucht, Grund und Wald zu erwerben, um es ihren klassischen Vorbildern gleichzutun. Allerdings bringen sie mehr Geschäftsgeist und wirtschaftliche Wendigkeit mit als einige alte Adelige, die mit Stolz darauf verweisen, finanziell nicht sehr geschickt zu sein, gleichsam als nobles Attribut des adeligen Menschen. Ein Mann, der als Verwalter und Agrarfachmann viel mit Adeligen zu tun hatte, erzählte mir dazu:
„Der alte Adel stirbt aus, es ist Schluß damit. Ich kenne die P. schon seit vierzig Jahren. Der P. konnte mit dem Geld nicht umgehen. Ich habe ihm einmal gesagt 'Durchlaucht, das hätten sie nicht machen sollen.' Er hat mir geantwortet: 'Wir haben früher in Ungarn viele Güter besessen. Es waren 99.000 ha. Wenn man soviel verloren hat, dann kommt es einem auf die 300 ha auch nicht mehr an.' Das war sein Reden." In der Feststellung des Fürsten wird der wirtschaftliche Niedergang alter Geschlechter angedeutet.
Ein großes Problem dürfte daher darin liegen, daß die früheren Fideikommisse, für die das *ungeteilte* Übergehen des Grundeigentums auf einen Erben charakteristisch war, abgeschafft worden sind. Teilungen des Grundbesitzes nach dem Tod eines Adeligen zersplittern und beenden die klassische Bindung von Adel und Boden. Allerdings nicht in allen adeligen Familien. Vornehmlich nicht in solchen, in denen ein geschicktes Wirtschaften und ein überlegtes Management den Grundbesitz zu einem nützlichen Betrieb werden ließ. So z. B. ein hocharistokratischer Besitz in Niederösterreich, der 9 Familien zum Eigentümer hat.
Als Arbeitgeber und traditioneller Patronatsherr, dessen Vorfahre die Schutzherrschaft über Kirche und Dorf übernommen hatte, genießt der Grundherr noch immer eine gewisse Sonderstellung, die sich u. a. in der alten Anrede „Durchlaucht", „Kaiserliche Hoheit" usw. äußert.
Als Grund- und Waldbesitzer haben Adelige in Österreich mit den Bauern (ca. 50 %), der Kirche und diversen Gemeinden (35 %) und den Bundesforsten (15 %) einen großen Anteil am

österreichischen Wald. Ein Adeliger mit großem Grundbesitz erzählte in diesem Sinn dazu: „Wir haben ein Schloß und die Landwirtschaft, die dazu gehört. Früher haben hier über 50 Familien mitgearbeitet, bis knapp nach dem 2. Weltkrieg. Heute versuchen wir, im Familienbetrieb zu wirtschaften. Der Gutsherr wird heute noch aus Tradition heraus als Anführer der Ortschaft gesehen. Die Leute im Dorf haben ganz allgemein noch immer einen gewissen Respekt vor unserer Familie. Dies, obwohl wir ganz in landwirtschaftlicher Arbeit aufgehen und offiziell keine Sonderstellung in der Ortschaft haben. Es kommt noch hinzu, daß ich als Patronatsherr für die Kirche und ihre Erhaltung gewisse Pflichten habe. Und vor allem daher werden wir noch sehr respektiert."
Grundbesitz, Schloß und eine Familie, die traditionell dazugehört, verbinden sich zu einer respektierlichen Einheit, die dem Aristokraten Autorität, Renommee und einen spezifischen Nimbus verleiht. Dies skizziert ein Aristokrat so: „Es ist eine typische Eigenschaft von Aristokraten, daß einige ihrer Namen mit einem Schloß oder auch mehreren Schlössern und Grund verbunden werden. Ein weitläufiger Grundbesitz hält auch die Familie zusammen".
Gerade als Grundbesitzer versuchen Adelige von sich aus, auch auf eventuelle politische Prozesse Einfluß zu nehmen, schließlich haben sie von ihren Wirtschaften her ein spezifisches Interesse daran. Hier stehen sie freilich grundsätzlich im Gegensatz zu jenem Adel, der aus den Kronländern der ehemaligen Monarchie nach den Kriegen nach Österreich kam und hier außer dem adeligen Namen keine vom Boden abgeleitete Macht hat. Auf dies ging ein Adeliger ein: „Soweit der Adel noch grundbesitzender Adel ist, er also wirtschaftliche Betriebe hat, ist sein politisches Interesse manchmal sehr groß und daher auch seine Absicht, bei der politischen Willensbildung mitzuwirken. Weil er eben eine wirtschaftliche Position in unserer Gesellschaft hat. Bei den Teilen des Adels, der viel größer als der besitzende Adel ist, der nichts mehr hat, weil sie als Flüchtlinge kamen oder alles verloren haben, unterscheidet sich das politische Interesse kaum von dem der übrigen Bevölkerung".

Welche Bedeutung in lokalpolitischer Sicht grundbesitzender Adel hat, wurde mir bei einem Fest sichtbar, welches Graf und Gräfin H. auf ihrem Schloß für Verwandte, Freunde und die Honoratioren des niederösterreichischen Dorfes, an dessen Rand das Schloß liegt, gaben. Im Schloßhof griffen die noblen Gäste bei einem großen Buffet zu, eine Musikkapelle spielte Heimatlieder mit spezifisch österreichischem Charakter. Man demonstrierte bei dieser Art Erntedankfest wirtschaftliche Großzügigkeit und den guten Zustand des Schlosses. Eine Ansprache des Grafen verwies darauf, daß er froh sei, mit guten Leuten wirtschaften zu können und in dieser Gegend zu residieren. Daß die Erhaltung des Schlosses schwierig sei, hielt er ebenso fest, wie daß es wichtig sei, gewisse Traditionen weiterzuführen. Graf und Gräfin, die gleich ihren Gästen in Landestracht erschienen waren, bedankten sich schließlich noch bei den Anwesenden, die mitgeholfen hatten, dem „Ganzen Herz zu geben".
Schloß und Grundbesitz, die früher — als Arbeitskräfte noch billig oder gar, als man noch Robote verlangen konnte, umsonst waren — in ihrer Erhaltung kein Problem waren, sind für den Adeligen mitunter von einiger Belastung: „Wir werden immer auf den sichtbaren Teil des adeligen Vermögens, nämlich die Schlösser und Bauten, angesprochen. Hier sehe ich aber die größten wirtschaftlichen Probleme. In den meisten Fällen reichen die Betriebe, vor allem die land- und forstwirtschaftlichen, nicht mehr aus, um die für heutige Begriffe viel zu großen Gebäude und Schlösser zu erhalten. Insofern haben wir dieselben Schwierigkeiten wie die Klöster. Denn das wirkliche Problem ist, daß es für die Schlösser nur in den seltensten Fällen Verwendung und Funktion gibt." Und ein anderer Aristokrat fügte hinzu: „Die Schlösser sind heute oft eine Belastung. Man hat aber eine gewisse Verpflichtung und Verantwortung für dies alles. Was man ererbt von seinen Vätern und Großvätern, das fühlt man sich zu erhalten verpflichtet. Und viele tun das. Es ist ja auch ein Dienst, denn ein kaputtes Schloß erfreut niemanden."
Mit Subventionen und auch aus eigener Kraft versuchen Adelige tatsächlich ihre Schlösser zu renovieren, um sie schließlich

kulturellen Aktivitäten, wie Konzerten, Ausstellungen u. ä. zu öffnen. Daher meinte ein Adeliger, dies unterstreichend: „Die Schlösser tun oft noch ihren Dienst in einer guten Sache, wenn sie zum Schauplatz jenes kulturellen Bewußtseins werden, dessen materielle Zeugnisse sie sind." Den Adeligen, denen es aber nicht gelingt, aus ihrem Grund und Schloß jenen Gewinn zu erzielen, der für die Erhaltung notwendig ist, droht wirtschaftlicher Niedergang.

Interessant ist folgende Erzählung einer jungen Frau aus hocharistokratischer Familie, in der ein außerordentlich großer Besitz und hohes Vermögen verwaltet wird. Damit der Besitzstand in der Familie gehalten wird, wodurch die traditionelle soziale Vorrangstellung gesichert werden soll, gibt es charakteristische Strategien, von der die Prinzessin erzählte: „Bei uns gibt es einen Ausgleichsfonds, der sich aus verschiedenen Betrieben, wie aus der Land- und Forstwirtschaft und pharmazeutischen Werken, zusammensetzt. Heiratet ein Mann unserer Familie eine Bürgerliche, so bekommt zwar er noch eine Appanage, nicht aber seine Söhne. Dieser Fonds ist 1918 gegründet worden. In diesem Fonds gibt es eine Klausel, die besagt: wenn nach dem alten Fürstenrecht die Familie ausstirbt, fällt das ganze Vermögen an den Staat. Der Staat ist ganz gierig nach dem Vermögen. In dem Fonds sitzt ein Staatsbeamter, der genau aufpaßt, ob eine Frau von einem B. geheiratet wird, die nicht ebenbürtig ist."

Hier zeigt sich also etwas Paradoxes: das Vermögen fällt in dem Augenblick an die Republik, in dem sich die männlichen Mitglieder „republikanisch" verhalten, sie also bürgerliche Frauen heiraten. Ebenbürtige Ehen nach dem traditionellen Fürstenbrauch verhindern dagegen den Übergang des Eigentums an die Republik. Eine paradoxe Sache, die es den männlichen Nachkommen beinahe unmöglich macht, außerhalb der Hocharistokratie zu heiraten. Hocharistokratischer Besitz bleibt so in den Händen adeliger Häuser. Es sind hier also wirtschaftliche Erwägungen, die das ihre dazu tun, daß der besitzende Adel unter sich bleibt. Der Angehörige des Hochadels ist sich des Vorteils seiner Besitzungen bewußt.

Besonders hart vom Schicksal getroffen sehen sich die Adeligen, die ihre ehemaligen Besitzungen in den heutigen Ost-Staaten verloren haben. Die engen verwandtschaftlichen Bindungen zum Westen verhindern jedoch, daß solche Leute vermögenslos bleiben. Auch sind ihnen trotz der erheblichen ökonomischen und sozialen Einbußen gewisse Vorteile sicher. Ein Angehöriger des österreichischen Hochadels schildert seine Situation: „Mit den Brüdern meines Vaters hat es immer Streitigkeiten gegeben, wie in jeder anderen Familie auch. Mein Vater hätte viel in der Tschechoslowakei geerbt, er ist nach dem Krieg mit nichts dagestanden. Im Gegensatz zu seinem jüngeren Bruder, der in Österreich und in Oberitalien geerbt hat. Mein Vater war der einzige, der mit leeren Händen dagestanden ist. Darum hatte er eine große Wut gegen die Tschechen, weil sie ihm alles enteignet haben. Allerdings haben wir hier in Wien ein Wohnrecht im Palais M."

Das Bedauern um den verlorengegangenen Besitz mischt sich jedoch mit dem Wissen, eben wegen der hochadeligen Herkunft nicht gänzlich vergessen zu sein.

Charakteristisch für den Hochadeligen ist also eine kontinuierliche Beziehung zu Grund und Boden. Dies verweist symbolhaft auf die Heiligkeit seiner Person und seines adeligen Namens.

Das Schloß

Das klassische Symbol des Aristokraten ist das Schloß oder das Palais. Es ist Ausdruck der Tradition, der alten Familie und des adeligen Standes. Die Erhaltung des Schlosses ist daher für manche Familien von eminenter Bedeutung. In seiner geradezu sakralen Symbolik steht es für die Zugehörigkeit zur Aristokratie und verschafft dem Besitzer gegenüber dem Außenstehenden das Gefühl, räumlich und sozial distanziert und abgehoben zu sein.

Das Schloß oder ein schloßähnlicher Bau genießt daher auch

einige Attraktivität beim Bürger, der damit nach außen seine Heiligkeit demonstrieren will. Mit dem Geld alleine läßt sich noch nicht deklarieren, daß man tüchtiger oder schlauer ist oder einfach mehr soziale Macht besitzt. Es bedarf zusätzlich der Zurschaustellung von Gütern, die auf die angebliche finanzielle Leistungsfähigkeit hinweist. Neben anderen Symbolen, wie dem Auto und extravaganter Kleidung, ist wohl das Schloß bzw. ein wundervolles Gebäude der am kräftigsten in die Augen stechende Hinweis auf den ehrenwerten Mann. Auf diese Weise kann er räumlich klar machen, wer er ist und welchen Status er einzunehmen gewillt ist.

Die Attraktivität des Schlosses scheint ungebrochen, das Schloß strahlt Herrschaftlichkeit und Potenz des Besitzers aus. Auch für den reich gewordenen Industriellen ist ein solcher Bau ein wichtiges Objekt für die Demonstration der Wichtigkeit der eigenen Person.

Ich sprach mit einer Dame, die mit Kollegen einen Verein gründete, der Schlösser aufkauft, um sie zu restaurieren und sie dann kommerziell zu verwerten. Sie erzählte mir: „Es gibt eine Reihe von Leuten, die sich eine Burg kaufen wollen. Der von der Sch. hat sich auch einmal ein Schloß gekauft. Er hat das sicher aus Prestigegründen getan. Es ist eine gewisse Clique, die sich ein Schloß kauft. Da fühlt sich jeder als Burgherr. Von unserem Verein aus haben wir uns mit der Geschichte der Schlösser befaßt. Wir wollten Schlösser kaufen und dann die darin errichteten Wohnungen verkaufen. Die Finanzierung der Schlösser wäre durch den Verkauf gedeckt gewesen. Ich habe viele Leute kennengelernt, die daran Interesse hatten. Es ist ganz egal, wie häßlich ein Schloß ist, es hat aber für die Umwelt eine Bedeutung. Der Landeskonservator und andere Leute werden ganz irre, wenn man ihnen sagt, ein Schloß wurde nie von einem Adeligen alleine bewohnt, sondern auch von Gesinde und anderen Leuten. Für die Gegend hatte das Schloß eine Funktion. Viele Leute wohnten in diesem. Warum sollen nicht heute auch wieder viele Leute dort wohnen? Das war der Grundgedanke unseres Vereins. Wir haben den Konservatoren gesagt, wenn ihr so weitertut, habt ihr bald tausend Museen, die Geld kosten."

Die Überlegung der Frau und ihrer Kollegen war also, die Romantik des Schlosses, die traditionell mit Ansehen und sozialer Macht verknüpft ist, zu verkaufen. Sie gingen, wie es scheint zu Recht, davon aus, daß Menschen, für die Vornehmheit und hohes Prestige wichtig sind, auch an einem Schloß interessiert sein könnten. Nobles Ambiente, welches an den alten Adel erinnert, verschafft das Gefühl, sich durch Cleverness emporgearbeitet und über andere, die „gewöhnlichen" Menschen, auch räumlich erhoben zu sein. Das Schloß oder ein ähnlicher Prachtbau wird so zum Symbol des adeligen Mannes oder des Mannes, der sich der Aristokratie bzw. einer führenden Oberschicht gleichstellen will.
Eine sichtbarere Demonstration für Nobilität, als ein von dem üblichen Wohngebiet separiertes oder herausgehobenes Prachtgebäude, gibt es wohl nicht. Distanziertheit mischt sich mit dem Anspruch auf Respekt. Ich kenne einen Wiener Nachtklubbesitzer, dessen vornehmer Drang zur Aristokratie sich u.a. darin zeigte, daß er an einem der mit Weingärten durchsetzten Hänge um Wien ein altes Gasthaus erwarb. Die Gaststätte wurde von ihm allerdings nicht als Ausschank für müde Wanderer genutzt, sondern er baute sie in ein stattliches Wohnhaus um. Dieses umgab er mit einer kräftigen Mauer, innerhalb derer bissige Hunde etwaige Abenteurer, die noch immer meinen, hier würde man Wein erhalten, von dieser Idee wieder abbringen. Das Haus thront über den Weingärten und vermittelt den Ein druck, hier würde jemand wohnen, der Geld und Zugang zur Macht hat. Gleich einem Grafen sieht der Mann zur Donau hinab und genießt seine räumliche Exklusivität.
Diese „aristokratische" Einstellung hatte auch ein anderer Eigentümer von Bars, ein früherer Zuhälter. Ihm ist es gelungen, in der Nähe Wiens einen Teil eines Hügels zu erwerben. Unter den ehemaligen Eigentümern war übrigens auch ein amerikanischer Atomphysiker, dem er den Flug von den USA nach Wien und zurück bezahlte, um mit ihm in Wien über den Verkauf seines Grundes zu verhandeln. Nun bewohnt der Mann am Scheitel des Hügels ein imposantes Haus. Gärten und Wiesen schützen ihn vor den zudringlichen Blicken seiner Anrai-

ner. Auch hier sind es zwei große Hunde, die ihm die Sicherheit geben, von unliebsamen Personen nicht behelligt zu werden. Es scheint, daß räumliche Abgeschiedenheit, verknüpft mit einem sichtbaren und beherrschenden Bauwerk, ein wichtiges Symbol für die Heiligkeit der eigenen Person ist. Die Wohnung in einem Mietshaus widerspricht einer solchen Exklusivität. Damit stimmt folgende Feststellung einer Tochter aus hocharistokratischem Haus, die in der Stadt Wien in einem Palais mit geräumigem Garten aufgewachsen ist, überein: „Als ich in die Schule kam, wurde mir das erstemal klar, daß Menschen auch in Wohnungen wohnen und nicht nur in Häusern für sich".
Da ist nun interessant, daß der zu Geld gekommene Mann der Unterwelt, der Bars oder der Prostitution ganz ähnliche Ansprüche stellt wie der Aristokrat. Es ist auffällig, wie der „Unterweltler" Lebensformen übernimmt, die man gemeiniglich als aristokratisch bezeichnet. Es ist nicht nur die Symbolik der Kleidung oder ein bestimmter nobler Stil der Großzügigkeit, sondern eben vor allem die demonstrative Präsenz eines Hauses, welches die Nobilität ihres Besitzers herausstellen soll.
Und hierin gleichen sich die alten Aristokraten, die reichen Wirtschaftsleute und schließlich die Herren aus der Unterwelt. Symbolisch dienen ihre Schlösser, Palais, Landhäuser und Villen dazu, durch räumliche Distanz, Abgeschlossenheit und stille Vornehmheit zu zeigen, daß man etwas Besonderes und Geheiligtes ist. Ansätze einer solchen Disposition sind, auch wenn nicht unbedingt bewußt, bei denen angelegt, die den Städten entfliehen und irgendwie „im Grünen" ihre exklusiven Landhäuser errichten. Auch ihnen ist es wichtig, Distanz und Individualität symbolisch hervorzukehren. Geradezu herrschaftliche Symbole in Form von Stiegenaufgängen, Mini-Alleen, Rosenbögen u. ä. sollen schließlich die Einmaligkeit des Bauherrn betonen. Ganz ähnliche Tendenzen zeigen sich übrigens auch bei den Eigentümern der sogenannten Schrebergärten. Genau geplante Heckenstauden, schön geschnittener Rasen, dazwischen Bäume und Blumen, deuten darauf hin, daß der Schrebergärtner — den Blicken anderer sich entziehend — nobler Herr über Grund, Boden und Haus ist.

Sie alle gleichen sich in einem: Aristokraten, Bürger, Ganoven und Schrebergärtner demonstrieren gleichermaßen in ihren geheiligten Bezirken feine Distanz zum gewöhnlichen Menschen.

Heiligung durch den Raum und das „Gefolge“

Die Heiligkeit der Person wird nicht nur durch Schlösser und ähnliche Bauten abgesichert und geschützt. Machthaber, Stammeshäuptlinge, hohe Beamte, angesehene Ärzte, Wirtschaftsleute und andere feine Leute haben als würdige Personen das Recht auf bestimmte ehrenvolle Plätze innerhalb von Räumen oder sie greifen zu Strategien, um räumlich auf die hervorragende Bedeutung ihrer Person hinzuweisen.
Wohl in den meisten Kulturen gibt es bestimmte Regeln, nach denen würdigen Personen innerhalb von Häusern, Zimmern und Zelten ehrende Plätze zugewiesen werden. In der europäischen bürgerlichen Kultur werden in diesem Sinn bei Festessen und ähnlichen Ereignissen die vornehmen Leute so plaziert, daß jedermann sie als solche erkennen kann.
Auch zeigt sich dies, darauf will ich bloß beispielhaft verweisen, in den türkischen Nomadenzelten Südostanatoliens. Für gewöhnlich werden diese Zelte durch handgewebte und gemusterte Wollsäcke zweigeteilt, so daß zwei Kojen entstehen, deren eine als Küchen- und Frauenraum gilt, der größere aber vorzugsweise den Männern und ihren Gästen vorbehalten bleibt und als Empfangsraum gilt. Das Familienoberhaupt, der Patriarch, hat den Ehrenplatz in der inneren Ecke dieses Zeltraumes. Je höher ein Gast sozial gewertet wird, desto näher wird er beim Familienoberhaupt plaziert. Diese Ehrenplätze sind in der Nähe der Ecke, an der Hinterwand des Zeltes, weil dort auch die wärmsten Plätze sind. Der soziale Rang eines jeden Anwesenden ist so — ähnlich wie im germanischen Hallenhaus und bei unseren Festmählern — klar erkennbar (Johansen, 1983, S.344f). Für die Darstellung der Würde einer Person sind Räume also von einiger Wichtigkeit.

Ein wesentlicher, historisch alter und völkerkundlich auch in anderen Kulturen belegter Verweis auf die Würde einer Person, der man ehrfürchtig begegnen müsse, ist die Einrichtung von Räumen, die der Besucher, Bittsteller oder Klient durchwandern muß, um zu der würdigen Person zu gelangen. Diese Räume, man kann sie als „Vorräume" bezeichnen, schirmen den Amtsträger oder den sonstigen machtvollen Menschen rituell vom „gewöhnlichen" Menschen ab. In diesen Räumen halten sich gemeiniglich einige würdevolle Menschen — entweder Diener, Leibgardisten oder Sekretärinnen — auf, um so den zeremoniellen Abstand der wichtigen Person zum ehrerbietigen Besucher zu dokumentieren und zu garantieren.
Besonders dramatisch und feierlich sah diese Distanz zum „normalen" Menschen bei den Audienzen in der Kabinettskanzlei des österreichischen Kaisers Franz Joseph aus. In einer Beschreibung Albert von Marguttis, der um eine Audienz beim Kaiser gebeten hatte, wird die distanzvolle Würde des Kaisers und seine heilige Abschirmung deutlich herausgehoben: „In diese für mich ebenso mühevolle als aufregende Zeit fiel meine erste Audienz beim Kaiser Franz Joseph am 17. Dezember 1900. Hiefür hatte ich mich, der Gepflogenheit gemäß, in der kaiserlichen Kabinettskanzlei zu den 'allgemeinen' Audienzen vormerken lassen. Mit begreiflicher Spannung sah ich dem bedeutungsreichen Augenblicke entgegen, in welchem ich dem alten Kaiser allein gegenüberstehen sollte. Hochklopfenden Herzens stieg ich die in der Hofburg 'Reichskanzleistiege' genannte, zum Vorraum (!) des Audienzzimmers führende monumentale Freitreppe hinan. Die zur Stiege führende, offen gehaltene Tür wurde von einem Unteroffizier der prächtig adjustierten Trabantenleibgarde, mit der Hellebarde im Arm, bewacht, während vor der zum Audienzzimmer des Kaisers führenden und bei den einzelnen Audienzerteilungen geschlossen bleibenden Tür je ein Rittmeister der Arcierenleibgarde und der ungarischen Leibgarde mit gezogenem Säbel Posten standen . . . Die Anmel-

dung zur Audienz bewirkte der im Tagesdienste stehende Flügeladjutant des Kaisers; außerdem waren Beamte des Zeremonialdienstes und die erforderlichen Türhüter sowie ein im Frack gekleideter Polizeikommissär zur Hand. Alles vollzog sich in ruhigster Ordnung mit bedachtsamer Genauigkeit und ungeachtet der zahlreich anwesenden Personen herrschte eine den feierlichen Eindruck wesentlich hebende Stille. Der Vorsaal selbst war sehr geräumig . . . Die anderen Saalwände schmückten prächtige Gemälde . . . All das fesselte in hohem Grade meine Aufmerksamkeit . . . Als der diensttuende kaiserliche Flügeladjutant mich aufmerksam machte, daß die Reihe nun bald an mich käme, stellte ich mich nächst der von den Offiziersgarden bewachten Tür auf. Wie sich diese öffnete, trat ich mit tiefer Verbeugung in das eigentliche Audienzzimmer, in welchem Kaiser Franz Joseph in der Feldmarschallsdienstuniform stramm auf mich zuschritt . . ." (Margutti, 1921, S.41ff).
Margutti betont übrigens an anderer Stelle, daß Kaiser Franz Joseph in seinen Amtsgeschäften und auch sonst von großer Unnahbarkeit war. Der Kaiser war an einem Charisma interessiert, das ihn würdevoll vom „gewöhnlichen" Volk abhob. Dieses Charisma wurde durch Räume und noble Gardisten hergestellt und geheiligt.
Diese Tradition, durch diverse Vorräume und mit dem entsprechend vornehmen Personal die Heiligkeit einer Person darzutun, wird heute in den Büros der Ämter und Wirtschaftsbosse weitergeführt.

Eine in diesem Sinn typische sakrale Raumanordnung erlebte ich, als ich von einem der höchsten Beamten der Stadt Wien um einen Besuch gebeten wurde. Zunächst — ich wollte lediglich ein privates Schriftstück überbringen und kam nicht in der Rolle eines Untergebenen — war ich nicht darauf gefaßt, was mich erwartete. Pünktlich zu der vereinbarten Zeit trat ich im Rathaus der Stadt Wien durch eine große neugotische Tür, auf der der Name dieses hohen Beamten zu lesen war. Ich gelangte in einen eher langgestreckten Raum. Ein Herr ging mir entgegen und fragte nach meinem Begehr. Ich erzählte, ich würde von Herrn

Direktor X. erwartet. Darauf verwies er mich in das nächste Zimmer, einen prunkvollen, hohen und kostbar eingerichteten Raum. In einer seiner Ecken befanden sich Tische, an denen zwei Sekretärinnen saßen und mich fragend anblickten. Ich wiederholte, was ich dem Herrn eben gesagt hatte. Die Damen nickten. Eine der beiden griff zum Telefonhörer, sprach ein paar Worte und bat mich höflich, Platz zu nehmen. Nach einigen Minuten erschien aus einem anderen Zimmer ein Herr und bat mich, „weiterzukommen". Ich folgte dieser Aufforderung und befand mich jetzt in einem noch prunkvolleren Raum mit teuren Teppichen und alten Bildern. Das Verblüffende für mich war, daß sich in dem Raum niemand aufhielt. Ich verharrte kurz, dann öffnete sich die Tür an der linken Seite und der Herr Direktor erschien. Mit einem freundlichen Gruß und einer einladenden Handbewegung forderte er mich auf einzutreten. Dieses Zimmer, das ich nun betreten durfte, war das prachtvollste der Zimmer, durch die ich geschleust worden war. Schöne Bilder, goldverzierte Sessel, Wandteppiche und ein herrschaftlicher Schreibtisch stachen mir ins Auge. Der Herr Direktor setzte sich zu einem ebenfalls goldverzierten Tisch, an dem auch ich Platz nehmen durfte. Mich beeindruckte diese Situation. Symbolisch wurde durch die Räume, die ich passieren mußte, und den Prunk der Zimmer deutlich gemacht, daß ich es hier mit einer wichtigen Person zu tun hatte, deren Heiligkeit nicht in Frage zu stellen ist. Die Vorräume verweisen symbolisch auf die soziale Distanz des einflußreichen Mannes und dokumentieren seine Macht. Dem Besucher wird vor Augen geführt, es hier mit einer nicht nur mächtigen, sondern auch rituellen und heiligen Person zu tun zu haben, der mit Demut, Höflichkeit und auch mit Servilität zu begegnen ist.

Was sich mir in extremer Weise beim Besuch dieses hohen sozialdemokratischen Magistratsbeamten offenbarte, ist in verkleinerter, aber symbolisch ähnlicher Weise eine übliche und oft zu beobachtende Strategie im Alltagsleben von Managern oder Politikern. In großen Firmen und Industrieunternehmen wird die Person des Generaldirektors und ähnlicher Mächtiger ebenso durch Räume und das entsprechende Personal geheiligt. Hier ist es zumeist auch das oberste Stockwerk, in dem die Etage des mächtigen Menschen liegt. Die sich in der Hierarchie unter ihm befinden, sind meist in anderen, unteren Etagen mit ihren Büros angesiedelt. Diese Büros sind für gewöhnlich kleiner und die Zahl der Sekretärinnen nimmt ab. Die dem mehr oder weniger großen Imperium des Unternehmens Vorstehenden (oder Vorsitzenden) sind somit symbolisch von den „gewöhnlichen" Menschen des Betriebes distanziert. Für Angehörige des Betriebes bedeutet es demnach einige psychische und „geographische" Schwierigkeiten, um die so aufgebaute Distanz zu überwinden. Denn die Abschirmung des heiligen Mannes durch Sekretärinnen und diverse andere Leute erhöht die bereits durch den Raum symbolisch demonstrierte Erhabenheit. Wichtig ist, daß der mächtige Mensch nicht direkt durch irgendeinen beliebigen Zeitgenossen kontaktiert werden kann. Die Zwischenschaltung anderer Personen entzieht ihn der gewöhnlichen Welt und macht ihn zu etwas Außerordentlichem, dem man sich, wenn man ihn endlich zu Gesicht bekommt, beeindruckt und nur in devoter Haltung und Gebärde nähert.

Auch an den Universitäten, dem alten Hort liberaler Ideen, findet sich die geschilderte räumliche Heiligung des Rektors, Dekans und auch des Professors. Die Amtszimmer des Rektors, Seiner Magnifizenz, sind traditionell kostbar ausgestattet und eine Reihe von Universitätsbeamten demonstrieren seine besondere Würde.

Professoren sind bisweilen ebenso sorgsam darauf bedacht, daß durch Sekretärinnen und Vorräume die Wichtigkeit ihrer Person unterstrichen und dadurch zu etwas Sakrosanktem gemacht wird. So auch ein mir bekannter Professor. Ihm sind zwei Sekretärinnen zugeordnet, bei denen ein allfälliger Besucher sich zu melden und zu fragen hat, wann der Herr Professor ihn empfangen könne. Das Zimmer des Professors ist in einer gehörigen Distanz zu den anderen Zimmern des Instituts, eher versteckt, was die Heiligkeit des Professors erhöht, angelegt. Um zu dem Professor selbst zu gelangen, ist nicht nur ein Korridor

zu bewältigen, sondern auch die zwei Türen, die den Professor vor Eindringlingen und vor störenden, seine feine geistige Tätigkeit beeinträchtigenden Geräuschen schützen.
Ich sprach zu diesem Thema auch mit einem Herrn, der eine einflußreiche Position in einem österreichischen Großunternehmen innehat. Er erzählte mir dazu Ähnliches: „Es ist wichtig für mich, daß ich im letzten Stock in einem großen Eckzimmer mein Büro habe. Demjenigen, der mich aufsucht, erscheint damit mein Büro weit entfernt, würdig dem sonstigen Treiben im Haus entrückt. Bevor er zu mir kommt, muß er in dem Zimmer der Sekretärinnen um eine Vorsprache ansuchen. Eine Sekretärin kommt zu mir. Sie klopft an. Dadurch wird klar, daß ich eine besondere Position habe. Bin ich bereit, den Besuch zu empfangen, so lasse ich ihn zunächst einmal eine Zeit warten. Das ist wichtig. Der Mann sieht dadurch, ich bin ein beschäftigter und auch angesehener Mensch. Kommt er dann in mein Büro, fällt ihm der große Raum und der lange Weg von der Tür zum Schreibtisch auf. So zeige ich meine Distanz zu ihm an. Ich achte sehr genau darauf, daß auf meinem Schreibtisch kein Papierkram liegt. Ein solcher würde auf meine Entscheidungsschwäche hinweisen. Das kann ich mir nicht leisten. Die Leute müssen fühlen, ich bin jemand, der klar und schnell seine Entschlüsse faßt. Und außerdem verwende ich im Büro vor Besuchern und Sekretärinnen keinen Kugelschreiber, sondern eine schwere Füllfeder. Diese verweist auf meine Würde und einen kultivierten, feinen Lebensstil. Den sollen die anderen merken. Das Büro darf auch keine Kleiderablage sein. Dies schaut proletarisch und wenig vornehm aus. Außer dem Schreibtisch, hinter dem ich stehe, wenn der Vorsprechende eintritt, befindet sich noch ein Besprechungstisch im Zimmer. Zu dem bitte ich meinen Gast, und dort wird die Sache beredet. Der Besucher sieht so, hier herrscht geplante Vornehmheit und er benimmt sich auch entsprechend. Und noch etwas: an den Wänden hängen einige Bilder, die von mir sorgfältig ausgesucht wurden. Zwei Landkarten unter Glas und alte Stiche zeigen an, daß ich ein Mann von Kultur bin und historische Interessen habe. Und außerdem hängen zwei abstrakte Bilder im Büro,

die haben etwas Magisches an sich. Ich bin also schwer einordenbar. Jedenfalls will ich mit den Bildern aussagen, daß ich kein gewöhnlicher Mensch bin.“
Mein mächtiger Interviewpartner, der seine Würde durch eine elegante und gepflegte Kleidung hervorhebt, dokumentiert also sorgfältig seine noble Bedeutung. Verschiedene Symbole bauen eine Distanz zu den Sekretärinnen und Besuchern auf. Der heilige Bezirk des Chefs darf von den Sekretärinnen nur betreten werden, wenn dies nach höflichen Klopfzeichen erlaubt wird. Die Tür zum Vorzimmer mit den Sekretärinnen bleibt also stets geschlossen und wird nur geöffnet auf Geheiß des noblen Gebieters. Die Vornehmheit des Büros wird schließlich darin ausgedrückt, daß der Chef die Besprechung nicht am Schreibtisch, der ihm ganz alleine gehört und daher heilig ist, sondern an einem eigens dafür vorgesehenen Tisch führt.
Von hoher Bedeutung ist also der Schreibtisch — und ähnlich auch der Sessel, der gepolstert, aus Leder, breit und mit imposanten Lehnen versehen sein kann. Sie zeigen Macht an, vornehmen Abstand zu anderen Menschen und geben dem Büroraum gleich einem Altar den Anschein des Sakralen. So auch der Schreibtisch des hohen städtischen Beamten Wiens, den ich, wie oben geschildert, besuchen durfte.
Der Schreibtisch ist also der Ort, an dem jene heiligen Handlungen vollzogen werden, aus denen, so scheint es, das Amt oder das Unternehmen sein Leben schöpft. Dem Besucher, der zunächst in ehrfürchtigem Abstand zum Altar des Büros verharrt, wird ein solcher Eindruck vermittelt. Darauf verwies auch mein Gesprächspartner: „Der Schreibtisch muß etwas Imperiales sein. Ein antiker, schön verzierter, aber kleiner Schreibtisch drückt nicht die Würde des Raumes aus. Ein großer, prächtiger Schreibtisch dagegen imponiert.“
Die Größe der Schreibtische vermag schließlich auf die Bedeutung der an diesen Tätigen hinweisen. Über den Schreibtisch als Rangsymbol und die dazu gehörigen Sessel gibt ein im „Kölner Stadtanzeiger“ unter dem Titel „Der Kampf um den größeren Schreibtisch“ erschienener Aufsatz farbig Auskunft: „Da sind zum Beispiel die Rangabzeichen in einer Kölner Versiche-

rungszentrale. Herausragendes Kennzeichen der gemeinsam in einem Großraum arbeitenden Angestellten ist der Schreibtisch. Der Sachbearbeiter — niederster Rang — sitzt vor einer schmalen Arbeitsplatte, in die nur zur Rechten ein paar Aktenfächer eingehängt sind. Hat er mehr Akten zu verwalten, so darf er rollbare Aktenwägelchen benutzen, beileibe aber keinen doppelseitigen, mit Aktenfächern ausgestatteten Schreibtisch. Der steht nur der zweiten Kaste zu, den Büroleitern. Handlungsbevollmächtigten — dem dritten Rang — wird der gleiche Schreibtisch zuteil, jedoch an der Front durch eine hervorstehende rechteckige Tischverlängerung imponierender gestaltet. Auch Prokuristen steht dieser Typ zu, doch wird er nach vorn und auch noch nach beiden Seiten durch dreieckig herausragende Anbauten repräsentativ vergrößert. Sie verleihen dem Schreibgiganten die Gestalt eines flachen Winkels, zwischen dessen Schenkeln der Prokurist thront. Die Direktoren? Sie diktieren hinter individuellen Tischen. Derselbe Klassenkampf tobt um die Stühle. Sachbearbeiter hocken auf einem schlicht gepolsterten Metallstuhl. Büroleiter administrieren auf demselben Typ, nur können sie darauf rollen. Sie haben Räder unter ihrem Sitz. Ein Handlungsbevollmächtigter verfügt über Rollen und zusätzliche Armlehnen, ein Prokurist über Rollen, Armlehnen und zusätzliche Zwischenteile, also über eine sesselähnliche Sitzschale. Hinzu kommt die Rangordnung im Zimmer selbst. Der Ranghöchste regiert immer am Fenster und bekommt das Licht von links. Nummer zwei arbeitet gegenüber am Fenster mit dem Licht von rechts. Nummer drei folgt in möglichst enger und möglichst linker Fensternähe und Nummer vier in der dunklen Ecke nahe der Tür und der Zugluft." (Wildt, 1963).

Der Arbeitsbeginn des feinen Menschen — der rituelle Speiseraum

Zu diesem Thema von Büro und Schreibtisch gehört auch die Frage, zu welcher Uhrzeit täglich die Herren der Unternehmen und Betriebe ihre Büros betreten und sich an ihre Schreibtische setzen; aber auch die Frage, wo die betreffenden würdigen Leute ihre Mittagszeit und andere Pausen verbringen. Zunächst: grundsätzlich sind diese geheiligten Personen an keine Stunde hinsichtlich des Arbeitsbeginns gebunden. Sie sind Herren über die Zeit. Sie bestimmen es, wann sie den heiligen Bezirk ihres Büros betreten und verlassen. Von ihren Untergebenen erwarten sie jedoch, daß diese pünktlich am Morgen bereits anwesend sind. Dadurch kann das Einlangen des Chefs zu einer würdevollen Zeremonie mit Grußritual, aus dem Mantel helfen und ähnlichen Ritualen werden. Das Eintreffen in den Büros mag somit ein interessanter Hinweis auf den Rang der in einem Unternehmen oder einer Verwaltung Angestellten sein.

In den einzelnen Instituten der Universität, dies ist meine Beobachtung, sind die ersten, die auftauchen, die Raumpflegerinnen. Nicht viel später kommt der Portier, er hat auch das Telefon zu bedienen. Etwas nach ihm erscheinen die Sekretärinnen. In gelassener zeitlicher Distanz langen die Assistenten ein. Und zuletzt grundsätzlich die Herren Professoren, die erwarten, daß bereits entsprechende Briefe geschrieben und diverse andere Dinge erledigt sind.

In dem zitierten Artikel aus dem Kölner Stadtanzeiger wird festgehalten: „Originellstes Rangsymbol ist der Arbeitsbeginn. Zwar gibt es Betriebe, in denen vom Vorstandsvorsitzenden bis zum Boten jeder Punkt halb acht Uhr mit der Arbeit beginnt. Aber viel häufiger findet sich etwas Ähnliches wie die Eintreffens-Rangordnung in einem rheinischen Verbandsbürohaus. Dort geht das so vor sich: Arbeitsbeginn acht Uhr. Es erscheinen die Boten, Pförtner und sonstigen. Acht Uhr fünfzehn: Die Stenotypistinnen treten auf. Acht Uhr dreißig: Die Sekretärinnen, danach die Chefsekretärinnen, 15 Minuten später die jüngeren Referenten. Gegen neun Uhr die älteren Referenten. Dann die Vizeabteilungschefs und schließlich um halb zehn Uhr die Abteilungschefs. Und ein Donnerwetter von oben überfällt jeden, der später kommt, als er kommen darf. Sanfte Mißachtung von unten erntet, wer früher erscheint, als es ihm nach dem Feudalkodex zusteht."

Bemerkenswert ist auch, wo zu Mittag gegessen oder ein Kaffee eingenommen wird. In den Mensen der Universität gibt es für gewöhnlich eigene Professorenzimmer, in welchen die würdigen Herren sich die Speisen servieren lassen. Und ebenso gibt es ein derartiges Zimmer in einer eher kleinen, aber viel aufgesuchten Imbißstube in einem der Wiener Institutsgebäude, wo auch ich studiert habe. Manchmal nahm mich ein Professor in das Professorenzimmer mit, wo wir Platz fanden, unseren Tee tranken und einiges besprachen. Ich fühlte mich geehrt und genoß den Gegensatz zum Hauptraum der Imbißstube, in dem sich die Studenten drängten und kaum sitzen konnten.

Eine ähnliche sichtbare rangmäßige Abstufung beim Speisen findet sich in vielen Betrieben. Die Kantinen bieten meist eigene heilige Bezirke an, in denen die Mächtigen des Unternehmens tafeln. In klassischer Weise ist dies beim Militär deutlich, das eigene Speiseräume besitzt, in denen nur Offiziere sich aufhalten dürfen, die bei ihren Mahlzeiten und Kaffeepausen trefflich von jungen Soldaten bedient werden. Diese sakralen militärischen Räume werden stolz Kasinos genannt, um so die soziale Distanz zu den „gewöhnlichen" Räumen der Mannschaften hervorzukehren.

Im Kölner Stadtanzeiger heißt es dazu: „Nie erscheint ein Untergebener beim Mittagstisch im Kreise seiner Vorgesetzten. So sieht die Tischordnung einer deutschen Großversicherung aus: Angestelltenkantine: Selbstbedienung, schlichtes Geschirr; Prokuristenkantine, nein, natürlich — Kasino: Gedeckte Tische und Bedienung; Direktorenkasino: Dies alles samt Ober im Frack; Generaldirektor: Privatspeisesaal."

Abschirmung der mächtigen Person durch Sekretärinnen — das Telefon

In der Struktur ähneln sich die Räumlichkeiten der mächtigen und auch sonst würdigen Menschen. Wichtig — wie schon mehrfach erwähnt — ist, daß zumindest eine Sekretärin zwischen der respektablen Person und dem gewöhnlichen Publikum zwischengeschaltet ist.

In derselben Weise verhält es sich mit dem Telefon. Der Würde eines solchen noblen Mannes entspricht es, daß er grundsätzlich nicht direkt anwähl- und sprechbar ist. Eine Sekretärin übernimmt für gewöhnlich das Gespräch und fragt nach dem Namen und dem Wunsch. Ist der Professor oder der Direktor gewillt, mit dem Anrufer zu sprechen, so läßt er sich den Anruf auf seinen Apparat legen. Jedenfalls wird dem Telefonierenden klar gemacht, hier habe er es mit einer wichtigen Person zu tun, die rituell abzuschirmen ist, an die man weder persönlich noch über Drähte so ohne weiteres herankommen kann.

Ähnlich verhält es sich mit den Briefen, die die würdige Person versenden läßt. Briefe an wenig noble Leute unterschreibt sie für gewöhnlich nicht selbst. Dies tut die Sekretärin „in Vertretung". Oder sie hält bloß fest, daß ihr Herr und Meister „nach Diktat verreist" sei. Der Adressat fühlt dessen Bedeutsamkeit und wird dezent auf seine eigene Unwürdigkeit hingewiesen. Es ist die soziale und räumliche Distanz, die die Würde der amtsgewaltigen Person verdeutlicht. Das „normale Volk" soll wissen, der außerordentliche Mensch darf in seinen gewichtigen Tätigkeiten nicht von Banalitäten tangiert werden. Damit rechnet der so Gewürdigte und leitet davon sein Prestige ab. Schließlich wird auf diese Weise seine Bedeutung auch gegenüber Gleichrangigen demonstriert. Es gehört zu den Strategien solcher vornehmer Männer, Freunde, Bekannte und mächtige Gegner in ihren geheiligten, durch sorgsame Wächter, die Sekretärinnen, bewachten Bezirk einzuladen, um diesen dramatisch vor Augen zu führen, mit welch hervorragendem Mann sie es eigentlich zu tun haben. Es sind also Demonstrationen der Macht, die hier symbolisch ausgedrückt werden.

Von großer Bedeutung für die Würde des Chefs sind also die Sekretärinnen als Personen, die stets darauf bedacht zu sein haben, daß ihr Meister auch abgeschirmt und erhaben über den „Mühen der Ebene" bleibt. Es ist daher wesentlich, daß die Sekretärinnen oder Personen in ähnlicher Funktion durch elegantes Auftreten und eine gepflegte Sprache den Herrn zu repräsentieren vermögen. Dies schilderte mir ein hoher Beamter so: „Man muß bei der Auswahl seiner Sekretärinnen sehr genau sein. Die Frauen müssen ein gutes Aussehen haben und sollen groß sein. Große Sekretärinnen unterstreichen meine Würde. Sie beeindrucken und drücken meine Macht aus. Mit den Sekretärinnen darf man keine Vertraulichkeiten haben, lediglich eine herrschaftliche Vertrautheit."

Es ist nicht notwendig, daß die heilige Person selbst durch einen beherrschenden Körperbau imponiert. Es genügt, wenn dies die den heiligen Bezirk umgebenden Menschen für ihn tun, die daher auch sorgfältig ausgesucht werden. Allerdings bleibt, dies entspricht der Dignität des Büroinhabers, die Distanz zum angestellten Personal gewahrt. Und wenn es doch einmal zu einem freundlichen Kontakt zwischen Chef und seinen Vorzimmerdamen kommt — so zum Beispiel, wenn er mit den Frauen in seinem Büro einen Kaffee trinkt, wobei die weihevolle räumliche Barriere wegfällt —, so bedeutet dies noch keine „Gleichstellung", wie mein Interviewpartner festhielt, sondern noble Herablassung und Anerkennung. Wichtig sei dabei, daß man als achtunggebietender Herr auch eine gewisse Einfachheit und noble Schlichtheit zeige.

Den Sekretärinnen ähnliche Funktionen können auch Polizisten und Soldaten einnehmen, wenn sie Regierungschefs oder bloß ihre Vorgesetzten rituell umgeben, um einen heiligen, nicht antastbaren Bezirk um sie zu schaffen.

Bei Soldaten ist dies besonders ausgeprägt, überhaupt wenn sie als Ehrengardisten die Eingänge von Hotels, in denen Staatsbesuche logieren, schmücken. Es handelt sich dabei jedoch nicht um eine bloße Schmuckfunktion, sondern vor allem um die ehrenvolle rituelle Heiligung des lokalen Bereiches, in dem eine bestimmte würdige Person sich gerade aufhält.

Der klassische Diener und Butler hatte ebenfalls die Pflicht, die „Herrschaft" nach außenhin vor unliebsamen Dingen und Gästen zu bewahren. Der Butler, der die Visitenkarte des Besuches in Empfang nimmt, deutet damit bereits an, daß sein Herr zu entscheiden habe, ob er den Besucher überhaupt für würdig hält, empfangen zu werden. Der Dienstbote unterstreicht damit die distanzierte Würde seines Herrn. Zu seinen Pflichten gehört jedoch nicht nur, den geheiligten Bezirk seines Herrn zu schützen, sondern auch, alles zu tun, daß dieser nicht gezwungen ist, Räume des Hauses zu betreten, die seiner unwürdig sind. Zu diesen Räumen gehören traditionell die Abstellkammer und die Küche. Die Vornehmheit des Herrn dokumentiert sich demnach auch darin, daß er diesen Räumen — vor allem in Gegenwart von Gästen — in würdiger Haltung fernbleibt.

Relikte einer solchen Einstellung sind heute noch zu bemerken, wenn Gäste geladen sind und die Dame des Hauses ihre Nobilität dadurch beweist, daß sie — oft nur für diesen Abend — ein Dienstmädchen engagiert, damit sie selbst vor ihren Gästen nicht gezwungen ist, den unwürdigen Ort der Küche zu betreten.

Eine besondere Note erfährt die Würde der Hausfrau, wenn dieses Dienstmädchen von dunkler Hautfarbe ist.

Wie bei den Sekretärinnen und Dienern weisen sogenannte Leibwächter — es gibt sie nicht nur in der Unterwelt, sondern auch bei politischen Führern und Wirtschaftsleuten — auf die Erhabenheit einer bestimmten Person und des durch sie geheiligten Raumes hin. Auch hier die soziale Distanz zum „kleinen Mann".

Bei meiner Studie über Wiens Kultur der Kriminalität war ich mit einem „Leibwächter" eines Unterweltbosses länger in Kontakt. Der Mann war stolz auf seine Aufgabe, einen bekannten Wiener Chef des verbotenen Glückspiels zu betreuen. Er hatte schnell gelernt, die Waffe und die Fäuste gegen die Leute zu gebrauchen, die seinem Brötchengeber in gefährliche Nähe kamen. Vor solchen und anderen schirmte er ihn erfolgreich ab. Zu seinem Aufgabenbereich gehörte es auch, teuer gekleidet und mit einer gewissen Arroganz den Unterweltler zu repräsentieren. Durch den Leibwächter erhielt die Unterweltgröße noch zusätzlich einen besonderen Nimbus.

In ähnlicher Weise werden charismatische Führer aus dem Bereich der Politik und der Religion von einer Reihe von Leibgardisten, die für gewöhnlich ausgesucht attraktive und große Männer sind, umgeben. Typisch dafür war die Leibstandarte Hitlers. Sie bestand durchwegs aus hochgewachsenen und prachtvoll gekleideten Männern, die vor den Amtsräumen des „Führers" dessen heiligen Bereich säumten. Sie unterstrichen dessen Charisma dadurch, daß sie — anders als er — eine sehr imposante Uniform trugen. Hitler wußte durch seine Schlichtheit in der Kleidung seine Außergewöhnlichkeit, an die er glaubte, hervorzutun.

Auch die „Schweizer Garde" des Papstes in ihrer farbigen Uniform, die in einem eindrucksvollen Gegensatz zu der einfachen Kutte ihres Herrn steht, bewacht das durch den Papst geheiligte Terrain. Diese heilige Aura entsteht überall dort, wo der Papst sich gerade aufhält.

Die nächste Umgebung wichtiger und würdiger Herren, also Leibwächter, Sekretärinnen, Diener etc., hilft mit bei der Erschaffung der heiligen Räume dieser Herren und schützt gleichzeitig deren Heiligkeit.

Andere heilige Räume als jene, die durch das Büro oder eine mächtige Person bestimmt sind, gibt es in jeder Kultur. Es handelt sich hier um Räume, die für würdige und außerordentlich erscheinende Leute eingerichtet sind. Diese Räume sind reserviert für Menschen, denen das Gefühl vermittelt werden soll, etwas Besonderes zu sein, und die oft auch bereit sind, dafür zu zahlen.

Zu solchen heiligen räumlichen Bereichen gehören die Zimmer für 1. Klasse-Patienten in Krankenhäusern, die Abteile und Plätze in Eisenbahnwaggons, Flugzeugen und auf Schiffen für 1. Klasse-Reisende und in gewisser Weise auch die VIP (very important person)-Räume in den Flughäfen.

Die Benützer solcher Lokalitäten vermögen den davon ausgeschlossenen Personen symbolisch klar zu machen, daß sie zu den würdigen Leuten unserer Gesellschaft gehören. Sie haben das Geld, sich exquisite Dinge zu leisten, eben z.B. den Aufenthalt in diesen geheiligten Räumen. Und ein entsprechendes Personal steht dazu bereit, der Würde dieser Menschen durch ausgesuchte Speisen, kostbares Geschirr, eine vornehme Bedienung und dezente Höflichkeit zu huldigen.

Dafür muß die so geheiligte Person allerdings grundsätzlich auch zahlen oder sie gehört eben einer Institution an, wie einer potenten wirtschaftlichen Gruppe oder einer staatlichen Institution, die dieser Person Macht verleiht und für sie bürgt.

So hatte in der Monarchie der Kaiser seinen eigenen noblen Salonwagen bei der Eisenbahn, der der Welt die Heiligkeit der kaiserlichen Person vorführte. In direkter Tradition dazu stehen heute die Sonderzüge für Staatschefs, Minister und andere hervorragende Menschen.

Zu den heiligen Lokalitäten, über die nur bestimmte Personen verfügen können, gehören auch die reservierten Parkplätze bei Krankenhäusern, großen Betrieben, Fabriken und diversen Großunternehmen. Die Heiligkeit des betreffenden Menschen wird dadurch hochgehalten, daß für ihn ein eigener Parkplatz

reserviert ist, auf der die Nummer seines Autos glänzt. Sicherlich hat ein solcher Parkplatz auch einen praktischen Wert, jedoch der symbolische scheint der größere zu sein. Der sakrale Raum des Parkplatzes veredelt gegenüber dem Publikum denjenigen, der auf diesem Platz sein Auto abstellen darf.
Aber auch die Toiletten nobler Leute in Gebäuden, in denen viele Personen beschäftigt sind, sind hier zu erwähnen. So gibt es für gewöhnlich in Schulen eigene Lehrer-Klosetts, die nur von dem würdigen Lehrpersonal mit einem speziellen Schlüssel geöffnet werden können. Die noble Distanz zum gewöhnlichen Schüler wird diesem so bewußt. Genauso verhält es sich in Gerichtsgebäuden, in denen den ehrvollen Richtern separate Toiletten zustehen. Mir wurde über einen Richteramtsanwärter erzählt, er wäre mit dem Richter, dem er zugeteilt war, in heftigen Streit geraten, weil dieser sich geweigert hätte, ihm, dem Anwärter auf das Richteramt, die Verfügung über den Klosettschlüssel einzuräumen. Der Richter verwies durch sein Beharren, die Toilette weniger noblen Leuten, zu denen er auch den Anwärter rechnete, nicht zugänglich zu machen, auf die Bedeutung seiner Person.
Alle diese heiligen Bereiche entheben die würdige Person dem gewöhnlichen Alltag.

In diese heilige Zone einzudringen, ist freilich auch Bestreben des „kleinen Mannes", der sich dadurch eine Heiligung seiner Person erhofft. Das wissen diverse Unternehmungen, die Fremdenverkehrsindustrie, Versicherungen und die Werbung. Typisch in diesem Sinn ist das Versprechen bestimmter privater Krankenversicherungen, ihrem Kunden im Falle einer Krankheit einen feudalen Aufenthalt in einem 1. Klasse-Zimmer zu ermöglichen. Oder der Hinweis von Fluggesellschaften, Personen, die einen Flug als 1. Klasse-Passagier buchen, als VIP zu behandeln. Ist es jemand gelungen, als eine solche „very important person", als zahlungskräftig oder sonstwie als wichtig betrachtet zu werden, so stehen ihm jene heiligen Räume offen, durch die er vom „gewöhnlichen Volk" ferngehalten wird und die ihn als besonders würdig herausstreichen.

Besonders dramatisch zeigt sich diese sakrale Bedeutung des Raumes für die Heiligung von Personen bei bestimmten Theaterlogen und vor allem bei den Logen, die in staatlichen Theatern nur hohen und höchsten Regierungsbeamten zugängig sind, wie zum Beispiel bei der sogenannten „Präsidentenloge", die die frühere „Kaiserloge" konsequent ablöste.
Diese Logen bieten somit wenigen Auserwählten und gut zahlenden Zeitgenossen würdige Distanz zum „gewöhnlichen Volk" im Parkett. An der Symbolik einer solchen Theaterloge wird die Heiligkeit einer begrenzten Lokalität, welche für gewöhnlich die Würde einer Person unterstreicht, aber auch erzeugen kann, besonders augenfällig.

Die Jagd

Ein altes Symbol des Aristokraten — der Wilderer als Rebell

Bereits bei Horaz wird die Jagd als noble Beschäftigung des Adels herausgestrichen. Die besondere Verflechtung von Aristokratie und Jagd hat somit Tradition und erfährt schließlich im europäischen Mittelalter einen ersten Höhepunkt. Die Jagd, zunächst Vorrecht des Freien und dann des Grund und Boden Besitzenden, konzentrierte sich in der Hand des Landesherren als oberster Jäger, der die Gebiete, in denen die Untertanen frei jagen durften, immer mehr einengte. Die vor allem nach dem Dreißigjährigen Krieg in besonderer Weise zunehmende Verarmung der Menschen führte auch zu einem Überhandnehmen des Wilddiebstahls, der von der Aristokratie in oft grausamer Weise geahndet wurde. Der „kleine" Mann wurde immer mehr von der Jagd ausgeschlossen und die Landesfürsten pochten stärker auf ihr alleiniges Recht zur Jagd. Zumal, wie sie meinten, für den „einfachen" Menschen die Jagd sittlich schädigend sei (vgl. Girtler, 1987, S.13ff).
Grafen, Freiherren, Bischöfe, Fürsten und ganz allgemein Großgrundbesitzer fühlten sich als Herren über Wald und Tier und bestraften die Wilddiebe, die das Recht dieser Potentaten nicht akzeptieren wollten. Unterstützung fanden die bäuerlichen Wilddiebe bereits durch Thomas Müntzer, der 1521 proklamierte: „Auch sei es ihnen (den Bauern) verboten, das Wildprett, Gevögel oder Fisch zu fangen, was uns ganz unziemlich und unbrüderlich dunket. Auch will die Obrigkeit zum mächtigen Schaden das Gewild haben . . . Gott hat dem Menschen Gewalt gegeben über alle Tiere . . ."
Dieser Gedanke, daß alle Menschen das Recht zur Jagd haben und der die Wilderer legitimiert, hält sich ab nun. Der adelige Grundherr jedoch wehrte sich gegen diejenigen, die sein Jagdrecht zu beschneiden wagten. So ließ der Erzbischof von Salzburg einen Wilderer auf öffentlichem Markte von Hunden zer-

reissen. Oder der Herzog Galetias Sforza zwang einen Wilddieb, einen erlegten Hasen mit Haut und Haaren zu verzehren (v. Dincklage, 1890, S.8ff).

„Der Graf schläft und der Wald wächst", heißt ein Sprichwort in noblen Kreisen. Dieses will offensichtlich ausdrücken, daß Grundbesitz und Wald dem adeligen Herrn schlechthin gehören und daß es vor allem der Wald — samt Inventar — ist, der ihm gleichsam im Schlaf zufällt. Der Wald als Zubehör und auch Symbol des Aristokraten hat für dessen Lebenswelt also eine eminente Bedeutung.

Mit dem Wald, dem besonderen sichtbaren Symbol des Aristokraten, ist eng das gesellschaftlich wichtige Symbol der Jagd verbunden. Die Jagd wird geradezu als „religiöses Exerzitium" des Adels begriffen und ideologisch wird sie als nicht unwichtiges Erziehungsmittel gesehen, welches ethische Sinnbilder und das Erlernen eines charakteristischen Lebensstils vermittelt. Waidgerechtigkeit und Ansehen innerhalb der noblen Gesellschaft hängen zusammen und man ist bemüht, deutlich zu machen, ein guter Jäger zu sein. Ein Hochadeliger meinte daher: „Unter dem Adel ist die Jagd eine Passion . . . Jagd, das ist ein Sport, der bei den Arrivierten viel Anklang findet. Dieser Lebensstil, zu dem auch ein Schloß eventuell gehört, übt eine gewisse Anziehungskraft aus. Insofern wirkt der Adel stil- und formgebend". Und ein jüngerer Hochadeliger ergänzte: „Der Vater oder der Großvater erzieht den jungen Adeligen zum Jäger . . . Früher hat hauptsächlich der Adelsstand gejagt, das ist gleich geblieben, obwohl einige Änderungen eingetreten sind."

Der heutige Aristokrat weiß von der Jagd als Symbol seiner Exklusivität und um die damit verbundenen Traditionen. In diesem Sinn sieht ein Nachkomme eines alten Fürstengeschlechtes die Jagd, mit der er auch noble körperliche Ertüchtigung verknüpft: „Ich kann von mir selbst nur sagen, daß mich die Jagd in Teile des Forstgebietes führt, wo ich ohne Gewehr nie hingekommen wäre. In unserer Gesellschaft spielt die Jagd traditionell eine sehr starke Rolle. Auch unsere Kinder wachsen vielfach schon damit auf. Es muß natürlich niemand Jäger werden. Aber wenn man damit aufwächst, ergibt sich doch oft ein gewisses Interesse an der Jagd. Dann macht man natürlich gerne mit."

Es entwickelten sich eine Reihe von Jagdritualen, die, so scheint es, im adeligen Jagdsinn ihren Ursprung haben und später von denen übernommen wurden, die dem adeligen Jäger nachzueifern suchten. Zu diesen adeligen Jagdritualen gehören eine charakteristische Formation mit Jagdherrn, Jagdgästen, angestellten Jägern, Hundeführern und Hilfspersonal. Die Jagd beginnt mit einer zeremoniellen Eröffnung durch den Jagdherrn vor den aufgestellten und formierten Jagdteilnehmern, zum Beispiel so: „Ich begrüße die erschienenen Schützen, Treiber, Hundeführer und Begleiter sehr herzlich zur heutigen N.—Jagd. Geschossen werden Fasane, Hahnen, Hasen und Enten. Die Jagd nimmt den üblichen Verlauf. Wir fangen bei dem L.—Wald an und kommen nach dem 3. Trieb wieder vor den Hof." Jagdhörner geben das rituelle Zeichen zum Beginn des Jagens und die Jagdgesellschaft, Treiber, Hundeführer und andere Begleiter bleiben in höflicher Distanz zum Jagdherrn und seinen Gästen. Nach erfolgreicher Jagd wird das erlegte Wild in der sogenannten Strecke aneinandergereiht und zur Schau gestellt. Die Jäger begeben sich zur Strecke, betrachten stolz ihre Beute und nach einem „Weidmannsheil" durch den Jagdherrn, der den Schützen seinen Glückwunsch ausgesprochen hat, ertönen die Jagdhörner und man begibt sich zur weiteren Jagdzeremonie in das Schloß oder das Gasthaus, um dort nach traditionellen Trinkritualen sich gegenseitig zuzutrinken und die vorbereiteten Speisen, die auch ihre Tradition haben, zu sich zu nehmen.

Die Einhaltung der traditionellen Rituale, das Dokumentieren einer althergebrachten Hierarchie, die Spannung zwischen nobler Distanziertheit der Jäger zu den Jagdhelfern und dem Gemeinschaftserlebnis aller Beteiligten machen die Faszination der Jagd aus. Das ist es auch, was die Jagd als Symbol der Vornehmheit für den modernen Bürger, der es zu etwas gebracht hat, anziehend macht. Ein Wiener Herrenschneider, zu dessen Kundenstock vor allem Mitglieder der Hocharistokratie gehören, bringt eine interessante und farbige Einstufung der Jagd und ihrer Attraktivität für den Nichtadeligen: „Sicherlich hing die Jagd früher mit dem Grundbesitz zusammen. Je mehr sich die Adeligen durch die Jagd von gewöhnlichen Sterblichen unterschieden haben, umso mehr sind sie der Jagd nachgegangen. Auch heute noch ist mit der Jagd ein gewisser aristokratischer Stil verbunden, denn die Jagd ist keine Fleischhackerei, das Wild hat einen gewissen Stellenwert und das Jagen hat einen gewissen Sinn . . . Die adeligen Kunden, die ich habe, haben alle perfekte Jagden. Wenn man bei einem von diesen eingeladen ist, spürt man das. Wenn man dort zur Jagd kommt, wartet schon der Jäger. Der geht mit einem hinaus und er weiß genau, wo und wann der Bock auftaucht. Für viele Leute ist es wichtig, von der Aristokratie zur Jagd eingeladen zu sein. Eine Jagd, bei der man bloß vom Hochstand schießt und der Bock ist tot, ist keine richtige Jagd. Nur wenn den Jagdgästen das Jagen beschwerlich ist, ist so etwas zu verstehen. Da ist nicht viel Zeit und man ist froh, wenn er gleich schießt. Da die Adeligen schon immer gewohnt waren zu jagen, hat die Jagd ihre Form gehabt. Da ist es fast zeremoniell hergegangen. Auch heute ist dies noch so mit Stil. Das Wild hat einen gewissen Stellenwert, man hat vor ihm eine gewisse Achtung. Zu den Ritualen gehört daher, daß man nicht über die Strecke steigt. Die Jagd hat einen gewissen Sinn, man schießt nicht aus Sport."

Die Ritualisierung des Tötens verfolgt offensichtlich den Sinn, das Töten nicht als bloßes Niederschießen, Abknallen oder Vertilgen zu begreifen, sondern als einen notwendigen und nützlichen Akt, zu dem auch das Einhalten von Schonzeiten u. ä. gehört. Das Kennen und Erlernen dieser Riten demonstriert adelige Herkunft und eben auch den Müßiggang, der notwendig ist, um sich mit solchen Regeln überhaupt befassen zu können. Als Symbol der Aristokratie wurde die Jagd schließlich auch für das kapitalkräftige Bürgertum zu einer wichtigen Betätigung, mit der auf die eigene Vornehmheit verwiesen werden kann. Primarärzte, Rechtsanwälte und auch Geschäftemacher jeder Art sehen sich so als Jäger in direkter adeliger Tradition. Jagdvereine, in die aufgenommen zu werden an eine gute Reputation gebunden ist, zelebrieren die Distanz zum „gewöhnlichen" Volk. Jagdliche Symbole und Rituale werden sorgsam gepflegt und vermitteln das Gefühl der Besonderheit.

Diese Exklusivität der Jagd veranlaßt nicht nur den am Aristokratischen sich orientierenden Bürger, die Jagdprüfung zu machen, eine Jagd zu pachten und Einladungen zur Jagd auszusprechen, sondern auch der zu Geld gekommene Mann aus der Welt der Prostitution und des Glücksspiels greift zu diesem Symbol der feinen Lebensart und auch des Müßiggangs. So weiß ich von einem Nachtklubbesitzer, daß er an der Donau ein großes Jagdgebiet gepachtet hat. Zu Jagden lädt er regelmäßig Adelige mit klingenden Namen und reiche Geschäftsleute ein und erfreut sich daran, daß die von ihm ausgesetzten Wildschweine seine Gäste entzücken. Die von ihm veranstalteten Jagden werden gerne besucht, zumal der Mann mit der Großzügigkeit des alten Aristokraten die Eingeladenen reichlich und kostbar bewirtet.

Die Jagd — wie gewisse Sportarten überhaupt — verschafft das Gefühl, einer nicht produktiven Tätigkeit nachzugehen und mit der Natur, ganz im Stile des traditionellen und adelig-heroischen Naturempfindens, sich auseinanderzusetzen: in verwegenem Pirschgang und schließlich beim Abschuß des flüchtenden Wildes. Dazu gehört auch — ähnlich wie bei feinen Tennis- und Golfklubs —, daß die Aufnahme in solche Jagdvereine an einen besonderen sozialen Status und eine entsprechend hohe Einschreibgebühr gebunden ist.

Die Jagd ist ein bedeutsamer und wichtiger Gesprächsstoff in diesen gesellschaftlichen Kreisen. Eine junge Adelige, die Jagdgesprächen ihrer Standesgenossen untereinander und mit zu Geld gekommenen Bürgern oft beiwohnte, schätzt dieses Thema so ein: „Die Jagd spielt eine sehr große Rolle in unseren Kreisen. Ich glaube, die Leute hauen gerne damit auf den Tisch, auf wievielen Jagden sie waren und auf wievielen sie eingeladen gewesen sind. Bei meinen Onkeln höre ich oft: heuer gehe ich auf soundsoviele Niederwildjagden, auf Schnepfen usw. Manche Einladungen zu Jagden gelten besonders viel."

Es gilt als Ehre und Zeichen honorigen Wohlwollens, wenn

man zu bestimmten Jagden als Gast geladen wird. Man weiß, welche Leute auf solchen Jagden zu treffen sind und was von ihnen zu erwarten ist. Es hebt den gesellschaftlichen Stellenwert, auf Einladungen dieser Art verweisen zu können.

Unter den heutigen Jägern in den Gebirgsdörfern finden sich eine Reihe von ehemaligen Wilderern, die noch am Beginn der fünfziger Jahre illegal dem Waidwerk nachgegangen waren. Diese klassischen Wilderer, wie ich sie bezeichnen will, legitimierten ihre verbotene Jagd vor allem damit, daß sie als Bauernburschen oder arme Gebirgsbauern von der Jagd so gut wie ausgeschlossen waren. Ihnen fehlte es sowohl an Geld, um eine Jagdberechtigung zu erwerben, als auch an guten Beziehungen zu Jagdherrn, die sie vielleicht zu einer Jagd als Gast eingeladen hätten.

Die Wilderer nahmen sich das Recht zur Jagd, welches man ihnen genommen hatte und standen damit in ständigem Konflikt mit den Jagdherren. Die arme Bevölkerung der Gebirgsgegenden sympathisierte mit den Wilderern, deren Tätigkeit häufig romantisiert und besungen wurde. Als Gegenspieler zum Aristokraten konnte der Wilderer einiges Ansehen erwerben, überhaupt wenn er sich waidmännisch verhielt, also die Jagdregeln einhielt und er den Ruf genoß, schlauer als der vom Jagdherrn eingesetzte Jäger zu sein. Der Jäger, obwohl er die Wilderer oft persönlich kannte, war meistens ein bitterer Gegner der Wildschützen; schließlich wurde er für seine Tätigkeit vom Jagdherrn gut bezahlt. Als Jäger stand er über der übrigen Dorfgemeinschaft und durch seine Beziehung zum reichen Jagdherrn sah er sich gesellschaftlich gehoben.

Der Wilderer nun stellte sich dem jagenden Adeligen gleich. Als armer Bursche aus der bergbäuerlichen Welt wollte er es sich nicht gefallen lassen, daß das Wild einem Fremden gehörte und er dieses nicht für sich schießen durfte. Ein im südlichen Oberösterreich vor dem 2. Weltkrieg bekannter Wildschütz, den ich interviewte, erzählte mir, wie er zum Wildern kam: „Mein Vater hat für den Graf L., den Jagdherrn, die Gams vom Berg heruntergetragen. Ich habe mir damals als Bub gedacht, daß ich mir

später selber die Gams schieße. Und die Gams, die ich heruntertrage, die gehört mir. Ich bin auch dann ein guter Wildschütz geworden." Um zu bekräftigen, daß er sich dem adeligen Jagdherrn gleichgestellt hat, ergänzte er: „Ich war der Fürst von Schwarzenberg! Am Schwarzenberg war mein Revier und viele Gams habe ich dort dem Jäger weggeschossen!"
Hier klingt der Stolz des Wilderers heraus, der es nicht dulden wollte, daß er von der Jagd ausgeschlossen war und im besten Fall als Diener des Jagdherrn eingesetzt wurde.
Der Wilderer genoß bis in die Zeit vor dem 2. Weltkrieg bei der Bevölkerung hohes Ansehen und er konnte bisweilen mit ihrer Unterstützung rechnen. Wie sehr die Menschen im Gebirge hinter den Wilderern standen, zeigte sich in einer „Schlacht" zwischen Wilderern und Gendarmen in Molln (Oberösterreich) in den zwanziger Jahren. Um das Wildern im Sengsengebirge einzudämmen, waren Gendarmen veranlaßt worden, einige Mollner Wilderer festzunehmen. Als die Gendarmen die Inhaftierten mit dem Zug nach Steyr bringen wollten, entwaffneten Wilderer die Ordnungshüter und befreiten ihre Kumpanen. Singend zogen sie nach Molln und begossen im Gasthaus Dolleschal ihre Tat. Die Gendarmerie setzte nun eine große Zahl von Gendarmen ein, die in Lastwagen nach Molln geschafft wurden. Diese drangen in das Gasthaus ein. Es kam zu einer wilden Schlägerei, in deren Folge ein Gendarm und drei Wilderer ihr Leben lassen mußten. In den nächsten Tagen legten die Arbeiter des Steyrtales aus Protest gegen die Aktion der Gendarmerie ihre Arbeit nieder. Und als die Gendarmen in Steyr in den Zug einsteigen wollten, um zum Rapport nach Linz zu fahren, wurden sie von den aufgebrachten, auf der Seite der Wilderer stehenden Menschen mit Steinen beworfen.
Hier drückte sich ein Protest gegen die staatliche Ordnung aus, die die reichen Jagdherrn auf Kosten der armen Bevölkerung begünstigt.
In den Dörfern im Gebirge war mit dem Wildern auch ein hoher Status verknüpft. Der junge Bursche, der als Wildschütz einen guten Ruf genoß, erwarb damit Ansehen bei den Burschen des Dorfes und konnte mit der Sympathie der Mädchen

rechnen. Als wirklicher Mann galt, wer als Wildschütz den Jäger narrte und den Mut bewies, kühn in der Felsenregion der Gams nachzustellen. Das Wildern war also so etwas wie ein Initiationsritual, durch welches der junge Bursche erst zum interessanten jungen Mann wurde.
Der klassische Wildschütz achtete oft peinlich genau darauf, daß er auch die Jagdsymbole einsetzte und durch deren Verwendung auf sein waidgerechtes Handeln verweisen konnte. Zu solchen Symbolen gehörte vor allem der Gamsbart auf dem ländlichen Hut und eventuell eine gams- oder hirschlederne Hose. Beim Begräbnis eines Wilderers warfen ihm die den Sarg begleitenden Kollegen einen „frischen Bruch" in das Grab, wie es auch beim Jagdherrn üblich ist.
In den fünfziger Jahren, als sich die Jagd langsam vielen Menschen öffnete, ging die klassische Zeit des Wilderns zu Ende. Wilderer, die vereinzelt — durchaus waidmännisch — noch der verbotenen Jagd nachgehen, können nicht mehr mit Sympathien aus dem Volk rechnen, denn es gibt bereits genügend Jäger, die legal auf die Pirsch gehen. Die Zeiten der Not sind vorüber und den Wilderer im alten Sinn gibt es kaum mehr.
Aber für viele Männer im Dorf ist es auch heute noch eine Auszeichnung, wenn sie von einem wohlhabenden Jagdherrn als Jäger eingestellt werden. Der Jäger sieht sich sozial aufgewertet und ist sich „der Ehre bewußt", wenn der Baron oder der Herr Hofrat ihn huldvoll und gnädig grüßt, oder ihm auf die Schulter klopft, wenn er einmal im Jahr mit ihm auf die Jagd geht.

Die Wilderer im alten Stil sind im wesentlichen verschwunden und die adeligen Jagdherrn bekamen Konkurrenz durch Ärzte, Kaufleute, Anwälte und deren Gäste, die ganz in der Art des alten Adels in den Forsten sich zum Wild führen lassen, selten zu Fuß, meist mit einem geländegängigen Fahrzeug. Die Jagd als inzwischen etwas verwässertes Vorrecht und Symbol der Aristokratie genießt weiter vor allem bei denen eine große Attraktivität, die ihre Noblesse und ihre feine Lebenssitte dadurch herausstreichen wollen, daß sie über eine Jagd verfügen, ein Jagdhaus besitzen und Gäste zur Jagd einzuladen vermögen.

Die Jagd bleibt weiter ein Symbol des sozial und politisch Mächtigen, verschafft dem Jäger das Gefühl, gesellschaftlich hoch bewertet zu werden, und sie lockt die an, die im Stil alter Aristokraten zeigen wollen, daß sie zu „Heldentaten" bereit sind. Thorstein Veblen meint übrigens dazu, in der Jagd würden sich Relikte des Lebensstils früherer „Barbarenfürsten" finden, deren Absicht es war, durch Jagen und entsprechend demonstrativ müßiggehendes Auftreten ihre Bedeutung und prachtvolle Existenz zum Ausdruck zu bringen (Veblen, 1986, S.245ff). Im vornehmen Jagdstil wird diese Tradition weitergeführt. Einige reiche und nach gesellschaftlichem Ansehen dürstende Bürger schließen sich dem an. Der Ganove und kriminelle Weltmann findet an der Jagd ebenso sein Interesse wie Repräsentanten des Staates, die als moderne Müßiggänger in gewisser Weise an die alten „barbarischen" Häuptlinge (im Sinne Veblens) erinnern.

Dieses Kapitel abschließend will ich zeigen, daß für Kaiser Franz Joseph die Jagd eine vornehme Sache war, die im Sinne der alten Aristokratie höher als andere Traditionen zu bewerten ist: „Nicht anders hielt es der Kaiser mit den Hofjagdleitern von Ebensee, Titz von Wildprügg und seinem Nachfolger Böhm. Beide erhob er in den Rang von Hofräten und bedachte sie gelegentlich mit dem Ritterkreuze des Leopold-Ordens, den ersteren im Jubiläumsjahre 1908 sogar mit dem Komturkreuze mit den Sternen des Franz-Joseph-Ordens, Auszeichnungen, welche ansonsten nur Divisionäre nach einigen Jahren erfolgreicher Kommandoführung erhielten. Der Jägerberuf stand also in den Augen des greisen Kaisers gar hoch über allen anderen und adelte, seiner Auffassung nach, von vorneherein jene, die sich ihm widmeten" (Margutti, 1921, S.233).

Der „niedere" Adel

In einer besonderen Situation sind die sogenannten „niederen" Adeligen, also jene, die über keine Ländereien und keine Schlösser verfügen, und die Adeligen, die lediglich auf einen wohlklingenden Namen verweisen können. Für diese — und wohl auch für den Bürger, der sich an der Aristokratie orientiert — scheint ein spezifischer Ritualismus charakteristisch zu sein. Durch übertriebenes Betonen von aristokratisch anmutenden Handlungsregeln soll die Zugehörigkeit zur Adelsgemeinschaft verdeutlicht werden. Eine Hochadelige, die viel Gespür für die soziale Lage dieser „kleinen Aristokraten" hat, drückt dies so aus: „Der Landadel beharrt stärker auf den Sitten, wir dagegen (der Hochadel) sind mehr aufgeschlossener."
Ähnlich, aber etwas weniger höflich, skizzierte dies ihre Freundin: „Das Schlimme sind die kleinen Adeligen, die geben an wie zehn nackte Neger, das ist schrecklich. Die kleinen Adeligen hauen am meisten auf den Tisch. Viele leiden darunter, daß sie kein Geld mehr haben."

Genau so schätzt auch ein nobler Herrenschneider, der vor allem Adelige einkleidet, den „niederen" bzw. den bloß auf seinen Titel sich berufenden Adel ein. Für ihn sind es vor allem die ungarischen Adeligen, die — als Flüchtlinge nach Wien gekommen und über kein Vermögen verfügend — ihre adelige Herkunft oft penetrant herausstreichen: „Es gibt auch Adelige, so kleine ‚Von' aus Ungarn, das ist das Ärgste, was einem passieren kann. Die sind so arrogant, daß es nicht mehr höher geht, allerdings mit Ausnahmen. Aber die wirklich fundierten Adeligen sind eher bescheiden."

Diese Aussagen scheinen die Beobachtung zu bestätigen, daß jene Adelige, die kaum über Vermögenswerte verfügen oder einem „jungen" Adel angehören, eher dazu neigen, ihre adelige Herkunft herauszustreichen. In diesem Zusammenhang ordnet sich auch jene, oft von Leuten aus altem Adel kolportierte, heitere Geschichte ein, nach der es einige Adelige gebe, die erst

in den letzten Stunden der Monarchie, als Kaiser Karl auf dem Weg in die Emigration war, noch schnell von ihm geadelt worden wären.
Diese Adelsart wird humorvoll mit „Coupé"- und „Wink"-Adel bezeichnet. Damit will ausgedrückt werden, daß Kaiser Karl im Coupé seines Zuges, welcher ihn aus Österreich entführte, den Adelsbrief unterschrieben habe, und daß diejenigen, die aus Zeitgründen nicht mehr zu dieser Huld kamen, weil der Zug schon abfuhr, durch das Winken des Kaisers aus dem fahrenden Zug geadelt worden wären. Da die in letzter Minute der Monarchie geadelten feinen Herren grundsätzlich eher vermögend gewesen sein sollen, drückt sich in diesem Witz auch eine gewisse Distanz und Abwertung gegenüber diesen Leuten von Seiten des alten, eingesessenen Adels aus. In ähnlicher Weise wird sich der Ur- oder Hochadel über den Beamtenadel des 18. und 19. Jahrhunderts belustigt und von ihm distanziert haben.
Der „niedere" und „junge" Adel steht also vor dem Problem, in der Adelsgemeinschaft entsprechend akzeptiert zu werden. Ein Rechtsanwalt, der, von niederem Adel abstammend, seine Kanzlei zu einem prächtigen Beweis seiner aristokratischen Herkunft gestaltet hat, spürt diese Differenzierungen: „Es gibt sicher eine Trennung zwischen höherem und kleinerem Adel. Ich bin von niedrigstem Adel, dem Briefadel, so um 1850. Genau weiß ich es nicht, wie alt wir sind, aber ungefähr. Irgendwie spüre ich, daß der höhere Adel den niederen nicht akzeptiert. Man schaut ein bisserl herunter. Überhaupt auf die wird von oben heruntergeschaut, die besonders auf ihren Adel pochen."
Der „niedere" Adel hat es nicht leicht, will er eine noble Herkunft herausstreichen, denn Uradelige und Adelige mit langen Stammbäumen machen es ihm schwer, eine entsprechende adelige Identität herauszustellen. Dies kommt auch in einem Interview mit einem Angehörigen einer alten Familie zur Sprache, der sich sehr intensiv mit der Geschichte des Adels beschäftigt hat. Dieses Interview ist auch insofern bemerkenswert, als auf die Typologie der Aristokraten eingegangen wird: „Es gibt Familien, die behaupten, sie würden bis ins 11., 10. Jahrhundert zurückgehen. Das ist aber nicht leicht nachzuvollziehen. Seriös

kann eine Familie um 1200 urkundlich erwähnt sein. Bei meiner Familie ist die Wahrscheinlichkeit allerdings groß, daß sie auf 1130 zurückgeht. 1130 ist ein Herr Heintich geboren worden, der als unser Stammvater gilt. Er hat aber einen legendären Charakter. Darum sagt man, die R. sind um 1200 urkundlich das erstemal erwähnt. Damit zählen sie zu den 100 ältesten Familien Europas. Das ist die eine Gruppe der Adeligen. Die Habsburger sind ein Grenzfall. Sie sind älter, weil sie Beamte waren. Regierende Häuser sind oft älter. Die adeligen Familien, die man um 1200 ansetzen kann, sind der sogenannte Uradel. Ab 1350 werden erstmals durch die Herrscher Adelsbriefe vergeben. Für besondere Verdienste wird eine Person in den erblichen Adelsstand erhoben mittels kaiserlichem Dekret. Man kann also sagen, daß um 1350 der sogenannte Briefadel beginnt. Die meisten dieser Briefadeligen waren Ministeriale o.ä. Nun gibt es noch eine dritte Gruppe von Adeligen, die ich um 1800 ansetzen würde. Das ist der sogenannte Militär- und Beamtenadel. Dieser hat eine mindere Bedeutung, denn im vorigen Jahrhundert fand eine inflationäre Adelserhebung statt. Vor allem in der späteren Ära von Kaiser Franz Joseph und dann noch unter Kaiser Karl. Es ist nun schwierig, ob man diese alle auch zum echten Adel rechnen kann, denn der Adel ist eine gesellschaftliche Gruppe, die im Laufe der Jahrhunderte gewisse Fähigkeiten weiterentwickelt und auch bestimmte Schwächen aufgezeigt hat. Wie es eben bei einer Gruppe ist, die untereinander in sozial oder geographisch engem Kontakt ist. Insofern kann man schwer sagen, daß der Herr XY innerhalb einer Generation alle diese Dinge sich angeeignet hat, die typisch für den Adeligen sind. Das ist nicht möglich. Und daher sind diese erst in der letzten Zeit der Monarchie geadelten Leute eher dem Bürgertum zuzurechnen. Zwischen hohem Adel und Uradel hat es übrigens immer eine scharfe Trennung gegeben. Im Laufe der Jahrhunderte sind die Uradeligen in die nächsthöhere Adelsklasse aufgerückt. Es gibt kaum eine uradelige Familie, die nicht in den Grafen- oder Fürstenstand erhoben wurde. Wir sind aber Freiherrn geblieben als Uradelige. Mein Urgroßvater hat es abgelehnt, in den Grafenstand erhoben zu werden. Meine Familie ist

gut. Wir waren jahrhundertelang Freiherrn und das bleiben wir!"
In diesen Betrachtungen drückt sich der Stolz des Mannes aus, der einer alten Familie angehört und dem es wichtig erscheint, sich vom „kleinen" Adeligen, dem Parvenü, abzugrenzen. Klar unterscheidet mein Interviewpartner zwischen dem alten und dem „neuen" Adel. Der Versuch, die genealogische Distanz zum „niederen" Adel klarzustellen, verbindet sich auch implizit mit der Absicht, sich über jene Leute, die sich auf ihren „jungen" Adel berufen, lustig zu machen.
Diese „klassische" Arroganz des alten Adels beschreibt Berta von Suttner, der die Schranke zwischen altem Erbadel und „jungem" Adel, zu dem ihre Mutter gehörte, beim Besuch eines Balls unangenehm bewußt wird: „Voll freudiger Erwartung betrat ich den Saal. Voll gekränkter Enttäuschung habe ich ihn verlassen. Die hochadeligen Mütter saßen beisammen, meine Mutter saß einsam. Die Komtessen standen in Rudeln und schnatterten miteinander . . . ich war verlassen!"
Die Biografin Berta von Suttners, Beatrix Kempf, läßt übrigens in ihrem Roman „High Life" einen Europa bereisenden Amerikaner die Aristokratie Europas kritisieren: „Die englische Aristokratie habe ich stolz gefunden, die französische eitel, aber die österreichische hochmütig!" Diese Hochmütigkeit war es auch, die die spätere Friedensnobelpreisträgerin in ihrem Herzen traf (siehe: Reden, 1984, S.86).
Der „junge" Adel, der Wirtschaftsadel, der seine Existenz Geld und kaiserlichem Großmut verdankte, mußte auch spüren, daß der Hochadel sich von ihm distanzierte oder in eher amüsanter Weise über ihn sprach. Dieser „neue" Adel, dem es nicht gelang, sich der traditionellen Aristokratie gleichzustellen, wird auch als „zweite Gesellschaft" bezeichnet, denn er schob sich seit dem Beginn des letzten Jahrhunderts kontinuierlich zwischen Aristokratie und das „gemeine Volk" (vgl. Wandruszka, 1971, S.57f). Wohl gelang es einigen zu Geld gekommenen Herren des „niederen" Adels durch Grundbesitz, Jagden u.ä., ein Prestige zu erwerben, welches sie in die Nähe der alten Aristokraten stellte, doch dürfte bis heute von den alten Aristokraten an jener

klassischen Distanz, die oben beschrieben wurde, festgehalten werden.
Ein langer, anerkannter Stammbaum macht den „echten" Adeligen aus, der sich von der „zweiten Gesellschaft" distanziert wissen will.

„Adelsverleihung heute"

Die Suche nach dem Stammbaum

Das besondere Interesse am Adel, an der feinen Lebensart, äußert sich markant in den aufwendigen Bestrebungen einiger Leute, zu einem entsprechenden Stammbaum zu gelangen. Die gerade Verwandtenlinie über Jahrhunderte soll den Anspruch auf adelige Respektierlichkeit, auf Anerkennung legitimieren. Daß eine bestimmte Zahl von Vorfahren den adeligen Mann ausmacht, ist eine alte Tradition, die im Deutschen Recht des Mittelalters begründet ist. Damit verbindet sich der stolze Glaube von der natürlichen und biologisch noblen Höherwertigkeit des Adeligen. Zum anderen bedingt die Ausrichtung am Stammbaum, daß der Besitz innerhalb derselben Linie, mit einem bestimmten Namen verbunden, bleibt. Mit der biologischen Herleitung ist auch die Absicht verbunden, auf einen — manchmal legendären — Vorfahren verweisen zu können, von dessen Heiligkeit oder Charisma man die Heiligkeit der eigenen feinen Person abzuleiten sich berechtigt sieht.

Heute — oft nicht zugegeben und versteckt — mengt sich hier herein auch der Gedanke vom „guten Erbgut" oder der „guten Familie" mit „gutem Blut". In meinen Gesprächen mit Adeligen wurden solche Themen eher umgangen, jedoch ein Verwalter eines fürstlichen Besitztums kam auf den biologischen Wert des Stammbaumes zu sprechen: „Man müßte mehr die Abstammung pflegen. Bei den Tieren macht man es, bei den Tauben, Schweinen und Hunden. Und nur beim Menschen leugnet man, daß eine gute Abstammung von Vorteil ist. Auch beim Menschen sollte man darauf achten, das wäre sehr wichtig. Das Genetische muß beachtet werden. Es ist wichtig zu sagen: 'Du hast zehn Ahnen, jetzt schau, daß Du eine Frau findest, die auch so viele Ahnen hat!' Ein Adelsbewußtsein ist dann gegeben, wenn man sagen kann: der Mann hat 10 oder 12 Ahnen, dieser Mann hat sich genealogisch erhalten. Von einem Pferd oder einem Rind verlangen wir so etwas. Warum soll es nicht auch beim Menschen so sein? Man soll auch menschliche Qualität züchten. Grundsätzlich bin ich dafür, daß der Adel gefördert wird, denn bei Pflanzen und Tieren gibt es auch Stammbäume. Wir wollen keinen Weizen haben, von dem wir nicht wissen, von wo er abstammt. Wir wollen kein Schwein haben, von dem wir nicht wissen, daß es gekürt ist. Nur beim Menschen wird die Abstammung nicht gefördert. Im Gegenteil, es ist sogar verpönt, zu fragen, von wo kommst du her? Vor dem Hitlerregime hat man nichts dabei gefunden. Erst durch Hitler ist das in Verruf gekommen. Auch menschliche Qualität gehört gefördert. Eine gewöhnliche Familie erhält sich höchstens drei Generationen. Der Adel muß sich über mehr Generationen erhalten können. Es genügt nicht, wenn man einen guten Namen hat, man braucht auch die Frau dazu, um gute menschliche Qualität weiterzugeben."

Menschliche Höherwertigkeit, dies will der Mann ausdrücken, bindet sich an eine Reihe hervorragender Ahnen. Für den Adeligen besteht demnach die Pflicht, diese angebliche Höherwertigkeit durch die Wahl einer wohl ausgesuchten, prächtigen Gattin festzuhalten. Daß eine solche Einstellung auch das Problem der Inzucht in sich birgt, dürfte nur von wenigen Aristokraten gesehen und formuliert werden. Mir gegenüber meinte eine Tochter aus fürstlichem Haus, sie bedaure es, daß noch immer streng untereinander geheiratet werde, und man nicht einsehe, welcher Schaden für Körper und Geist dadurch entstehen könne.

So soll die Bluterkrankheit in manchen hochadeligen Häusern über Generationen vererbt worden sein, ebenso wie die Veranlagung für diverse andere Krankheiten. Außerdem, so meinte meine Interviewpartnerin, würden einzelne Degenerationserscheinungen, wie dünne Haare oder spezifische psychische Erscheinungen, bei Hocharistokraten häufig auftreten. Sie verstehe daher nicht, wie man trotzdem daran festhalte, daß die adeligen Kinder untereinander heiraten müssen.

Trotz solcher und ähnlicher Einwände gegen die besondere Beachtung des Stammbaumes und die Verehelichung im selben

Stand, wird auf beides penibel geachtet. Sicherlich steht dahinter der Wunsch, das überkommene Vermögen innerhalb derselben Linie und derselben größeren Familie festzuhalten. Denn schließlich ist es Geld und Besitz, die es möglich machen, daß einige adelige Häuser weiter finanziell und wirtschaftlich mächtig bleiben.

Während es für den Aristokraten aus alter Familie wohl kein Problem ist, die Reihe seiner Vorfahren und deren Wichtigkeit aufzuzeigen, muß der Bürger, der auf der Suche nach einem Stammbaum ist, sich gehörig anstrengen. Zur Zeit des Nationalsozialismus waren die Volksgenossen angehalten, einen Stammbaum vorzuweisen. Auch hier ging es prinzipiell um dasselbe, wie bei den alten Aristokraten, nämlich um den Nachweis, daß man einer „Rasse" angehöre, die — angeblich und im Widerspruch zu jedem humanistischen und auch wissenschaftlichen Denken — „besser", edler und heiliger als andere „Rassen" sei. Auch hier der Bezug auf eine biologische Kategorie, die erst den „Vollmenschen" ausmache. Menschen „minderer Rasse" hatten sich demnach den „Ariern" als den „wertvollsten" Menschen zu beugen.

Ein solches Denken ist übrigens charakteristisch, wie Levi-Strauss aufgezeigt hat, vor allem für die „primitivsten" Stammeskulturen, in denen man sich selbst als „Menschen" bezeichnete und die Nachbarvölker als „Tiere" oder „Nichtmenschen" definierte. So z.B. nennen sich die Hottentotten selbst „Khoin-Khoin" — Menschen der Menschen. Ein solches Denken und Handeln widerspricht jedoch einem „Weltbürgertum", wie es den weit umherziehenden Vaganten des Mittelalters eigen war und wie es eben von Levi-Strauss in seinem Buch „Rasse und Geschichte" postuliert wird. Es scheint, daß das fahrende Volk ein solches biologisches Denken nicht kannte. Das Vagieren zwischen den Kulturen und das Kennenlernen vieler kultureller und menschlicher Realitäten ließen und lassen es offensichtlich nicht zu, daß Fahrende alten Stils sich über andere erheben. Wohl nennen sich diese Leute vielleicht „Fürsten der Landstraße", aber sie tun dies nicht aus dem Glauben heraus, „besser" zu sein. Mir scheint das „Stammbaum-Denken" etwas Seßhaftes

zu sein, es ist typisch für den noblen Menschen mit seinem Schloß oder seiner wehrhaften Burg, die er mit einer ansehnlichen Ahnenkompanie verknüpft.
Es ist nun interessant, daß es heute — trotz Republik und Demokratie —feine Bürger gibt, die in alter Tradition weiter nach einem adeligen Stammvater mit Wappen suchen, um ihre Höherwertigkeit symbolisch vorzuzeigen. Geschäftsleute, Wirtschaftler oder gut verdienende Akademiker unternehmen einiges, um einen solchen vornehmen Stammbaum zu finden. Um zu einem solchen Stammbaum zu gelangen, gibt es verschiedene Möglichkeiten.
Die erste ist nun die, daß man in der Hoffnung auf einen echten adeligen Ursprung seine Ahnenreihe erforscht. In Wien gibt es eine Gesellschaft, die „Heraldisch-genealogische Gesellschaft Adler", die ihren Mitgliedern und Gästen eine reichhaltige Bibliothek und ein kostbares Archiv anbietet, um die Geschichte(n) ihrer Familien zu ergründen. Durch Einblick in diverse Register, Taufauszüge, Trauerankündigungen, Hochzeitsanzeigen u.ä. mag der Forscher Hinweise auf die Ahnen seiner Familie erhalten. Für viele Forschende ist es bereits reizvoll herauszufinden, von wo ihre Vorfahren kommen, was sie von Beruf waren und ähnliches. Das Wissen um die Vorfahren hebt das eigene Selbstverständnis und das Gefühl, selbst ein Glied in einer bemerkenswerten Ahnenkette zu sein.

Sollten die eigenen Forschungen zu keinem befriedigenden Ergebnis führen, kann man sich hilfesuchend an einschlägige Institutionen wenden, die die notwendigen und stets „erfolgreichen" Forschungen anstellen. Manchmal werden diese Institutionen auch von sich aus aktiv. Sie, die sich meist als „heraldische" oder „genealogische" Vereine bezeichnen, arbeiten mit einigen Tricks. Könnte jemand ihrer Meinung nach an einer adeligen Herkunft und einem adeligen Familienwappen interessiert sein, so wenden sie sich zunächst einmal brieflich an diesen potentiellen noblen Kunden und bemerken, daß einer seiner Vorfahren wahrscheinlich ein bestimmter Adeliger gewesen sei. Um dies zu unterstreichen, weisen sie auf einen alten

Adeligen mit gleichem oder ähnlichem Namen hin und erwecken so kühne Hoffnungen auf eine noble Ahnenreihe. So wurde auch ich vom Präsidenten einer solchen „Gesellschaft", die in Innsbruck ihren Sitz hat, angeschrieben. In dem Brief stand: „Wir befassen uns seit Jahren mit der Geschichte der Familie Girtler (!) von Kleeborn. Wie Sie vielleicht wissen, gab es eine böhmische und eine niederösterreichische Adelsfamilie. Wir tragen solche Dinge zusammen. Wir fragen höflichst bei Ihnen an, ob Ihre Vorfahren zu dem niederösterreichischen oder böhmischen Adel gehörten."

Unterschrieben war der Brief mit: „Der geschäftsführende Präsident". Die Unterschrift war unleserlich und auch sonst konnte man aus dem Brief nicht ersehen, wie dieser Präsident eigentlich heißt. Der Briefkopf zeigt zwei Ritter mit einem Schild, das sie gemeinsam halten. Auf diesem Schild steht etwas von einer Wappenrolle und links unter dem protzigen Namen dieser „heraldisch-genealogischen" Gesellschaft ist zu lesen: „Wappenbriefeintragungen und Chroniken, Forschung".

Diese Gesellschaft nahm sich das Recht heraus, „Wappenbriefe" einzutragen — eine ungewöhnliche Art der „Adelsverleihung". Ich antwortete dem Herrn Präsidenten, daß ich meinen Stammbaum sehr wohl kenne und daß der Herr Präsident sich irre, wenn er festhalte, es gebe eine böhmische und niederösterreichische Linie der „Girtler von Kleeborn", denn es handle sich um dieselbe Familie, die einmal als „böhmischer" und einmal als „niederösterreichischer Adel" in den diversen Handbüchern firmiere.

Ich fragte noch an, inwieweit sich diese „Gesellschaft" von der seriösen „Heraldisch-genealogischen Gesellschaft Adler" unterscheide. Ich erhielt darauf einen freundlichen Brief vom „Präsidenten", in dem er sich für meinen Brief bedankte und meinte, seine „Gesellschaft" wäre ähnlich wie der „Adler", sie unterscheide sich aber von dieser dadurch, daß sie „wieder Wappenbriefe ausstelle, sofern diese verloren gegangen sind". Gegen Ende des Briefes hieß es, „Sie (also ich) werden in den nächsten Tagen wieder von uns hören". Bis heute, der Brief stammt aus dem Jahre 1984, warte ich auf die Antwort.

Durch den Hinweis auf die „Girtler von Kleeborn" versuchte der Herr „Präsident", mich — so interpretiere ich es — auf eine noble Ahnenreihe neugierig zu machen. Offensichtlich in der Absicht, falls ich freudig überrascht über die wunderbare Nachricht gewesen wäre, mir eine kunstvoll ausgeführte Urkunde über Ahnenreihe und Wappen gegen entsprechende Gebühr anzubieten. Der Herr „Präsident" ging wahrscheinlich die diversen Adelsregister durch und schrieb Leute an, die Namen tragen, die auch in diesen Büchern enthalten sind. Er tat dies in der Hoffnung, Leute anzuregen, ein Adelsprädikat, das er dann großzügig per „Wappenbrief" „verlieh", zu „erstehen". Die Personen, die tatsächlich auf solche Briefe und Angebote reagieren, sind — dies läßt sich mit einiger Sicherheit sagen — keineswegs Leute mit echter adeliger Herkunft. Hätten sie solche, so wüßten sie über die Tradition ihrer Familie, würden wahrscheinlich ein Wappen besitzen und wären an einer solchen „Gesellschaft" und ihrem Herrn „Präsidenten" nicht interessiert. Dies wußte auch der „Präsident". Das Raffinierte an seinem Brief lag ja darin, daß er unterstellte, der angeschriebe „Neuadelige" wisse von seiner prachtvollen Herkunft. Der Trick des Herrn „Präsidenten" war es, die Eitelkeit des Bürgers — grundsätzlich dürften es Akademiker und etablierte Geschäftsleute sein, die so angeschrieben werden — zu reizen. Die Aussicht, selbst adeliger Herkunft zu sein, also denen gleichgestellt zu sein, die früher und auch heute noch hohes gesellschaftliches Prestige besitzen, wird wohl nicht wenige veranlaßt haben und noch veranlassen, auf solche brieflichen Angebote zu reagieren.
Um die Seriösität einer solchen „Adel verleihenden" Gesellschaft zu prüfen, beschäftigte ich mich mit der „adeligen" Herkunft eines bestimmten Geschäftsmannes, dem in einem derartigen „Wappenbrief" ein Adelstitel bestätigt wurde. Der Mann hieß Rothe (ein nicht gerade seltener Name, daher nenne ich ihn), dessen Ahnherr nach dem „Wappenbrief" im 15. Jahrhundert in Tirol angeblich gelebt habe und von Kaiser Maximilian angeblich geadelt worden sei. Das Wappen, welches den „Wappenbrief" zierte, zeigte das übliche Schild mit einem Raubtier und diversen Balken. Ich ging nun auf Wunsch des Mannes dem

Ahnherrn und seinem Wappen nach. Es gab tatsächlich im 15. Jahrhundert einen Tiroler, der Roth hieß und geadelt wurde. Allerdings war dieses freiherrliche Geschlecht wenig fruchtbar und starb bereits um 1700 aus. Eine direkte Verbindung zu Herrn Rothe war nicht auszumachen und auch unwahrscheinlich. Das Herrn Rothe verliehene Wappen war allerdings nicht das Originalwappen seines angeblichen „Ahnherrn", sondern es sah ihm bloß ähnlich. Die Raubkatze befand sich im rechten Teil des Schildes, im Gegensatz zum Original, wo sie links dargestellt war. Die „Gesellschaft" hat also ein „neues" Wappen erfunden, welches dem Wappen des Freiherrn Roth zwar ähnlich sah, aber nicht mit ihm identisch war. Wahrscheinlich wollte man auf diese Weise irgendwelchen urheberrechtlichen Problemen aus dem Wege gehen.
Herr Rothe, der zunächst stolz auf Wappen und Tiroler Ahnherr war, war ob meiner Erkenntnis bestürzt. Für ihn brach eine Welt des Adels und der Vornehmheit zusammen.
Auch einem anderen Geschäftsmann, er residiert als Modeschöpfer in der Wiener Innenstadt, verschaffte eine solche Gesellschaft Adel und Wappen. Das Wappen prägt hoheitsvoll das Interieur des Geschäftsraums und seinen Gästen erzählt der stolze Unternehmer von seinen angeblich adeligen Vorfahren, die es — so meine ich mit einiger Sicherheit — gar nicht gibt. Über solche Taktiken, Stammbäume erstellen bzw. adelige Herkünfte erfinden zu lassen, erzählte mir ein Sproß aus altem Haus. Dieser Mann studierte mit wenig Begeisterung an der Universität, dafür aber mit großem Interesse diese Formen der „Adelsverleihung": „Heraldische Institutionen von fragwürdiger Glaubwürdigkeit gibt es einige bei uns. Solche ehrbaren Institute verleihen dem Herrn Mayer ein Phantasiewappen. Der Mayer ist darauf stolz. Aber solche Sachen sind in höchstem Maße unseriös. Zur Verteidigung dieser Leute muß man aber sagen, daß es derartige Praktiken bereits vor 800 Jahren gegeben hat. Die Urkundenfälschung und die Herstellung fragwürdiger Stammbäume ist nicht speziell für unsere Zeit typisch, sondern sie ist schon seinerzeit praktiziert worden. Ich habe persönlich in meiner Familie den Fall, wo ein Ahne von mir höchst dubiose

Stammbäume, die hinten und vorne falsch sind, hergestellt hat. In diesem Fall wurde allerdings die Fälschung rechtzeitig erkannt. Übrigens ist die prominenteste Fälschung das Privilegium Majus von Rudolf dem Stifter. Er hat die Habsburger bis auf die römischen Cäsaren zurückgeführt. Aufgrund solcher falscher Nachforschungen hat man ja den Erzherzogtitel gefälscht."

Bei meinen Besuchen in der „Heraldisch-genealogischen Gesellschaft Adler" lernte ich einige Herren von niederem Adel kennen, die in den Räumen der Gesellschaft monatelang nach einer Vervollständigung bzw. Erweiterung ihres Stammbaumes suchten. Einer der Herren, mit dem ich über seine Forschungsabsichten sprach, erzählte mir, er habe solange geforscht, bis er eine Verwandtschaft zu dem wackeren Götz von Berlichingen herstellen konnte. Und ein anderer versuchte seine Ahnenreihe bis zu Karl dem Großen zu verlängern. Solche Unternehmungen werden durch bereits sorgfältig ausgearbeitete Ahnentafeln erleichtert. Demnach braucht man lediglich bis zu einem Anknüpfungspunkt bzw. bis zu einem Ahnen auf einer solchen Tafel forschen, um seinen Stammbaum bis zu dem angestrebten und erwünschten Ahnherrn zu erweitern.
Die Wege, zu einem Stammbaum zu gelangen, sind, wie wir sahen, sowohl seriös als auch fragwürdig und schwindelhaft. Hinter allem steht jedoch derselbe Wunsch, nämlich die eigene Person durch Verweis auf eine noble Herkunft zu veredeln. Symbolisch gestützt und unterstrichen werden diese Strategien durch Wappen und „Adelsring", wie zu sehen sein wird, die entweder in der feinen Familie vererbt, gefunden oder erfunden werden.

Dem Wunsch des Menschen nach alter adeliger Herkunft und einem vornehmen Stammbaum kommen Ganoven schon seit langem entgegen. Betrüger, die heute, wie wir sahen, Stammbäume und Adelsbriefe verkaufen, befinden sich in bester Tradition. So wird in dem Ganovenbuch aus dem Jahre 1793 berichtet, daß bereits damals Professionalisten trefflich die diversen Urkunden fälschten: „Meistens sind es Leute von vorzüglich gebildetem und raffiniertem Verstand . . . sie machen . . . auf Pässe, Adelsbriefe (!) und Stammbäume (!) Jagd: kaufen, stehlen und betteln solche . . . und bringen dadurch oft sehr beträchtliche Sammlungen zusammen. Nach diesen Modellen formen sie dann die mancherley Briefschaften. . . ." (Schäffer, 1793, S.448f). Es wurden also echte Dokumente ergaunert, um nach ihrem Vorbild Adelsstammbäume und andere noble Bescheinigungen für die feinen Leute zu erstellen, die mit einer edlen Abstammung prahlen wollen. Für geschickte Ganoven bot und bietet sich hier ein gutes Geschäft.

Moderne „Adelsverleihung" durch Adoption

Wenn alle Bemühungen um einen veritablen Stammbaum fruchtlos verlaufen, bleibt nur noch eine Möglichkeit, um doch noch in die erlauchten Kreise aufgenommen zu werden: die Adoption durch Angehörige der Hocharistokratie gegen ein entsprechendes Honorar. Vor allem in Deutschland und England, wo der Adelstitel noch offiziell als Bestandteil des Namens gilt, hat diese Form der Nobilitierung Bedeutung.

In den letzten Jahren machte in Deutschlands „Regenbogenpresse" ein solcher Art adoptierter „Prinz" von sich Reden. Mit seinem neuen adeligen Namen war er plötzlich für gewisse Journalisten interessant und er genoß seinen Ruhm. Kleine Skandale und sein hocharistokratisches Auftreten, dem nicht ein gewisser Witz und ein Schuß Selbstironie fehlten, bewirkten, daß man gerne über ihn schrieb. Der Mann zierte seinen standesgemäßen Rolls-Royce mit einem Stander, auf dem das fürstliche Wappen prangte. Gleich einem Staatsoberhaupt ließ er sich zur Verwunderung des Publikums durch die Gegend chauffieren. Durch die Heirat mit einer alternden weltberühmten Filmschauspielerin erhoffte er sich noch eine weitere Nobilitierung seines Namens. Es soll nun auszugsweise ein Artikel

wiedergegeben werden, der in einer deutschen Wochenillustrierten unter dem Titel „Leute im Gespräch" stand: „Frederik Prinz von A., 39, Rolls-Royce-Fahrer und Träger des filmreifen Titels „Graf von A." muß Trauer tragen. Am 8. Juli wurde Marie-Auguste Prinzessin von A., Schwiegertochter des letzten Kaisers, auf dem Friedhof in E. beigesetzt. Eine Trauerfeier, zu der sich der Hochadel Deutschlands hätte versammeln müssen. Doch anwesend waren nur zwei Prinzen — und die stehen nicht im offiziellen Adelskalender. Frederik Prinz von A. hieß noch vor ein paar Jahren Robert L., verdiente sein Geld als Gelegenheitsschauspieler und ist auch der Justiz kein Unbekannter. Erst 1980 gelang es ihm mit 'Konsul' W.s Hilfe, die damals 81-jährige Marie-Auguste als Adoptivmutter zu gewinnen. Seither sorgt er dafür, daß das höchst ehrbare Geschlecht derer von A. nicht ausstirbt. Vier Damen machte der Edelmann inzwischen durch Heirat zu Prinzessinnen. Drei junge Männer hob Frederik in den Adelsstand. Der letzte Neuzugang im Hause A., der auch ans Grab gekommen war, stammt aber nicht von Frederiks Gnaden: Michael Prinz von A., 36, bürgerlich H., kam per Heirat durch das neue Namensrecht zu Adelsehren. Denn Ehefrau Prinzessin Beatrix, die vor ihrer Adoption durch die echte Prinzessin Alexandra von A. schlicht Turnhuber hieß, schenkte ihm mit ihrem Jawort auch den Titel."
In einer anderen Illustrierten werden dem adoptierten Prinzen zwei Seiten gewidmet. Auf den Bildern, die den Text umrahmen, sieht man den Neuadeligen vor seinem Rolls-Royce, dann hoch zu Roß, gemeinsam mit der alten Filmschauspielerin und in anderen Posen, die symbolisch dessen adelige Ambitionen, zu denen auch der Besitz eines Schlosses gehört, ausdrücken. Im Text wird auch darauf eingegangen, daß der „Prinz" seinerseits durch Adoptionen von noch nicht vornehmen Personen zu einem reichen Mann wurde. Es heißt über ihn und seinen Lebensstil: „Geboren wurde der schöne Frederik als Sohn eines Kriminalbeamten. Erst als der gelernte Bürokaufmann mit 2200 Mark Bruttogehalt dem Titelhändler Hans-Hermann W. (immer noch auf der Flucht in Südamerika) über den Weg lief, begann seine Adelskarriere. Marie-Auguste von A. . . . adoptierte ihn.

Dafür sollte Konsul W. 80.000 Mark erhalten. Auf die wartet er jedoch bis heute noch. Und die 100.000 Mark an des Kaisers Schwiegersohn stehen auch noch offen. Eduard von A., offizieller Chef des Adelshauses: 'Sie hat nicht einen Pfennig bekommen.' Adoptivsohn Frederik dagegen: 'Sie hat das Geld bekommen.' Die alte Dame kann den häßlichen Familienstreit nicht mehr schlichten, sie ist längst verschieden. Für den adoptierten Frederik von A. hat sich der Wandel zum Adeligen jedenfalls gelohnt. Er hat's dem W. abgeschaut und adoptiert selbst fleißig Leute, die sich zu Höherem berufen fühlen. Sehr zum Verdruß des echten Eduard von A.: 'nun gibt's fast schon 150 A. Unser Geschlecht vermehrt sich wie die Kaninchen.' Frederik nimmt dies gelassen: 'Mein Vetter soll doch froh sein, daß endlich frisches Blut in unsere Familie kommt.' Die platinblonde Zsa Zsa Gabor und zukünftige Prinzessin von A. meint allerdings, nicht der Titel, sondern der Mann sei ausschlaggebend: 'Ich liebe nun mal junge Männer, wie meinen Prinzen. Die älteren Männer sind doch alle impotent.'"
Frederik fühlt sich, wie seine „Adoptivkinder" auch, aus dem „gewöhnlichen Volk" herausgehoben. Er spekuliert zu Recht damit, Beachtung — wenn auch lächelnde — bei den Zeitungsleuten zu finden. Sein Adelstitel, den er geschickt mit noblen Symbolen — wie exklusives Auto, ein Reitpferd und einer berühmten Frau — darzustellen weiß, verhilft ihm zu einem aristokratischen Leben in seinem Sinne.

Neben dem Adelstitel gibt es aber noch andere ehrerbietige Titel, nach denen sich so mancher Zeitgenosse sehnt. Ich kenne Rechtsanwälte und Herren aus der Wirtschaft, die sich einen Konsulstitel einiges kosten ließen. Und ein „Titelhändler" in Deutschland verschafft gegen gutes Entgelt noblen Herren die Konsulate kleiner unscheinbarer afrikanischer Staaten, die an der Verleihung der Konsulwürde ebenso gut verdienen. Auf solche und ähnliche Strategien, um zu angeblich hohen Ehren zu gelangen, verweist auch ein Angehöriger der Hocharistokratie, der es nicht nötig hat, sich um derartige Würden zu bemühen: „Ich mache mich heute lustig über all die Diplome und Ehrenurkunden, die von fragwürdigen Institutionen vergeben werden. Man denke nur an den bekannten Konsul W. in Deutschland, der alle möglichen Titel verkauft hat, oder an fragwürdige Universitäten in den USA, die ohne Probleme, aber für viel Geld, Doktoratsdiplome verteilen. Nicht nur der junge Student erhofft über sein erarbeitetes Doktorat eine Hebung seiner Person, sondern auch derjenige, der mit weniger Arbeitsaufwand einen Adelstitel, ein Doktorat oder eine andere Würde erkauft."

„Adeln" durch Aufnahme in ein Lexikon

Eine andere, pseudoaristokratische Nobilitierung des Menschen ist durch die Aufnahme in ein Lexikon möglich. Für den Wissenschaftler bedeutet es eine Hebung seines Ansehens, in einem wissenschaftlichen Nachschlagewerk oder überhaupt in einem Konversationslexikon aufzuscheinen, ebenso für den Sportler, den Schauspieler, den Techniker und viele andere. Persönlicher Einsatz, gezielte Arbeit und ein intensiver Bezug zur Öffentlichkeit verschaffen eine Be-Achtung der Persönlichkeit. Es gibt nun Lexika, die es auch eher namenlosen Leuten ermöglichen, in einer illustren Gesellschaft aufzuscheinen und gemeinsam mit berühmten Leuten genannt zu werden. Hiebei handelt es sich vor allem um die Personennachschlagwerke, die als „Who is Who in Austria", „Who is Who in Germany", „Who is Who in the USA" usw. einige Berühmtheit genießen. Bei genauer Betrachtung der verschiedenen Lexika, die sich „Who is Who" nennen, erkennt man, daß es neben dem „echten" „Who is Who"-Verlag auch ein Konkurrenzunternehmen gibt, welches eifrig nach würdigen Kunden sucht. Die von diesem Verlag angesprochenen Menschen gehören meist dem Mittelstand an und sind gerne bereit, für die Aufnahme in das Lexikon einen beträchtlichen Geldbetrag zu zahlen.

Das echte „Who is Who" arbeitet ebenso mit der Eitelkeit der potentiellen Kunden. Neben Personen, die tatsächlich über ei-

nige Prominenz verfügen, wie Politiker und Filmschauspieler, enthält das „Who is Who" eine Vielzahl von Namen, die wohl in der Wirtschaft, Wissenschaft oder dem Sport etwas zu sagen haben mögen, deren Prominenz jedoch relativ unbedeutend ist. Grundsätzlich sind sie für das Geschäftsinteresse des „Who is Who"-Verlages von eminenter Bedeutung.
Welche Intentionen stehen eigentlich hinter „Who is Who"? In einer Selbstdarstellung dieses Verlages wird die Idee des Lexikons auf antike Vorbilder zurückgeführt. So habe bereits 50. v. Chr. Cornelius Nepos ein Nachschlagewerk „De illustribus viris" herausgebracht. Diese Tradition wird in der Renaissance und später weitergeführt. Unter dem Titel „Who is Who" erschien das Lexikon zum ersten Mal 1849 in England und war ein „Spiegel" der englischen „tonangebenden Gesellschaft". 1897 ging das Lexikon auf die Brüder Black über. Sie fanden dafür ein großes Publikum. Die notwendigen Informationen für die Eintragungen ermittelten die Brüder mit einem Fragebogen, wie er — von wenigen Änderungen abgesehen — noch heute in England verwendet wird. Eigene Ausgaben erschienen in der Folge für die USA (1899), für Australien (1906) und nach 1945 für die meisten europäischen Länder.
Die Aufnahmeprozedur in das „Who is Who" ist kompliziert und gibt den Aufgenommenen das Gefühl, wie ich erfuhr, einen besonderen Wert zu haben, für den man schließlich auch gerne zahlt. Aufgrund diverser Empfehlungen und der Durchsicht anderer Nachschlagwerke werden die Kandidaten ausgesucht. Dazu kommen noch eigene Recherchen des Verlages. In persönlichen Interviews mit den Ausgewählten werden die entsprechenden Daten ermittelt, die dann durch ein „internationales Redaktionsgremium" geprüft werden, welches schließlich die endgültige Aufnahme in das „Who is Who" beschließt. Diese Aufnahme wird in dem Werbeprospekt des Verlages als eine Art Erhebung in den Adelsstand beschrieben. Demnach ist das „Who is Who" eine Art Register einer modernen „Aristokratie", der man vielleicht als Wirtschaftsmann gerne angehören will. In dem Prospekt heißt es daher, um dem — meist nicht armen — Bewerber die „adelige" Bedeutung des Lexikons klarzuma-

chen: „Diese strenge Auswahl ist wohl auch der Grund dafür, daß es für viele „so etwas wie ein Ritterschlag" ist, im 'Who is Who' zu stehen."

Die Eintragung in das „Who is Who in Österreich" ist völlig kostenlos und sie wird als „Ausdruck höchster Anerkennung" angepriesen. Allerdings rechnet der Verlag damit, daß der neu Aufgenommene das Lexikon kauft. Dies wird ihm auch durch mehrere Briefe nahegelegt.

Weniger seriös scheint ein anderes Unternehmen zu sein, welches sein Lexikon aus urheberrechtlichen Gründen nicht „Who is Who" nennt, sondern „Who's Who". Diese 1954 gegründete Firma geht folgendermaßen vor: Hier wird kein Interviewer zu der ausgewählten Person geschickt, sondern gleich der Text, der über die betreffende Person vom Verlag aufgrund der Einsicht in andere Nachschlagewerke, diverse Zeitungsmeldungen u.ä. verfaßt wurde. Es wird gebeten, den Text zu korrigieren und ihn mit der vorgedruckten, eher unscheinbaren Erklärung, man sei mit dem „nebenstehenden Abdruck" der „Vita und dem Preis von DM 20,- plus 14 % Mwst. je Zeile einverstanden", zurückzuschicken. Verbunden damit kann der frisch „Geadelte" eine Ausgabe des „Who's Who" um ca. 300,- DM erwerben. Ich kann mir vorstellen, daß wohl die meisten der so Angeschriebenen sich geehrt sehen und auch bereit sind zu zahlen.

Ich sprach mit einer Mitarbeiterin des echten „Who is Who", die sehr klar sieht, wer in dieses Lexikon will und warum. Sie erzählte mir: „In das 'Who is Who' wollen am ehesten die hinein, die nie etwas Besonderes geleistet haben. Meist sind das Adabeis, Mitläufer, also Leute, die überall dabei sein wollen. Der, der nicht viel gemacht hat und meist auch nicht die Fähigkeit zu irgend etwas hat, der will hinein. Solche Leute kommen relativ leicht in das Lexikon, wenn sie irgendwo eine Firma haben oder in einer Firma die Prokura besitzen. Geschäftsführer, die sind nichts Besonderes, die wollen hinein. Gerade die Leute aus der Wirtschaft sind sehr empfänglich. Die aber, die wirklich sehr große Firmen haben, die sind nicht mehr so daran interessiert, ins 'Who is Who' aufgenommen zu werden. So z. B. einer, der eine sehr große Firma leitet, der will gar nicht hinein, den kennt

man nämlich ohnehin. Der denkt sich, mich kennen sie eh. Wer mich nicht kennt, der braucht mich auch nicht kennen.
Leute wie etwa der Bundeskanzler haben, neben anderen aus Kunst oder Sport, eine Leitbildfunktion. Sie sind der Antrieb, daß andere aufgenommen werden wollen. Mir ist aufgefallen, daß die Herren von der Justiz sich am stärksten darum reißen, in das 'Who is Who' zu kommen. Die Hofräte, Richter, die sind ganz deppert darauf. Die sind ganz publicitysüchtig. Viele, wie gesagt, kommen aus der Wirtschaft, die in großen Firmen sitzen. In Oberösterreich küssen sie mir die Zehen, wenn man sagt, sie sind für 'Who is Who' auserwählt. Den Oberösterreichern verkauft man alles. Früher waren es Leute aus dem Montafon, heute sind es die Oberösterreicher, die ganz gierig nach dem 'Who is Who' sind."
Die Mitarbeiterin von „Who is Who" hat offensichtlich eine recht nüchterne und wenig respektierliche Einstellung gegenüber ihren Kunden. Auch wenn manche ihrer Ansichten tollkühn anmuten, so steht doch einige Erfahrung dahinter.
Ich sprach auch mit einem anderen Mitarbeiter von „Who is Who", der sich in einem langen Gespräch über die Eitelkeit lustig machte. Er drückte sich so aus: „Wenn man das Ganze durchschaut, so ist es sicher doof." Über seine Aufgabe — ergänzend zu dem, was seine Kollegin erwähnt hatte — und über eine Typologie der Eingetragenen erzählt er: „Ich bekomme vom Verlag die Leute genannt, die ich zu interviewen habe. Es gibt zunächst einmal die echten Prominenten, das sind die, die in den Zeitungen aufscheinen. Diese kommen auf alle Fälle in das Lexikon mit ihrer Grundeinschaltung (den wichtigsten Daten). Es weiß ohnehin jeder, was diese Leute machen. An einige Leute kommt man gar nicht heran, weil sie so unter Druck stehen oder weil sie abgeblockt werden. Zu denen gehört z.B. der Bundeskanzler. Über seine Funktion und seine Aktivität weiß man ja ohnehin genug. Seinen Namen, sein Geburtsdatum u.ä. nehmen wir in das 'Who is Who' auf. Dies kann man automatisch niederschreiben, ohne daß man mit dem Datenschutz in Konflikt kommt. Neben diesen Leuten gibt es eine riesengroße Gruppe anonymer Menschen, die etwas leisten. Dazu gehören

die, die an der Spitze von Firmen stehen, Generaldirektoren, Prokuristen, Künstler, Freiberufliche usw. Die meisten von ihnen wollen hinein, aber nicht alle. Wohl besteht eine starke Tendenz, wie ich sehe, in das 'Who is Who' hineinzukommen. Dann gibt es eine dritte Gruppe von Leuten, die in das Lexikon hinein wollen, aber drinnen eigentlich nichts verloren haben. Das sind Leute aus allen Berufsgruppen. Es handelt sich um Leute, die unbedingt 'in' sein wollen. Diese wollen die Eintragung erkaufen. In unserem Verlag ist aber die Eintragung nicht kaufbar. Bei uns entscheidet ein Gremium, wer hinein darf. Die meisten, die wir wegen einer Eintragung angehen, fühlen sich geschmeichelt."
Es handelt sich hiebei also um eine Art „Adelserhebung", denn der Auserwählte wird durch ein scheinbar kompliziertes Verfahren rituell zu einer feinen Person, als die ihn das „Who is Who" nun ausweist. Ähnlich war auch die Verleihung des Adels während der Monarchie ein umständlicher Prozeß, an dessen Ende eine Kommission und schließlich der Kaiser bestimmten, ob der Adelswerber würdig sei, in die Gemeinschaft der Adeligen aufgenommen zu werden. Der Adelsbrief von früher wich der Eintragung in das Lexikon.

„Adelsverleihung" durch die „Klatschspalte"

Eine alltägliche Schaffung und Hervorhebung nobler Personen geschieht durch die sogenannten „Klatschspalten" bzw. die diversen Zeitungsberichte über die „gute Gesellschaft". Die Nobilität der in solchen Schilderungen genannten feinen Leute entsteht oft erst durch deren Nennung in diesen von rührigen Journalisten, Adabeis und Gesellschaftslöwen verfaßten Artikeln. Wir haben es also auch hier mit so etwas wie einer „Erhebung in den Adelsstand" zu tun, denn die wiederholte Erwähnung von meist am Rande des öffentlichen Lebens stehenden Menschen unterstreicht deren angebliche Vornehmheit.

Wirtschaftlich potente Leute, wie große Unternehmer, Fabrikanten, Generaldirektoren, erfolgreiche Prokuristen, aber auch bekannte Rechtsanwälte, Primarärzte und andere, die zum Teil aus geschäftlichen Gründen und vor allem aus Eitelkeit in solchen „Klatschspalten" genannt werden möchten, laden oft von sich aus die betreffenden Journalisten zu größeren Festen ein. Solche Feste werden grundsätzlich durch im Showgeschäft agierende Prominente dekoriert. Diese geben dem Ganzen einen besonderen Flair, heben die Attraktivität der Veranstaltung und verschaffen den anderen Eingeladenen — inklusive den Journalisten — eine eigene Würde. Ich will beispielhaft auf ein solches Fest, über welches in einer speziellen „feinen" Zeitschrift berichtet wurde, eingehen.
Das Fest wurde von einem bekannten Wiener Baumeister in einem Palais veranstaltet. Ganz typisch für dieses Fest war die Orientierung am aristokratischen Lebenswandel, wie ihn sich der Gastgeber offensichtlich vorstellte. Eine Zeremonienmeisterin in barocker Livree erklärte das Fest, welches dem Jubiläum des baumeisterlichen Betriebes galt, für eröffnet. Vier Fanfaren erschallten und die geladenen Gäste zeigten „allseitiges Nicken der Befriedigung", denn die „Soireen und Festivitäten des Baulöwen tragen seit Jahren dieses prägnante Markenzeichen." Alten adeligen Stil demonstrierten barock gekleidete „Mädels", darunter viele Missen aus Österreich, die einen „reizvollen Rahmen bildeten". Als prominenten Showstar hatte der Gastgeber einen bekannten Rock'n Roll-Sänger „einfliegen" lassen. Zu den Gästen, die ihrer Bedeutung und Wichtigkeit entsprechend begrüßt wurden, gehörten ein früherer Minister, der die Festansprache hielt, der Generaldirektor eines Ölkonzerns, der Generaldirektor einer Papierfabrik, der Vorstandsdirektor eines großen städtischen Unternehmens der Lebensmittelindustrie, der Generaldirektor eines weltberühmten Wiener Hotels und schließlich zwei Abgeordnete des Nationalrates. In der Zeitung wird festgehalten, daß sich einer der beiden Abgeordneten in Begleitung eines „dunkelhäutigen Fotomodells" befand, welches „stets im Mittelpunkt des allgemeinen Interesses" stand.

Es sind vor allem Leute aus der Wirtschaft und der Politik, die dem Fest Glanz geben und die auch damit rechnen, entsprechend hofiert zu werden. Sowohl auf dem Fest als auch in den Berichten über dieses (vgl. dazu: Treiber, 1986). Journalisten, die zu solchen Veranstaltungen gebeten werden, wissen um die eitle Vornehmheit des Gastgebers und seiner Gäste. So wird von einem Herausgeber einer Wirtschaftszeitung erzählt, er sei bei einem von ihm veranstalteten „Heurigen" [6] daran interessiert gewesen, mit geladenen Politikern fotografiert zu werden. Den betreffenden Journalisten bat er eindringlich, das Bild auch zu veröffentlichen. Das Genanntwerden in solchen Artikeln bedeutet zum einen kostenlose Publicity und zum anderen schafft es das Bewußtsein, zu den wichtigen und noblen Leuten zu zählen.

Bei derartigen Festen werden aristokratische Symbole, wie das Palais, die livrierten Diener und die Fanfaren — erinnernd an Kostümfilme über mittelalterliches Hofleben — verwendet, um die Würde der Gastgeber, aber auch der Geladenen, zu betonen. Die täglichen oder wöchentlichen Berichterstattungen über die Feste, Heurigen und Soireen reicher und vornehmer Leute haben alle etwa dasselbe Muster. Zunächst stellt der Journalist den Gastgeber und den Zweck seiner Einladung (ein Jubiläum, die Präsentation einer Modekollektion o.ä.) vor. Dabei wird die Besonderheit von Gastgeber und Anlaß gewürdigt. Anschließend kommt es zu einem Art Laufsteg-Bericht der „feinen" Leute, bzw. derjenigen, denen es gelungen ist, als würdig für die Erwähnung ihres Namens in der Kolumne zu erscheinen. Sind Adelige anwesend, so werden diese — ganz im Sinne der Veranstalter — besonders hervorgehoben. Von Personen der Hocharistokratie wird es jedoch eher als „unfein" empfunden, solchen Einladungen Folge zu leisten. Man weiß, daß man bloß zur Zierde eingeladen ist, und schließlich entspricht es auch nicht dem klassischen aristokratischen Prinzip der vornehmen Unaufdringlichkeit, sich bei derlei Anlässen lauthals zu präsentieren. Denn dadurch würde jede soziale Distanz auf-

[6] Weinlokal, in dem die „heurigen" Weine ausgeschenkt werden.

gegeben werden. Adelige, die dieses Prinzip durchbrechen, müssen mit Kritik rechnen.
Jedenfalls: die „Klatschspalten“ in den jeweiligen Zeitungen werden sehr ernst genommen. Einigen Rechtsanwälten ist es auf diese Weise gelungen, mit dem Terminus „Prominentenrechtsanwalt“ bedacht zu werden. Etwas, das ihnen schmeichelt und auch Klienten bringt.
Kultursoziologisch betrachtet gibt es zwei große Gruppen von noblen Menschen, die beide in unserer Gesellschaft Wert und Namen haben: die eine Gruppe setzt sich im wesentlichen aus Leuten des Showgeschäfts, Ärzten, Rechtsanwälten, Wirtschaftsmagnaten und auch zu einem Teil aus publikumsgierigen Politikern zusammen. Zu der anderen Gruppe, für die solche „Eitelkeiten“ innerhalb „ihrer“ Kultur kaum prestigefördernd sein können, sind vor allem Wissenschaftler und Intellektuelle jeder Art zu rechnen. Es gehört zum Stil letzterer, aber auch des Hocharistokraten, hervorzukehren, daß man kein Interesse daran hat, erst durch das Licht der Medien zum „feinen“ Menschen zu werden. Denn ein solcher ist man ja ohnehin. Man braucht angeblich nicht die von den Zeitungen abhängige Dignität, sondern man besitzt ja bereits eine durch die Akademien oder diverse Zirkel übertragene Würde. Eine Distanz zu der offensichtlichen Eitelkeit und Gier nach Nennung in den Gesellschaftsspalten entspricht traditionell dem Stil des Intellektuellen und Wissenschaftlers. Er braucht keine „Adelserhebung“, wie sie geschildert wurde. Er ist ja bereits selbst „geadelt“ durch seine Bücher, Titel und Vorträge. Die hohe Selbsteinschätzung der gelehrten Welt kommt bereits in dem alten Studentenlied „O alte Burschenherrlichkeit...“ zum Ausdruck: „Wo sind denn die vom breiten Stein nicht wankten und nicht wichen...“. Dieser „breite Stein“ war der alte Steig, der am Rande oder in der Mitte der städtischen Gassen die Leute davor bewahrte, in den Dreck zu steigen. Begegneten sich zwei Menschen auf diesem Steig und kamen sie aneinander nicht vorbei, so mußte der gesellschaftlich tiefer Stehende in den Kot der Gasse steigen. Der Student jedoch wich dem Bürger nicht in den Dreck der Gasse aus, er blieb auf dem „breiten Stein“ und

sperrte dem Bürger den Weg, dem nichts anderes übrig blieb, als vom Bürgersteig herabzusteigen. Der Student stellte sich über den Bürger. In einer Reihe von Bierspielen und Kneipritualen sowie im Gebrauch der Waffe, des Degens, verdeutlichte der Student, daß er als „Gelehrter“ etwas Hervorragendes sei. Dies demonstrierte er nicht bloß dadurch, daß er eine äußerste Distanz und Abscheu gegenüber der körperlichen Arbeit hatte, sondern auch dadurch, daß er sich hütete, den Anschein zu erregen, er wäre „bürgerlich“ bzw. „kleinbürgerlich“. Diese elitäre Tradition zeigt sich z. T. auch heute noch im Wissenschaftsbetrieb und der damit verknüpften Kultur. Ihr entspricht es, daß der sogenannte Intellektuelle diversen Versuchen des „gewöhnlichen“, „neureichen“ oder „aufsteigenden“ Bürgers, sich als etwas Exklusives („Adeliges“) herauszustreichen, mit nobler Skepsis gegenübersteht.
Von daher ist es auch erklärbar, daß beim Wissenschaftler Berichte über ihn in „Klatschspalten“ eher unerwünscht sind, schließlich hat er es „nicht nötig“, solche Wege zu gehen, um Akzeptanz zu finden. Ihm stehen andere Möglichkeiten offen. Es ist übrigens nicht uninteressant, daß Zeitschriften, die ihren Lesern die Welt der „feinen“ Leute präsentieren wollen, gerne das Privatleben der sogenannte „Prominenten“ darlegen. Durch die Hinweise z.B. auf das Urlaubsleben feiner Menschen wird nicht nur deren Höherwertigkeit bestätigt, sondern es wird dem Leser auch ermöglicht, z.B. durch das Buchen eines ähnlichen Urlaubes, sich in die Nähe der geachteten „noblen Menschen“ zu rücken.
Soweit ein paar Gedanken zum Thema „Klatschspalte“ und den Absichten, die in ihr enthalten sind. In ihrem Wesen unterscheidet sich die „Klatschspalte“ also nicht vom „Who is Who“ und ähnlichen Publikationsmitteln. Beide bewirken eine Art „Adelserhebung“, eine Heraushebung aus der Masse des Alltäglichen.

Symbole des adeligen und noblen Menschen

Ernst Cassirer stellt zu Recht fest, daß der Mensch ein „animal symbolicum" ist, also ein Wesen, welches im Gegensatz zum Tier bewußt Symbole einsetzt, um anderen klarzumachen, wer es ist oder wer es sein will. (Cassirer, 1929) Symbolsysteme — das Wichtigste ist wohl die Sprache — transportieren eine Wirklichkeit, die innerhalb einer Gemeinschaft erzeugt wurde und in ihrem Sinn interpretiert wird. Allerdings ist das Symbol nichts Starres, sondern es wandelt sich je nach dem, was die betreffende Gruppe mit ihm verbindet. So kann ein bestimmtes Kleid heute Ausdruck der Degradierung und morgen Symbol der Revolution sein. Ein charakteristisches Beispiel aus der Französischen Revolution: Das Gewand des von der französischen Aristokratie nicht akzeptierten Bürgers wurde symbolisch von den Revolutionären, den *Sansculotten* (den Männern „ohne Hosen" bzw. mit Kniehosen), im Kampf gegen die Adelsherrschaft eingesetzt.

Symbole sind für das menschliche Zusammenleben enorm wichtig, ohne sie wären menschliche Kommunikation und Handeln schwierig und unklar. Durch Symbole kann der Mensch seine soziale Stellung ausdrücken und auf diesem Weg anderen klarmachen, wer er sein und wie er behandelt werden will. Das Selbst des Menschen ist laufend darauf bedacht, von anderen geachtet, eventuell auch hofiert und nicht erniedrigt zu werden. Das ist keine leichte Sache; gerade wenn Menschen alles unternehmen, um „besser" als ihre Mitmenschen erscheinen zu wollen.

Im Folgenden will ich — ergänzend zu meinen vorangehenden Ausführungen — auf einige Symbolbereiche eingehen, die für unsere Diskussion besonders interessant sind. In ihnen äußern sich zu einem Teil traditionelle adelige Handlungsmuster, aber auch moderne Ansinnen, das Hoheitsvolle der eigenen Person zu zelebrieren. Dazu gehören der Kult mit dem Wappen, die Pflege einer gediegenen Sprache und ein würdiges Benehmen, die Betonung des Titels und das feine Herzeigen des Adelsringes sowie das Protzen mit den niedrigen bzw. speziellen Autonummern.

Das Wappen als altes adeliges Symbol

Ich bin schon auf die Bedeutung des Stammbaumes eingegangen und habe gezeigt, daß der tatsächliche oder erfundene Stammbaum wichtige Dienste zu leisten vermag, um die Einmaligkeit der eigenen Person oder Familie glaubhaft zu machen. Zum — nicht bloß adeligen — Stammbaum gehört noch ein wichtiges Detail, welches den Stammbaum symbolisch darstellen soll, nämlich das Wappen.
Für den alten, klassischen Aristokraten ist das Wappen ein wesentliches Symbol für seine Herkunft und für die Legitimität seiner privilegierten sozialen Stellung. Das Wappen als Symbol adeliger Rechte wurde daher auch zu einem wesentlichen Bestandteil der Adelsverleihung durch den Kaiser. Das Wappen, äußerlich an Schloß, Hof, Fahrzeug und persönlichen Dingen angebracht, demonstriert wohl auf eindringlichste Weise die vornehme Position des Wappenträgers und seiner Nachkommen.
Ursprünglich hatte das Wappen am Schild des noblen Mannes den Sinn, anderen dessen heilige Wichtigkeit klar zu machen. Der Schild, beim Turnier getragen, informierte das Publikum über die edle Herkunft des Reitermannes. Man wußte, mit wem man es zu tun hatte, und daß der Betreffende von Adel ist. Später fungierte ein Diener als Schildträger. Der noble Herr mußte von solch' lästigen Beschäftigungen, wie dem Tragen eines Schildes, befreit werden. Seine Vornehmheit erfuhr so offensichtlich eine Aufwertung.
Später wurden die Wappen an den Kutschen und Equipagen der feinen Leute angebracht. Kostbare Pferdewagen präsentierten den noblen Herren, dessen Wappen sichtbar für jedermann

an den Türen glänzten. In einem, um die Mitte des 19. Jahrhunderts erschienenen Anstandsbuch wird darauf Bezug genommen: „Die Equipage muß harmonisch arrangiert sein . . .; als Regel gilt, daß der Grundton des Anstrichs am Wagen mit der Polsterung, der Faden, welcher Radspeichen und Kasten schmückt, mit dem Blanken am Geschirr übereinstimme. Wappen (!) auf den Wagentüren kommen nur dem Adel zu . . . Allzuviel Zierrat an Geschirr, Silberketten, Rosetten und dergleichen sollte man meiden. Um sich solche Launen ungestraft erlauben zu können, bedarf es sehr großen Reichtums, welcher über Equipagen verschiedenster Gattung, vom einfachen Break bis zur Galakutsche verfügt. . . .“ (Eberhardt, o.J. 15. Auflage, S.689).
Die noble Pferdekutsche war von hohem symbolischen Wert, mit ihr konnte Vornehmheit transportiert werden. Am Wappen wurde der adelige Mensch erkannt, der auf diese Weise auf eine besondere Behandlung durch Beamte und das „gewöhnliche Volk“ hoffen durfte.
Das Wappen kann ein doppelte Funktion haben. Es trägt einerseits zur Hebung des gesellschaftlichen und sozialen Standes bei, andererseits — wenn die Erben das Wappen weiterverwenden — verweist es auf edle Vorfahren, die das Recht zum Tragen eines Wappens erhalten haben. Beim Wappen sieht man die exzellente Wichtigkeit von Symbolen. Der Adel bzw. der Stammbaum erhält durch das Wappen eine besondere Wirklichkeit und Deutlichkeit, auf die es uns nun ankommt.
Die „Heraldisch-genealogische Gesellschaft Adler“ bietet als seriöse Institution die Möglichkeit, alte Familienwappen wieder aufzufinden und deren Grundlagen zu erforschen, falls die Wappenbriefe verloren gegangen sind.
Jedoch die anderen erwähnten „heraldischen“ Gesellschaften sind nicht nur bereit — gegen entsprechendes Honorar — Stammbäume zu erfinden, sondern auch Wappen. Hierbei wird nicht immer gerade seriös vorgegangen, wie zu sehen war. Zu den Institutionen, die heute mit der Verleihung von Wappen sich Bedeutung geben wollen, gehört auch der T.-Orden. In einem Werbeblatt für diesen Orden wird darauf hingewiesen:

„Von der Schwertleite wird all jenen Ritter-Kandidaten, die über kein eigenes Familienwappen verfügen, ein Wappen verliehen, das dann im Matrikelbuch veröffentlicht wird . . . Der Ritter ist nun berechtigt, sein Wappen zu führen. (Beim Orden sind künstlerische Ausfertigungen auf Pergament und in Holz geschnitzt erhältlich.)"

Verknüpft mit solchen „Gesellschaften" haben sich einige „Betriebe" konstituiert, die gegen entsprechendes Entgelt bereit sind, die tatsächlichen oder angeblichen Wappen in Form von kleinen Schildern zur Verzierung der Wohnung oder des Hauses oder eben für Ringe nützbar zu machen.

Der eigentümliche Hang einer Reihe von feinen Menschen, ihre besondere Individualität hervorzukehren, verleitet sie, sich Wappen anzulegen oder solche für sich „entwickeln" zu lassen.

Der wohl einfachste Weg, zu einem Wappen zu kommen, ist, ein Wappen für sich in Anspruch zu nehmen, welches einer Familie mit demselben — oder auch ähnlichem — Namen zugeschrieben ist. Man braucht dazu lediglich in den diversen Adelsbüchern nachzusehen und nach einer namensgleichen Familie zu suchen. Ich weiß von einem Herrn in Oberösterreich — er wohnt in der Nähe von Linz —, daß er das Wappen eines meiner Vorfahren kurzerhand, da er auch Girtler heißt, okkupierte und es prunkvoll in Gips oder Stein an seinem Haus anbrachte. Das Wappen hatte ich ihm auf seine Bitte hin gezeigt und kopiert. Daß tatsächlich eine Verwandtschaft besteht, ist gewiß. Jedenfalls war der gute Mann und Arzt von dem Wunsch beseelt, sich durch ein Wappen, obwohl in einer Republik lebend, eine noble Herkunft zu verschaffen.

Mit diesem bemerkenswerten Interesse an einem Familienwappen machte auch eine raffinierte Frau ihre Geschäfte. Darüber erzählte sie mir: „Dadurch, daß ich mit dem Verkauf von Schlössern zu tun hatte, lernte ich eine Menge Leute kennen, die ein Wappen haben wollten. Und das Geld habe ich auch gebraucht. Ich habe zu solchen Leuten gesagt: ein Wappen kann ich schon besorgen, was soll denn drinnen sein? Dann bin ich hergegangen und habe einige Wappen aus dem Siebmacher (altes Adelslexikon) abgezeichnet. Ich habe sie vergrößert und Teile aus ihnen entnommen. Es gibt verschiedene Schildformen. Deswegen habe ich mich auch mit Heraldik beschäftigt. Am auffälligsten und dekorativsten sind die Wappen mit Buschen und Girlanden. Solche vor allem wollten die Leute. Für diese habe ich Wappen in der Größe von 10 mal 15 Zentimeter verfertigt. Dafür bekam ich bezahlt. Über die Dinge, die ich in das Wappen geben sollte, habe ich mich abgesprochen. Man hat mir gesagt, was in der betreffenden Familie alles los war. Wenn wir nicht wußten, was wir hinein tun sollten, so habe ich einfach Farben und Schrägstriche gemalt. Jede Farbe und jede Form eines Schrägstriches haben ihre Bedeutung. Das ist unheimlich kompliziert. Manche wollten, daß ich auch eine Krone in das Wappen einbaue. Das habe ich aber nicht getan. Dafür habe ich einen Buschen mehr dazu gegeben. Eine Krone wollte ich nicht in solche Wappen geben, denn die Leute waren ja keine Adeligen."

Die Wappenverfertigerin kommt wohl dem Wunsch nach einem Wappen nach, sie entwickelte jedoch eine Scheu, jemandem unseriös ein adeliges Wappen zu erfinden.

Nichtadelige Wappen dieser Art — dies ist noch anzufügen — haben Tradition. Sie entstanden schon sehr früh und wurden von reichen Bürgern und Patriziern für sich entwickelt und verwendet. Hinter diesen Wappen steht wohl einerseits die Absicht des aufkommenden stolzen und nicht geadelten Bürgertums, sich dem Adel gleichzustellen, und andererseits der Wunsch, sich aus dem „gewöhnlichen Volk" herauszuheben. Diese bürgerlichen Wappen, die nicht durch eine Krone geziert sind, tauchten schon im 12. Jahrhundert auf. Und manche Patrizierfamilien hielten sich und ihr Wappen über Jahrhunderte.

Eng mit dem Symbol des Wappens als Demonstration der eigenen Würde ist der Adelsring bzw. Wappenring verknüpft. Mit einem solchen Ring ist es dem Träger möglich, mehr oder weniger unauffällig, wenn schon nicht unaufdringlich, anderen klar zu machen, daß er es mit einer Person zu tun hat, die von vornehmer Herkunft ist oder als solche erscheinen will. In „fei-

nen" Kreisen, auf noblen Bällen und grundsätzlich bei gediegenen Einladungen erfüllen diese Ringe — anderen Gästen diskret vor Augen geführt — offensichtlich eine nicht unwichtige Funktion. Ein solcher Ring, welcher in den meisten Fällen aus Gold und einem blauen Stein mit dezent eingeschnitztem Wappen gearbeitet ist, verschafft, nach dem Willen seines Trägers, Ansehen und soll eventuellen Geschäftspartnern die Seriosität und Heiligkeit des Trägers klar machen. Mir fiel auf, daß Adelsringe in den gesellschaftlichen Gruppierungen getragen werden, in denen Vornehmheit — zum Beispiel anläßlich großer Jagden oder im Golfklub — gespielt wird. Das Abzeichen des Wappenringes alleine, unabhängig ob am Ring ein adeliges oder bürgerliches Wappen eingraviert ist, genügt in spezifischen Situationen, um die Information weiterzugeben, der Träger des Wappenringes sei etwas Besonderes und gehöre einer feinen Familie an.
Der Wappenring bietet sich somit als interessanter Schmuck an, der nicht nur eine eventuelle finanzielle Potenz — wie gewisse andere Ringe — dokumentiert, sondern auch die Vornehmheit des Trägers.

In etwas anderer, aber in ähnlicher Weise hatten und haben noch zum Teil große, goldene und mit wertvollen Steinen protzerisch belegte Ringe in der Welt der Prostitution für den erfolgreichen Zuhälter und Barbesitzer eine wichtige Funktion. Solche Ringe symbolisieren Reichtum, Macht und eine gehobene Stellung in der streng reglementierten Hierarchie dieser Kreise. Vor Jahren erzählte mir ein junger, aufstrebender Zuhälter, sein Ziel sei es, einmal genug Geld zu haben, um irgendein Geschäft kaufen zu können. Dann würde er mit seinen dicken Ringen vor diesem stehen und die vorbeigehenden Leute könnten so erkennen, daß er ein reicher Mann sei.

Für nicht wenige Menschen, die stolze Besitzer von Autos sind, gibt es noch eine andere Möglichkeit, ihre Vornehmheit und soziale Macht zu demonstrieren, als durch ein zeremoniell dargestelltes Wappen oder durch einen Wappenring, nämlich durch eine vornehme Autonummer (oder durch einen Hinweis am Auto oder am Autokennzeichen, daß man Diplomat oder Konsul ist).

Vom klassischen aristokratischen Wappen unterscheidet sich die feine Autonummer lediglich dadurch, daß im Wappen auch auf die noble Herkunft des Wappenbesitzers verwiesen wird. Dies ist mit der Autonummer grundsätzlich nicht möglich. Die Autonummer sagt eventuell etwas über soziale Macht oder soziale Zugänge zur Macht des Autobesitzers aus. Es kann jedoch vorkommen, daß solche vornehme Autonummern „in der Familie" bleiben und mit dem Auto auf den Sohn oder die Tochter übertragen werden. Insofern gibt es also auch hiebei so etwas wie eine „Vererbung" edler Symbole.

Jedenfalls hat in Österreich die selektive Vergabe niederer Autonummern eine bemerkenswerte Tradition. Zunächst weisen sehr niedere Nummern auf einen politisch wichtigen Mann hin, der sich in einem solchen Auto chauffieren läßt. Die Leiter oberster Staatsstellen, wie die Minister oder die Präsidenten der Gerichtshöfe, werden in würdigen Fahrzeugen — an denen Wiener Kennzeichen mit meist zwei Ziffern glänzen — transportiert. Ähnlich wollen es die Landeshauptleute und deren nachgeordnete Dienststellen.

Niedere Nummern an Autos verweisen also auf politische Macht. Polizisten oder Gendarmen werden es sich daher überlegen, Leute mit solchen Kennzeichen zu belästigen. So erzählt mir ein Polizist anläßlich meiner Forschungen über die Polizei, er würde lieber Dienst im 2. Wiener Gemeindebezirk machen, denn dort habe er es mit Sandlern (Stadtstreichern), kleinen Kriminellen und Dirnen zu tun. Diese Menschen seien grundsätzlich freundlich zu ihm und er habe keine Schwierigkeiten mit ihnen. Jedoch einen Dienst in Grinzing oder Sievering lehne er ab. Dort habe er bloß Ärger mit betrunkenen Hofräten und Ministerialräten, wenn sie mit ihren Autos, an denen noble Nummern glänzen, vom Heurigen nach Hause fahren. Würde man diese abstrafen, so könne man damit rechnen, daß sie bei der vorgesetzten Polizeistelle Beschwerden einbringen oder einem sonst das Leben schwer machen. Eingeschüchterte oder vorsichtige Polizisten verhalten sich also beim Anblick einer niederen Autonummer eher zurückhaltend oder sehen geflissentlich weg, wenn ein derartiges Auto falsch parkt, zu schnell fährt oder stinkt.

Vor einigen Jahren passierte eine interessante Geschichte, die meine Überlegung hier trefflich unterstreicht. Ein steirischer Industrieller, ich glaube, er war Besitzer einer Mühle, fuhr in seinem Mercedes mit zweistelliger Nummer einmal nach Wien. Dieses noble Kennzeichen war schon seit Jahrzehnten in der Familie des Mannes, es stammt aus einer Zeit, in der es noch wenige Autos gab. Damals erhielt der Vater dieses Mannes als einer der ersten, die ihr Auto bei der Behörde anmeldeten, diese niedrige Nummer. Protektion war damals noch nicht nötig. Als nun der Mann mit diesem auf ihn überschriebenen Kennzeichen in Wien einfuhr, erblickte ein aufmerksamer Streifenpolizist das Auto mit der auffallenden Nummer. Der übereifrige Ordnungshüter holte das steirische Auto ein und eskortierte es durch den dichten Verkehr sicher in die Stadt. Er fuhr dem Auto voran, betätigte bisweilen seine Hupe und verabschiedete sich von dem erstaunten und hochgeehrten Mühlenbesitzer, als dieser sein Auto in der Innenstadt einparkte. Die niedere Nummer, wie der so bevorzugte Steirer zu recht schloß, hatte ihm das angenehme Mißverständnis eingebracht, von dem Polizisten für einen Politiker gehalten zu werden.

Da niedere Nummern nun eine besondere Attraktivität haben und auf politische Macht o.ä. hinweisen, ist eine nicht geringe Zahl von Autobesitzern daran interessiert, durch ein solches Kennzeichen aus der Masse der „gewöhnlichen“ Autofahrer herausgehoben zu werden. Die Autonummern werden heutzutage, soweit überhaupt welche bei den Ämtern aufliegen, ent-

weder nur an besondere Personen vergeben oder um viel Geld gehandelt.
Sehr niedere Nummern, zwei- oder dreistellige und auch z.T. vierstellige, werden informell durch den Polizeipräsidenten oder durch den Minister beinahe zeremoniell einem wichtigen Menschen zugeteilt. Eine gewisse Ähnlichkeit zum früheren Verleihungsakt von Adelstiteln und Wappen deutet sich hier an. In beiden Fällen ist es ein hoheitsvoller Akt, der huldvoll dem Prädikatswerber das erhoffte exklusive Symbol — Wappen oder Autonummer — verleiht. Aus der früheren formellen Standeserhebung ist allerdings eine heimliche Aktion geworden, von der die Öffentlichkeit nichts wissen soll. Für beides — für die alte Wappenübergabe und die moderne Autonummernzuschiebung — wurde bzw. wird an die betreffenden Amtspersonen ein ansehnlicher Geldbetrag gezahlt: Früher öffentlich, heute unter dem Tisch oder unauffällig in einem Briefkuvert, wie mir ein hoher Polizeibeamter erzählte, dem ein bekannter Mann aus dem Wirtschaftsleben ein Kuvert mit einem stattlichen Geldbetrag und dem Wunsch nach einer niederen Autonummer zuspielte.
Es besteht also hier eine echte Tradition, denn es waren schließlich vor allem Leute aus der Wirtschaft, die vorrangig im 19. Jahrhundert einiges unternahmen, um einen Adelstitel zugesprochen zu bekommen. An die Stelle des Adelstitels ist die Autonummer getreten. Daß Autonummer und Adel miteinander eigentümlich verknüpft sind, wurde bereits deutlich, als die ersten Autos mit Nummerntafeln — in Österreich 1906, in Deutschland um 1900 — durch die Gegend fuhren. Für Wien war der Buchstabe A (für Niederösterreich B, für Galizien S, für Bukowina T und für Vorarlberg W) vorgesehen, dem arabische Zahlen folgten. Die niedrigsten Nummern waren dem hohen Adel vorbehalten. So hatte die Nummer „A 1“ das Auto Seiner k. u. k. Hoheit Erzherzog Eugen, wohnhaft Wien 1, Parkring 8. Mit „A 2“ fuhr Seine k. u. k. Hoheit Erzherzog Friedrich. Mit „A 4“ schmückte k. u. k. Hoheit Erzherzog Franz Ferdinand D'Este sein Auto und „A 11“ zierte das Automobil des im Schloß Belvedere wohnenden Erzherzogs Ferdinand I.

Von den in Wien 1907 registrierten 2314 Automobilen besaßen die Industriellen und Bankiers — neben dem Adel — die niedrigsten Kennzeichen. (Mit dem Thema der Autokennzeichen setzte sich intensiv Josef Pompl in Wien auseinander, über dessen „Archiv für Kraftfahrzeugkennzeichen-Geschichte" die Zeitung „Die Presse" am 21. 5. 1987 ausführlich berichtete — auf diesen Artikel beziehe ich mich hier.) Der bereits nach der Jahrhundertwende angelegte „Nummernadel" findet heute, wie schon erwähnt, seine glanzvolle Fortsetzung. Als es in Österreich 1967 zu einer Reform der Nummerntafeln kam, wurden die bis dahin für die Behörden (W 1 bis 199) und Diplomaten (W 200ff, 600ff, 800ff) vorgesehenen niederen Kennzeichen mit eigenen Buchstaben (wie BH für das Bundesheer, PT für die Post, WD für die in Wien residierenden Diplomaten usw.) versehen. Die freigewordenen niederen Autonummern wurden nun für Leute attraktiv, die prominent waren und ihre Prominenz durch ein solches Symbol unterstrichen wissen wollten und die, die sich gerne als prominent oder politisch wichtig ausgaben.

Zu denen, die nun — allerdings unentgeltlich — in den Genuß solcher vornehmer Kennzeichen gelangten, gehörten neben Politikern auch Journalisten mit hohem Einfluß. Mächtigen Redakteuren des „Österreichischen Rundfunks" wurden vom Polizeipräsidenten, wie man mir erzählte, solche Nummerntafeln zugeteilt. Wahrscheinlich mit dem Hintergedanken, auf diese Weise eine „gute Presse" zu bekommen. Reiche Geschäftsleute, gefinkelte Rechtsanwälte und andere Personen, die als nobel erscheinen wollten, zahlten und zahlen, um in die Gunst eines niedrigen Kennzeichens zu gelangen.

Ich kenne einen ehemaligen Zuhälter, er hat es zum wohlhabenden Barbesitzer gebracht, der zunächst für sein teures Auto eine Nummer um 5.000, dann eine um 3.200 und schließlich eine um 1.700 gegen erhebliche Geldbeträge ergattern konnte. Auf welche Weise er zu seiner Nummer kam, das wollte er mir allerdings nicht erzählen. Er erwähnte lediglich, daß die Polizisten sich darüber wunderten und verärgert waren, daß gerade er, der früher bekannte Mann der Unterwelt, mit einer solch

vornehmen Nummerntafel durch die Gegend fahre. Er fügte noch hinzu, daß er mit diesem Kennzeichen auch kaum Probleme mit den Ordnungshütern hätte. Es käme sogar vor, daß er ab und zu leicht betrunken sein Auto in Betrieb nähme. Er könne es sich leisten, denn aufhalten würde ihn ohnehin niemand.
Als 1983 ein Redakteur einer österreichischen Tageszeitung zwei Inserate aufgab, die sich auf niedere Autonummern bezogen und die den Anreiz dieser Kennzeichen bei den Lesern testen sollten, bekam er Probleme. In dem einen Inserat hieß es: „Suche gegen entsprechendes Honorar drei- oder vierstelliges Kennzeichen." In dem anderen: „Vermittle drei- und vierstellige Kennzeichen." Es meldete sich die Kriminalpolizei, die Näheres wissen wollte, sich aber mit einer entsprechenden Erklärung zufrieden gab. Jedoch das Telefon kam nicht zur Ruhe, hunderte Anrufer meldeten sich. Für eine fünfstellige Nummer bot man 30 bis 50.000 Schilling, wie die Tageszeitung darüber dann berichtete. Für eine dreistellige Nummer fand sich eine Frau sogar bereit, 200.000 Schilling zu zahlen. Allerdings wußten die Anrufer nicht, daß es gar nicht so einfach ist, auch bei gutem Willen des „Verkäufers", eine solche Nummer zugeteilt zu bekommen. Denn zum Besitz eines drei- oder vierstelligen Wiener Kennzeichens bedarf es der Zustimmung des Wiener Polizeipräsidenten und eine fünfstellige muß vom Chef des Verkehrsamtes bewilligt werden.
Es rief auch jemand an, der eine Nummer zwischen W 600 und 700 um 220.000 Schilling dem sich wundernden Redakteur anbot. Von einer Gastwirtin weiß der Redakteur in seinem Artikel zu berichten, daß sie über ein Inserat ein vierstelliges Kennzeichen mit Erfolg gesucht hatte. In einem Brief an den Polizeipräsidenten erklärte sie, sie wolle diese Nummer ihrem Mann zum Geburtstag schenken. Nach einer Vorsprache bei dem Präsidenten wurde ihr das Kennzeichen zugeschrieben. Ihr Anwalt gab darauf dem Vorbesitzer der Nummer 40.000 Schilling.
Ein bekannter Wiener Rechtsanwalt, der selbst eine sehr niedere dreistellige Nummer besitzt, vermittelte zwei wichtigen Klienten durch einen persönlichen Kontakt zum Polizeipräsidenten Nummern um W 900. Zunächst bewog der Anwalt zwei

prominente Autobesitzer, ihre „adeligen“ Kennzeichen aufzugeben. Problemlos erteilte der Polizeipräsident dann die Freigabe der Nummern und die beiden Vorbesitzer erhielten, nach dem Unterzeichnen einer Verzichtserklärung, über einen Mittelsmann das versprochene Geld.
Neben diesen äußerst reizvollen edlen Nummern gibt es noch eine Reihe von Nummern, die wegen ihrer originellen Zusammensetzung als erstrebenswert erscheinen. Auch sie werden erst über Interventionen vergeben.
Eine Autonummer dieser Art hat eine Wiener Filmschauspielerin, nämlich W 6666, die diese Nummer von Filmcharmeur Willy Forst „geerbt“ haben soll. Mehrere andere originelle Nummern gleichzeitig hat ein Wiener Großhändler. Es handelt sich dabei um Nummern, die alle mit mindestens drei Nullen enden, sogar die eingesetzten Firmen-LKWs glänzen mit Nullen.
Dem Kampf um die niedere Autonummer kann sich der entziehen, der durch die offensichtliche Exklusivität seines Autos keine weitere Aufwertung mehr nötig hat. Für einen Wiener Nachtklubbesitzer ist es z.B. wichtig, mit teuren Autos, wie dem klassischen Rolls-Royce, an denen hohe Nummerntafeln zu sehen sind, aufzufallen. Obwohl er Leute aus höchsten Kreisen kennt, versucht er bewußt nicht, zu einer niederen Nummer zu gelangen. Mit Recht meint er, daß der Besitz des Rolls Royce, von dem man weiß, daß er der seine ist, genüge. Eine niedere Nummer würde ihn dem Vorwurf des Protzertums aussetzen. Die „bescheidene“ Autonummer dagegen unterstreicht seine Vornehmheit. Das Automobil wird in diesem Fall alleine zum Objekt der Selbstdarstellung.
Die Autoindustrie ist sich klar, daß die Besonderheit des Autos als fahrbares Symbol der Vornehmheit des edlen Menschen zu werten ist. In den Reklametexten für noble Autos wird auf deren feine Exklusivität hingewiesen, um bestimmte noble Leute, die sich über das Auto eine Veredelung ihrer bemerkenswerten Person erhoffen, anzusprechen. In einem dieser Texte heißt es beispielhaft: „Die Chevrolet Corvette ist Amerikas schnellster Sportwagen, der in Serie hergestellt wird. Sein elegantes, weltmännisches Aussehen hat er vom 86er Modell erhalten.“

Diese Zeilen deuten an, daß mit dem Automobil Staat zu machen ist, daß man mit ihm sogar zum „eleganten Weltmann" werden kann. Das Auto vermittelt eben wegen seiner besonderen Gestalt das Gefühl, sich mit ihm vollkommen identifizieren zu können.
Eine wichtige Funktion für eine solche noble und mobile Selbstdarstellung scheint heute das Autotelefon zu haben. Dem feinen Herren eröffnet es die Möglichkeit, im vornehmen Wagen mit dem Autotelefonhörer am Ohr anderen Autofahrern, Fußgängern und einfachen Radfahrern klar zu machen, daß er nicht nur finanziell potent ist, sondern auch gesellschaftlich bedeutend. Ein solches mitführbares Telefon verweist auf die Wichtigkeit des noblen Autofahrers, der sogar im Auto erreicht werden und von hier — eventuell als Manager — seine Direktiven an diverse Untergebene erteilen kann.
Das Autotelefon wurde daher — eben weil es der ehrfürchtigen Umwelt die Bedeutung seines Besitzers mitteilt — zu einem wichtigen Symbol. Die Werbung für den Verkauf des Telefons, welches ein gutes Geschäft zu sein scheint, beruft sich daher stets auf die Vornehmheit desjenigen, der sein Auto mit einem solchen Gerät schmückt. Die Symbolik, die mit diesem Spezialtelefon verbunden ist, veranlaßte — so wurde mir erzählt — bereits einige raffinierte Leute, Autotelefonattrappen im Auto mit sich zu führen und dieses mit einer — völlig funktionslosen — Telefonantenne auszustatten.
Eine durchaus ähnliche Funktion wie das Autotelefon hat das sogenannte „Pipserl", welches zunächst wohl vor allem für Ärzte, um sie schnell zu einem Patienten rufen zu können, erfunden worden war. Auch dieses „Pipserl" wurde inzwischen zu einem bedeutenden Hinweis auf den hohen Wert desjenigen, der durch ein solches Gerät, welches an seinem Sakko — deutlich sichtbar — angebracht ist, angefunkt werden kann. Auch hier habe ich es mit einem Gerät zu tun, welches fast wie ein Orden herumgetragen werden kann und so die Vornehmheit seines Trägers stets symbolisiert. Besonders fabelhafte Dienste leistet bei einer solchen Darstellung der noblen Person jedoch das Auto.

In einer Zeitschrift eines Autofahrerklubs werden unter dem Titel „Liebe, Luft und Leidenschaft" vier alte, gepflegte Cabriolets von vier prominenten Herren vorgestellt. Es wird darauf verwiesen, daß, wie einer der Autoliebhaber meint, „keine Vernunftgründe" für das Cabrio sprächen, denn „bei Hitze" sei dieses offene Auto zu heiß, „bei Kälte zu kalt und bei Regen wird man naß". Er ergänzt: „Offen fährt man hauptsächlich aus emotionalen Gründen." Hier drückt sich offenkundig aus, daß sich der feine Mann so ein Auto, das augenscheinlich wenig Sinn hat, leisten kann. Das Auto wird hier zum Symbol edler Distanz zum alltäglichen Zweckmäßigkeitsdenken.
Soweit meine Überlegungen zum Auto, welches gleich dem traditionellen Wappen des Aristokraten eingesetzt wird, um die elitäre Herausgehobenheit des Autobesitzers zu bestätigen. Das Auto, bzw. eine „sprechende" Autonummer, werden zum Schild- oder Wappenträger und zu einem wichtigen Symbol feinen Lebens.

Der Adelstitel

Traditionell hat neben dem Wappen und anderen Symbolen auch die aristokratische Anrede eine besondere Bedeutung. Die Titulatur des Adeligen war der Kritik der Bürger spätestens seit der Französischen Revolution ausgesetzt und auch Gegenstand heiterer Diskussion. In den vorhergehenden Kapiteln habe ich das Thema des Adelstitels bereits angesprochen und in einigen Ansätzen skizziert, denn schließlich gehört zur Adelsverleihung und zum Besitz eines mit einer Krone gezierten Wappens (ein bürgerliches Wappen hat keine Krone) auch ein sorgsam ausgewählter Titel. Während die Wappen — und ebenso die besonderen Autonummern — den Mitmenschen vor Augen führen sollen, sie hätten es mit einem feinen Zeitgenossen zu tun, dem ein solches Wappen oder eine solche Autonummer gebührt, handelt es sich bei der Anrede mit einem

Adelstitel um die soziale Einordnung und um den Respekt, den man einer feinen Person erweist. Die Leute, die solche Titel innehaben, achten bisweilen sorgfältig darauf, entsprechend tituliert und somit entsprechend behandelt zu werden.
Die alten aristokratischen Titel hatten und haben den Sinn, Macht und Privilegien zu verdeutlichen. Aber mit dem Titel und seiner Verwendung kann es auch Probleme geben, wie es ein kleines, um die Jahrhundertwende mit „Titulaturen" überschriebenes Buch zeigt. Auf Seite 9 heißt es: „Liest man heute den Brief eines biederen Oberförsters aus dem vorigen Jahrhundert, worin derselbe seinen Herrn und Gebieter, einen regierenden Grafen, um Veranstaltung einer Treibjagd bittet, 'weil Hochdero erlauchtigste Säue (Wildschweine) der Saat gefährlich werden', so mutet das zuerst etwas komisch an, aber wenn man sich in die Lage jenes alten Beamten versetzt, dann wird man es begreiflich finden, daß er das Prädikat, welches er seinem Herrn zu geben gewohnt ist, auch auf das Objekt seines Eigentums überträgt".
Trotz dieser latenten Kritik an dem alten System der gesellschaftlichen Über- und Unterordnung und seiner Auswüchse beharrt der Autor auf der Rechtmäßigkeit und Richtigkeit der Einrichtung des Adels. Er schreibt daher etwas zum Thema Gleichheit , das heute eher amüsiert: „. . . aber etwas von dem alten Zopf ist doch übrig geblieben und wird übrig bleiben, solange nicht falsche Gleichheitsideen die Überhand gewinnen und an Stelle der in und durch tausend Verhältnisse begründeten sozialen Ungleichheit und Abhängigkeit eine Gleichheit nicht nur zwischen Mann und Weib, sondern überhaupt in allen Verhältnissen des öffentlichen und privaten Lebens herbeiführen, welche als der verwegenste Gedanke des modernen Radikalismus gepriesen wird. Glücklicherweise sind wir noch nicht soweit; es gibt noch Gebietende und Gehorchende, die in jenem Anhängigkeitsverhältnis stehen, welches als das Fundament der gesellschaftlichen Entwicklung anzusehen ist . . .".
Schließlich erheitert sich der Autor über einen verwegenen Mann, der den Ruf nach Gleichheit der Menschen als altes Postulat der christlichen Religion ernst nahm: „ Vor wenigen Jah-

ren machte in einer mitteldeutschen Residenz ein verschrobener, übrigens sehr gebildeter Mann den Versuch, mit dem ganzen 'Floskelkram' des modernen Lebens, wie er es nannte, gründlich aufzuräumen. Er geriet dabei bald mit den Behörden in Konflikt und dieser Konflikt wurde immer schärfer, als er höhere Staatsbeamte in mehreren Eingaben einfach mit 'Du' anredete, indem er sich darauf berief, daß er ja auch mit dem Herrgott auf dem vertraulichen 'Du'-Fuße stehe. Der sonderbare Schwärmer wurde einfach in Strafe genommen und machte sich . . . so lächerlich" (Titulaturen, S.8).

Trotz solcher und ähnlicher Versuche — zu diesen zählt auch der Versuch der österreichischen Republik, den Adel samt Privileg und Titel abzuschaffen — haben sich die noblen Titulaturen erhalten. Das Sonderbare ist dabei, daß in der Republik Österreich alte Berufstitel, wie z. B. Hofrat, weitergetragen und neue ähnliche geschaffen wurden. Der Titel als Schirm, hinter dem die Person sich verstecken kann, präsentiert die Großartigkeit des Würdenträgers. Der Mensch wird in den Hintergrund gerückt und seine Rolle, die er zu spielen hat, erfährt die volle Akzeptierung.

Der Titel erleichtert dem Menschen sein soziales Bestehen und er hilft ihm, aus der Masse der Gewöhnlichkeit hervorzutreten. Raffinierte Staatssysteme verteilen demnach Titel bis hinunter zum kleinsten Glied des Apparates, in dem Wissen, so dem menschlichen Wunsch nach Veredelung zu entsprechen. Der Titel hat also mit sozialer Macht und sozialem Privileg zu tun. Der Mensch verschwindet, seine Maske, im Symbol des Titels eingefangen, triumphiert.

Ich will überblickshaft nun die klassischen Titulaturen des alten Adels, weil sie heute noch in ähnlicher Weise verwendet werden, skizzenhaft beleuchten. Damit will ich zeigen, mit welcher Terminologie man Herrschaft und Macht belegte. Schließlich werden diese Titel nicht nur bei Hochzeiten, Begräbnissen und anderen zeremoniellen Veranstaltungen verwendet.

Ein Kaiser oder König wurde im Brief mit „Allergnädigster Kaiser (König) und Herr" angesprochen. Im Text des Schreibens oder in der persönlichen Anrede schrieb man „Eure Kaiserliche

(Königliche) Majestät". Früher war es übrigens üblich bei Briefen an den Kaiser, an einen König oder die Kronprinzen vor der Unterschrift zu vermerken: „alleruntertänigster Diener". Danach kam der sogenannte Devotionsstrich, der einige Zentimeter zum unteren Blattrand führte, und dann erst Vor- und Zuname des ehrfürchtigen Briefschreibers. Schrieb man einem Kronprinzen oder einem Prinzen, so war er so anzureden: „Durchlauchtigster Kronprinz (Prinz)!" Ansonsten hatte es zu heißen: „Eure Kaiserliche (Königliche) Hoheit!" Speziell die Österreichischen Erzherzöge beliebte man mit „Durchlauchtigster Erzherzog" oder kurz mit: „Durchlaucht" zu beehren. Die letztere Anrede ist heute noch durchaus üblich. Im Brief an die Erzherzöge verwendete man die Floskel: „Seine Kaiserliche Hoheit".

Regierende Fürsten, wie der von Liechtenstein, sind mit „Durchlauchtigster Fürst" oder mit „Gnädigster Fürst und Herr!" anzuschreiben und im Text mit „Eure Durchlaucht" anzusprechen. Einem regierenden Grafen schrieb man: „Erlauchtigster Graf oder Gnädigster Graf und Herr!" und redete ihn mit „Eure Durchlaucht" an. Ein nichtregierender Graf verlangte die Überschrift: „Hochgeborener Graf", oder „Gnädigster Graf". Beim Freiherrn oder Baron genügte: „Hochwohlgeborener Freiherr" und „Euer Hochwohlgeboren". War der Mann von einfachem Adel, so blieb es beim „Hochwohlgeboren", „Hochgeehrtester" oder „Gnädigster". Kaiserinnen, Königinnen, Erzherzoginnen, Prinzessinnen usw. wurden grundsätzlich in ähnlicher Weise wie die entsprechenden Herren angeschrieben und angesprochen.

Diese Tradition der adeligen Titel und Anreden ist ungebrochen, obwohl es in Österreich durch republikanischen Staatsakt ausdrücklich untersagt ist, einen Adelstitel zu tragen und zu verwenden. In der Bundesrepublik Deutschland wurde der Adelstitel dem Namen zugerechnet, jedoch gilt er formal nicht als Adelsbezeichnung im alten Sinn. Informell blieb trotzdem die alte Vorstellung von der Exklusivität des adeligen Namens und der Person, die mit diesem verbunden ist. Wie wenig das Gesetz über die Aufhebung des Adels wirksam ist, wird in den diversen Einladungen zu fürstlichen, gräflichen und anderen adeligen Hochzeiten, zum jährlichen Ball eines Adelsclubs, in Anzeigen zu Begräbnissen adeliger Menschen u. ä. spürbar. In der Einladung zum Ball des Adelsclubs wird darauf verwiesen, daß er unter dem Ehrenschutz des Fürsten und der Fürstin von und zu Liechtenstein stehe. Als einziges regierendes Fürstenhaus im deutschsprachigen Raum genießen die Liechtenstein besondere Achtung. Sie sehen sich selbst als über den anderen Adelshäusern stehend. Im Ehrenkomitee des Balles scheinen auf: „Erzherzog R.", „Erzherzog F. S.", „Graf Ferdinand . . .", Seine Exzellenz der Botschafter. . ." usw.

Interessant ist das Patronessenkomitee. Dort heißt es u. a.: „Erzherzogin Ferdinand. . . ", „Gräfin Carl Anton von. . .", „Prinzessin Georg von und zu L." usw. Es fällt auf, daß die Frauen der im Ehrenkomitee aufscheinenden aristokratischen Männer ihre Würde von ihren Gemahlen ableiten, sie sind als Personen kaum existent. In Hochzeitsanzeigen jedoch scheint die adelige Dame mit ihrem vollen erheirateten Namen und ihrem Geburtsnamen auf. Adelige Hochzeitsanzeigen sind — neben Todesanzeigen — ein gutes Beispiel dafür, wie verwurzelt und sicher die Tradition adeliger Titel ist.

Ein junger Adeliger erzählte mir zu Anzeigen dieser Art: „Es würde keinem Adeligen einfallen, eine Hochzeitsanzeige ohne Adelstitel aufzusetzen. Dabei ist es stilgerecht, den akademischen Grad — falls einer vorhanden ist — fallen zu lassen. Der Adelstitel alleine genügt."

Die Adelstitel bzw. die Hinweise auf adelige Herkunft haben also auch in der Republik ihre Bedeutung nicht verloren. Sie demonstrieren eine altehrwürdige Familie. Und dies ist mehr wert als ein akademischer „bürgerlicher" Grad. Besonders in der Bundesrepublik Deutschland, so fiel mir auf, haben alte aristokratische Namen einen hervorragenden Klang, mit dem ein erworbenes Doktorat nicht mithalten kann. Ich kenne einen Rechtsanwalt in München, dem der Abschluß seines Studiums ohne Doktortitel — der für seinen Beruf auch nicht erforderlich ist — genügt. Er erreicht sein Prestige, indem er unter dem Namen „Graf" W., der als Anwalt tätig ist, bekannt ist. In einer rechtlichen Angelegenheit, in die auch ich verwickelt war (es ging um ein Mietproblem), übergab er dem gegnerischen Anwalt seine Visitenkarte, auf dem sein Grafen-Prädikat zu lesen war. Der Gegenanwalt besah sich verduzt die Karte und fragte, ob Graf W. deutscher oder österreichischer Staatsbürger sei. Als dieser erwiderte, er wäre Deutscher, sprach ihn sein Kontrahent auch weiter respektierlich mit „Graf" an. Hätte er gesagt, er wäre aus Österreich, wo Adelstitel offiziell nicht verwendet werden dürfen, so hätte der andere Anwalt vielleicht anders reagiert.

Für mich zeigte die Situation, daß die alte adelige Tradition noch immer eine deutliche Gewichtung hat. Der Adelstitel scheint stets irgendwie präsent zu sein, auch wenn der und die Adelige formal nicht auf diesen beharren. So wird im Gespräch auch von Politikern, wenn sie mit alten Aristokraten zu tun haben, der Titel respektiert. Diese Symbolkraft spürte ich, als ich von einer fürstlichen Prinzessin, zum Mittagessen eingeladen wurde. Ich sprach die Dame mit „Kaiserliche Hoheit" an. Ich dachte mir, eine solche Höflichkeit werde von mir erwartet. Die Erzherzogin jedoch meinte, ich solle auf diese Anrede verzichten, schließlich habe sie „von der Republik in die Monarchie" geheiratet. Damit wollte sie sagen, daß sie durchaus republikanisch denke, im Gegensatz zu ihrem Ehegemahl, der der Monarchie nachtrauere.

Trotz ihrer vorgegebenen republikanischen Einstellung hatte ich jedoch das Gefühl, mich in einer bewußt gepflegten aristokratischen Umgebung zu befinden. Davon zeugten die Bilder an den Wänden; sie zeigten den letzten österreichischen Kaiser und seine Frau. Das Essen verlief in stiller Vornehmheit und die Erzherzogin legte mir ihre aristokratische Weitherzigkeit dar.

Der Adelstitel als deutliches Symbol alter aristokratischer Identität hat nicht an Attraktivität verloren. Im Reisepaß einer Prinzessin aus Liechtenstein, die zu kennen ich das Vergnügen habe, ist festgehalten: „Ihre Durchlaucht Prinzessin K. von und zu Liechtenstein". Diese Kennzeichnung berührt Grenzbeamte, Zöllner und andere Menschen, denen sie dieses amtliche Stück zeigt. Es sei ihr aber nicht immer angenehm, wenn sie sehe, wie die Leute reagieren, so erzählte sie mir, überhaupt, wenn die Höflichkeit ihr gegenüber zur Unterwürfigkeit werde. Dies erlebte sie, als sie ihrem Fahrlehrer, der sie für die Führerscheinprüfung vorbereitete, den Reisepaß vorlegte. Der Mann war außer sich vor Ehrfurcht und sprach sie mit „Durchlaucht" an. Reaktionen dieser Art sind wohl nicht die Regel, sie deuten aber an, daß der Adelstitel nicht nur in monarchistischen Kreisen seine Anziehungskraft behalten hat. Immer wieder wurden mir bei meinen Gesprächen mit Adeligen Geschichten erzählt, die auf eine gewisse „Alltagsservilität" der Bevölkerung gegenüber Adeligen schließen lassen.

Auch darüber hinaus sei der Titel manchmal ein Problem für sie, bemerkte eine Prinzessin: „Oft kommt es vor, wenn die Leute wissen, wer ich bin, daß sie mir erzählen, sie würden den Grafen X., meine Geschwister und den Fürsten Y. kennen. Ihnen imponiert eigentlich nur der Titel, ich selbst bin ihnen egal. Mein Titel zählt. Wenn ich das einmal sehe, gehe ich nicht mehr auf diese Leute ein." Der Titel kann also auch zum Problem werden, gerade für die Leute aus der Hocharistokratie, die ob ihrer menschlichen Qualität akzeptiert werden wollen.

Im gesellschaftlichen Kontakt Adeliger untereinander, so zum Beispiel in adeligen Clubs, ist es eher üblich, den Titel im Gespräch wegzulassen. Der Name des adeligen Hauses, ohne Beiwörter wie Graf oder Fürst bzw. Durchlaucht oder Kaiserliche Hoheit, bestimmt hier die Diskussion. Es ist auch die Regel, sich im adeligen Kreis zu duzen. Dazu führte ein Adeliger aus: „Grundsätzlich sagen Adelige mit gleichem Rang zueinander 'Du'. Derjenige, der dem niedrigeren Adel angehört, wartet jedoch, bis ihn der andere mit Du anspricht. Hat der Adelige es aber mit jemandem aus einem regierenden Haus, wie zum Beispiel einem Liechtenstein, zu tun, so ist die Anrede auf alle Fälle 'Sie'. Wenn ich mit jemandem zusammentreffe, von dem ich mir denke, er ist auch ein Adeliger, so sage ich mir: zu dem kannst du ja 'Du' sagen."

Das „Du" drückt, so scheint es, die gegenseitige Akzeptierung vornehmer Menschen aus. Dadurch, daß man jemandem das vertrauliche „Du“ gestattet, will wohl angezeigt werden, man stimmt grundsätzlich mit den gesellschaftlichen Vorstellungen und dem Lebensstil des anderen überein. Kommt es zu ernsten Konflikten, so entzieht man sich gegenseitig das „Du“ oder meidet überhaupt den Kontakt, wie aus der Erzählung einer Frau, die mit einer hocharistokratischen Familie freundschaftlich verkehrte, hervorgeht: „Er, der R., war ja nur Graf. Sie, die Schw., war eine Fürstin. Daher ist sie mit 'Durchlaucht' anzusprechen. Normalerweise sagten die beiden zueinander 'Du'. Einmal gab es aber Spannungen zwischen beiden wegen der Hunde. Sie redete ihn darauf mit 'Sie' an, was ihn sehr wurmte. Denn er mußte sie nun mit 'Durchlaucht' anreden. Darüber hat er sich sehr aufregen können.“ Adelige Herkunft und adeliger Titel werden also herausgestrichen und der aristokratische Mensch beharrt darauf, daß diese Tradition nicht gebrochen wird.

Die Faszination, die ein adeliger Titel auszuüben vermag, bewirkt, daß Hochstapler sich mit Vorliebe eines solchen Titels bedienen, um zu Ansehen, Geld und Frauen zu kommen. So wird in einem Zirkular des k. k. Kreisamtes in Klagenfurt vom 18. 10. 1827 ein solcher gefinkelter Hochstapler zur Verhaftung ausgeschrieben: „Beschreibung eines Abenteurers, der sich den Namen Andreas Freiherr von Engsfeld-Plettenberg beilegt und vorgibt, ein naher Anverwandter des in Ungarn stationierten k. k. Majors von den Erzherzog Karl Ulanen, Grafen von Stollberg, zu sein, und aussagt, auf dem Vorgebirge der guten Hoffnung in Afrika von Seeräubern aller seiner Habe beraubt zu sein. Er ist mittlerer Statur, sehr blond, ohne Bart und bei 40 Jahre alt. Seine Sprache ist im sächsischen Dialekt.“

Aber auch heute in der Republik gibt es Leute, die mit einem erfundenen Adelstitel, den sie mit noblem Auftreten glaubwürdig vorbringen, ihre Geschäfte machen. Eine Meldung, die in einer österreichischen Tageszeitung erschien, schildert einen solchen Hochstapler, dem es mit einem Adelstitel großartig gelang, Frauen, welche offensichtlich für Aristokraten schwärmten, um ihr Geld zu bringen: „Mit Charme und feinsten Manieren brach Wolfgang Freiherr von Nesselbach reihenweise die

Frauenherzen. Erst beim Prozeß gegen den Betrüger und Hochstapler in Bonn stellte sich heraus, daß Helmut F. (37) seinen adeligen Namen dem Stammbaum seines Hundes entliehen hatte. Der hieß: 'Hasso von Nesselbach'. Der 'Adelige' reiste quer durch Deutschland, eröffnete Bankkonten, verwendete aber, weil er keine Schecks bekam, falsche Formulare. Er bezirzte zahlreiche Geschäftsfrauen, kaufte eine Kleinigkeit und ließ sich Bargeld herausgeben. Zweifel beseitigte der Betrüger mit ein paar Rosen. Jetzt bekam er vier Jahre Haft."

Der „bürgerliche" Titel in der Tradition des adeligen Titels

Der klassische adelige Titel wurde zum Vorbild für die Versuche des „gewöhnlichen" Bürgers, durch einen Titel zu Ansehen zu gelangen. Echte Relikte aristokratischer Tradition sind jene Titel, die im Diplomatischen Dienst, in der Kirche und zum Teil auch an den Universitäten beharrlich weitergeführt werden. Ein Botschafter eines Landes, auch wenn es ein Ostblockland ist, wird offiziell nach diplomatischem Ritual als Exzellenz angesprochen. Und als Exzellenz wird er bei diversen Einladungen und Festen dem klassischen Aristokraten gleichgestellt.
Ähnlich ergeht es dem Papst, den Bischöfen, Kardinälen und anderen kirchlichen Würdenträgern. Der Papst als der „Heilige Vater" wird mit „Eure Heiligkeit" angesprochen, dem Kardinal begegnet man mit „Eure Eminenz" und der Bischof erwartet, daß man ihn mit „Eure Exzellenz" oder „Hochwürdigster Bischof (Erzbischof . .)" anspricht. Mit „Euer Hochwürden" oder auch „Euer Ehren" wird ein Abt tituliert. Einen Pfarrer und andere Geistliche benennt man als „Hochwürdiger Herr" oder bloß als „Hochwürden".
Auch an den Universitäten, vor allem in Österreich, knüpft man noch an adelige Überlieferung an, wenn der Rektor mit „Eure Magnifizenz" und ein Dekan mit „Eure Spektabilität" offiziell angesprochen wird. Man ist wohl zum Teil bereits davon abgegangen, diese Titel in aller Strenge und Exaktheit zu verwen-

den, aber trotzdem haben sie noch eine rituelle Funktion. Mir fiel auf, daß bei der Anrede eines Dekans bisweilen Unterschiede gemacht werden, je nachdem wer ihn kontaktiert. Von Studenten und Untergebenen sieht man es gerne, wenn diese höflich den Dekan als „Eure Spektabilität" titulieren. Kollegen, Leute aus dem Professorenkollegium, allerdings bewegen sich auf einer Ebene kollegialer Verbundenheit, wenn sie den von ihnen erwählten Dekan mit „Spektabilis" anreden.
Diese zitierten Titel entsprechen der klassischen, adeligen Heiligung von Menschen. Für einen Republikaner ist es wohl sonderbar, wenn er hören muß, daß der Titel „Exzellenz" mitunter nicht nur dem Botschafter, sondern auch dem Minister zusteht. Trotz einiger Skepsis und unernster Kritik hat sich die alte Tradition erhalten. Es ist allerdings nicht bloß der Titel, der dem hohen Staatsangestellten aristokratische Heiligkeit verleiht, sondern auch eine Reihe anderer Symbole, zu denen als das wichtigste, wie ich gezeigt habe, das riesige Auto gehört.
Der bürgerliche Staatsapparat hat also, dies sollte angedeutet werden, im Prinzip adelige Titulatur übernommen. Charakteristisch dafür ist übrigens, daß in Österreich der Titel „Hofrat" ein ungemein angesehener Titel des „pragmatisierten" und akademisch gebildeten Staatsangestellten ist. Monarchistische Tradition erfährt so in der Republik wackere, wenn auch widersprüchliche Weiterführung.
Historisch hat wohl der Bürger im Zuge und in der Folge der französischen Revolution die aristokratischen Titel bekämpft, jedoch kehrte man bald wieder zu den früheren Traditionen zurück. Genauso wie an den Universitäten, deren Lehrer und Lernende sich stets dem Adel gleichgestellt hatten. Die Universität war im frühen Mittelalter — aufbauend auf arabisch-maurischer Gelehrsamkeit — das erste Gegengewicht zum Adel. Magister und Doktoren duldeten keine Aristokraten über sich. In der Übernahme ritterlicher Ehrenordnungen und des Waffengebrauches sowie in der Betonung des Duells, als Nachfolger des früheren Turnieres, zeigt sich adelige Überlieferung.
Den Höhepunkt der Skepsis, mit der gerade von Studentenseite dem Adel begegnet wurde, dokumentiert die burschenschaftli-

che Bewegung der Jahre 1815 und 1817, wie sie vom revolutionären Jena, welches darob auch als Jakobinernest bezeichnet wurde, ausging. In den Jenenser „Grundsätzen und Beschlüssen" heißt es: „Auch der wunderlichen Benennungen Edelgeboren, Hochedelgeboren, Wohlgeboren, Hochgeboren wollen wir uns enthalten, weil sie oft lügenhaft, oft sinnlos, immer ohne Zweck sind und an Vorzüge erinnern, welche mit der Gerechtigkeit nicht bestehen können." Und in der Verfassungsurkunde der Burschenschaft heißt es schließlich: „Das Verhältnis der Mitglieder untereinander ist vollkommen gleich, und es darf durchaus kein Schein der Superiorität stattfinden . . . Alle Unterschiede der Geburt fallen gänzlich weg" (Steiger, 1967, S.154).

Trotz dieser republikanisch-klassenkämpferischen Vorsätze, die auch in die Verfassungen der neuen Republiken nach dem 1. Weltkrieg einfließen, gelang und gelingt es nicht, die alten klassischen aristokratischen Titulaturen wirksam zu hinterfragen. Und ebenso werden die bürgerlich-republikanischen pseudoaristokratischen Titel, wie Hofrat, Ministerialrat, Rechnungsrat, Regierungsrat u.a., verwendet. An diese Titel klammern sich nicht nur deren Träger, die mit diesen Symbolen Ehre und Achtung verbinden, sondern auch diejenigen, die auf Zuerkennung solcher Titel hoffen.

Der Titel wurde auf diese Weise auch zu einer Dokumentation der Macht. Der Hofrat, der Ministerialrat oder ein anderer durch staatlichen Hoheitsakt geschaffener „Rat" weiß, daß er von seinem Titel her Vorteile bzw. bestimmte Rechte (Privilegien) erwarten darf. Totalitäre Systeme, wie z. B. der Nationalsozialismus, verstanden und verstehen es recht gut, die Beamten bis hinab zum „kleinsten" Amtsträger durch schöne Titel zu ehren. Die Nationalsozialisten wußten, mit einem komplizierten System von Posten und Titeln — es gab sogar einen „Blockwart", der für einen Häuserblock zuständig war —, eine beinahe perfekte Abhängigkeit der Beamten vom Apparat zu erreichen. Diese, den Staat stärkende Funktion des Titels zeigte sich deutlich bereits in Monarchien. Die Erhebung in den Adelsstand bewirkte — dies mag oft auch der Grund für die Verteilung gewesen sein — eine außerordentliche Bindung des Geadelten an das Herrscherhaus. Im heutigen England scheint diese Praktik eine ungebrochene Tradition zu haben. Sogar eventuelle Systemkritiker werden auf diese Weise zu zufriedenen Staatsbürgern, die mit der hervorragenden Beachtung ihrer Person zufrieden sind. In England war es auch möglich, daß ein früherer Wiener sozialdemokratischer Wissenschaftler geadelt, also zum „Sir" wurde. Der Mann fühlte sich der Königin verbunden und läßt sich als Adeliger in den von ihm bereisten Republiken feiern, in denen er, so scheint es, auch wegen seines Adelsprädikates Bewunderung erfuhr. Es ist — bildlich gesprochen — eine freundliche Umarmung, aus der man sich aber nicht mehr befreien kann (will).

Ein Graf aus altem Adel meinte zu mir einmal, hätte das österreichische Kaiserhaus den großen Sozialdemokraten und Parteigründer Viktor Adler, der ein gewichtiger Kritiker der Monarchie war, zum Baron gemacht, vielleicht hätte die Monarchie noch einige Jahrzehnte überlebt.

Diese alte, mit der Verleihung eines Titels — ob adelig oder republikanisch ist gleichgültig — verbundene Absicht der Festigung des Herrschaftsapparates scheint wichtig zu sein. Auch hinter dem akademischen Titel verbirgt sich eine ähnliche Tradition, jedoch hat man auf den Universitäten traditionell versucht, eine kritische Distanz zu den Machthabern aufzubauen. Die Freude des mit einem akademischen Titel verzierten Menschen ist allerdings groß, er sieht sich gefeiert und nobilitiert. Der große Unterschied zum Adelstitel liegt wohl darin, daß der Zugang zum akademischen Titel — eine entsprechende Arbeitsleistung vorausgesetzt — ein relativ einfacher ist. Darin liegt aber auch sein Problem, denn eine Gesellschaft, die auf diese Weise eine Vielzahl von Titelträgern möglich macht, entwertet damit auch die Titel und senkt ihre Attraktivität.

In intellektuellen Kreisen ist man daher dazu übergegangen, die Sache vornehm umzukehren. Man findet es würdig, den erworbenen Titel nicht zu gebrauchen und so zu tun, als ob man auf diesen keinen Wert lege. Und es gilt als wenig ehrenhaft, einen Titel vorzuschieben, um die Person zu schmücken und heraus-

zuheben. Allerdings steht hinter einer solchen Strategie das Wissen oder die Hoffnung, den anderen müsse es ohnehin klar sein, daß man über einen Titel verfüge und ein edler Mensch sei. Hier setzten also feine Regeln ein. Eine Regel heißt: dem Intellektuellen oder Akademiker gezieme es, bescheiden aufzutreten. Die hervorragende akademische Karriere spricht für sich. Ein Protzen damit steht im Widerspruch zu jener menschlichen Vollkommenheit, die der Akademiker für sich beansprucht. Die andere Regel besagt: Will jemand als Akademiker trotzdem anderen, die ihn nicht kennen, vor Augen führen, welch großartige Person er sei, so muß er sich bemühen, dies auf eine sehr geschickte, unauffällige Art zu tun. Sei es mit vornehmer Bescheidenheit, daß er im Gespräch auf seine Position verweist oder mehr zufällig dem Gegenüber die eigene Visitenkarte zuspielt, auf der schließlich all die feinen Titel und manchmal auch die noble Adresse vermerkt sind.
Die Visitenkarte stellt somit — gerade für den feinen Akademiker — ein wichtiges Mittel der Information über die Würde der eigenen Person dar. Sie gibt Nachrichten weiter, die man selbst nicht so ohne weiteres wagt mitzuteilen, will man den Anschein der vornehmen Bescheidenheit nicht aufgeben. Personen, die eine akademische Zurückhaltung und Bescheidenheit sehr ernst nehmen, geben ihre Visitenkarte an Kollegen, Freunde und andere wohlwollende Zeitgenossen zwar weiter, aber der Titel ist mehr oder weniger sanft durchgestrichen. Man ist zwar Universitätsprofessor oder Doktor, man legt jedoch, weil man eben bescheiden ist, keinen Wert auf diese Titel. Mit einem solchen Vorgehen hat man also zwei Ziele erreicht: einmal bleibt dem anderen nichts anderes übrig, als dem akademisch dekorierten Visitenkartenübergeber das Attribut der Bescheidenheit zuzugestehen. Und zum anderen ist nun endgültig klar gemacht, daß dieser es mit einer exzellenten Figur zu tun hat. Dieses Problem, in aller Bescheidenheit auf den Titel oder die hohe berufliche Position hinzuweisen, ist nicht bloß auf die Akademiker beschränkt, sondern zeigt sich auch in anderen gesellschaftlichen Bereichen. Jedoch scheint es, daß gerade Akademiker unter dem sehr starken Druck stehen oder leiden, die

Trefflichkeit der eigenen Person in Bescheidenheit darzutun. Ein besonderer Segen ist es allerdings, wenn die akademisch geehrte Person von adeliger Abstammung ist. Sie ist somit mit zwei Titeln konfrontiert. Die beiden Titel treten in Konkurrenz und machen es dem Gesprächspartner — für den Fall, daß ihm die beiden würdigen Bezeichnungen bekannt sind — schwer, den Titel zu finden, den der andere hören will. Es scheint nun, daß vor allem in Ländern, in denen der Adelstitel formal zum Namen gehört, wie in der Bundesrepublik Deutschland, der Adelstitel den Vorrang genießt. Denn schließlich hat dieser ererbte Titel gegenüber dem akademischen Titel den Vorteil, daß er nicht so ohne weiteres erworben werden kann. Der Adelstitel ist also mitunter von höherem Wert als der akademisch zugeteilte Titel. So scheinen Leute mit altem adeligen Namen im Bankgeschäft und auch im diplomatischen Dienst eine gewisse Vorrangstellung einzunehmen gegenüber Leuten, die „bloß" auf ihren akademischen Titel verweisen können.
Ähnlich wie Adels- und Konsultitel von mysteriösen überseeischen Staaten werden auch akademische Titel von geschickten Titelhändlern verkauft. Private amerikanische Universitäten, die wahrscheinlich nur am Papier existieren und ihre „Gründung" irgendwelchen Sekten verdanken, verleihen gegen entsprechendes Honorar die ersehnten akademischen Würden. Bei solchen Geschäften geht es um viel Geld und sie versprechen denjenigen, die solche Titelverleihungen vermitteln, erkleckliche Einnahmen.
Das Ehrendoktorat, wie es von Universitäten an bekannte namhafte Professoren verliehen wird, hat gegenüber dem „gewöhnlichen" Doktorat den Vorzug, daß es nur über den Beschluß eines akademischen Gremiums verliehen werden kann. Hier drängt sich eine gewisse Ähnlichkeit zum Adelsprädikat auf, welches vom einzelnen nicht selbst aufgrund eines bestimmten Rechtes — zum Beispiel nach der Ablegung von Prüfungen wie beim Doktorat oder des Hinweises auf Verdienste — erworben wird, sondern zu diesem bedurfte es eines hoheitlichen Willensaktes, auf den der Betreffende grundsätzlich keinen Anspruch hatte. Das Ehrendoktorat — ähnlich wie die Ver-

leihung anderer Ehrenämter, wie Senator usw. — ist also ein ausgezeichnetes Mittel, eine Person, die im akademischen Bereich Macht und Ansehen hat, zu veredeln.
Welches Ansehen zumindest noch vor einigen Jahren ein mit einem akademischen Titel gezierter Mensch hatte, wurde mir bewußt, als ich als junger Akademiker während des Sommers einige Wochen bei einem Waldviertler Bauern in der Funktion des Knechtes arbeitete. Ich hatte einmal mit einem berufsmäßigen Maurer, der für den einen Tag von dem Bauern angestellt worden war, einen Kartoffelkeller zu betonieren. Der Mann schickte mich, wie es sich für einen Vorarbeiter, der er ja für mich war, gehörte, herum und trug mir in einem mehr oder weniger rüden Ton auf, diverse Sachen zu verrichten, wie: den Mörtel zu rühren, Holzbretter für den Betoniervorgang aufzulegen und anderes. Ich tat dies auch, weil ich dem Bauern helfen wollte. Als wir bereits einige Stunden miteinander gearbeitet hatten, kam der Maurer zu mir und meinte, er müsse sich bei mir entschuldigen, weil er mich laufend mit Du angesprochen habe, die Bäuerin habe ihm nun gesagt, daß ich eigentlich ein „Doktor" sei, der hier nur „zum Spaß" arbeite. Ihm sei dies unangenehm und er würde fortan höflicher zu mir sein. Ich lachte darauf und es kostete mich einige Mühe, dem Manne klar zu machen, daß ich hier die Rolle des Knechtes einnehme.
Mir zeigte dieses Erlebnis die besondere Achtung, die gerade der „kleine Mann" einem „Doktor" entgegenbrachte. Hinter einem solchen Verhalten steht eine lange Tradition. Den einfachen Leuten wurde klar gemacht, daß der Akademiker — also der Arzt, der Richter und der Herr Hofrat — ein Mensch von besonderer Qualität sei. Er hat soziale Macht und ihm ist daher in einer eher ergebenen Weise zu begegnen. Heute scheint eine solche Tendenz am Verschwinden zu sein.

Titel oder titelähnliche Bezeichnungen in Subkulturen und bei Ganoven

Es gibt aber auch in Subkulturen und bei Ganoven Bezeichnungen, die im weitesten Sinn als Titel anzusehen sind, denn sie bringen auf ihre Weise ehrende Informationen über bestimmte feine Leute. Von den bisher genannten Titeln unterscheiden sie sich wesentlich u. a. dadurch, daß sie informell, also ohne eine öffentliche Zeremonie, jemandem zuerkannt werden.

Diese formlosen „Titel", die jedoch eine ähnliche Funktion haben wie die echten, finden sich häufig in kleineren Gruppen, wie Jugendbanden, Männerrunden oder Gebirgsvereinen. Eine besondere Bedeutung haben sie jedoch in der Welt der Kriminalität und Prostitution, aber auch in den Gemeinschaften der sogenannten Sandler oder Pennbrüder. Diese „Titulierungen", die man auch als „Spitznamen" bezeichnen kann, schreiben vor allem Menschen in Subkulturen eine besondere Qualität zu. Sie flößen Ehrfurcht und manchmal auch Schaudern ein. Während meiner Studien in der Szene der Wiener Kriminalität erfuhr ich zum Beispiel, daß der Strich von einem „Blonden Franzi" und einem Mann, den man bloß als „den Edi" kannte, kontrolliert wird. Diese Namen bedeuteten für Leute aus diesem Milieu einiges. Man wußte von ihrer Macht und richtete sich danach. Aber auch die Polizei hatte Respekt vor diesen Namen und suchte sogar die Zusammenarbeit mit diesen Männern. Ein in Hamburg verhafteter und vor Gericht gestellter Zuhälter und Besitzer einiger Nachtlokale trug die ehrenvolle Bezeichnung „Wiener Peter". Unter diesem „Titel" war er bekannt und in gebührender Weise auch geschätzt. In Wien hieß eine als Zuhälterin tätige Frau „die rote Wanda" und eine Dirne mit langer Stricherfahrung die „schöne Evi".

Bemerkenswert ist auch, daß die Betonung des Artikels vor dem Namen etwas über die Würde des Mannes aussagt. So zum Beispiel ist „*der* Schmutzer" ein anerkannter Berufsglücksspieler gewesen. Wenn jemand von „*dem* Schmutzer" sprach, so konnte nur dieser Spieler gemeint sein.

Es handelt sich bei all diesen und ähnlichen Bezeichnungen und Heraushebungen um „Quasi-Titel“, die Titelcharakter haben, weil sie die betreffenden Personen als etwas Besonderes hinstellen. Mit den Titeln haben diese „Quasititel“ gemeinsam, daß sie durch hervorragende Verdienste erworben werden. Schlaue Durchführung von Geschäften am Strich, gewitzte Behandlung der Polizei, mutiges kriminelles Auftreten und überhaupt Handlungen, die mit Gelderwerb in Verbindung stehen, machen solche ehrenden Beinamen möglich. Solche Benennungen haben Ähnlichkeiten mit den alten aristokratischen Namen, die auf Verdiensten beruhen.
Bis in das 18. Jahrhundert hinein wird von zunftmäßig organisierten Räuberbanden berichtet, die im Stile von Geheimgesellschaften Beitrittszeremonien durchführten und sogar Herrschaftsrechte ausübten. Die Hauptleute solcher Banden nahmen sich — genauso wie ihre natürlichen Gegner, die Fürsten — das Recht heraus, verdienstvolle Räuber zu adeln. In einem dieser Berichte heißt es: „Den Vornehmsten unter der Bande gäbe Krummfingers-Balthasar Titul und adelte sie, mit Beydruckung des Siegels unter dem Briefe, den er darüber gäbe. Also wäre der zu Thema justifizierte Nicol Beck Hofrath gewesen, und hätte Herr von Rosenthal geheissen: Der Buchbinders-Christel wäre Herr von Ubenthal genennet worden, und Ober-Amtmann gewesen: Der Bamberger-Jörg, der Herr von Klugheit, Regierungsrath . . .“ (Kopecny, 1980, S.153).
Bemerkenswert an diesem Bericht ist, daß man sich an den üblichen Titel- und Adelsverleihungen zu orientieren schien und sich sogar über diese lustig machte.
Übrigens finden sich in diesen alten, geradezu klassischen Banden Deutschlands Leute mit hervorragendem Organisationstalent und kühnem Mut, der ihnen einige Achtung einbrachte, die sich in ihren Benennungen, ihren „Quasititeln“, verdeutlichte. So wurde der 1803 in Mainz hingerichtete Räuberhauptmann in den Rheinlanden, Johann Bückler, mit dem „Ehrennamen“ Schinderhannes belegt. Und die bekanntesten und berüchtigtsten Mitglieder der Bande von Schinderhannes hatten ebenso ihre besonderen „Titel“, unter denen sie bei den kleineren Leu-

ten bekannt und oft beliebt und von der Polizei gefürchtet waren. Ein enger „Mitarbeiter" Schinderhannes' war Philipp Arnold, der Sohn eines Schullehrers. Er trug das Prädikat „Eschen-Philipp". Ein anderer wilder Bursche war „Zahn-Franzen-Martin", mit bürgerlichem Namen Martin Delis, ein früherer Landstreicher. Einer der interessantesten Begleiter des Schinderhannes war Peter Tetri, der unter seinem „Quasi-Titel" „Schwarzer Peter" bekannt war. Dieser „Schwarze Peter" war zunächst Kohlenbrenner und Holzhacker, ehe er mit Schinderhannes daran ging, Kaufleute zu plündern. Unterwegs mit Schinderhannes war auch Conrad Schaum, den man den „Backenbarts-Michel" oder „Schwarzen Michel" nannte. Von ihm wird berichtet, er habe eine Narbe im Gesicht gehabt und sei einer der besten „Cammaraden des guillotinierten alten Müllerhannes" gewesen (Becker, 1804, S.454ff).

Der berühmte Ganove stellte sich also dem Adeligen und würdigen bürgerlichen Titelträger gleich. Auch er kannte eine soziale Hierarchie in seiner Bande und zwischen den Banden. Seine Normenordnung stand der staatlichen Rechtsordnung gegenüber. Beide bekämpften sich und schließlich siegte letztere. Die großen Räuber und Piraten rechtfertigten ihr Tun mit der Ansicht, daß die Reichen zu Unrecht ihr Geld besäßen.

Diese Ausrichtung an der Aristokratie wird übrigens auch darin manifest, daß einige stolze Ganoven des 17. Jahrhunderts sich sogar Wappen zulegten (vgl. Schäffer, 1793, S. 300).

Orden und Ordensverleihung — in der Monarchie und der Republik

Für die alte Monarchie war das System der Orden in seiner ungeheuren Vielfalt charakteristisch; es 'ordnete' den Aufstieg von Bürgerlichen und Aristokraten und zeichnete die Höflinge im Umkreis des Kaisers aus. Das Hofzeremoniell war wesentlich durch die Orden tragenden Würdenträger bestimmt. Dies be-

schreibt Margutti in seinem Buch „Vom alten Kaiser". Am Fronleichnamstag, einem Feiertag, an dem sich Kaiser, Aristokratie und hohe Beamtenschaft dem „Volk" präsentieren konnten, glänzten die vielen Orden, allen voran die des Kaisers: „Der Kaiser selbst, in Feldmarschalls-Galauniform, mit den Kollanen des Ordens vom Goldenen Vließe, des St-Stephans-Ordens, des Leopold-Ordens und des Ordens der Eisernen Krone — an diesem Tage wurden die Kollanen der Großkreuze und nicht deren Bänder angelegt — mit den Sternen der Ordensgroßkreuze und mit dem Bande des Militär-Maria-Theresien-Ordens von der rechten Schulter zur linken Hüfte — das Großkreuz dieses Ordens hatte, ebenso wie jenes des Franz-Joseph-Ordens, keine Kollane — war Gegenstand allgemeiner Bewunderung, wenn er, inmitten eines Truppenspaliers, über den Kohlmarkt und den Graben in langsamem Schritte zum Stephansdome fuhr . . ." (Margutti, 1921, S.226).
Orden zierten die Herren, die am kaiserlichen Hofe eingeladen waren oder für die der Kaiser Empfänge veranstaltete. Ohne das Tragen von Orden war das offizielle Leben am Hof nicht vorstellbar. Auf die Orden als wichtige Symbole wurde daher im Hofzeremoniell deutlich Rücksicht genommen. Es war ein komplizierter Apparat, der sich mit der Organisierung dieses Zeremoniells für die diversen Hoffestlichkeiten, Kirchengänge, Tafeln, Bälle, feierlichen Empfänge, Taufen, Hochzeiten und Leichenbegängnisse zu beschäftigen hatte. Dieser Apparat hatte den klingenden Namen „Hofzeremonielldepartement". Diesem stand der Hofzeremonielldirektor vor.
Welche Bedeutung Orden und Rituale am Hofe hatten und wie der Kaiser auf deren Beachtung bestand, erzählt Margutti: „Der alte Monarch hatte für diese formellen Dinge einen ausgesprochenen, ja geradezu angeborenen Sinn; sein Urteil in Zeremoniellangelegenheiten, auf tiefgehende Kenntnis jeder Einzelheit gestützt, mußte in allen einschlägigen Fällen als ausschließlich maßgebend angesehen werden. Ihm entging niemals der allergeringste Verstoß gegen die althergebrachten höfischen Regeln, sein Falkenauge erspähte selbst die belangloseste Unterlassung . . ." (Margutti, 1921, S.211).

Und über den „Neujahrsempfang“, bei dem die Orden von großer Wichtigkeit waren, schreibt Margutti: „Der Neujahrstag brachte naturgemäß des Kaisers Beglückwünschung mit sich. Für die Allgemeinheit, das heißt für die 'hoffähigen', zum Hofe Zutritt genießenden Kreise fand sie eigentlich schon am Silvesterabend zwischen 8 und 10 Uhr statt . . . Zur Abstattung (der Glückwünsche) erschienen die Herren und Damen des Hochadels, die Mitglieder des kaiserlichen Hofstaates und jene der erzherzoglichen Hofhaltungen, die Spitze der Geistlichkeit, der Zivil- und Militärbehörden, das am Kaiserhof beglaubigte diplomatische Korps, sowie alle sonstigen Würdenträger und hervorragenden Persönlichkeiten der Hauptstadt; die Damen trugen große Abendtoilette mit reichem Schmuck, die Herren hatten ihre Galaanzüge und Orden angelegt“ (Margutti, 1921, S.212).
Interessant ist an diesem Bericht der Hinweis auf die „hoffähigen Kreise“. Sie weisen auf die Distanz hin, die zwischen dem Kaiser und anderen Menschen bestand. Die Distanz macht symbolisch die Höherwertigkeit des Monarchen und seiner engsten Verwandten deutlich, sie umgab den Kaiser mit einem fast gottähnlichen Glanz.
Die Orden, auf die es mir hier eigentlich ankommt, erhalten eine besondere Bedeutung bei den sogenannten „Galatafeln“, die vor allem für ausländische Souveräne veranstaltet wurden. Margutti führt aus: „Die eigentliche Weihe erhielt ein solches 'Galadiner' naturgemäß erst durch die Tischgäste. Die Damen erschienen in dekolletiertem Prunkkleide, mit ihren prächtigsten Juwelen geschmückt, jene, die über Dekorationen (Orden) verfügten, selbstverständlich auch mit diesen; die Herren trugen Galauniformen. Ob Militär- oder Zivilanzug, sie waren gleich von glitzernden Orden übersät. Die Großkreuzbänder — dem Anlasse entsprechend — wurden getragen; die Militärfunktionäre legten auch das Dienstabzeichen an, was bei sonstigen Hoftafeln nicht der Fall war.“ (Margutti, 1921, S.214).
Orden zierten die Teilnehmer an solchen Empfängen und Festessen, sie gaben der kaiserlichen Veranstaltung ihr besonderes Gepräge. Ein Orden ist nicht nur Schmuck, sondern auch

feines Symbol dafür, daß man jenen menschlichen herausragenden Wert besitzt, der eine Einladung zu einem solchen Fest auch rechtfertigt.

Der Stellenwert des Ordens in der Monarchie zeigt sich übrigens auch darin, daß bestimmte Orden vorausgesetzt wurden, wollte man um die Erhebung in den Ritterstand ansuchen. So waren es in Österreich bis 1884 folgende Orden, auf Grund derer Zivilpersonen die Erhebung in den Adel genehmigt wurde: die „Kleinkreuze" des Leopoldsordens und die Ritter der 3. Klasse des Ordens der Eisernen Krone. In Würdigung ihrer künstlerischen Leistungen hatten zum Beispiel die Maler Rudolf Alt, Karl Blaas und Heinrich Angeli den Eisernen-Krone-Orden erhalten. Dadurch sahen sie sich veranlaßt, um die Erhebung in den Ritterstand vorstellig zu werden. Nach 1884 spielten bei Künstler-Nobilitierungen jedoch eher die persönlichen Beziehungen zum Kaiserhaus die entscheidende Rolle (Leisching, 1987, S.244).

Diese Bedeutung der Orden wurde von der Republik übernommen. Dies wird besonders augenscheinlich bei den Neujahrsempfängen des Bundespräsidenten (damit eine monarchistische Tradition fortführend) und den prunkvollen Festessen aus Anlaß eines Staatsbesuches. Auch diese Festessen richten sich an den kaiserlichen Vorbildern aus und ermöglichen es z. B. einem Staatsoberhaupt aus einem kommunistischen Land, die ihm verliehenen Lenin- oder Stalin-Orden zu tragen. Orden sind also wichtige Symbole, die auch in der Demokratie dazu dienen, Menschen über andere zu stellen und deren Besonderheit hervorzukehren. Die Anlässe, solche Orden zu tragen, sind allerdings auf die wenigen offiziellen Veranstaltungen beschränkt, zu denen die Empfänge des Bundespräsidenten und auch der Opernball gehören. Dort aber geben die Orden dem Fest seinen Glanz und den mit Orden geschmückten Personen eine spezielle Würde. Der Orden ziert nicht nur die Person, sondern er verweist auch auf die Bindung an den Ordensverleiher. Demnach ist Träger eines Ordens jemand, der für die betreffende Institution einiges getan hat und deren Bestand sichern hilft. Charakteristisch ist dies für die Kriegsorden. Der

Ordensträger wird dabei zum Symbol für die Legitimität der kriegsführenden Macht, eines Staates oder eben einer Institution, wie eines Veteranenvereins oder einer Turnmannschaft. Die Faszination, die der Orden ausübt, benützen fremde Staatsoberhäupter, wenn sie sich zu einem Besuch in einem befreundeten Land befinden. Regelmäßig dekorieren sie Personen, die irgendwie dem Staatsoberhaupt oder seinem Troß behilflich waren. Auch hier soll verdeutlicht werden, daß der Ausgezeichnete mit dem den Orden verleihenden Staat zumindest oberflächlich sympathisiert.

Die stolze Ablehnung eines Ordens

Da der Orden den Träger mitunter auf prekäre Weise mit der den Orden verleihenden Institution verknüpft, sehen sich bisweilen manche Auserkorene, die mit dieser Institution nicht sympathisieren, gezwungen, den Orden abzulehnen. Eine Annahme würde sie zu Leuten stempeln, die mit den Vorstellungen z. B. des Staates oder eben eines Vereines konform gehen. Der Orden hat also eine enorme Bedeutung für die Definition einer Person, die sich mit der Auszeichnung symbolisch an die betreffende Gemeinschaft bindet oder dadurch zumindest anzeigt, mit ihr zu sympathisieren. Das bewußte Verunglimpfen eines verliehenen Ordens ist symbolisch bedeutsam, es drückt den inneren Bruch mit der betreffenden Gemeinschaft oder die Tatsache aus, daß man mit den Ideen dieser nicht einverstanden ist. Dies tat Lawrence von Arabien, der ob seiner kriegerischen Tätigkeit im Nahen Osten von den Engländern hoch dekoriert wurde. Als er zunehmende Aversionen gegen die englische Regierung verspürte, hängte er einfach seinem Hund die empfangenen Orden um und promenierte mit diesem öffentlich. Ähnlich drückten amerikanische Neger ihren Unmut gegenüber der Leitung der Olympischen Spiele aus, als sie bei der Verleihung der Medaillen ihre ausgestreckten Hände zu Fäusten ballten. Sie gaben damit der Medaillenverleihung eine neue, politische Bedeutung und den Medaillen einen neuen Sinn.

Die Faszination, die Orden ausüben, veranlaßt einige Herren, diese geschäftlich auszuwerten. Regelrechte Ordenshändler sind erfolgreich. So wurde mir von einem Bischof einer kleinen Sekte, die der Ostkirche angehört, erzählt, er würde an gut zahlende Kunden Orden verleihen, die er selbst für „seine“ kirchliche Gemeinschaft erfunden hatte. Das Geschäft, das er macht, ist einträglich. Die Kunden, vor allem reiche Geschäftsleute, würden sich über die Verleihung eines solchen Ordens freuen, vor allem in Hinblick auf den Opernball und ähnliche Anlässe.
In beinahe allen Bereichen des täglichen Lebens, in der Wissenschaft, der Kunst, dem Sport, dem Gesundheitswesen, der Technik und diversen Vereinigungen besteht die Chance für den eifrigen Amtsträger, Mitarbeiter, Domestiken und das ehrenvolle Mitglied, mit einem sichtbaren Symbol ausgezeichnet zu werden. Dieses Symbol kann in einer Medaille für sportliche Leistung, einem Orden für wissenschaftliche Forschung oder einem Ehrenzeichen für wunderbare Verdienste bestehen. In farbentragenden Studentenverbindungen gibt es Orden in Form von Ehrenbändern und Ehrenringen. Bei der Wiener Polizei sind es Manschettenknöpfe mit dem österreichischen Bundesadler, die wackeren Polizisten verehrt werden.
Die Sichtbarkeit ist wichtig und heiligt den Geehrten. Sogar die sogenannten sozialistischen Staaten haben Orden bzw. Auszeichnungen geschaffen, die die Geehrten über das „gewöhnliche Volk“ erheben. So gibt es für ausgezeichnete Arbeiter einen Orden, den „Held der Arbeit“, und für Personen, die politisch schlau agierten, den „Leninorden“. Nicht uninteressant sind die Auszeichnungen, mit denen wackere Wissenschaftler rechnen können: „Medaille für ausgezeichnete Leistungen“, „Aktivist der sozialistischen Arbeit“, die „Verdienstmedaille der DDR“. Und Personen in einem Arbeitskollektiv können gemeinsam mit Orden versehen werden, wenn sie Prachtvolles geleistet haben.

Der Mensch als „animal symbolicum", als ein Wesen, das Symbole einsetzt, hat in beinahe allen Hochkulturen mit dem Orden ein Zeichen geschaffen, um — mehr oder weniger dezent — anderen die jeweilige Einmaligkeit zu demonstrieren.

Ordensähnliche Zeichen und Symbole

Mit den Orden verwandt sind auch die Zeichen, die auf die Zugehörigkeit zu gesellschaftlich renommierten Vereinen hinweisen. Da die Aufnahme in solche gewöhnlich nicht so einfach ist und nur Leuten aus bestimmten Gesellschaftsschichten — wie Akademikern oder Adeligen — gestattet ist oder an bestimmte Rituale — wie Mutproben bei manchen Studentenverbindungen — gebunden ist, hat ein Abzeichen eines solchen Vereines einen dem Orden ähnlichen Charakter. Exklusive Tennisvereine, Golfklubs, wissenschaftliche Akademien, geheime Zirkel, Freimaurer und mit ihnen verwandte Vereinigungen, u.ä. sind hier zu nennen. Der versteckte, aber unübersehbare Hinweis im Knopfloch des Sakkos als unscheinbares blau-gelbes Rad, als kleiner roter Stoffstreifen oder als figurierter Nadelkopf, geben ähnlich, wie es der Orden tut, die Information von der Großartigkeit der betreffenden Person wieder. Mit dem Orden verbindet ein solches Abzeichen auch die Eigenschaft, daß es von Leuten einer Institution verliehen oder sein Tragen gestattet wird.

Neben den verliehenen Orden und Abzeichen gibt es noch eine Vielzahl von Symbolen, die sich Menschen meist selbst zugestehen, um andere Zeitgenossen auf die Würde der eigenen Person zu verweisen. Zu solchen selbstverliehenen, ordensähnlichen Abzeichen gehören u. a. Anstecknadeln, die auf eine politische Einstellung verweisen sollen, und auch der Gamsbart, den sich der Wilderer früher auf den Hut steckte, um sich so dem meist aristokratischen Jäger gleichzustellen. Der Gamsbart hat bis heute den Charakter eines Ordens, denn er macht deutlich, der Jäger, dessen Hut ein solcher Bart schmückt bzw.

schmücken darf, ist ein Waidmann, der die Gams, von der die Haare für den Bart stammen, waidgerecht und eigenhändig erlegt hat.

Wurde ein Wilderer von einem Jäger beim Wildern erschossen, so wurden in der Regel die verschiedenen Symbole bewußt und für die Jäger aufreizend von den Wilderer-Kollegen eingesetzt. Jagdtracht, Musik, Gamsbart und entsprechende zündende Grabreden machten klar, daß Wilderer ihren toten Freund verabschiedeten. Auch folgender Ausschnitt aus einer Erzählung dokumentiert dies: „Der 77jährige Untersberger, vulgo Blieseis, wohnte bis zu seiner Einlieferung in das Spital im Haus seiner Kinder bei Bad Goisern . . . Dann schloß er die Augen für immer. Als sich sein Sarg ins Grab senkte, lag ein 'Bruch', das Zeichen für einen erfolgreichen Pirschgang darauf. Irgendjemand hatte ihm das grüne Tannenzweiglein mit auf den letzten Weg gegeben . . . Zu Lebzeiten hatte sich Blieseis den Bruch nie anstecken können . . ." (Janisch, 1981, S.74).

Der „Bruch" wird hier zu einer Art Orden, der dem toten Wilderer, der es aus Angst, von Jägern als Wilderer erkannt zu werden, nicht gewagt hatte, sich damit zu schmücken, nachträglich „verliehen" wird. Diese Hinweise auf Gamsbart und „Bruch" versuchten beispielhaft klarzumachen, daß es viele Bereiche des Alltagslebens gibt, in denen Menschen durch sichtbare Symbole anderen anzeigen, daß sie es sich nicht gefallen lassen, sozial ausgeschlossen (z. B. von der Jagd) oder erniedrigt zu werden.

Die Umwandlung eines Stigmas — die Selbststigmatisierung

Durch bestimmte ordensähnliche Symbole stellt man sich nun entweder den Erniedrigern (z. B. den Aristokraten) gleich oder sogar über sie. Etwas anderes ist es, wenn Menschen durch bestimmte Zeichen degradiert werden, aber diesen Zeichen einen neuen, stolzen Gehalt geben. Das Stigma wird umgewandelt. Das zeigen die Beispiele des „Judensterns" und anderer

Symbole der Degradierung. Der gelbe Judenstern, den die Nationalsozialisten den Juden anhefteten und der ihnen ihr Menschsein nehmen sollte, wurde später zu einem Ehrenzeichen, mit dem man gegen die Gewalt und angetane Schmach protestierte.

Den Bundschuh verwendeten die Bauern in den Bauernkriegen des 16. Jahrhunderts als Zeichen der Rebellion gegen die Ritterschaft. Der Bundschuh war der typische Schuh des Bauern. Nach der damaligen Kleiderordnung durfte er keinen anderen Schuh tragen. Ursprünglich ein Zeichen der Degradierung, wurde er zum Symbol für die Emanzipation der Bauern. Ähnlich ist es wohl auch mit dem Kopftuch des Beduinen, für den dieses Tuch zum Symbol, zum „Orden" seines Aufstandes wurde.

Auch Tätowierungen können zu solchen „Orden" werden. Dazu zählen z. B. die Tätowierungen in den Konzentrationslagern, aber auch die in den Gefängnissen und in der Unterwelt üblichen. Letztere haben neben ihrer Schmuckfunktion auch einen wichtigen Informationscharakter. So informieren drei Punkte zwischen Zeigefinger und Daumen darüber, daß der Betreffende jemand ist, der „nichts sagt, nichts hört und nichts sieht". Auf diesen Mann ist Verlaß. Dieses Symbol wird dem „gewöhnlichen" Bürger nichts sagen, es könnte ihn jedoch darauf verweisen, daß der so Tätowierte ein früherer Gefängnisinsasse, ein Krimineller ist. Die Tätowierung degradiert somit den tätowierten Menschen, sie bezeichnet jedoch auch seine besondere ehrenhafte Qualität, die er gleichsam wie einen Orden trägt. Er hat sich zwar selbststigmatisiert und ist dadurch beim guten Bürger nicht angesehen, jedoch die Tätowierung wird — auch als Distanzierung zum „normalen" Bürger gemeint — zu einem ehrenhaften Symbol uminterpretiert.

Aber noch etwas anderes kann für Kriminelle zu einem Orden werden, nämlich die Strafkarte, also die Liste seiner Vorstrafen. Dabei handelt es sich wohl um Delikte, die in der Unterwelt einigermaßen akzeptiert sind, wie Gewalt gegen Polizisten, Bankeinbrüche usw. Je mehr Vorstrafen, desto höher das Prestige und Ansehen. Ein bekannter Krimineller erzählte mir ein-

mal, er hätte 14 Vorstrafen. Erst später erfuhr ich, daß er „nur" 11 hatte. Er wollte mir also imponieren. Ich hörte auch von einem Streit zwischen zwei Ganoven über die Anzahl ihrer Vorstrafen. Jeder meinte, er hätte mehr als der andere und er sei daher der interessantere Mann. Die Vorstrafen, die zur Erniedrigung der Leute gedacht waren, erfuhren eine bemerkenswerte Umdeutung.
Erniedrigte setzen also Symbole als sichtbare Zeichen bzw. „Orden" (oder besser: „Quasiorden") ein, um die Heiligkeit ihrer Person herauszustreichen. Der Mensch kämpft um sein Selbstverständnis, seine Identität. Allerdings, dies sollte hier gezeigt werden, je nach seiner sozialen Lage mit verschiedenen Mitteln und Zielen. Die einen geben sich Mühe, machen ihren Buckel und zeigen Verdienste vor, um sich mit einem Orden zieren zu dürfen, und die anderen setzen alles daran, um durch bestimmte Symbole, die den Orden wesensgleich sind, wie den Gamsbart, den Bundschuh, den Judenstern, das Kopftuch der Beduinen oder die Tätowierung, zu zeigen, daß sie edle Menschen sind.

Ordensähnliche Auszeichnungen durch die Medien

Einer Ordensverleihung kommt die Erwähnung einer Person in Zeitungen oder ihre Präsentation im Fernsehen gleich. Leute mit gutem Zugang zu den Medien, wie Politiker, Künstler, Sportler oder Wissenschaftler, nützen ihn, um sich darzustellen und der Öffentlichkeit die Heiligkeit ihrer noblen Person zu demonstrieren. Der auf diese Weise verbreitete Name und das bis in das hinterste Bauerndorf ausgestrahlte Bild des feinen Menschen verleiht diesem etwas Außergewöhnliches. Man nennt seinen Namen und jeder weiß, wie die Person aussieht. Sie ist nun nicht mehr mit normalen menschlichen Maßstäben zu messen. Sie wurde — ohne daß dies jemand zugeben würde — zu einer Art Übermensch und manchmal sogar zu etwas Gottähnlichem bzw. Außerirdischem. Daß es dazu kommt, dies liegt in der Natur der Medien, denn der Mensch, der bekannt gemacht werden soll, wird nicht als Mensch von Fleisch und Blut über das Fernsehen in die Wohnzimmer geschickt oder über die Zeitung bildhaft verbreitet, sondern als etwas, das außerhalb des Greifbaren und Faßbaren liegt, nämlich als etwas Abstraktes und Übersinnliches. Selbst als Theaterspieler ist er dem Zuschauer in die Unwirklichkeit entrückt. Hierin liegt der Reiz.

Der Mensch, der derart einem großen Publikum bekannt wurde, wird nun, wenn er in einen direkten Kontakt zum „gewöhnlichen Volk" kommt, mit einer sonderbaren Ehrfurcht behandelt. Man kann es nicht fassen, den Herrn XY oder die Frau MN nun persönlich zu sehen und mit ihm oder ihr zu sprechen. Etwas, das unwirklich war und nur als Bild existierte, wird nun im wahrsten Sinn des Wortes greifbar. Der dem Publikum bekannte Mensch kann daher damit rechnen, in eigentümlicher Weise beäugt und bevorzugt behandelt zu werden. Ist er sehr berühmt, so werden Gastwirte u. a. Personen es sich zur Ehre anrechnen, den Menschen einzuladen und ihn freizuhalten. Der bekannte Gast wird schließlich zu Reklamezwecken eingesetzt, um den anderen staunenden Gästen vor Augen zu führen, daß noble Leute, die man aus dem Fernsehen oder den Zeitungen kennt, in diesem speziellen Lokal ihre Speisen einnahmen. Fotografien dieser feinen Menschen, meist mit Autogrammen versehen, verbreiten in Gasthöfen oder öffentlichen Gebäuden eine andachtsvolle Weihe. Der im Bild präsentierte Mensch übt eine ungewöhnliche Faszination auf alle anderen aus, die nicht dieses Renommée haben. Der über die Medien vermittelte Mensch wird also zu einem Übermenschen, der mit anderen Maßstäben zu messen ist als gewöhnliche Erdenbewohner. Diese Gottähnlichkeit bewirkt devote und privilegierende Reaktionen.

Die Medien — Fernsehen, Zeitungen und Film — zeichnen Menschen aus, sie verleihen ihnen eine Art Orden. Die Ordensähnlichkeit liegt darin, daß — genauso wie beim Orden — der durch die Medien ausgezeichnete Mensch als etwas Edles er-

scheint. Und das wissen der Filmstar, der im Fernsehklub diskutierende Wissenschaftler und der in den Tagesblättern abgebildete Politiker. Auch die Gesellschaftsnachrichten diverser Boulevardblätter, wie bereits angerissen, verstehen sich in dieser Richtung. Das Genanntwerden in diesen ist gleichbedeutend mit einer Heiligung der Persönlichkeit. Besonders deutlich wird diese hier skizzierte Überdimensionalisierung eines Menschen in der Person des prominenten Filmstars, Sängers oder bekannten Fernsehmoderators. Leute dieser Art müssen damit rechnen, in bestimmten Situationen angesprochen, um ein Autogramm gebeten oder ganz allgemein vorrangig beachtet zu werden. Wobei in der Regel der „normale" Mensch, wenn er mit einem solch einmaligen, durch die Medien stilisierten Individuum zusammentrifft, fasziniert staunt und für sich Prestige von der Berühmtheit ableitet. Feine Menschen suchen vehement die Anerkennung und „Ordensverleihung" durch die Medien. Sie wissen, ihre Person erfährt so eine interessante und dekorierende Aufwertung. Gerade durch einen hohen Bekanntheitsgrad wird eine Distanz zum gewöhnlichen Volk wiederum hergestellt.
Soziologisch hat ein solcher Mensch keine gewöhnliche soziale Rolle mehr. Er ist dem normalen Rollengefüge enthoben, denn die „privaten" Rollen, wie die Rolle des Familienvaters oder des Spaziergängers, werden bei den berühmten Leuten in die Öffentlichkeit gezerrt und besprochen. Die an eine solche „Publikumsfigur", wie wir diese durch die Medien öffentlich gemachte Person nennen wollen, gerichteten Erwartungen unterscheiden sich deutlich von den Erwartungen an andere Menschen. Die Publikumsfigur wird verklärt und gewisse Verhaltensweisen, die im „normalen" Leben als eher problematisch gesehen werden, werden toleriert und vielleicht sogar als bewundernswert eingestuft. Für seine Einstufung und Behandlung durch die Zeitgenossen ist wesentlich, daß er — auch bei einer negativen Wertung durch die Medien — mit einer herausragenden Bedeutung rechnen kann. Dabei gilt: auch eine negative Werbung ist eine Werbung. Man ist im Gespräch und genießt letztlich Ansehen.

Diese besondere Rolle der solchermaßen „geadelten" und mit dem „Orden" der Medien verzierten Person wird schließlich im Umgang mit Amtspersonen sichtbar. So erzählte mir eine Schauspielerin, sie sei von einem Polizisten aufgehalten worden, weil sie zu schnell fuhr. Zunächst habe der Ordnungshüter sie streng angeblickt und etwas gemurrt, dann habe er ihr ins Gesicht geschaut und sie endlich als jene Fernsehdarstellerin erkannt, die durch diverse Kriminalfilmrollen berühmt geworden war. Darauf habe der Polizist gelächelt. Offensichtlich fühlte er sich auch geschmeichelt ob der netten Worte, die die Autofahrerin nun an ihn richtete. Er sagte noch etwas, wie, daß sie etwas langsamer fahren solle, salutierte und stellte kein Strafmandat aus. Die Frau hatte mit dieser oder einer ähnlichen Reaktion gerechnet, wie sie mir gegenüber andeutete. Sie war sich klar, daß sie als „Publikumsfigur" das besondere Interesse des Mannes erwecken und freundlich behandelt werden würde. Ihre freundliche Art, mit der sie dem Polizisten begegnete, war gezielt eingesetzt worden. Ein rüdes Verhalten hätte die Sache kompliziert.

Mir erging es ähnlich, als ich mit meinem Fahrrad einmal in eine Kreuzung einfuhr und von einem Autofahrer auf rücksichtslose Weise bedrängt wurde. Das Fahrzeug mußte wegen eines Staus halten, ich fuhr zu diesem und meinte zu dem Fahrer, es sei ganz schön unverschämt, was er sich leiste und außerdem sei es eine Unmenschlichkeit, im Straßenverkehr der Stadt das Auto, den großen Feind unserer Kultur, zu verwenden. Erst dann merkte ich das eigentümliche gezierte Lächeln dieses Mannes und nun fiel mir auf, daß ich es mit einem vor allem aus Heimatfilmen der fünfziger und sechziger Jahre bekannten Schauspieler zu tun hatte. Dem Mann war meine Kritik egal. Ich sah ihm an, daß er nur darauf wartete, von mir erkannt zu werden. Wohl in der nicht unberechtigten Überzeugung, daß ich meinen Angriff gegen ihn zurückstellen und dankbar sein werde, diesen herrlichen Menschen hier an dieser Kreuzung getroffen zu haben. Dem Mann war vollkommen gleichgültig, was ich sagte. Ich merkte dies und meinte bloß, er solle nicht so eingebildet sein. Dann radelte ich weiter.

Die beiden Beispiele zeigen, daß beide Personen als „Publikumsfiguren“, wie ich sie bezeichne, davon ausgingen, speziell behandelt zu werden. Die Öffentlichkeit ihrer Person verhinderte vielleicht auch, daß sie sich über den Polizisten bzw. mich erregten. Sie spielten ihre Rolle als „Publikumsfigur“ in dem Sinn, daß sie in erlernter Weise sich als jene liebenswürdigen Personen gaben, als die sie das Publikum wohl sehen wollte. Sie sind als „Publikumsfiguren“ Menschen einer anderen Art, „überirdische“ Homunculi. Die Medien hatten sie mit dem „Orden“ des Außergewöhnlichen versehen.

Typisch für die Karriere dieser feinen Leute ist, daß sie sich in der ersten Zeit als Politiker, Schauspieler, Sportler, Wissenschaftler u.ä. sehr bemühen, von der Öffentlichkeit akzeptiert und ihr nahe gebracht zu werden. Es sind harte Konkurrenzkämpfe, die diese Leute mitunter durchzustehen haben, an deren Ende sie jedoch als „Publikumsfiguren“ stehen. Dieser Weg ist nicht leicht. Ein bekannter Kabarettist meinte einmal, als er seine Laufbahn begonnen habe, habe er alles mögliche versucht, um zumindest einmal in der Woche in der Zeitung zu stehen. Dies sei ihm schließlich auch gelungen. Der Weg ins Fernsehen und andere Medien hätte sich dann ergeben und wäre nicht mehr so schwer gewesen.

Diese „Publikumsfiguren“ unterscheiden sich nicht wesentlich von Aristokraten. An ihnen und ihrem Leben nimmt die sogenannte „Regenbogenpresse“ für gewöhnlich regen Anteil. Für Menschen des Hochadels ist es nicht schwer, den Weg in die Öffentlichkeit zu finden und sich als echte „Publikumsfiguren“ darzustellen. Aber der Hochadel sieht ein solches Exponieren und ein solches Darstellen als „Publikumsfigur“ als eher unwürdig und manchmal auch als dümmlich an. Für ihn ist eine unaufdringliche, vornehme und zurückhaltende Bekanntheit wichtig. Man genießt — dazu genügt ja bereits der adelige Name — die Anerkennung durch andere Menschen, jedoch gilt es nicht als nobel, diese Anerkennung mit Nachdruck zu suchen. Man ist eine „Publikumsfigur“, d. h. man ist für die Zeitungswelt interessant, jedoch man zieht sich in Noblesse von ihr zurück.

Auch in der kriminellen Unterwelt gibt es Leute, die sehr daran interessiert sind, durch die Medien zu „Publikumsfiguren" gemacht zu werden. Vorrangig geht es dabei um Kriminelle, die in verbotenen Metiers tätig sind, die dem „gewöhnlichen" Bürger wohl schauderhaft erscheinen, die jedoch den Anschein des Heldenhaften haben. Zu solchen Untaten gehören gut durchgeführte Banküberfälle, Geschäfte in der Prostitution und beim Glücksspiel. Ein hohes Ansehen genoß beispielsweise ein früherer Wiener Glücksspielboß. Wegen einiger Schießereien schrieb man viel über ihn und noch nach Jahren war er ein bekannter Mann, der seinen Ruhm genoß. Mit einigem Respekt wird sein Name heute noch genannt, er wurde zu einer legendären Figur, die von seinen früheren Kollegen hoch geachtet und dem braven Bürger bewundert wird.
Ich kam auch mit einem anderen früheren Kriminellen aus der Welt des organisierten verbotenen Glücksspiels in Kontakt. Dieser Mann hatte über Jahre versucht, sich in der „Unterwelt" „einen Namen" zu machen, was ihm aber letztlich nicht gelang. Er war zunächst „Bugl" — eine Art Leibwächter — für den Chef einer Wiener Glücksspielpartie. Für diesen Mann war er bereit, mit dem Revolver auf andere loszugehen. Er entwickelte sich zu einem guten Schützen und verletzte einige Widersacher gefährlich. Deswegen mußte er für ca. 10 Jahre ins Gefängnis. Seine Taktik — sowohl im Gefängnis als auch außerhalb — bestand darin, sich jeweils dem mächtigsten Kriminellen anzuschließen und sich für diesen voll und ganz einzusetzen. Dies tat er in der Hoffnung, auf diese Weise zu hohem Ansehen zu gelangen. Eine besondere Aufwertung erlangte seine Person, als er nach einer Schießerei gesucht und im deutschen und österreichischen Fernsehen mit Bild dargestellt wurde. Für ihn und auch andere war diese Beachtung im Fernsehen eine Art „Ordensverleihung". Stets wies er darauf hin und ergänzte, er wäre zu dieser Zeit einer der zehn gesuchtesten und attraktivsten Berufsverbrecher gewesen. Er hoffte, zu einer „Publikumsfigur" zu werden und die Hochachtung seiner Kumpanen zu genießen. Da er einige Fehler gemacht hatte, schloß man ihn jedoch aus der „Partie" aus. Der Mann war nun in einem Dilemma.

Schließlich lernte er mich kennen und wir vereinbarten, ein Buch über sein Leben zu schreiben. Dies war ganz in seinem Sinn, denn dadurch erhoffte er jenes Prestige zu gewinnen, welches er in der Unterwelt verloren hatte. Das Buch erschien, einige Zeitungen schrieben und das Fernsehen brachte einen Bericht über das Buch. Der Mann schwelgte in der Publikumsgunst. Für einige Wochen war er bekannt. Er war kurzfristig zu einer „Publikumsfigur" geworden. Er glaubte, nun der „Star" zu sein, der er woanders nicht sein konnte. (Girtler, 1983) Er täuschte sich jedoch, da die Medien nach einer Zeit das Interesse an ihm verloren. Er versuchte zwar weiter, beinahe täglich, irgendwelche Journalisten zu kontaktieren, damit sie etwas über ihn schreiben, konnte aber kein Interesse mehr wecken. In der Unterwelt sind mitunter Zeitungsberichte und Fernsehauftritte gleichbedeutend mit einer Adelung (bzw. Ordensverleihung) der Person. Allerdings nur dann, wenn das betreffende Verbrechen akzeptiert wird. Wird es nicht akzeptiert, wie der Mord an Frauen und Kindern, so muß ein solcher Verbrecher damit rechnen, von den Mithäftlingen degradiert, getreten und gedemütigt zu werden. Eine kriminelle „Publikumsfigur" jedoch, also jemand, über den mit einem gewissen Respekt in den Medien berichtet wird, kann mit einigem Ansehen rechnen.
Charakteristisch für eine Reihe solcher „Publikumsfiguren" ist, daß sie bewußt den Kontakt zu Journalisten ablehnen. Eine dieser kriminellen „Publikumsfiguren" meinte zu mir, er würde einen Journalisten sofort klagen, der über seine Tätigkeit unangemessen berichte. Der Mann ist daran interessiert, den Schleier des Geheimnisses um seine Person zu legen. Daß man über ihn redet und ihn bewundert, weiß er und genießt es. Er lebt in einer Art noblen Zurückgezogenheit und pflegt sie. Würde er auf die Medien einwirken, so würde er vielleicht an Prestige verlieren. Ähnlich wie es im Adel und in manchen Akademikergruppen als unschicklich gilt, sich in die Medien zu drängen und für sich Reklame zu machen, so ist es auch bei diesen Herren. Ihnen ist gut verdientes, wenn schon nicht auf legalem Weg erworbenes Geld lieber, als eine besondere Beachtung in den Zeitungen. Gerade dieses Nichtaufscheinen macht ihren be-

sonderen Reiz aus. Der zur „Publikumsfigur" gemachte Kriminelle zieht sich zurück und genießt geradezu seine feine, an Aristokraten erinnernde Zurückgezogenheit. Er besitzt den ihm durch die Medien verliehenen „Orden" als ein extravaganter Zeitgenosse, trägt ihn aber nicht in der Öffentlichkeit spazieren.

Hierin steht er im Gegensatz zu den Kriminellen, die die Journalisten drängen, über sie doch etwas zu schreiben. Der Mann, mit dem ich in Kontakt war und über den ich geschrieben habe, dachte irrtümlich, man würde sich um seine angebliche Prominenz reißen, und verlor dadurch aber an Prestige. Ihm gelang es nicht, den Orden einer „Publikumsfigur" endgültig und in dem Sinn verliehen zu erhalten, daß man respektvoll über ihn spricht.

In diesem größeren Kapitel über „Orden" wurde zunächst auf die Bedeutung der Orden eingegangen. Der Orden erhebt den Menschen über andere. Personen, die unter ihrer Unbekanntheit leiden, werden durch die Verleihung eines Titels oder eben eines Ordens geheiligt. Der Orden hat einen hohen Symbolgehalt. Menschen, die aufgrund ihres Amtes — z. B. als Politiker — der Öffentlichkeit bekannt und sofort erkennbar sind, brauchen jedoch keine Symbole, wie Orden oder einen Reichsapfel, um sich den staunenden Menschen als Präsident oder Kanzler zu demonstrieren; im Gegensatz zu früheren Jahrhunderten, als die Menschen ihre Könige und Fürsten nicht von Bildern her kennen konnten, sondern lediglich aufgrund bestimmter Symbole, wie z. B. einer Krone. Bei feierlichen Anlässen allerdings greift man auch heute noch auf solche Symbole und Orden zurück, um den Herrschaftsanspruch und die besondere Position rituell darzulegen.

Benehmen und Stil

Das Verhalten in öffentlichen Situationen ist für die Identität eines Menschen von großer Wichtigkeit. Durch ein spezifisches Benehmen, nämlich ein ritualisiertes Handeln, versuchen Menschen sich gegenüber anderen als besonders edel, ehrenvoll und heilig darzustellen. Mit dem Benehmen ist viel Symbolik verknüpft. Durch bestimmte Symbole können Informationen darüber weitergegeben werden, als wer und wie man eigentlich gesehen werden will. In besonders ritualisierter Weise ist dies charakteristisch für manche Geheimbünde, Zünfte und andere Gruppen, deren Mitglieder durch bestimmte Bewegungen, Grußformen oder Kleidungsstücke einander über ihren Stand Auskunft geben. Thorstein Veblen meint, ein „gutes Benehmen" sei typisch für die Klasse, die Muße habe, ein solches zu erlernen, denn es bedürfe einiger Anstrengung, um sich als vornehm und großartig herauszukehren.

In diesem Sinn wird daher „gutes Benehmen" traditionell in adeligen Familien und dem gebildeten Bürgertum als wichtig erachtet. Das Demonstrieren „guten Benehmens" soll die Distanz zu den Leuten hervorkehren, die als Arbeiter und Bauern einfach nicht Zeit und Interesse hatten bzw. haben, sich um solche Fragen des Sichdarstellens zu kümmern. Als ich in meiner Studentenzeit einige Monate als Marktfahrer hart arbeitete, lag mir wenig daran, mich in bestimmten Situationen auch „gut" zu benehmen. Meine Interessen waren alleine darauf ausgerichtet, nach der Arbeit ein Glas Bier zu trinken, meine Füße auf einen Tisch in einer bequemen Haltung zu legen und in den Fernseher zu schauen. Fragen des „guten Benehmens" berührten mich nur am Rande.

„Gutes Benehmen" bedarf einer gewissen Muße, also einer verfügbaren Zeit, um sich mehr oder weniger intensiv mit den Regeln eines feinen Handelns zu befassen. Menschen, die unter körperlichem Arbeitsdruck stehen, werden eine andere Beziehung zu den zum Teil komplizierten Benehmensnormen haben, als alte Aristokraten und die noblen Bürger.

Die klassischen Hinweise, daß Leute, die sich schlecht benehmen, „Bauern" seien, haben noch immer ihren alten Sinn: Der Bauer als jemand, der sich in seinem „Benehmen" um keine Regeln kümmert und auch nicht kümmern kann. Diese frühere Alltagstheorie spiegelt sich übrigens auch in einem Buch aus dem Jahre 1919 mit dem Titel „Der gute Ton in allen Lebenslagen" wider. Darin wird das Landleben als ein freieres Leben geschildert, eben wegen seiner am Feld und im Stall hart werkenden Menschen, im Gegensatz zum feinen Leben der städtischen Gesellschaft: „Das Landleben gestattet eine ziemlich ungebundene Freiheit, der Formenzwang fällt fort, der uns in der Gesellschaft in Fesseln hielt, und gerade dieses Sichgehenlassen ist nicht der geringste Reiz eines Landaufenthaltes ..." (Eberhardt, 1919, S.440)

Dem Landmenschen sind demnach die feinen Benimmregeln von keiner besonderen Wichtigkeit. Es ist das aristokratische Milieu und schließlich die Stadt, die „gutes Benehmen" als Symbole des noblen Menschen feiern. Adolf Freiherr von Knigge zeigt in seinem Buch „Über den Umgang mit Menschen" (1788), daß es der adelige „Hof" ist, der ihn beflügelte, sich mit dem „richtigen" und feinen Benehmen zu befassen. Knigge selbst hatte als junger Mensch zunächst Probleme, sich ungekünstelt und frei in Gegenwart eines feinen Publikums zu bewegen, wie er schreibt. Dies war für ihn wahrscheinlich auch der Grund, intensiv den „Umgang mit Menschen" zu studieren und zu kritisieren. Sein erstes Kapitel, in dem er darauf eingeht, daß mit einem guten Benehmen leicht zu bluffen ist, beginnt er mit einem „goldenen Spruch": „Jeder Mensch gilt in dieser Welt nur so viel, als er sich selbst gelten macht." Einige Seiten später hält er dazu fest: „Der Satz, daß jedermann nicht mehr und nicht weniger gelte, als er sich selbst gelten macht, ist das große Universalmittel für Abenteurer, Prahler, Windbeutel und seichte Köpfe, um fortzukommen auf diesem Erdballe." Knigge, dem es offensichtlich auf eine wahre „Herzensbildung" ankommt, macht hier etwas deutlich, was für meine Überlegungen insgesamt wichtig ist. Nämlich daß ein geschicktes Handeln, welches als „fein" erscheint, einiges zu verdecken vermag. Ein sol-

ches Benehmen ist jedoch nicht zu verurteilen (Knigge 1788, Ausgabe von 1929, S. 15f.)
„Gutes Benehmen" ist also ein wichtiges Symbol für die Zugehörigkeit zu noblen Kreisen und für noble Gesinnung. Es ist die „gebildete Gesellschaft", zu der zu gehören als erstrebenswert gesehen wird. An ihr orientiert sich der noble Mann, denn mit Bildung wird „gutes" und vornehmes Benehmen verknüpft. Knigge beschreibt die noble Heuchelei, Unehrlichkeit und Prahlerei. Höfliches Gebaren und geschliffene Umgangsformen demonstrieren Vornehmheit. Es entspricht alter aristokratischer Tradition, durch eine bestimmte Lebensführung und einen gewissen Stil jene für den feinen Menschen charakteristische Distanz und Sicherheit zu zeigen. Der Bürger orientiert sich daran. Die frühen Benimmbücher machen dieses Interesse deutlich und lehren den Bürger ein nobles Benehmen. Ein Adeliger, mit dem ich mich darüber unterhielt, meinte dazu: „Ein Adeliger fühlt sich nicht besser, aber wenn er kein Geld hat, hat er gute alte Sitten, an denen er sich festhalten kann."
Ein gewisser Stil hilft demnach, mit schwierigen Situationen fertig zu werden, die vielleicht psychisch und physisch den feinen Menschen belasten. Eine junge Hocharistokratin, die ich fragte, wie sie sich in einem Gefangenenlager verhalten würde, antwortete: „Ich würde versuchen, ich selbst zu bleiben. So etwas geht einem in Fleisch und Blut über. Das ist sicher anerzogen, man kennt es nicht anders. Man nimmt automatisch das an, was Eltern und Großeltern vorleben."
Der junge Adelige lernt sehr früh ein Benehmen, welches ihn symbolhaft als zu einer gehobenen Gesellschaftsschicht gehörend auszeichnet. Dazu meinte ein junger Rechtsanwalt aus altem Haus: „Wer aus dem Adel kommt, der lernt sich zu benehmen und ist auch am Abend gepflegt."
Auf das Benehmen als wesentlichen Bereich des Lebensstils wird demnach sorgfältig geachtet, denn es schafft die gebotene überlieferte Distanz und erleichtert einiges. Dazu gehört auch, daß man anderen Menschen mit Zurückhaltung begegnet und nicht ihre private Sphäre zu durchdringen versucht. Adeligen, die diese Form der Zurückhaltung und sichtbaren Bescheiden-

heit aufgeben, wird schlechtes Benehmen und unhöflicher Stil attestiert. Zum Thema des „guten Benehmens“ führte eine Prinzessin aus: „Ein Mensch, der einen guten Stil hat, muß gut erzogen sein. Egal, ob er adelig ist oder nicht. Er muß andere Menschen respektieren. In gewisser Weise muß er sogar versuchen, sich anzupassen, ohne alles aufzugeben, was sein eigener Stil oder was seine Persönlichkeit ist. Er muß er selbst bleiben und auf die anderen eingehen.“ Stil, also souveränes Benehmen, welches den Adeligen ausweisen soll, wird hier als weltoffen, sicher, distanziert, bescheiden und auch humanistisch gedeutet.

Bei einem Fest, welches jugendliche Adelige gaben und zu dem ich eingeladen war, fiel mir ein solches distinguiertes Verhalten auf, das von einem Außenstehenden auch als überheblich gedeutet werden hätte können. Eine spezifische Gehobenheit der Sprache, feine Höflichkeit der Anrede im Gespräch und das Fehlen von abschätzigen oder beleidigenden Äußerungen über Anwesende und Fremde fielen mir auf und dürften in der Erziehung zu noblem Benehmen angelegt sein. Vornehme Distanz zu eigenen und anderen Gefühlen macht den feinen Menschen aus.

Allerdings kann die vom noblen Menschen zelebrierte Distanz zum Alltag und zum Mitmenschen auch arrogant wirken. So erging es mir bei meinem Besuch in einem adeligen Club, zu dem ich eingeladen war. Als ich mich von einem durch die Medien bekannten Fürsten verabschiedete, fand der Mann es nicht der Mühe wert, sich aus dem breiten Polstersessel zu erheben. Huldvoll reichte er mir die Hand. Abwesend-distanziert meinte er bloß: „Adé“. Der Mann machte so in — wenngleich für mich eher unhöflich — reservierter Weise klar, daß er an mir kein Interesse habe und ich ohnehin nur durch einen Zufall in seine vornehme Umgebung gekommen sei.

Distanz ist also ein wesentliches Element feinen Benehmens. Durch Distanz läßt sich verdeutlichen, daß sozial ein Gefälle zwischen den Menschen existiert. So ist auch das Verhalten einer Prinzessin auszulegen, die mir erzählte: „In München bin ich einmal mit Bekannten gesessen. Da kam einer zu uns her

und schwatzte mich an. Ich reagierte nicht. Einer meiner Bekannten, der mich eine Zeit beobachtet hatte, meinte: 'Ich habe dich noch nie so arrogant gesehen!' Ich selbst habe das gar nicht gemerkt. So etwas mache ich unbewußt, ich merke es gar nicht."
Distanziertes Benehmen verschafft einen gewissen Schutzgürtel. Man kann sich in sich zurückziehen und kann die Kommunikation mit den Leuten ablehnen, die man nicht will oder nicht braucht. Auf diese Distanz, wie sie für Aristokraten in gewisser Weise typisch ist, geht die zitierte Prinzessin noch weiter ein: „Meine Eltern werden oft eingeladen von irgendwelchen Leuten. Aber sie gehen eigentlich nicht hin. Und warum soll man zu Leuten gehen, mit denen man eigentlich nichts zu reden hat?"
Zum adeligen Benehmen gehört, über gewisse Dinge nicht zu reden. So zum Beispiel über Geld; dieses gehört zwar notwendig zum Lebensstil, aber wie man dazu kommt, dies soll nicht erörtert werden. Ebenso hat unerwähnt zu bleiben, was die einzelnen Dinge, die man besitzt, kosten. Sie gehören zum noblen Menschen und man diskutiert nicht über deren Wert und Beschaffungskosten. Gespräche darüber sind eher unangenehm und komplizieren das Klima.
Die Gesprächsregeln sind ein wesentlicher Teil noblen Lebens. In den alten Benimm-Büchern wird empfohlen, streng darauf zu achten, sich reserviert im Gespräch zu verhalten, andere zu Wort kommen zu lassen und bestimmte Themen, wie „Religion, Politik, Nationalitäts- und Rassefragen" nicht anzuschneiden. (Eberhardt, 1919, S.206) Diese und ähnliche Ratschläge zielen darauf ab, den Kontakt zueinander zu erleichtern und ihn zu einem unkomplizierten zu machen. Die vornehme Distanz zu anderen kann auf diese Weise gewahrt bleiben.

Es sind vier Benehmenstypen, die hier interessieren und die zu diskutieren sind. Zunächst das Benehmen desjenigen, der sich als höher oder würdiger sieht als sein Partner und auf Distanz geht. Dabei wird darauf geachtet, den anderen nicht zu demütigen oder zu degradieren. Zweitens: das Benehmen derselben

Art, wobei dem Partner aber spürbar gezeigt werden soll, daß man über ihm steht und auch nicht viel von ihm hält. Im Gegensatz zu vorigem Typus fehlt es hier an Höflichkeit. Unter Höflichkeit will ich hier ganz allgemein ein Handeln verstehen, welches Achtung, Fairness und Wertschätzung dem Gegenüber und Gesprächspartner auszudrücken versucht.
Die beiden anderen Formen des Benehmens beziehen sich auf den Kontakt zwischen Gleichgestellten oder annähernd Gleichgestellten. Zunächst ist ein Benehmen auf der Stufe der Vertraulichkeit zu beobachten, bei dem der Partner mit „Du" angesprochen wird und bei dem gewisse Vertraulichkeiten im Gegensatz zu den beiden vorher genannten durchaus gestattet sind. Und schließlich ein Benehmen, welches durch höfliche Distanz bestimmt ist. Man spricht sich z. B. mit „Sie" an und respektiert die persönliche Sphäre des Partners, dem man sich grundsätzlich ebenbürtig fühlt.

Die vornehme Reserviertheit

Es entspricht alter aristokratischer Tradition, gegenüber Tiefergestellten, vorrangig gegenüber Dienern, in vornehmer Reserviertheit zu agieren. Darauf geht bereits Freiherr von Knigge ein, der anschaulich die oben angesprochene Distanz diskutiert, aber Höflichkeit verlangt: „Man sei höflich und freundlich gegen solche Leute, denen das Glück nicht gerade eine so reichliche Summe zeitlicher Vorteile zugeworfen hat, als uns . . . Man sei nicht, wie die meisten Vornehmen und Reichen, etwa nur dann herablassend gegen Leute von geringerem Stand, wenn man ihrer bedarf . . . Aber diese Höflichkeit sei auch wohl geordnet und nicht übertrieben. Sobald der Geringere fühlt, daß ihm die Ehre, welche wir ihm erweisen, unmöglich zukommen kann, so hält er es entweder für Mangel an Vernunft, für Spott oder gar für Falschheit . . . Sodann gibt es auch eine Art der Herablassung, die wahrhaft kränkend ist, bei der der leidende Teil offenbar fühlt, daß man ihm nur ein mildtätiges Almosen von

Höflichkeit darreicht. Endlich gibt es eine abgeschmackte Art von Höflichkeit, wenn man nämlich mit Leuten von geringerem Stande eine Sprache redet, die sie gar nicht verstehen ... Dies ist der gewöhnliche Fehler der Hofleute ... Die große Kunst des Umgangs ist, den Ton jeder Gesellschaft zu studieren und nach Gelegenheit annehmen zu können ... Man hüte sich vor zu großer Vertraulichkeit gegen solche Menschen, die keine feine Erziehung genossen haben. Sie mißbrauchen leicht unsere Gutwilligkeit, fordern immer mehr und werden unbescheiden. Man gebe jedem so viel er zu ertragen vermag." (Knigge, 1788, S.283ff.) Knigge spricht hier ein Programm vornehmer Lebensart an, für welches Distanz zu Leuten von „geringerem Stand" charakteristisch zu sein hat. Knigge ist es dabei wichtig, solche Leute jedoch nicht zu erniedrigen, sondern sich ihnen verständlich zu machen.

Ebenso verlangt er im „Verhältnis zwischen Herren und Dienern" ein entsprechendes Benehmen. Interessant sind seine Ausführungen, weil Knigge in geradezu revolutionärer Weise gegen Ende des 18. Jahrhunderts von der üblichen Vorstellung abgeht, daß Diener, also Gewaltunterworfene „gottgegeben" sind und sich daher im Sinne göttlichen Willens zu beugen haben. Knigge postuliert Fairness und Höflichkeit. Er schreibt: „Es ist traurig genug, daß der größte Teil des Menschengeschlechts durch Schwäche, Armut, Gewalt und andere Umstände gezwungen ist, dem kleineren (Teil) zu Gebote zu stehen, und daß oft der Bessere den Winken des Schlechteren gehorchen muß. Was ist daher billiger, als daß die, denen das Schicksal die Gewalt in die Hände gegeben hat, ihren Nebenmenschen das Leben süß und das Joch erträglicher zu machen, diese glückliche Lage nicht unbenutzt lassen? ... Bescheidene Herrschaften haben höfliches Gesinde." (Knigge, 1788, S.209ff.)

Knigge, der aus einer höfischen Tradition kommt, versucht also, Vornehmheit zu beschreiben, wie sie für die Aristokratie und schließlich den feinen Bürger maßgeblich sein soll. Ich meine, daß alte Familien durch eine entsprechende Erziehung ein solches Benehmen weitergeben und somit eine gewisse Sicherheit im Umgang mit Leuten „niederen Standes" eher vorzuzeigen vermögen als Menschen, die erst dabei sind, diese vornehme Kultur zu erlernen. Ich sprach darüber mit einem Schneider, der adelige Herren einkleidet und der sehr wohl zwischen verschiedenen Menschengruppen zu unterscheiden weiß: „Es gibt natürlich Leute, die irgendwie zu Geld gekommen sind und die nun in die Gesellschaft von Aristokraten kommen. Die merken, hoppla, diese Leute haben eine größere Sicherheit im Umgang mit anderen Menschen oder in der gehobenen Gesellschaft. Sie versuchen nun, sich an die anzuhängen . . . Jedoch gibt es auch Leute, die eine gewisse Tradition haben . . ., weil sie Geld besitzen und gerne Aristokraten wären. In der Kaiserzeit hätten sie wahrscheinlich versucht, einen Adelstitel zu bekommen." Das Benehmen wird hier zum Symbol für die Zugehörigkeit zur feinen Gesellschaft. Dieses Symbolcharakters, der im Benehmen liegt, wird sich derjenige bewußt, der sich im Prozeß des sozialen Aufstieges befindet.

Seine besondere Würde vermag der vornehme Mensch, den man ohnehin als Fürst, Edelmann, Präsident oder Filmstar kennt und hofiert, daher dadurch zu demonstrieren, daß er sich nicht kleinlich an Benehmensregeln ausrichtet. Anders derjenige, der sich (z. B. als Aufsteiger) eifrig abmüht, durch feines Benehmen bei Tisch oder an anderen Orten als vornehm zu erscheinen. Großzügigkeit oder Nachlässigkeit im Benehmen beim wahrhaft noblen Mann kann also als Hinweis auf seine würdige Herkunft und Souveränität gedeutet werden.

Sicherheit, Souveränität und distanzierte Höflichkeit sind es schließlich auch, welche es dem Individuum erleichtern, die soziale Stufenleiter aufzusteigen. Benehmen dieser Art ist förderlich, wenn man Professor oder Bundespräsident werden will. Wohl nur in Ausnahmefällen gelingt es Leuten, die großzügig über solche Benehmensregeln hinwegsehen, sozial hoch bewertete Positionen einzunehmen. Im diplomatischen Dienst, in dem es vor allem auf Distanz und leere Höflichkeit ankommt, scheinen Personen eine besondere Chance zu haben, die mit ihrem Benehmen aristokratische Tradition zur Schau stellen oder eben selbst Adelige sind.

Die hervorstechende Qualifikation eines solchen Benehmens zeigt sich dann im Kontakt zu Leuten, die „niederen Standes“ sind. Der Aristokrat und der feine Bürger werden hier zum Vorbild, welches allerdings nicht so ohne weiteres nachzuahmen ist. Eine Prinzessin, mit der ich darüber sprach, skizziert dieses Problem des „kleinen Mannes“, der sich mit Vornehmheit zu kleiden versucht: „In vielem wollen sich die Leute anpassen, in der Kleidung und so, aber irgendwie merkt man den Unterschied. Genau kann ich es nicht beschreiben. Man merkt den Unterschied zum Beispiel darin, wie die Leute mit Untergebenen umgehen. Mein Vater ist zu den Untergebenen freundlich, aber nicht zu freundlich. Einmal bei einer Hochzeit, zu der ich und meine Familie eingeladen waren, haben sich Industrielle, die auch dort waren, mokiert, wie freundlich wir Kinder mit den Dienern umgehen. Diese Diener sind Diener-Chauffeure, so nennt man sie. Die machen alles: sie servieren beim Essen, machen Chauffeurdienste usw. Manche dieser Diener kennen wir schon unser Leben lang.
Bei dieser Hochzeit gab es ein großes Buffet, es gab Hummer und Königskrabbe. Wir Kinder standen ziemlich hinten und befürchteten, nichts mehr zu bekommen. Unsere Jüngste ist unter den Tisch des Buffets geschlüpft und hat dem alten Diener gesagt, er soll uns etwas von dem Essen zurücklegen. Der Mann hat gelächelt und hat gemeint, er würde es schon machen, wir sollten nachher zu ihm kommen. Unter dem Tisch hat er sodann Hummer und ähnliches angehäuft. Irgendwelche Leute, die gesehen haben, wie wir mit den Dienern sprechen, haben sich aufgeregt, man könne mit einem Diener nicht so reden, denn dies sei ja nur ein Diener. Aber wenn ich ihn ein Leben lang kenne . . .! Es gibt Leute, die versuchen, eine zu enge Beziehung zu ihren Dienern herzustellen, das wollen diese selbst aber auch nicht. Sie verlangen eine gewisse Haltung, sie wollen ja auch in Ruhe gelassen werden. Die Leute, die Adelige nachzuahmen versuchen und Diener haben, die sind oft zu den Dienern entweder ganz steif und tun so, als ob der Diener nur ein Diener ist und sonst nichts. Dem gibt man bloß Befehle, aber man hat kein freundschaftliches Verhältnis zu ihm. Oder es gibt

Leute, die übersteigen eine gewisse Schranke und sind wieder zu freundlich. Ich meine, man muß für sich und die anderen die Grenze kennen. Ich finde es natürlich, daß die Intimsphäre des anderen Menschen akzeptiert wird. Man möchte ja selbst auch einen gewissen Freiraum."
Diese Überlegung der Nachkommin eines hochadeligen Hauses verweist u.a. darauf, daß der den Adel imitierende, vornehm spielende Bürger es nicht leicht hat, Untergebene in einer höflich-distanzierten Weise zu behandeln.

Ähnlich problematisch ist auch das Benehmen gegenüber Kellnern und sonstigen Angestellten, die eine dienende Funktion haben. Deren Aufgabe ist es, den Leuten, die sie zahlen, in einer Weise zu begegnen, daß diese glauben mögen, sie seien von einer hervorragenden Qualität und Vornehmheit. Das Selbstwertgefühl steigert sich und der Hofierte ist bereit, für die Gefälligkeit einer feinen Behandlung auch zu bezahlen.
„Vornehmheit" ist demnach auch kaufbar. Die Kunst eines erfahrenen Kellners ist es, den zahlenden Gast wie einen Hocharistokraten zu behandeln. Der intelligente Gast nun, dem es um eine akzeptierte Vornehmheit geht, bringt beides ein, auf das die Prinzessin in ihrer Feststellung schlüssig verweist, nämlich Distanz und Höflichkeit. Leute, die ihr kleines Selbst durch hochmütige Arroganz gegenüber Personal und Angestellten zu heben trachten, finden vor den Augen der Prinzessin keine Gnade.
Orientiert sich jemand also an adeligem Lebensstil, so wird es ihm vorrangig wichtig sein, das dienende Personal in Anwesenheit von Gästen oder anderen Individuen in höflicher Distanz zu halten und zu befehligen. Allerdings dabei darauf achtend, daß der sozial gegebene Unterschied deutlich wird. Ich lernte einen Wiener Nachtklubbesitzer kennen, der mir seinen feinen Lebensstil vor Augen führen wollte, indem er mich in das ihm gehörende Striptease-Lokal einlud. Die Kellner machten ihre Bücklinge und reagierten auf die kurzen Anweisungen ihres Chefs wortlos, führten mich zu einem Tisch und servierten mir Whisky. Mein Gastgeber war sehr darauf bedacht, mir zu zei-

gen, mit welcher Selbstverständlichkeit seine Angestellten in aller Ergebenheit ihm dienen und mich bedienen. Für mich war klar, daß hier ein Ritual ablief, bei dem mein Begleiter sich als der feine Mann von Welt darstellte. Er zahlte diese Leute, auf daß sie ihn bedienen und damit sie ihm, dem Meister, das Gefühl geben, ein feiner Mensch zu sein. Geld wird hier also eingesetzt, um sich als jemand von chevaleresker Lebensart herauszustreichen. In mir sollte zumindest der Eindruck entstehen, es mit einem Gastgeber von aristokratischer Großzügigkeit zu tun zu haben.

Ähnlich erging es mir, als ich von einem bekannten Wiener Zuhälter, der es zum angesehenen und gut verdienenden Barbesitzer gebracht hat, freundschaftlich in eine seiner Bars eingeladen wurde. Auch hier spielte sich ein Ritual ab, durch welches der Mann mir seine Noblesse zeigen wollte. Er war ungemein höflich. Exquisite Kleidung — ein teurer Seidenanzug — und dezente Goldringe, zu denen eine Armbanduhr einer bekannten teuren Marke sich gesellte, veredelten sein Auftreten. Man wußte, hier ist ein Mann mit Geld unterwegs, dessen machtvolle soziale Position im Geschäft der Prostitution leicht zu erahnen war. Das Äußere dieses Mannes unterstrich und verstärkte sein Benehmen. Dieses war auch hier durch Distanz gegenüber den Barmännern und Dirnen bestimmt. Mir fiel auf, daß der Kontakt von ihm zu den Angestellten auf ein Minimum reduziert war. Die Kellner wurden von ihm kaum angesprochen. Sie ihrerseits näherten sich ihm devot. Als ich den Wunsch äußerte, eine typische Wiener Wurst bei dem Stand in der Nähe der Bar essen zu wollen, winkte er den Kellner zu sich und in knappen Worten erklärte er ihm mein Verlangen nach einer Wurst. Der Kellner nickte und verschwand. Nach einigen Minuten kam er mit der Wurst, die ich dankbar in Empfang nahm und verzehrte. Mein subkultureller feiner Freund konnte mir also so demonstrieren, daß er auf noble Art Menschen befehligen kann.

Zu einer etwas anderen, aber strukturell ähnlichen Szene kam es, als dieser Mann mich — wir waren wieder in eine seiner Bars gegangen — zu einer Frau „einlud". Wir saßen in der Nähe der Theke, an der einige der in diesem Lokal tätigen Dirnen auf Kunden warteten. Mit einer großzügigen Handbewegung und einer an einen mittelalterlichen Ritter oder einen Eskimohäuptling erinnernden Gestik zeigte er auf die Damen und meinte, ich solle mir eine von ihnen aussuchen. Mit dieser könne ich mich in eines der Separées zurückziehen, ohne etwas dafür zahlen zu müssen. Damit zeigte er mir seine Macht an und genoß meinen zunächst verwunderten Gesichtsausdruck. Ihm war es offensichtlich gleichgültig, ob ich das freundliche Angebot annehmen würde oder auch nicht. Wichtig schien ihm lediglich zu sein, daß ich seine vornehme Weitherzigkeit angemessen beachtete. Dieses Benehmen des Barbesitzers war bestimmt durch Distanz zu den Kellnern und zu den Frauen. Die Distanz, die durch das Geld hergestellt wird, wird sorgfältig auch von den Menschen gewahrt, die als sogenannte Untergebene bezahlt werden. Ihre Aufgabe ist es, dem Zahlenden zu der von ihm gewünschten Vornehmheit öffentlich zu verhelfen. Die Distanz, die auf diese Weise gekauft wird, hebt die betreffende Person und suggeriert so etwas wie Macht. Dies wußte auch der Zuhälter, der mich zu einer Dame „einlud". Ich nahm allerdings — dies sei noch angefügt — die Einladung nicht an. Wäre ich auf das Angebot eingegangen, hätte ich wahrscheinlich an Prestige bei ihm und den Leuten in der Bar verloren. Dadurch, daß ich zeigte, ich wäre an dergleichen Einladungen herzlich wenig interessiert, signalisierte ich meinerseits Distanz und auch Souveränität.

Herstellen von Distanz ist also eine sehr wirksame Strategie, um der eigenen Person Bedeutung zuzuschreiben, aber auch um nicht weiter belästigt zu werden. Wesentlich handelt es sich bei beiden um dieselbe Sache, nämlich um den Schutz der feinen persönlichen Sphäre.

Auch die Großzügigkeit kann als Mittel der Distanzierung dienen, so z. B. dann, wenn es gilt, geladenen Gästen klar zu machen, daß sie die Unterlegenen sind, die für die Huld des vornehmen Mannes dankbar zu sein haben. Beobachtbar ist das, wenn Haus- oder Wohnungsbesitzer Leute zu sich bitten, um ihnen die Pracht des Hauses, die Einrichtung und andere Zeugen feiner Lebensart zu zeigen. Von den Eingeladenen wird erwartet, daß sie hingebungs- und neidvoll die Besitztümer des Gastgebers bewundern.

Ich war einmal bei einem sehr reichen Arzt, der als Gynäkologe große Geschäfte macht und der sich von seinen Patientinnen ungeniert reich beschenken läßt, zu Gast. Das Essen, das mir vorgesetzt wurde, war von bürgerlicher Bescheidenheit, jedoch schmackhaft. Mit diesem wollte er offensichtlich nicht imponieren, allerdings mit seinem Haus, einem Prachtbau, und dessen kostbarem Interieur. Er führte mich durch die Zimmer, in denen wertvolle zum Teil gotische Bilder hängen, und er genoß die von mir dargebrachte Huldigung. Es war an einem Sommerabend, an dem wir zunächst im Garten vor dem Haus die kunstvollen Bepflanzungen zu bewundern hatten. Wir wechselten bei Anbruch der Dunkelheit in einen großen, an ein römisches Atrium erinnernden Raum. Ein wenig später machte der Hausherr das Licht aus und drehte dafür eines im Garten vor dem großen Fenster des Raumes, in dem wir saßen, an. Nun sahen wir im hellen Scheinwerferlicht eine ungefähr zwei Meter große, aus Italien stammende Statue eines Löwen. Dieses Schauspiel entlockte uns, ganz im Sinne des Arztes, ein gespieltes höchstes Erstaunen.

Der Mann wollte imponieren, er wollte zeigen, über welche Schätze er verfüge und überhaupt wie kunstsinnig er sei. Damit vermischte sich auch ein gewisses Überlegenheitsgefühl uns gegenüber. Er präsentierte sich somit als feiner Mann, der seine Vornehmheit zeigen konnte. Verknüpft mit einem derartigen Lebensstil ist aber auch die Absicht, Distanz — durch Geld und

Kunstwerke — zu anderen Zeitgenossen zu verfestigen. Großzügigkeit und diverse Einladungen sind somit zeremonielle Aktionen der Vornehmheit und auch der sozialen Distanz.
Ähnlich verhält es sich mit der Verteilung von „Trinkgeld" an das Personal. Ein solches ist ohne Beleidigung nur möglich zwischen Personen, die in einer sozialen Situation Diener und Bediente sind. Der Dienende, wie z. B. der Kellner eines Gasthauses, darf Trinkgeld erwarten, es symbolisiert die soziale Distanz zwischen ihm und dem Gast. Der Gast will bedient und umhegt sein. Dies gibt ihm das Gefühl ritueller Vornehmheit. Kellner, Verkäufer und andere „Diener" wissen um das stolze Gefühl, zumindest für eine Zeit als vornehm zu gelten. Es heißt, „der Kunde ist König". In diesem Satz steckt viel. Er weist einerseits auf Verkaufsstrategien und andererseits auf die Eitelkeiten des Menschen hin, der sein heiliges Selbst mit Weihrauch und Devotionen gewürdigt sehen will.
Verschiedene Geschäftshäuser und feine Restaurants bauen ihr Konzept auf einer solchen heiligen Würdigung des Menschen auf. Dieser ist gerne bereit, dafür auch gut zu zahlen. Er will geachtet und nobel behandelt sein.
Ich kannte einen Sandler, also einen obdachlosen Nichtseßhaften (auch: Pennbruder oder Penner). Dieser Mann pflegte, wenn er einmal genügend Geld erbettelt hatte, ein eher vornehmes Lokal aufzusuchen, welches von Leuten seiner Profession grundsätzlich nicht betreten wurde. Da sein Äußeres — annähernd gute Kleidung bekam er regelmäßig von einer caritativen Institution — ihn nur schwer als Sandler erkennen ließen, wurde er auch problemlos und freundlich bedient. Er erzählte mir, er genieße es, ab und zu auf diese Weise zu speisen. Er esse ausgiebig und sei glücklich, wenn er einmal höflich bedient werde. Seine „beschädigte Identität" erfuhr eine merkliche Aufwertung. Er, der sonst beinahe täglich von unwirschen Wirten und nicht wohlwollenden Polizisten gepeinigt wurde, erfreute sich an dem behaglichen Restaurant, den freundlichen Kellnern und dem guten Essen, für das er lange gespart hatte. Wichtig war ihm, zumindest hie und da ein feiner Mensch zu sein, der bezahlen konnte und daher auch entsprechend bedient wurde.

Auch ein solches Benehmen ist auf Distanz gegenüber anderen angelegt. Es ist die Distanz, wie hier wiederholt festgehalten, die Vornehmheit vorzugaukeln vermag. Diese Distanz läßt sich besonders in den sozialen Situationen herbeiführen, in denen es Diener und Bediente gibt, wie eben in Gaststätten und ähnlichen Lokalen. Prahlerisches Konsumieren, Geldausgeben und demonstrierte Großzügigkeit sind dazu angetan, die Heiligkeit der eigenen Person zu unterstreichen.

In dem bereits zitierten Buch über das „Gauner und Bettelwesen in Schwaben" aus dem Jahre 1793 wird auch geschildert, wie Ganoven, wenn sie durch entsprechende Raubzüge zu Geld gekommen sind, sich von Wirten auftischen lassen und sich gleich mächtigen „feinen" Herrn zu benehmen: „Sie (die Gauner, d. Verf.) sind im höchsten Grade verschwenderisch und wohllüstig. Wenn sie eine Beute irgendwo gemacht haben, so ruhen sie nicht, bis alles verpraßt ist. Das Zechen und Schmausen, Tanz, Spiel und Belustigung geht dann ohne Aufhören fort. An einem Tag, in einer Nacht werden 50 bis 100 Taler durchgebracht. Ein Raub von mehreren 1000 Talern ist in etlichen Tagen aufgebracht. Manchmal verwenden sie zwar auch etwas davon auf Kleider, manchmal werfen sie etwas leichtsinnig und prahlerisch weg, oder verschenken es, das meiste aber geht auf Essen und Trinken. Dies haben sie immer gern und gut und in starken Portionen. Auch wenn sie keine gestohlene Barschaft haben, verlangen sie doch einen wohl besetzten Tisch von ihren Beischläferinnen, speisen gerne gebratene Hühner, oder Speck und Schinken, und trinken ihren guten Wein dazu. In Wirtshäusern lassen sie sich immer, so wie es ihr Beutel vermag, besonders bei feierlichen Gelegenheiten, kostbar auftragen. Bei ihren Saufgelagen, die ganze oder halbe Tage und Nächte hindurch dauern, berauschen sie sich oft bis zum Taumeln" (Schäffer, 1793, S.260ff).

Das Benehmen ist also, wie ich zu zeigen versucht habe, auch bei Sandlern und anderen randständigen Personen dadurch geprägt, daß durch das vornehme Verfügen über Geld der hohe Wert der Person dokumentiert wird. Der feine Mensch hat Anspruch auf vornehme Distanz. Trotzdem muß auch er sorgfältig

darauf achten, daß seine heilige Person nicht das Opfer von Belästigungen „gewöhnlicher" Leute wird. Dazu gehört eben die Demonstration von Geld, um die soziale Distanz hervorzukehren.
Für „feine" Leute ist es daher nicht untypisch, sich durch die Vergabe von „Trinkgeldern" in größeren Mengen herauszustreichen. Solche Gelder werden zum Symbol der Vornehmheit. Schließlich ist es billiger, Trinkgelder großzügig unter den Kellnern und dem Personal zu verteilen, als mit teuren Autos u.ä. zu protzen, die man sich vielleicht nicht leisten kann.
Über einen verarmten Herrn aus einer hochadeligen Familie wurde mir erzählt: „Auch wenn er nur wenig Geld hatte, aber im Kaffeehaus gab er fünfzig Schilling als Trinkgeld. Er hat in einer furchtbaren Wohnung gehaust, mit nichts." Obwohl der finanzielle Rückhalt, der ein nobles Leben möglich gemacht hätte, diesem Herrn fehlte, versuchte er, durch ein entsprechendes vornehmes Benehmen die Würde seiner Person klarzustellen. Zu diesem Benehmen gehört aber der sichtbare und lockere Umgang mit Geld.

Die Sprache des feinen Menschen — Sprache als Mittel der sozialen Distanz

Zum Benehmen gehört auch die Sprache, sie ist ein ungemein wichtiger Symbolbereich. Ähnlich wie mit der Kleidung kann man durch die Sprache, nämlich durch den Gebrauch bestimmter Ausdrücke, durch den Umfang eines bestimmten Vokabulars und durch die Betonung einzelner Wörter, andere Anwesende darüber informieren, wie man gesehen werden will, von welch vornehmer Herkunft man ist, welch feinem Lebensstil man sich verpflichtet fühlt, welcher sozialen Gruppe man sich sprachlich zuordnet, was man von der betreffenden Gesellschaft, in der man sich bewegt, hält und schließlich wie man behandelt zu werden wünscht. Das heißt aber auch, daß man sich einer bestimmten Sprache oder einer bestimmten Wortwahl bedienen kann, um Vornehmheit und noble Lebensweise vorzutäuschen. Die klassische Strategie der adeligen und noblen Leute, sich vom gemeinen Volk abzusetzen, war und ist, sich einer Sprache zu bedienen, die dieses grundsätzlich nicht verstand und versteht. Man bediente sich daher auf den Königs- und Fürstenhöfen voriger Jahrhunderte des Französischen, um den sozialen Abstand hervorzuheben. Der gute Bürger paßte sich diesem Vorbild an und hoffte, als nobel akzeptiert und als jemand gesehen zu werden, der Bildung, ein Attribut der Exklusivität, besitzt.

Eine andere Möglichkeit, die Besonderheit der eigenen Person sprachlich hervorzukehren ist, in das Gespräch eine Reihe von Fremdwörtern einfließen zu lassen. Vorrangig verwendet man Wörter, die einer Sprache entstammen, die kulturell und politisch von Bedeutung ist. Während des Mittelalters bis weit in die Neuzeit war dies das Latein, besser das Mittellatein, als eine Sprache, die eng mit dem Heiligen Römischen Reich Deutscher Nation (dem Imperium Germanicum) verknüpft war. Latein wurde abgelöst durch das Französische, die Sprache der Bourbonen, Napoleons und der Diplomatie; und außerhalb Europas auch durch das Spanische, die Sprache der Conquistadores. Dem Französischen folgte weltweit das Englische, welches u. a. von englischen Kolonisatoren verbreitet wurde. Im osteuropäischen Raum hatte das Deutsche, um dessen Verbreitung sich der deutsche Ritterorden gesorgt hat, eine ähnliche Bedeutung.

Alle diese Sprachen waren und sind nicht nur Verkehrssprachen. Das Verwenden dieser Sprachen oder einiger ihrer spezifischen Vokabeln vermag in bestimmten Situationen und zu bestimmten Zeiten die Vornehmheit der Sprecher zu dokumentieren. Die mittelalterliche Gelehrtensprache, die voll von lateinischen Ausdrücken war, gleicht in ihrer Absicht der Sprache des noblen Menschen des vorigen Jahrhunderts, der geflissentlich französische Termini einflocht.

Das Kennen und Verwenden bestimmter Wörter kann also Symbol für die Zugehörigkeit oder Nicht-Zugehörigkeit zur Gruppe der feinen Leute sein. So ist es in bestimmten adeligen

Kreisen üblich, Worte wie „Mahlzeit" und „Prost" zu meiden. Die Vornehmheit Fremder wird daran gemessen, ob sie sich an diese Regel halten. Mir wurde erzählt, ein aristokratischer Herr würde seine Gäste bewußt testen, indem er ihnen beim Essen statt „Guten Appetit" oder „Zum Wohl", „Mahlzeit" oder „Prost" wünschte. Antworteten die Gäste ebenfalls mit diesen Worten, so wußte der Gastgeber, daß er es hier mit weniger feinen Leuten zu tun hat.

In derselben Tradition steht die Sprache der Intellektuellen der sechziger und siebziger Jahre im deutschsprachigen Raum, als man sich ungemein fleißig bemühte, deutsche allgemein verständliche Wörter durch vor allem englische — oder künstlich englische — Wortformen zu ersetzen. Man erreichte dadurch — ganz im Stil der mittelalterlichen Gelehrtensprache —, daß man in Diskussionen Macht und einen gewissen Vorsprung (es dauerte regelmäßig eine Zeit, bis der unbedarfte Gesprächspartner die Termini übersetzt und verstanden hatte) verbuchen konnte; aber auch, daß der Zuhörer den Eindruck gewinnen mochte, hier würde eine besonders hervorragende Person ihre Stimme erheben.

Lange Zeit hatte kaum jemand den Mut, Soziologen und andere Gesellschaftswissenschaftler — als die würdigen Nachfahren mittelalterlicher, kompliziert sprechender Gelehrter — wegen ihrer Sprache zu kritisieren. Eine erste Kritik fand sich 1984 in der Zeitschrift „Soziologie", dem Zentralorgan der Deutschen Gesellschaft für Soziologie. Darin schreibt Stefan A. Musto aus Berlin unter dem Titel „Soll man heute Soziologie studieren?" etwas, das gut die vorigen Überlegungen unterstreicht: „Dahrendorf hatte einmal die Aufgabe der Soziologie darin gesehen, aufzuklären. Die Soziologie tat sich jedoch mit der besonderen Fähigkeit hervor, zu verschleiern. Dies gelang ihr mit Hilfe einer Geheimsprache. Sie codierte die Realität, wie dies auch Geheimagenten tun . . . So manövrierte sich die Soziologie in ein kommunikatives Abseits. Sie wurde zu einer terminologischen Gemeinschaft, zum Geheimbund. Geheimbünde entwickeln ihre Liturgien. So entstand auch in der Soziologie ein Hohepriester-Latein, dessen Beherrschung die interne Hierarchie der

Dazu-Gehörigen bestimmte. Die Liturgiesprache trug manchmal fast sakrale Züge. Man sagt, im 18. Jahrhundert waren vielfach Kirchengänger enttäuscht, als sie hörten, daß 'dominus vobiscum' eigentlich nur soviel bedeutet wie 'der Herr sei mit Euch'. Viele Priester wehrten sich daher lange und erfolgreich, den Gottesdienst in der Umgangssprache des gemeinen Volkes zu zelebrieren. Auch die Soziologie ist bestrebt, an ihrer Geheimsprache festzuhalten . . ." (Musto, 1984, S.80) Soziologen und anderen noblen Wissenschaftlern gelang es auf diese Weise, die imponierende Heiligkeit ihre Person rituell darzutun.
Ganz ähnlich wie mit der exquisiten Sprache des Gelehrten verhält es sich mit anderen Geheim- und Spezialsprachen. Auch ihre Funktion liegt darin, andere, die die jeweilige Sprache nicht beherrschen, auszugrenzen. Eine derart charakteristische Sprache ist die Jagdsprache, die für unsere Diskussion auch insofern interessant ist, als die Jagd eine Sache des noblen Mannes ist. Auch außerhalb jagdlicher Tätigkeit vermag der Gebrauch waidmännischer Ausdrücke als ein versteckter, aber doch deutlicher Hinweis auf die Vornehmheit des Sprechers gelten. Die Jägersprache als wesentlicher Bestandteil einer traditionellen Jagdkultur hat einen hohen Symbolgehalt. Beherrscht jemand das betreffende Vokabular während der Jagd oder bei den darauf folgenden rituellen Zusammenkünften nicht oder nur teilweise, so deutet er an, nicht die Würde des Jägers zu besitzen. So zum Beispiel wenn er statt „schweißen" das übliche Wort „bluten" verwendet. Er muß für gewöhnlich mit einer Sanktion rechnen. So eine Sanktion kann sein, daß der betreffende Sünder die Jagdgenossen zu Wein, Bier oder Schnaps einzuladen hat.
Bemerkenswert ist ein jagdliches Initiationsritual, über welches 1856 berichtet wird. In dieser Darstellung wird sowohl auf die Wichtigkeit der Jagdsprache für den jungen Jäger als auch auf ein Sühneritual bei Verletzung der Sprachregeln verwiesen: „Wer sich der Jägerei widmen wollte, mußte das 15. Jahr überschritten haben . . . und mußte sich . . . alle in der Jagdsprache üblichen Kunstausdrücke aneignen . . . Noch einer komischen Anwendung dieser Jägerweihe müssen wir gedenken, die man

'das Waidmesser schlagen' nennt. Waren nämlich fremde, des Waidwerks und waidmännischer Art unkundige Cavalliere oder Damen gegenwärtig und ließen sie im Laufe der Rede aus Unerfahrenheit oder Vorwitz unrichtige Benennungen fallen, die den Jagdausdrücken zuwider waren, so mußten sie eine eigentümliche Zeremonie, gewissermaßen eine komische Jägerweihe über sich ergehen lassen. Es war nämlich auf Befehl des jagenden Fürsten der beste Hirsch und zwar mit dem Kopfe und Gehörn vorwärts gegen die Herrschaft gestreckt, der Verbrecher ohne Rücksicht auf das Geschlecht angeklagt und alsbald über den Hirsch gelegt . . . Darauf zog der Jägermeister sein Waidmesser blank und vollstreckte die Exekution, indem er damit drei Streiche aufs Gesäß, bei deren jedem er das übliche Waldgeschrei sprach . . . Die Jägerei fiel mit ihren Hörnern ein, und die Zeremonie war unter allfertigem Lachen geendigt. Ihr durfte sich niemand entziehen und sie wurde öfters, namentlich gegen Frauen, vom Fürsten in eigener Person vollzogen, wo dann nur das Waldgeschrei wegblieb" (Schade, 1856, S.295f). Die Jagd als noble Betätigung ist also eingebunden in eine typische Sprachsymbolik, deren Verstehen und Gebrauch wichtig ist, um zum vornehmen Kreis der edlen Jäger zu gehören.

Das Beherrschen einer Sprache als solcher (Landessprache, wie Englisch usw.) oder eine Spezialsprache, wie der Wissenschafts- oder Jägersprache, verfolgt die Absicht, andere über die Zugehörigkeit einer Person zu einer Gruppe — der Soziologen oder der Jäger — und auch über ihre besondere Qualität zu informieren.

In gewisser Weise ist auch die Gaunersprache eine Spezialsprache in dem besprochenen Sinn. Sie sagt sowohl etwas über die Zugehörigkeit zur Gruppe der Ganoven aus, als auch etwas über das Prestige in der „Unterwelt" desjenigen, der in der Gaunersprache gut bewandert ist. Bei meiner Studie über Wiens Kultur der Kriminalität, in der ich mich auch intensiv mit der Gaunersprache beschäftige (Girtler, 1983), wurde mir klar, daß alte Ganoven mit einem großen Wortschatz aus der überlieferten Gaunersprache deswegen angesehen waren und sind. Ich saß stundenlang mit solchen erfahrenen Leuten aus der Ganovenkultur in Gasthäusern und ließ mir ausführlich aus dem Vokabular der Sprache der Wiener Ganoven und des verbotenen Glückspiels erzählen. Dabei machte man mir deutlich, daß die Männer, die diese in der Szene der Kriminalität tradierte Sprache in großem Umfange beherrschen, auch in der Kriminalität für gewöhnlich akzeptiert sind. Ein kleines Erlebnis demonstriert die Bedeutung dieser Sprache. Ich stand mit kleineren Dieben und Pennbrüdern in einem Bahnhofslokal, da betraten Polizisten den Saal und verhafteten einen der umstehenden Männer. Einer der an meinem Tisch trinkenden Burschen wandte sich an mich und sagte: „Der ist ausgefackelt!" Ich sah ihn fragend an und meinte: „Was heißt das?" Der Mann schaute vorsichtig und flüsterte: „Du gehörst ja nicht zu uns." Dann sagte er nichts mehr und ging. Für ihn war also klar, ich bin ein Fremder, der hier eigentlich nichts zu suchen hat. Hätte ich mich damals in der Gaunersprache bereits ausgekannt, so hätte ich gewußt, daß „ausfackeln" soviel heißt wie: „im Fahndungsbuch ausgeschrieben" und der Mann hätte mich als seinesgleichen akzeptiert. Durch das Nichtkennen des betreffenden Ganovenwortes stellte ich mich außerhalb des Kreises der ehrbaren Ganoven und man distanzierte sich von mir, nicht nur räumlich. Hier zeigt sich also etwas Ähnliches wie bei der oben diskutierten Sprache des feinen Jagdmannes. In beiden Fällen verliert derjenige, der sprachlich nicht entsprechend gebildet ist, die Akzeptierung der Mitglieder der jeweiligen Gruppe. Der noble Ganove, der sich vom „braven Bürger" abheben will, ist somit in derselben Situation wie der vornehme Jäger, der sich durch die Jägersprache als einer speziellen Gruppe zugehörig zu erkennen gibt.

Der Gebrauch fremder, angesehener Sprachen, aber auch spezifischer Vokabulare kann, wie zu sehen war, dazu dienen, sich symbolisch von anderen Menschen sozial abzuheben. Durchaus in diesem Sinn wird auch die Hoch- und Schriftsprache als Symbol für feine Lebensart und vornehme Bildung eingesetzt. Der feine Mensch lernt schon sehr früh, daß eine gehobene, stilisierte Sprache, zu der eine spezifische Betonung und ein typischer Rhythmus gehören, auf eine vornehme Herkunft und einen feinen Lebensstil verweist. Eine gepflegte Sprache, in Österreich eventuell näselnd vorgetragen, wird traditionell mit der Aristokratie, aber auch mit dem gebildeten, sich am höfischen Leben orientierenden Bürgertum verbunden.

In einem Gespräch, welches ich mit einer Prinzessin aus fürstlichem Haus führte, wurde diese besondere, aristokratisch-traditionelle Pflege eines charakteristischen Sprachstils hervorgekehrt: „Meine Mutter war sehr streng, was die Sprache anging. Ich bin am Land in einem Schloß aufgewachsen. Ich besuchte die Dorfschule. Es war eine typische Dorfschule, in der alle Klassen in einem Raum waren. Selbstverständlich haben wir mit den Dorfkindern im Dialekt gesprochen, nämlich Baierisch. Meine Mutter meinte, wir könnten in der Schule oder im Dorf so reden. Aber im Haus und im Garten mußten wir Hochdeutsch sprechen."

Die Hochsprache als wichtiges Mittel und Symbol der Bildung wird besonders beachtet. Interessant ist, wie dieselbe Prinzessin ausführte, daß ihre Mitschülerinnen in der Dorfschule anfangs, als sie noch neu in der Schule war, vom Dialekt auf die Hochsprache wechselten, wenn diese mit ihr sprachen. Dies sei ihr unangenehm aufgefallen. Die Mädchen dachten wohl — nicht zu unrecht —, mit einer Prinzessin dürfe man nicht im Dialekt sprechen, sie würde ihn wahrscheinlich auch nicht verstehen. Diese höfliche, durch den Sprachwechsel deutlich gewordene Distanz verdroß die adelige Nachkommin. Ihr wurde damit auch angedeutet, sie müsse als Angehörige einer adeligen Oberschicht eine Sprache pflegen, die das „gewöhnliche" Volk im „normalen" Umgang nicht verwende. Ein sozialer Abstand, den sie eigentlich nicht wollte, wurde so dokumentiert.

Sprache als wesentlicher Teil des Benehmens kann also, dies ergibt sich schlüssig aus den obigen Überlegungen, sehr wohl eingesetzt werden, um den gesellschaftlichen Abstand zu anderen Menschen festzulegen, zum Beispiel gegenüber Dienstboten. Traditionell wurde der Abstand zwischen Untergebenen und Herrschaft im Gebrauch bestimmter Anredeformen sym-

bolisch herausgestrichen. In Relikten findet man heute noch die Anrede in der dritten Person, wenn Angestellte des Hauses angesprochen werden. Typisch dafür sind Ausdrücke wie: „Gehe er doch und hole er mir Blumen." Allerdings sind es eher, wie mir auffiel, ältere Aristokraten und Aristokratinnen, die sich einer solchen Sprachgewohnheit noch bedienen.
Die Sprache vermag also die soziale Distanz zu bestimmten Personen auszudrücken, um die eigene Würde hervorzukehren. In einem weiteren Sinn kann die besondere Betonung von Wörtern oder auch der Gebrauch der Hochsprache zur Zurechtweisung von Personen dienen. Strategien dieser Art werden üblicherweise in der Kindererziehung und in der Schule angewendet. Ein mir gut bekannter Wirt, bei dem ich gerne mein Bier trank, pflegte Gäste, die sich in ungebührlicher Weise verhielten oder gröhlten, plötzlich auf „Hochdeutsch" anzusprechen. Dieser unvermutete Wechsel aus dem gemütlichen und vertraulichen Dialekt in die Hochsprache signalisierte dem Störenfried, daß er unerwünscht sei. Meist verließ ein solcher Herr auch umgehend das für ihn nun nicht mehr gastliche Haus.
Die formalisierte Hochsprache dient also in einer solchen Situation, wie in ähnlichen Fällen auch, andere Menschen sozial auf Abstand zu halten und zu disziplinieren. Das intime, freundschaftliche Gespräch orientiert sich an einer weniger starren Sprache, es läßt gewisse Nachlässigkeiten zu. Und der gepflegte Dialekt weist bei „feinen" Leuten auf eine Ebene der Vertraulichkeit hin.

Benehmen gegenüber den Dienstboten

Ein paar Gedanken zum Thema Dienstboten sind hier noch einzufügen, denn gerade der Kontakt zwischen Dienstboten und „Herrschaften" war — und ist z. T. noch — durch bestimmte Sprachmuster geprägt. Dienstboten im bürgerlichen Haushalt waren in einer degradierten und manchmal unglücklichen Si-

tuation. Man ließ sie merken, daß sie bloß zum Dienen da sind und sie keine vollwertigen Menschen sind. Das aufkommende Bürgertum unternahm alles, um sich nach unten abzugrenzen (dazu siehe: Müller-Staats, 1987, bes. S.59ff). Diese Absichten gerade der aufsteigenden Bürger äußerten sich in einer oft sehr rüden Art gegenüber den Dienstboten. Ein wichtiges Instrument war auch hier die Sprache. Sie schaffte Distanz zum Dienstboten, dem so klar gemacht wurde, daß er ein Mensch minderer Qualität war. Das Benehmen der Herrschaft war also darauf ausgerichtet, die eigene Würde, Hochwertigkeit und Vornehmheit hervorzukehren. Dabei kam es auch zu Erniedrigungen des Personals. In welcher Weise dies geschah, macht folgendes deutlich: „Man sehe zuförderst auf das mitunter laufende schlimme Benehmen (!) so mancher Herrschaften gegen das Gesinde; vermißt man da nicht öfters alle Menschenliebe, alle Achtung und alle Gerechtigkeit? Was kann man sich bei dieser Bewandnis und bei dem oft so kümmerlichen Lohn für Tugenden von einer Menschenklasse versprechen, die noch in der Entwicklung der Geisteskräfte begriffen ist, und also leicht auf Irrwege geraten kann?" (Richter, 1790, S.61f).
Die Kritik am Benehmen der „Herrschaften" setzt früh ein, jedoch ohne wesentlichen Erfolg, wie aus der Erzählung eines Dienstmädchens hervorgeht: „Jetzt tut es mir leid, daß ich einstmals den Beruf als Dienstbote gewählt habe, denn an trüben Erfahrungen in jeder Beziehung hat es mir nie gefehlt: Tüchtig schuften, dazu die schlechte Behandlung und bei mancher Herrschaft das Essen, daß man es nicht glauben möchte, wenn ich es hier niederschreiben würde . . . Ein Dienstmädchen ist in den Augen der Herrschaft nur eine Arbeitsmaschine, es wird gar nicht als Mensch betrachtet . . . Ein Dienstmädchen hat nichts zu beanspruchen, die muß tun und leisten, was die Herrschaft verlangt." (Stillich, 1902, S.399ff.)
Den Dienstboten ging es schlecht. Die „feinen" Leute brauchten sie offensichtlich dazu, um ihre Vornehmheit zelebrieren zu können. In den um die Jahrhundertwende erschienenen Büchern des „Guten Tons" wird wohl weiter für eine Besserbehandlung der Dienstboten durch die „Herrschaften" plädiert,

doch dürften nur wenige Dienstgeber sich daran ausgerichtet haben.
Die besondere Erwähnung in den Benimm-Büchern, daß Dienstboten „auch Menschen seien", bestätigt die Klagen des Dienstpersonals. Ich möchte aus zwei solchen Büchern einige Sätze zitieren, denn sie deuten dies gut an: „Man behandele die Dienstboten weder geringschätzend, noch hochmüthig, sondern jederzeit freundlich, allerdings, ohne sich des Respekts zu vergeben. An- und Unterweisungen gebe man in ruhiger und bestimmter Weise (!) . . . Auch der Dienende ist als Mensch zu behandeln." (Klein, um 1900, S.61ff). Es ist also auf den Respekt, den man haben will, zu achten, jedoch dürfe dies nicht zur Erniedrigung des Dienstboten führen.
Auch in einem anderen Buch des „Guten Tones" wird darauf eingegangen: „Wir sollen . . . unseren Dienstboten allezeit eine gütig . . . Herrschaft sein. Man erteile seine Befehle in einem freundlichen Tone . . . und man verschmähe es nicht, für direkte Dienstleistungen ein freundliches 'Ich danke' zu sagen. So will es der gute Ton . . . Also Freundlichkeit, Mäßigung und eine dem Dienstboten imponierende Würde ist, was wir als Herrschaft beobachten müssen . . . man sollte die Dienstboten auch nicht mit 'du' anreden . . . Außerdem sind wir doch gewohnt, unsere Lieben mit dem traulichen 'du' zu nennen, warum also dieses schöne Prädikat zum Ausdruck der Geringschätzung herabdrücken!" (Adlersfeld-Ballestrem, um 1890, S.95f). Der Dienstbote ist zwar in seiner Menschlichkeit zu achten, jedoch ist zu ihm der Abstand der Vornehmheit einzuhalten. Und das wichtigste Instrument eines derartigen, abstandsichernden bzw. vornehmen Benehmens ist die Sprache. Im letzten Zitat wird dies angedeutet. Demnach ist dem Dienstboten nicht in einer vertraulichen, eventuell dialektgefärbten Sprache, sondern eher in der Hochsprache mit ihrem formalen und unpersönlichen Charakter zu begegnen. Ein Dienstbote — als Hausmädchen oder Chauffeur — hebt das Selbstverständnis des feinen Herrn. Mit diesem kann er demonstrieren, er verfügt über Geld, er ist jemand, der sich so einen Menschen leisten kann. In Relikten hat sich diese Tradition erhalten. In adeligen und

manchen bürgerlichen Haushalten vermittelt das Dienstpersonal auch heute noch das Gefühl der Exklusivität und Eleganz. Der Generaldirektor und ebenso der Politiker, auch der sozialistische, erfahren durch den Chauffeur ihre Aufwertung. Er ist es, der die übliche noble Distanz seines rechts hinten im Auto sitzenden Herrn zelebriert. Durch diese Sitzordnung im Auto wird ein Doppeltes sichtbar, einmal der Abstand zum Chauffeur, denn der feine Herr sitzt in der im Auto größtmöglichen Entfernung zu diesem, und zum zweiten der Abstand zum „gewöhnlichen" Passanten, der durch den Chauffeur gesichert erscheint.
Auch unter berufsmäßigen Ganoven zeigt sich eine ähnliche Selbstdarstellung, denn auch sie bedienen sich anderer Menschen, um ihre Besonderheit gesichert zu wissen. Als „Leibwächter" und Chauffeure werden diese zu Zeugen des feudalen Lebenswandels ihres Herrn. Diese wieder sind bemüht, durch ein nobles Auftreten, zu dem ein teurer Anzug und eine teure Uhr gehören, zu zeigen, daß ihre geheiligte Person der Huldigung durch „Personal" bedarf.
Auch ein finanziell heruntergekommener Baron in Wien hält sich einen Sandler als persönlichen Diener, wie ich erfahren konnte. Das einzige, was dem Baron, der angeblich einen bis in das 11. Jahrhundert zurückgehenden Stammbaum besitzt, blieb, ist eine große Wohnung, die allerdings äußerst desolat wirkt. In dieser residieren die beiden. Der Baron ist sehr darauf bedacht, einen entsprechenden Abstand zu seinem Diener, dem früher unterstandslosen Sandler, zu wahren. Der Sandler ist dankbar, nicht im Freien, wie üblich, logieren zu müssen. Das Dach über dem Kopf gibt ihm einigermaßen Zufriedenheit, er ist „seinem" Baron dankbar und hat sich mit ihm arrangiert. Er nimmt es daher auch hin, daß der Baron in Gegenwart anderer, nachdem er dem Besucher erklärt hat, einer seiner früheren Verwandten sei ein Kardinal irgendwo in Italien gewesen, ihn wohlwollend distanziert zurechtweist oder ihm etwas anschafft.
In allen diesen Beispielen aus verschiedenen sozialen Bereichen spielt die Sprache eine wichtige Rolle als Teil des Beneh-

mens. Sie stellt jene Distanz her, die die Vornehmheit eines feinen Menschen rühmt. Dies ist so bei Aristokraten, braven Bürgern, angesehenen Ganoven und bei verarmten Baronen. Bei letzteren und ähnlichen Personen verstärkt sich diese Strategie vielleicht noch, denn finanziell ist es ihnen nicht mehr möglich, auf eine prachtvolle Herkunft zu verweisen, die gepflegte Sprache ist ihnen jedoch geblieben.

Benehmen unter Gleichrangigen

Ich habe nun die Frage diskutiert, wie durch ein charakteristisches Benehmen versucht wird, sich vom „gewöhnlichen" Volk abzuheben. Nun will ich auf jenes Benehmen eingehen, durch welches die Zugehörigkeit zu einer elitären, gehobenen sozialen Gruppe offenbar gemacht werden soll. Ein solches Benehmen ist nicht darauf angelegt, sich von anderen zu distanzieren oder gar sie zu erniedrigen. Es beabsichtigt, den feinen Mann als gesellschaftlich von hohem Wert zu preisen. Zu dieser Kategorie des Benehmens gehört es auch, jemanden, den man als gleichwertig ansieht, auch dementsprechend zu behandeln. Dazu eine Geschichte von Kaiser Franz Joseph, die vielleicht erfunden ist (aber wenn sie erfunden ist, ist sie ausgezeichnet erfunden). Der alte Kaiser hatte einmal einen Staatsbesuch aus dem fernen Afrika. Beim Staatsbanquett passierte etwas, das nicht erwartet worden war. Der afrikanische König warf den abgenagten Knochen des ihm vorgesetzten Koteletts einfach, wie es bei ihm zu Hause offensichtlich üblich war, hinter sich. Zum Entsetzen des an der Tafel sitzenden Hofstaates, der Exzellenzen, Erzherzoginnen, hohen Offiziere und anderer Herrschaften von Adel. Der Afrikaner merkte, daß er etwas falsch gemacht hatte. Alles sah auf den Kaiser und wartete, wie er reagieren würde. Der Kaiser besann sich kurz, nahm den Knochen seines Fleischstückes und warf ihn ebenso mit kühnem Schwung hinter sich. Damit hatte der Kaiser die Situation gerettet. Den Höflingen hatte er klar gemacht, daß sein Benehmen gegenüber dem Gast nobel war, daß er seinen Gast als gleichwertig achtete und dies auch von den anderen verlangte. Hier haben wir es mit einer Form des Benehmens zu tun, durch welche jemand, der sozial gleichgestellt ist, nicht entwürdigt werden soll. Man will nicht, daß sich dieser blamiert, was auch für einen selbst zum Problem werden kann, da man an dem Gegenüber eventuell gemessen wird.

Benehmen, das die Zugehörigkeit zur feinen Gesellschaft symbolisiert, tritt in verschiedenen Formen auf. Es gibt Formen des Benehmens, welche grundsätzlich nur innerhalb feiner Kreise gepflegt werden. Leute niederer Herkunft haben kaum oder nur selten das Vergnügen, solcherart geehrt zu werden. Man unterscheidet also bisweilen genau, ob der andere der noblen Manier wert ist. So zum Beispiel beim Handküssen. Mir erzählte ein junger Herr von eher „kleinem" Adel, der als Rechtsanwaltsanwärter mit einer reichen und anscheinend „vornehmen" Klientel zu tun hat, folgendes: „Zum Benehmen gehört in erster Linie auch das Handküssen. Das erlernt man schon von Kindesbeinen an durch Vorbild. Dabei wird man irgendwie versnobt und küßt nicht allen Frauen die Hand. Es gibt Frauen aus der Kollegenschaft, denen ich nicht die Hand küsse. Es gibt viele Männer, die nicht adelig sind, bei denen ist es fesch, daß sie die Hand küssen. Sind nun in einer Gruppe Damen, denen ich nicht die Hand küssen will, so küsse ich auch den anderen genauso nicht die Hand. Entweder küsse ich allen oder niemandem die Hand."

Das Handküssen ist hier ein höfliches Zeremoniell, welches dieser Herr an den Leuten durchführen will, denen er sich gesellschaftlich verbunden fühlt, die also denselben kulturellen Hintergrund haben wie er. Ein Benehmen dieser Art demonstriert eklatant feine Lebensweise, die die Menschen grob in zwei Kategorien teilt: in die noblen und die weniger oder gar nicht noblen.

Innerhalb des eigenen Kreises versucht man also zu zeigen, daß man die Rituale des Benehmens beherrscht, zu denen die Rituale bei Tisch ebenso gehören wie die Rituale bei diversen Festen und Feierlichkeiten. Das Kennen dieser Regeln zeichnet den feinen Menschen aus. Sie sind Symbol nobler Umgangsart. Traditionell werden in der Klasse der Müßiggeher, also vor allem im Adel, gewisse Umgangsformen rituell gepflegt und verfestigt, als Zeichen für Leute, die die Zeit haben, solche Rituale zu lernen (vgl. Thorsten Veblens Überlegungen).

Kritisch äußerte sich dazu mir gegenüber eine fürstliche Prinzessin, mit der ich über adelige Privilegien und Rituale sprach: „Viele Rituale sind inhaltsleer und weltfremd. Man könnte sie ja auch ändern. Besonders in Deutschland übertreiben manche Adelige und versuchen, durch das starre Einhalten von Ritualen sich gegenseitig zu übertrumpfen."

Das Benehmen im Kontakt feiner Leute untereinander ist weitgehend durch rituelles Gebaren geprägt. Man hat Muße, sich um ein solches zu kümmern und setzt es auch ein, als Symbol der Zugehörigkeit zur Elite.

Allerdings ist es auch möglich, daß gewisse Formen nicht eingehalten werden, weil die Befolgung als wenig originell und sogar als „ungewöhnlich" gesehen werden mag. So erzählte ein junger, auf zeremonielle Lebensführung sehr bedachter Adeliger: „Wenn ich irgendwelche Einladungen verschicke, auf denen u. A. w. g. (um Antwort wird gebeten) steht, so sind sich manche Adelige oft zu fein, zu sagen, ob sie kommen oder nicht. Eigentlich wäre es selbstverständlich, dies zu tun."

Auch im Kontakt untereinander ist gepflegte Distanz wichtig. Sie zeichnet den feinen Mann aus, sie legitimiert ihn, dem Kreis der Noblen anzugehören, und sie läßt den vornehmen Kollegen in der gewünschten Ruhe. Deutlich wurde mir eine solche Grundhaltung bei meinem Besuch eines Adelsclubs, in den mich ein adeliger Bekannter mitnahm. Ich aß dort mit meinem Begleiter und anderen Herren zu Mittag. Mir fiel auf, daß sich die Mitglieder des Clubs nicht die Hand schüttelten. Ein bloßes Nicken deutete an, daß man den anderen zur Kenntnis genommen hat. Die persönliche Sphäre des einzelnen wurde strikt geachtet; besonders wenn jemand, in eine Zeitung vertieft, in einem Clubsessel sitzt. Aristokratische Vornehmheit — tradiert

underlernt — sichert den Wunsch nach persönlichem Rückzug im Club. Die hier und auch sonst geübte Distanz degradiert nicht, sondern schützt.
Die angedeutete Form des feinen Benehmens gesellt sich zu den oben diskutierten Formen. Für das feine Benehmen ist Distanz wichtig, die einmal demonstrieren soll, daß der sich so Benehmende über dem „gewöhnlichen" Volk steht, und zum zweiten Symbol für den noblen Mann schlechthin ist, der damit seinesgleichen und andere über seine geheiligte Existenz informiert.

Ehre und Würde

Ehre und Würde gehören zum noblen Leben, sie adeln den Menschen vor anderen und geben ihm den Anschein vornehmer Gesittung. Vom edlen Menschen wird ehrbares bzw. würdevolles Handeln erwartet. Allerdings ist es nicht immer einfach, sich stets so darzustellen. Und es steht nicht bloß derjenige unter dem Druck, Ehre und Würde zu demonstrieren, der als Kardinal, Papst, Fürst, Edelmann oder Erzherzog sich feiern läßt, sondern jeder, der als feiner Mensch gelten will.

Vor vielen Jahren sah ich als Student im Wiener Burgtheater Shakespeares „König Heinrich IV". In diesem Stück gefiel mir vorrangig die Gestalt des Falstaff, der in seiner freundlichen Schwerfälligkeit und seiner Liebe zum Wein dem Stück Geist und Farbe verlieh. Ich folgte dem Fortgang der Aufführung mehr oder weniger gespannt, ohne mir viel bei all dem zu denken. Doch eine Stelle, die Falstaff in der Mitte der Bühne, wahrscheinlich auf einem Faß sitzend, sprach, ließ mich aufhorchen. Falstaff stellte folgende Überlegung an: „Allein was ist Ehre? Ein Wort. Was ist dieses Wort Ehre? Luft!" Nachdem Falstaff das Wort „Luft" ausgesprochen hatte, machte er eine Pause, um dann kräftig in seine hohle Hand zu blasen. Dem fügte er leise hinzu: „Eine feine Rechnung!" Mich stimmten diese Worte nachdenklich, denn irgendwie hatte Falstaff für mich gleichzeitig recht und unrecht. Unrecht insofern, als der Mensch sich eifrig bemüht, anderen zu zeigen, daß er etwas Einmaliges ist, daher eben auch „Ehre" hat. Ehre verhilft dem Menschen zu Anerkennung, sie kann für ihn notwendig werden. Dies wird ebenso deutlich in Shakespeares „König Richard III.". Dort sagte Norfolk zum Thema Ehre: „Ehre ist des Lebens einziger Gewinn; Nehmt Ehre weg, so ist mein Leben hin."

Ehre wird hier als etwas Erstrebenswertes gesehen, als etwas, für das zu leben sich auszahlt. Ehre ist also nichts Selbstverständliches, sie wird nicht bloß dadurch hergestellt, daß man sich an formale Normen und Regeln hält. Ehre ist mit einer spezifischen Lebensführung verknüpft (vgl. Max Webers Gedanken zur „ständischen Ehre“) und sie verhilft dem betreffenden Menschen — dies erscheint mir sehr wichtig — in Krisensituationen oder krisenhaften Lebenslagen vornehm und ehrenvoll zu handeln.

Ein solches „ehrenhaftes“ Handeln geht über die „normale Pflichterfüllung“ hinaus und kann daher auch zu den Normen einer Gemeinschaft in Widerspruch stehen, wie zum Beispiel im Falle des Maria-Theresienordens im alten Österreich, den nur ein Offizier erwerben konnte, der entgegen einem offiziellen Befehl durch eigene Initiative einen bedeutenden militärischen Erfolg erzielt hat. Ehrenhaftes Handeln wird erst zu einem solchen, wenn der ehrbare Mensch etwas auf sich nimmt, um seine Ehre zu demonstrieren. Er erfährt eine „Vervollkommnung“ (vgl. Lipp, 1985, S. 252), streicht sich heraus und zeigt der Umwelt, daß er „Ehre“ besitzt. Dies kann dadurch geschehen, daß man Beleidigungen entweder mit „Würde“ über sich ergehen läßt oder daß man sich gegen diese kraftvoll auflehnt. Diese Auflehnung mag roh und ungerecht sein oder sich in rituelles Gewand, wie beim Duell, kleiden.

Die Standesehre hat der feine Mensch zu wahren, nicht nur als Adeliger, sondern auch als Ganove, wie wir sehen werden. Sie verlangt sowohl einen spezifischen ständischen Lebensstil als auch „nobles“, außergewöhnliches Handeln in unerwarteten oder unangenehmen Situationen. Der feine Mensch weiß, Ehre wird ihm gehäuft zuteil, wenn er etwas Besonderes getan hat. Verhält sich ein Mensch gemäß den „normalen“ Regeln seiner Gruppe, so wird wohl nicht viel Aufhebens um ihn gemacht werden. Interessant wird er erst, wenn er diese Normen übersteigt und sich offenkundig „ehrenhaft“ benimmt, manchmal aber auch, indem er die Regeln seiner Gruppe bewußt bricht. Die Vorhaltung, „unehrenhaft“ gehandelt zu haben oder überhaupt „unehrenhaft“ zu sein, zwingt viele, auch den kleinen Kriminellen, gefühlvoll zu reagieren. Ein Ausdruck dieser Reaktion ist der Rückzug. Man entfernt sich von den Leuten, die einen mit Vorwürfen beladen könnten, und zieht sich zurück, so wie z. B. die Sandler, die die Anonymität der Städte suchen.

Zweikampf und ähnliche Strategien zur Herstellung der Ehre

Eine klassisch noble Strategie, ehrenhaft zu gelten, ist das Einlassen auf einen Zweikampf. Historisch hängen Vornehmheit und Zweikampf zusammen. Der feine Herr hatte sich dem Zweikampf zu stellen, wenn er die Ehre eines Standesgenossen verletzt hatte. Beleidigungen durch Personen niederen Standes wurden nicht wahrgenommen, sie waren nicht „satisfaktionsfähig", also nicht gleichwertig. Beleidigt konnte man nur durch Leute werden, denen man sich ebenbürtig sah, mit denen man also irgendwie in gesellschaftlichem Kontakt stand. Durch das Duell als rituellen Akt sollte ein Zustand beseitigt werden, der für alle irgendwie schwierig und auch unsicher war.
In alten Adelskreisen gehörte daher das Duell zum Alltag als Mittel der Streitbeilegung. Entweder dadurch, daß einer der beiden Herren als Toter keine Gefahr für den Frieden der Gruppe mehr bildete, oder dadurch, daß man das Duell als Ende eines friedlosen Zustandes akzeptierte. Wie sehr das Duell im Adel verwurzelt war, deutet auch Karl Draskovich an: „Es ist bekannt, daß der Adel einst besonders empfindlich auf seine Ehre geachtet hat und daß bei keinem anderen Stand der Ehrbegriff so streng formuliert und kodifiziert war. Schon ein geringfügiger Angriff auf die Ehre einer anderen Person konnte fatale Weiterungen, meist Duelle zur Folge haben." (Draskovich, 1971, S.181)
Das Duell der frühen Ritter und alten Aristokraten stand in Widerspruch zu den Vorstellungen der öffentlichen Gerichtsbarkeit, die für sich alleine als Vertreter des Staates sich berechtigt sah, Gewalt zu gebrauchen. Der aristokratische Ehrbegriff stand grundsätzlich dem bürgerlichen gegenüber, für den die Übereinstimmung mit dem Gesetz, also mit „Recht und Ordnung", typisch war. Der Verlust der Ehre war und ist für den „guten Bürger" gleichbedeutend mit dem Verlust der Kreditfähigkeit (Vowinckel, 1983, S.152f). Der bescholtene Mann ist in Verruf geraten. Ihm etwas zu borgen, wäre Leichtsinn. Schulden

werden als nachteilig und demütigend interpretiert. Anders beim Aristokraten, bei dem dies meist als nicht ehrenkränkend angesehen wurde. Es wird sogar von Adeligen berichtet, die nicht ohne Stolz auf ihren Schuldenberg verwiesen haben. Aristokratische Herkunft und nobler Name gelten mehr als die leidige Sache mit dem Geld. Die Distanz zum Geld wird hier geradezu wohlwollend akzeptiert.

Der adelige Zweikampf mit seiner sportlichen Note verschafft dem feinen Mann den Nimbus eigener Stärke und sichtbarer Macht, seine Probleme selbst in die Hand zu nehmen. Er bedurfte nicht der staatlichen Macht, die gleichzusetzen ist mit der bürgerlichen Ordnung, und stellte sich über sie. Der Zweikampf als kühnes Mittel des Prestigeerwerbs stand somit dem bürgerlichen Denken, welches sich an der Obrigkeit orientiert, gegenüber. Der Zweikampf als Rest vorstaatlicher Rechtstechniken wurde in der vornehmen Welt bis in die jüngste Zeit, die Zeit des 1. Weltkrieges, praktiziert. Die Ehre als „hohes persönliches Gut" des Aristokraten muß verteidigt werden, auch auf Kosten eignen oder fremden Lebens.

Für den Bürger, Offizier und insbesondere den Studenten hatten der Adel und seine Normen stets eine besondere Attraktivität. Man versuchte nicht bloß, wie in einem der ersten Kapitel ausgeführt wurde, selbst geadelt zu werden, sondern man paßte sich so ziemlich allem an, von dem man meinte, es sei adelig und vornehm. Schon sehr früh, mit der Gründung der ersten Universitäten in Frankreich und Italien, stellten sich Studenten und Akademiker den Aristokraten gleich und beanspruchten für sich auch das Recht, eine Waffe zu tragen. Der Zweikampf wurde in Studenten- und Akademikerkreisen bis in dieses Jahrhundert als eine ehrenhafte Sache geübt und weitergetragen. Der Bürger und Offizier empfand es als selbstverständlich, den Zweikampf als rituelles, außergewöhnliches und elitäres Mittel der Streitbeilegung für ehrenhafte Männer zu akzeptieren.

Welche Bedeutung das Duell für das bürgerliche Leben noch in diesem Jahrhundert trotz einer zahlreichen Gegnerschaft hatte, zeigt sich eindringlich in den diversen Anstands- bzw. Benimmbüchern. So werden in dem 1919 in Leipzig herausgegebenen

Buch „Der gute Ton in allen Lebenslagen“ unter dem Kapitel „Ehrenhändel — Zweikampf“ (S. 521ff) sehr ausführlich Ratschläge für das Verhalten vor und beim Duell gegeben. Wohl wird festgehalten, daß das Duell seine Gegner habe, aber es gehöre zum gesellschaftlichen Leben und man müsse daher wissen, wie man sich bei „Ehrenhändeln“ zu verhalten habe: „Daher hat der Zweikampf ebenso viele Gegner wie Anhänger. Seine Verteidiger führen für sich ins Feld, daß die Ehre ein so hohes und ganz und gar persönliches Gut sei, daß man sich für ihre Verletzung nur persönlich, mit Einsetzung des eigenen Bluts und Lebens Genugtuung verschaffen könne, und daß keine Strafe, die ein Dritter über den Beleidiger verhängen mag, diese Genugtuung gewähren könne . . . Die bisher in Deutschland überwiegende Anschauung ist aber die, daß schwere Beleidigungen unter Männern der Gesellschaft (!) eine Herausforderung zum Zweikampf notwendig machen und daß eine solche Herausforderung angenommen werden muß. Der Offiziersstand ist einmütig dieser Ansicht und duldet in seinen Reihen niemanden, der sich seinem Gegner verweigern würde; die Mehrheit der studierten Männer gibt ebenfalls, wie der Ausdruck lautet, 'unbedingte Satisfaktion', und auf demselben Standpunkte stehen, ganz abgesehen von den Angehörigen des Reserveoffiziersstandes, viele Mitglieder der freien Berufe. Sie alle halten es für schimpflich, wenn der Beleidigte, anstatt selbst seinen Mann zu stehen, zum Kadi läuft und klagt, sie brechen den Verkehr mit jedem, der im schweren Ehrenhandel die Genugtuung mit der Waffe verweigert und gesellschaftliche Ächtung ist die Folge“.

Das Duell als ritterlicher Zweikampf wurde, wie ich oben festgehalten habe, einer richterlichen Ehrenentscheidung vorgezogen. Es dokumentierte die Autonomie und Vornehmheit von Menschen, die es selbst in ihre Hand nehmen, für ihre Ehre zu kämpfen. Wir werden sehen, daß solche Kämpfe heute in diversen öffentlichen Auseinandersetzungen, Fernsehdiskussionen usw. weitergeführt werden.

Wesentlich mit dem alten Duell war die Vorstellung verbunden, daß ein „gebildeter Mann“ die Ehre anderer nicht antastet. Kam

es trotzdem zu einem Duell, so hatte man sich an die „Bestimmungen, die darüber in der guten Gesellschaft" bestehen, zu halten. Die klassischen Duellordnungen, wie die von Bolgar, Ristow, Barbasetti oder Busson, gaben genau an, wie bei solchen Ehrenhändeln vorzugehen war. Voraussetzung ist — und darauf verweisen sie eindringlich — daß bei Beleidigungen durch „satisfaktionsfähige" Personen, also durch Personen, die als „ehrenhaft" gelten, der Beleidigte in ritueller Weise zu reagieren, also zu fordern habe. Er mußte Sekundanten als Vertreter nennen, die sich dann um das Weitere zu kümmern hatten. Egon Erwin Kisch, der geniale Prager Reporter, der als Student Mitglied einer „schlagenden" Burschenschaft gewesen war, bevor er zum Kommunisten und Weltbürger wurde, zeigt in einer kleinen Geschichte, die um 1900 spielt, gut und heiter auf, daß Beleidigungen nur in „feinen" Gesellschaftsklassen einen Ehrenhandel nach sich ziehen. Kisch wollte das Leben der Obdachlosen in Prag studieren. Und aus diesem Grund verbrachte er einige Nächte in einem Obdachlosenasyl. Vom Asylleiter wurde er in ein kleines Zimmer eingewiesen, welches er mit drei anderen Männern teilen mußte. Beim Auskleiden passierte Kisch eine kleine Unachtsamkeit, was einen Angestellten des Asyls veranlaßte, Kisch zu beschimpfen. Kisch schreibt. „Du bist aber ein Häuschen (Haizl), meinte er. Was er damit sagen wollte, weiß ich nicht, aber ich vermute, daß dies ein Schimpfwort gewesen sei . . . Wieso er aber behaupten könne, daß ich ein 'Lausbub' sei,. . .ist mir gänzlich unverständlich. Trotzdem habe ich es unterlassen, den Asylmann zu kontrahieren (fordern). Für einen künftigen Ehrenrat, der mich eventuell zur Verantwortung ziehen würde, daß ich grundlose Beschuldigungen nicht mit der ritterlichen Forderung durch die Waffe beantwortet habe, sei gleich vorweg bemerkt, daß meine Kartellträger (Sekundanten) in das Asylhaus überhaupt nicht eingelassen worden wären . . ." (Kisch, 1980a, S.55ff).
Diese freundliche Schilderung drückt anschaulich ein Doppeltes aus: Kisch bleibt in seiner Rolle als Obdachloser nichts anderes übrig, als mit „Würde" und Ironie die Beleidigung des Asylbeamten hinzunehmen. Jede andere Reaktion, wie die einer

Duellforderung, hätte dem guten Mann wahrscheinlich nur ein Lächeln abgerungen. In der sozialen Situation des Asyls konnte Kisch nicht anders reagieren, als würdevoll schweigend und gelassen die Zurechtweisung hinzunehmen. Dies wurde auch von seinen Zimmergenossen nicht anders erwartet. In einer anderen Situation, in der er als Burschenschafter beleidigt worden wäre, hätte er im Sinne seines Selbstverständnisses und der Achtung durch seine Kollegen mit einer Forderung antworten müssen, um seine „Ehre" zu verteidigen — vorausgesetzt, der Beleidigende ist „satisfaktionsfähig".
Kisch hat übrigens zumindest ein Säbelduell gefochten, wie aus dem Jahresbericht der Prager Burschenschaft Saxonie vom Sommersemester 1912 hervorgeht. Dort heißt es: „Die Burschenschaft focht 12 mal auf Korb . . . Dazu kommt noch ein Säbelduell des Ehrenburschen Redakteur E. E. Kisch." Außerdem heißt es: „Als besonders bemerkenswert sei zu verzeichnen, daß die Burschenschaft durch tadellose Zucht vermeiden konnte, auch nur ein einziges Mal — das Duell eines Ehrenmitgliedes (E. E. Kisch) ausgenommen — auf Säbel loszugehen, wohl der erste Fall in einer Prager Korporation". Das Duell wird also hier nicht glorifiziert, sondern als eine Ausnahme angesehen, die bei Ehrverletzungen akzeptiert wird, aber nicht unbedingt willkommen ist.

Das Duell

Lassalle

Wie tief das Duell als außerrechtlicher Weg des „noblen" Mannes im Denken und Handeln des sich an der Aristokratie orientierenden „gebildeten" Bürgers verwurzelt war, zeigt auch das bekannte Duell des Sozialistenführers Ferdinand Lassalle im Sommer 1864. Lassalle war zur Kur in die Schweiz gefahren, um dort die Diplomatentochter Helene von Dönniges, 21 Jahre alt

und rotblond, zu treffen. Er flirtete mit ihr und versprach sie zur „ersten Frau Deutschlands" zu machen. Er deklamierte: „Es lebe die Republik und ihre goldlockige Präsidentin!" Lassalle machte ihr einen Heiratsantrag, den sie in Wagner-Deutsch beantwortete: „Ich will und werde Ihr Weib sein!"
Der Heirat jedoch steht Helenes Verlobter, der rumänische Prinz Joan Cehan Yanko von Racowitza, aus altem Tataren-Adel, im Wege. Zu diesem Aristokraten hat Helene ein merkwürdiges Verhältnis. Sie demütigt ihn und zwingt ihn, einige Schriften von Lassalle zu lesen, was er auch tut. Aus Berlin schreibt er nette Briefe an sie, doch sie hat das Interesse an ihm verloren. Sie geht so weit, Yanko zu bitten, bei ihrem Vater die Werbung Lassalles zu unterstützen. Ihr Vater, königlich-baierischer Gesandter in Bern, ist jedoch nicht angetan von Lassalle, den er „Zigeuner" nennt. Da Lassalle nicht adelig und Jude ist, hat er keine Chance, mit seinem Heiratsantrag ernst genommen zu werden. Trotzdem reiste er mit Helene nach Genf, dem Amtssitz ihres Vaters. Sie vertraut sich zunächst ihrer Mutter an, doch die ist entsetzt und prophezeit, daß der Vater dies nicht zulassen würde. Die verliebte Helene flieht in die Pension Bovet, wo Lassalle auf sie wartet. In seinem Zimmer wirft sie sich auf das Bett und sagt: „. . . mach mit mir, was du willst!" Doch Lassalle verschmäht sie, trägt ihr auf, bis zur Hochzeit keusch zu bleiben, und erklärt, erst von ihren Eltern die Einwilligung zur Heirat haben zu wollen.
Helene wird von ihrem Vater in sein Haus gezwungen. Er macht ihr Vorwürfe. Sie bleibt zwar vorerst dabei, Lassalle heiraten zu wollen. Da Helene sich jedoch von Lassalle gedemütigt und verlassen sieht, läßt sie ihm ausrichten, von ihm nichts mehr wissen zu wollen. Lassalle ist unglücklich und glaubt, daß der Vater sie zu dieser Entlobung gezwungen habe. Lassalle, der Arbeiterführer und prinzipielle Duellgegner, will nun den Vater und Yanko von Racowitza zum Duell fordern. Er schreibt dem Vater, seine Tochter sei eine „unbotmäßige Geliebte" und eine „Dirne". Lassalle glaubt nun, von beiden gefordert zu werden. Doch der Vater fährt nach Bern und überläßt die Rettung der Familienehre dem Prinzen Yanko, der sich bisher noch nie duel-

liert hatte. Lassalles Freunde wollen einen gütlichen Vergleich, doch Lassalle ist voll von Haß. Dabei zeigt Lassalle äußerlich Ruhe, gibt sich als feiner Mann und schreibt, wie es bei Duellen üblich war, sein Testament und den sogenannten „Selbstmörderbrief", um die Sekundanten im Falle seines Todes vor gerichtlicher Verfolgung zu schützen. Lassalle, ein geübter Sportschütze, lehnt es ab, sich einzuschießen. Im Gegensatz zum waffenunkundigen Yanko von Racowitza, der 150 Übungsschüsse abgibt. Yanko hat zwar keine rechte Lust, sich zu duellieren, jedoch Helene treibt ihn, auf jenen Mann zu schießen, den er zuvor auf Helenes Befehl zu bewundern hatte.
Am Morgen des 18. August 1864 kommt es zum Duell in der Nähe des Genfer Vorortes Carouge. Lassalle gibt sich heiter. Im Abstand von fünfzehn Schritten stellen sich die Duellanten auf, beide dürfen gleichzeitig schießen. Der Unparteiische gibt das Kommando. Fünf Sekunden nach diesem schießt Yanko, dann Lassalle. Lassalle schießt vorbei und taumelt. Er ist verletzt. Die Sekundanten legen ihn auf eine Decke. Er ist am Hoden getroffen und leidet entsetzliche Schmerzen. Der Arzt gibt ihm Opium. In seinem Hotel verliert er die Besinnung. Der Fall ist hoffnungslos. Am 31. August gegen sieben Uhr früh stirbt Lassalle. Der Arbeiterverein betrauert ihn, aber Marx und Engels, für die Lassalle ein Rivale war, meinten, dieser Tod sei eigentlich typisch für die vielen Taktlosigkeiten Lassalles. Helene ehelicht Yanko, der jedoch nach fünf Monaten an Schwindsucht stirbt. (Waldow, 1980, S.57ff.)
Lassalle, der Arbeiterführer, starb also durch ein Duell, in welchem es letztlich um seine Ehre ging. Lassalle war damit einverstanden, auf „vornehme" Weise die Angelegenheit, nämlich die Beleidigung durch Helenes Familie, zu „bereinigen". Hier zeigt sich die Berufung auf eine informelle, außergesetzliche Ordnung, die letztlich in Konkurrenz zur staatlichen Gerichtsbarkeit steht und von dieser auch nicht geduldet wird. Der „noble" Mann jedoch steht „über dem allen", er ist in Distanz zur „gewöhnlichen" Lebenswelt. Stolz nimmt er das Recht für sich in Anspruch, „Genugtuung" zu fordern oder zu geben.

Zdarsky

Ich will noch eine andere, eher kuriose Geschichte anführen, die weitgehend in der Literatur unbekannt ist und auf die ich durch einen merkwürdigen Einkauf auf dem Wiener Flohmarkt vor einigen Jahren stieß. Ich hatte mir billig alte Zeitungen, die mich interessierten, erworben. Unter ihnen befanden sich relativ viele Nummern der nach der Jahrhundertwende vom Alpen-Skiverein, der seinen Sitz in Wien hatte, herausgegebenen Wochenschrift „Der Schnee". Bei Durchsicht der einzelnen Hefte wurde ich mit einer bemerkenswerten Auseinandersetzung und Duellforderung konfrontiert. Es lohnt sich, diese etwas eingehender zu skizzieren. Sie bezieht sich auf Herrn Mathias Zdarsky, den Erfinder und Begründer des alpinen Schilaufs.

In der Dezembernummer der Zeitschrift vom Jahre 1909 befindet sich auf Seite 4 und 5 die Notiz, daß vor der Nichtigkeitsabteilung des k.k. Patentamtes die Verhandlung über den von Herrn Zdarsky gegen Herrn M. Bilgeri (Oberleutnant der Kaiserjäger in Tirol) erhobenen Einspruch stattfand. Zdarsky hatte behauptet, die von Bilgeri patentierte sogenannte „Bilgeri-Bindung" sei eine bloße Nachahmung der von ihm entwickelten und patentierten Schibindung. Der Senat gab Zdarsky recht und entschied, daß Bilgeri seine Bindung nur erzeugen und verkaufen dürfe, wenn er die Lizenz von Zdarsky dazu hätte. In der Mainummer von „Der Schnee" (1910) wehrt sich Zdarsky in einem mit „Alpine Skifahrtechnik" betitelten Aufsatz gegen diverse Angriffe von Leuten, die seine Kunst des Schifahrens in Frage stellten, ihn verhöhnten oder meinten, die Norweger hätten bereits früher eine solche Skifahrtechnik beherrscht. Und dabei geht Zdarsky auch auf Bilgeri ein: „Es sind erst ein paar Jahre her, daß Oberleutnant Bilgeri, mit meinem Skibüchel in der Hand, den Skilauf lernte. Die Zeugen leben noch. Er gab sich auch immer als mein Schüler aus . . . Auch für diese Bilgeri-Behauptung sind viele Zeugen vorhanden. Noch vor zwei Jahren wurde er in den mir feindlichen Blättern als 'Zdarsky-Schüler' bezeichnet . . ." Weiter stellt der Autor fest, Bilgeri habe bloß die von ihm entwickelte Bindung nachgeahmt und außerdem sei das von Bilgeri verfaßte Buch „Der alpine Skilauf“ eine sinngemäße Abschrift seines Schilehrbuches. Daß Bilgeri die auch heute übliche Zweistocktechnik einführte und lehrte, ärgerte Zdarsky, der in der Einstocktechnik seiner Lilienfelder Schischule das Wesen des Schifahrens sah. In beleidigender Weise — dies ist mir wichtig — äußerte sich nun der Lilienfelder über Bilgeri, der sich als schifahrender „Vierfüßler“ bezeichnet, eben, weil auch die beiden Hände aktiv mit je einem Schistock eingesetzt werden. Zdarsky spottet: „Im Zeitalter der siamesischen Zwillinge ist man auf Abnormitäten gefaßt, aber daß es in der österreichisch-ungarischen Armee einen vierbeinigen Offizier geben kann, das hätte ich nicht für möglich gehalten. Dementsprechend muß Bilgeri mit vier Skiern laufen, und da überraschen die zwei Laufstöcke dann nicht mehr . . . Sollte aber das keine Abnormität sein, dann ist es wohl ein schreiender Mangel an Sprachbeherrschung. Bilgeri weist aber auch noch andere Mängel reichlich auf. Ich bin der erste Mensch, der die Stemmstellung geschaffen und benannt hat . . . Alles andere in der ganzen Skifahrtechnik in seinem Buch 'Der alpine Skilauf' ist meiner Skifahrtechnik zwar nicht wörtlich nachgesagt, aber dem Sinne nach vollkommen nachgeschrieben, und das ist, ohne den Autor der Quelle zu nennen, im höchsten Grade unanständig. Sonst habe ich nur noch zu bemerken, daß die Angaben über das Stockfahren nur ein leeres Geschwätz sind.“ Oberleutnant Bilgeri muß als Offizier und Angehöriger einer gesellschaftlichen Elite auf diese Beleidigung reagieren. Bilgeri meidet den gerichtlichen Weg und geht den Weg des vornehmen Mannes, er fordert Zdarsky zum Duell. Diese Forderung wird im Oktoberheft 1910 unter dem Titel „Eine Angelegenheit Zdarsky-Bilgeri“ geschildert. Interessanterweise handelt es sich dabei nicht um einen Eigenbericht, der Artikel stützt sich vielmehr auf Mitteilungen von Wiener Zeitungen: „Im vergangenen Sommer erschien in einigen Wiener Blättern die folgende Mitteilung: Differenzen zwischen einem im großen Publikum und auch in der Armee sehr bekannten Sportsmann und einem Offizier, die schon seit langem die beteiligten Sportkreise beschäftigen, haben in den letzten Tagen eine Wendung genommen, die das Interesse der Öffentlichkeit erregen dürfte. Herr Mathias Zdarsky, der durch die von ihm erfundene Skilauftechnik, durch die von ihm inaugurierte Einführung des Skilaufs in der österreichisch-ungarischen Armee und schließlich durch seine Mitarbeit an den bezüglichen, für das Heer geltenden Instruktionen sehr bekannt ist, hat bereits wiederholt behauptet, daß der Oberleutnant Bilgeri des 4. Tiroler Kaiserjäger-Regiments in seinen Büchern einen großen Teil seiner (Zdarsky) Ideen ohne Quellenangabe verwendet habe. Eine kürzlich gefällte Entscheidung eines Senats des Patentgerichtshofes hat auch dieser Anschauung, wenigstens soweit sie das Patent des Herrn Zdarskys betrifft, recht gegeben. Anhänger des Oberleutnant Bilgeri veröffentlichten in letzter Zeit verschiedene, zum Teil auch auf Unwahrheiten basierende Angriffe gegen Zdarsky, auf welche dieser schärfstens replizierte. Die Folge war eine Forderung (!), die Oberleutnant Bilgeri durch zwei Hauptleute an Herrn Zdarsky ergehen ließ. Da Herr Zdarsky aus mehrfachen Gründen die Absicht hatte, die Angelegenheit vorerst vor ein Ehrengericht zu bringen, hauptsächlich aber, weil er auf seinem Gute Habernreith im Traisental in völliger menschenabgeschiedener Einsamkeit lebt, ersuchte er die beiden Hauptleute brieflich, ihm die genauen Beweggründe für ihre Forderung bekanntzugeben. Die Offiziere begnügten sich jedoch mit der strikten Handhabung des Ehrenkodex (!) und legten die Vertretung nieder, obwohl Herr Zdarsky mit keinem Wort erwähnt hatte, daß er einer ritterlichen Austragung aus dem Wege gehen wolle. Es wird daher bis auf weiteres ungeklärt bleiben, wie weit die Anschuldigungen, die Herr Zdarsky gegen Oberleutnant Bilgeri erheben wollte, für die Stellung des Offiziers in die Waagschale fallen könnten. Eine Klärung der Angelegenheit wäre umso erwünschter gewesen, als Herr Zdarsky vor zwei Jahren für seine Verdienste auf militärischem Gebiete eine kaiserliche Auszeichnung erhielt und nicht nur in den allerbesten Gesellschaftskreisen Wiens, sondern auch in der Armee zahlreiche Freunde und Anhänger besitzt. Es ist somit nicht anzunehmen, daß er nicht ohne triftigen

Grund gegen einen Offizier angetreten ist . . ." Kurze Zeit darauf veröffentlichte die „Wiener Mittags-Zeitung" das Folgende: „Wir haben kürzlich über die Angelegenheit, die zwischen dem bekannten Wintersportsmann Herrn Mathias Zdarsky und Herrn Oberleutnant Bilgeri schwebte und durch die Vertreter des Oberleutnant zu einem plötzlichen Abschluß gebracht wurde, berichtet. Dazu erfahren wir von einer Herrn Zdarsky nahestehenden Seite folgendes: Herr Zdarsky ist der Ansicht, daß die Herren Vertreter Bilgeris die Pflicht hatten, ihm präzise, aber nicht mit allgemeinen Ausdrücken die Ursache anzugeben, auf welche Oberleutnant Bilgeri seine Forderung stützte . . . Da die Vertreter dies nicht taten, lehnte Herr Zdarsky für so lange, als ihm die präzise Auskunft nicht zuteil wurde, die Nennung von Vertretern ab, wobei er aber, um ja keinen Hintergedanken aufkommen zu lassen, nochmals betonte, daß seine Auffassung von der Schuld Bilgeris unverändert geblieben sei. Der bezügliche Brief kann also nach der Überzeugung des Herrn Zdarsky weder als ein Verhandlungsakt noch als ein Widerruf betrachtet werden. Der Umstand, daß daraufhin die beiden von Oberleutnant Bilgeri nominierten Offiziere dessen Vertretung niederlegten, glaubt Herr Zdarsky so auffassen zu müssen, daß die Herren nicht imstande waren, Gründe für die Forderung Bilgeris anzugeben."
Zdarsky befindet sich hier in Übereinstimmung mit dem üblichen Duellcomment. So heißt es beispielsweise in dem von Ristow herausgegebenen „Ehrenkodex", daß in der mündlichen und schriftlichen Forderung zum Duell „die Motive der Forderung anzugeben" seien. (Ristow, 1909, S.41) Daß Zdarsky, eine kämpferische Natur, keineswegs geneigt war, irgendwelche Beleidigungen auf sich sitzen zu lassen, zeigt sich noch in einer im Mai 1912 erschienenen Mitteilung in „Der Schnee". In dieser heißt es, Zdarsky hätte einen Ehrenbeleidigungsprozeß gegen Herrn Gomperz für sich entscheiden können. Gomperz war offensichtlich geklagt worden, weil er Zdarsky wegen dessen Ehrenangelegenheit mit Bilgeri bespöttelt hatte.
Die Ehrenangelegenheit zwischen den ehrenwerten Herren Zdarsky und Bilgeri zeigt einiges, das kulturhistorisch interes-

sant ist: zunächst antwortete Bilgeri entsprechend der informellen Ehrenordnung mit einer Duellforderung auf Zdarskys Vorwurf, er hätte Ausführungen in seinem Buch über die Skilauftechnik lediglich aus Zdarskys Buch übernommen. Bilgeri fühlte sich beleidigt und in seiner Ehre gekränkt. Er wendete sich direkt an Zdarsky, wie es einem „ehrenhaften" Mann dieser Zeit entsprach. Der „ritterliche" Mann als „Mann der Ehre" konnte diesen Weg gehen. Und er durfte damit rechnen, gerade auf diese Weise bei der „gebildeten" Schicht — diese war es ja, die sich hauptsächlich für den Schilauf damals interessierte — Zustimmung zu finden.

Die Duellforderung Bilgeris soll nicht nur darauf verweisen, daß Bilgeri ein Ehrenmann ist, sondern auch ein wahrer Experte und Held des Schilaufs. Zum Duell wird gegriffen, weil eine Krisensituation eingetreten ist, in der plötzlich die Ehre zur Diskussion steht.

Ich habe diese Geschichte von Bilgeris Forderung — das Duell wurde nie ausgetragen — aus zwei Gründen gebracht. Zum einen handelt es sich hier um eine Begebenheit, die sogar in Fachkreisen der Schiläufer unbekannt sein dürfte. Es ist sehr reizvoll zu wissen, daß am Beginn der modernen Geschichte des Schilaufs eine Duellforderung steht, bei der es um die Ehre eines schifahrenden altösterreichischen Offiziers ging. Und zum zweiten wird klargelegt, mit welchem Eifer beide Herren versucht haben, ihre Identität als Schi-Methodiker, also ihre Ehre, zu verteidigen.

Eine andere Angelegenheit ergänzt das bisher Festgehaltene. Sie spielte sich im Bereich der Wissenschaft ab, wo für gewöhnlich die Vornehmheit und Ehre durch noble Kontenance, bloßes Ignorieren oder durch spitze Buchrezensionen hergestellt wird.

Der vor dem letzten Krieg bekannte Professor der Geschichtswissenschaft an der Universität Wien Srbik, der ungemein fleißig und genau arbeitete, war verärgert über seinen Kollegen Viktor Bibl, der viele, jedoch mehr populärwissenschaftliche

Publikationen aufzuweisen hatte. Im breiten Publikum kannte man Bibl, nicht jedoch Srbik. Seinem Ärger machte Srbik gegenüber Bibl einmal Luft, indem er ihn als „Vielschreiber" bezeichnete. Bibl, der sehr wohl auch als ernsthafter Wissenschaftler galt, sah sich in seiner persönlichen Ehre gekränkt. Allen Ernstes verlangte er von Srbik Genugtuung. Ein Historiker, von dem ich diese Geschichte habe, meinte allerdings, die beiden würdigen Herrn Professoren hätten das Duell dann doch nicht ausgetragen.

Die neue Zeit brachte ein Abgehen vom Duell. Man kritisierte es als überkommenes aristokratisches und militärisches Tötungs- oder Verletzungsritual. Das Duell wurde unter Strafsatz gestellt wie jede andere Verletzung oder jeder andere Mord.

Der Vorteil des klassischen Duells war, daß in gewisser Weise Männer miteinander vorsichtiger umgingen. Ein bekannter deutscher Philosoph soll einmal gesagt haben, als das Duell noch üblich war, seien vor allem die Journalisten höflicher gewesen. Der außergesetzliche Weg des rituellen Duells innerhalb der noblen Schicht stellte eine dauernde Drohung dar, und man nahm sich in acht, diverse Personen zu beleidigen. Die Annahme des Duells war in Offizierskreisen bis zum Ende des 1. Weltkrieges, aber auch in anderen Kreisen, eine Verpflichtung, der man sich nicht so schnell entziehen konnte.

Mit Recht wurde das Duell kritisiert, seine Auswüchse beklagt und die durch das Duell entstandenen Verwundungen und Tötungen verurteilt. Allerdings sei angefügt, daß es verschiedene Formen des Duells gab. So war es bei einem „normalen" Säbelduell kaum möglich, den Gegner wirklich ernsthaft zu verletzen. Und die Duellpistolen hatten keinen gezogenen Lauf, wodurch die Treffsicherheit stark gemindert wurde. Es bedeutete geradezu einen „Glücksfall", wenn man den Kontrahenten mit der Kugel traf. In den meisten Fällen war also das Duell ein bloßes Ritual, bei dem Beleidiger und Beleidigter sich gegenüberstanden. Öffentlich wurde auf diese Weise demonstriert, daß der in seiner Ehre Verletzte seine Ehre verteidigt und sie wiedergewonnen hat.

Ein Duell war nur zwischen Personen möglich, die als ehrenhaft galten. Hatte jemand zum Beispiel eine Forderung einmal nicht angenommen, so galt er als unehrenhaft und nicht satisfaktionsfähig. Er hatte seine Ehre verloren, konnte selbst nicht Genugtuung fordern und war unwürdig, gefordert zu werden. Zu einem Beleidiger zu sagen, daß man durch seine Äußerungen gar nicht beleidigt werden könne, er also nicht satisfaktionsfähig sei, bedeutete eine unglaubliche Degradierung und Demütigung.

Obwohl es heute zum Glück das Duell nicht mehr gibt, haben sich einige, auf das Duell bezogene Redensarten und an das Duell erinnernde Praktiken erhalten.

Vor einigen Jahren wurde ein ehemaliger österreichischer Minister, der zwar Mitglied der Sozialistischen Partei war, sich jedoch während des Sommers wie ein Aristokrat mit Lederhose in einem kleinen Ort in der Obersteiermark aufführte, von bösartigen Journalisten beleidigt. Die Reaktion des Mannes waren folgende Worte, die auch veröffentlicht wurden: „Der Herr X. kann mich nicht beleidigen. Er ist nicht satisfaktionsfähig." Obwohl der frühere Minister mit Sicherheit nie ein Duell ausgetragen hat, griff er auf einen Terminus der Duelldrohung zurück. Das vielleicht Wesentlichste des Duells wird auch hier explizit, nämlich die Heldenhaftigkeit des seine Ehre verteidigenden noblen Menschen.

Moderne Duelle im Fernsehen und im Sport

Dieses Heldentum von Leuten, die ihre Ehre verteidigen, gibt es allerdings auch heute noch. Interessant und charakteristisch ist dabei, daß Ausdrücke wie „Duell" und „Zweikampf" hierbei verwendet werden. Die Medien, Zeitungen und Fernsehen, setzen diese Tradition des Duells oder Zweikampfs fort, wohl in abgeänderter, aber in typischer Weise. Die Konfrontation von

Leuten mit hohem Ansehen, also hoher Ehre und mit gutem Namen in der Öffentlichkeit, ist Gegenstand beliebter Diskussions-Sendungen („Clubs") und Berichterstattungen.
Beispielsweise will ich auf eine solche charakteristische Auseinandersetzung verweisen, die auch einen Einblick in die Szene politischer Bösartigkeit gibt. Ich will die beiden Herren, um die es sich bei diesem Duell dreht, X, als Vertreter einer konservativen Partei, und Y, als Vertreter einer sogenannten liberalen Partei, nennen. Die beiden waren sich in den Haaren gelegen wegen einer tagespolitischen Geschichte. X nannte die liberale Partei eine „unzuverlässige Bande", die für ihn ein „Brechmittel" sei. Sein Gegner Y antwortete in dem Sinn, daß auch X ein „Brechmittel" sei. Er sei außerdem ein übler Bursche, der Steuern hinterziehen würde. X meinte schließlich, er würde Y, den er schon früher nicht akzeptiert hätte, ab nun verachten.
Die Konfrontation zwischen den beiden Politikern wurde im Fernsehen so dargestellt, daß jeweils nach einer Feststellung des einen die Feststellung des anderen folgte. Die Köpfe der beiden wurden so gegenübergestellt, daß man beinahe meinen könnte, die beiden bekämpfen sich direkt. Diese Sendung hatte sogar etwas Rituelles, denn die sich abwechselnden, aufeinander künstlich abgestimmten Reden und Gegenreden wirkten wie die Säbelhiebe von Duellanten. Und man hatte den Eindruck, die beiden würden hart um ihre Ehre kämpfen. Auch dieses „Duell" hatte eine heldenhafte und bereinigende Wirkung.
Einen Duellcharakter haben auch Fußball-, Eishockey- und Tennisturniere. Es handelt sich hier zwar um eine sportliche Ebene, die jedoch mitunter zu einer tiefernsten Angelegenheit werden kann, mit der sogar nationale Interessen verknüpft sein können — wie vor einigen Jahren, als sich in der Folge eines Fußballspieles zwischen zwei mittelamerikanischen Nationalmannschaften ein echter Luftkrieg mit Bombardements entwickelte.
In der Sprache der Sportjournalisten hat der Ausdruck „Duell" noch immer einen eigenartigen Reiz. Man „duelliert" sich auf dem Sportplatz und verbindet damit ein besonderes Helden-

tum. Der den Revolver abfeuernde beleidigte Herausforderer ähnelt grundsätzlich dem Tennisspieler, der um sportlichen Lorbeer und bares Geld gegen einen prominenten Exponenten dieses Sports antritt. Auch letzterem geht es darum, sich als eine Art Held herauszustreichen und feiern zu lassen. Er will als jemand dastehen, der gesellschaftliche Anerkennung gefunden hat und somit zur Klasse der Noblen zählt. Sportliche Veranstaltungen können somit eingesetzt werden, um rituell die Heldenhaftigkeit von Menschen darzutun. Hier besteht die Beziehung zum Duell und klassischem Zweikampf, nämlich im Ritual des sportlichen Gefechts und der „Ehre", die sich der Sieger erhofft. Auch hier gibt es heldische „Forderungen" und kränkende „Abfuhren". Der Pathos der Siegerehrung und der Berichterstattung (besonders in Österreich) verdeutlicht, daß es bei sportlichen Wettkämpfen um die individuelle oder gar die nationale Ehre geht.

Das Duell eines ehrenhaften Professors im Jahre 1968

Das Jahr 1968 brachte auch nach Wien und an die Wiener Universität den offenen akademischen Aufruhr, der bereits an den französischen und deutschen Hohen Schulen die Studenten in Bewegung versetzt hatte. Man griff ein altes erstarrtes Universitätssystem an und beschimpfte die Professoren. Allerdings auch jene, die selbst kritisch gegenüber dem herkömmlichen Studienbetrieb und offen für die Wünsche der Studenten waren.

Einer dieser Professoren war Professor Hannes Mayer vom Waldbau-Institut der (heutigen) Universität für Bodenkultur. Professor Mayer hatte sich einen Namen als Experte für Waldfragen und als Kritiker einer Jägerkultur gemacht, die auf Kosten des Waldes das Wild ungehemmt züchtet. Er ist ein Mann mit einem direkten Bezug zur Wirklichkeit, dem es damals zuwider war, daß einige Studenten, weil es Mode war, die Professorenschaft wild angriffen.

Besonders traf Professor Mayer der Leitartikel der Oktober-Nummer der von der österreichischen Hochschülerschaft im Jahre 1968 herausgegebenen Zeitschrift „Bilanz". In dem mit „Akademische Dekadenz" übertitelten Leitartikel wurde den Professoren pauschal „Dummheit, Unfähigkeit, Borniertheit, Primitivität, Hilfsarbeiter-Niveau, Lumpensammler-Horizont, Versagen, Geistlosigkeit, Untauglichkeit, Talentlosigkeit und Unvermögen" vorgeworfen. Während andere Professoren es vorzogen, auf Angriffe dieser Art nicht zu reagieren, um nicht in eine direkte Konfrontation mit den aufgebrachten Studenten zu kommen, wehrte sich Professor Mayer vehement gegen solche Beleidigungen. Er forderte daher den Vorsitzenden der österreichischen Hochschülerschaft Sepp-Gottfried Bieler zu einem Duell.

Die Forderung zu diesem Duell verfaßte Mayer schriftlich und schickte sie als *„öffentliche Herausforderung zum Zweikampf wegen Verleumdung"* an den Vorsitzenden der Hochschülerschaft. Auszugsweise heißt es in diesem Schreiben:

„In der Oktober-Nummer der 'Bilanz' wird in dem Leitartikel ... dem Professorenstand u.a. vorgeworfen: Dummheit ... Mit Empörung lehnt es die Professorenschaft ab, auf diesem Niveau zu diskutieren. Jedoch fühle ich mich persönlich verpflichtet, das volle Ausmaß ihrer Verantwortung klarzustellen ... Sie scheinen sich über den juristischen Aspekt dieser handfesten Beleidigung ... nicht im klaren zu sein ... Deutlich muß gesagt werden, daß auch reformfreudige Professoren, zu denen ich mich rechne, keine Möglichkeit der notwendigen Zusammenarbeit bei der verantwortungsvollen Lösung wichtiger Zukunftsfragen sehen, wenn sich nicht alle jene Studenten, denen Wahrheit, Recht, Würde, Anstand, eigene, aber auch fremde Ehre (!) noch heute wesentliche Lebensinhalte bedeuten, von jenen ehrvergessenen (!) Funktionären distanzieren ...

Einzelheiten des Zweikampfes
Sie haben den Professorenstand und damit auch mich vorsätzlich durch Ihr Veröffentlichungsorgan beleidigt und mich in meiner Ehre tief verletzt. Diese Diffamierung lasse ich nicht auf mir sitzen. Ich verlange Satisfaktion und fordere Sie deshalb zu einem zeitgemäßen 'D u e l l' in Form eines sportlichen Wettkampfes. Als Beleidigtem steht mir die Wahl der 'Waffen und des Kampfplatzes' zu. Da ein Zehnmeter-Turmspringen für Sie zu gefährlich sein dürfte, fordere ich Sie vor allem auch aus pädagogischen Gründen zu einem
Skilanglauf über die klassische Distanz von 42,2 km
heraus. Dabei können Sie im Kampf gegen sich selbst und den inneren Schweinehund bei stundenlangen Meditationen die notwendige Distanz wiedererlangen, durch praktisch geübte Askese ihre persönliche Katastrophe der falsch gehandhabten Wirklichkeit ins Reine bringen und damit die Herrschaft über sich selbst wieder erlangen.
Zeitpunkt: Sonntag 12. Jänner 1969, 10,00 Uhr; Rundstrecke von 2,1 km wird durch mich im Wienerwald Breitenfurt/Hochroterd vorbereitet (bei Schneemangel Unterberg). Sie bekommen rechtzeitig Nachricht.
Ihrer Nachricht sehe ich mit Hoffnung entgegen, daß Sie, junger Mann, nicht vor einem vielfach kriegsversehrten alten Herren büchsen werden und sich durch Nichtannahme der wohl allgemeinen Beschämung preisgeben. Mir wird die Angelegenheit ein Vergnügen sein.
Stets zu persönlichen Diensten bereit!
Hannes Mayer."
Der Vorsitzende des Zentralausschusses der österreichischen Hochschülerschaft Bieler nahm die Forderung zu diesem „zeitgemäßen Duell" sofort an. Dieses wurde am 12. Jänner 1969, allerdings nicht im Wienerwald, sondern in Lackenhof am Ötscher bei strahlendem Wetter ausgetragen. In der Fachzeitschrift „Allgemeine Forstzeitung" vom Februar 1969 heißt es dazu unter der Überschrift *„Langlaufzweikampf Waldbauprofessor Mayer kontra Studentenführer Bieler":*
„Am Sonntag, dem 12. Jänner, fand in Lackenhof am Ötscher

bei strahlendem Wetter der Langlaufzweikampf statt, zu dem der derzeit wohl in der Bevölkerung bekannteste Professor der Hochschule für Bodenkultur, der 47jährige Waldbauprofessor Dr. Hannes Mayer, den derzeitigen Vorsitzenden der österreichischen Hochschülerschaft, den 25jährigen Sepp Bieler, herausgefordert hatte. Das 'Duell', das auf finnischen Langlaufskiern ausgetragen wurde, wurde für die Bevölkerung von Lackenhof zum Volksfest. Bereits in der dritten der 24 Runden zu je 1,8 km überholte Prof. Mayer seinen Kontrahenten. Bieler fiel immer mehr zurück. Er war acht Runden zurück, als Prof. Mayer durch das Ziel ging. Prof. Mayer lief eine Ehrenrunde als Draufgabe mit. Bieler gratulierte dem Sieger, forderte ihn aber gleichzeitig zu einer Fernsehdiskussion über die Hochschulreform, wobei jede Seite die Möglichkeit haben sollte, zwei andere Diskussionsteilnehmer zu bestimmen."

Kulturwissenschaftlich ist diese Ehrenangelegenheit des wackeren Professors bemerkenswert. Sie greift hier auf eine alte aristokratische, aber auch studentische und bürgerliche Tradition formal zurück. Der Zweikampf wird von dem Professor rituell durch eine schriftlich eingebrachte Forderung eingeleitet. Ganz im Stile des alten Ehrenkodex. Jedoch, dies ist das Neue, das Duell wird mit „Waffen" ausgetragen, die den Gegner weder verletzen noch töten können.

Hier wird also ähnlich um die „Ehre" gekämpft wie in der klassischen Zeit des Duells, die mit dem 1. Weltkrieg endet. Der Professor fordert als Beleidigter zum Duell, um auf diese Weise öffentlich zu dokumentieren, daß er sich in seiner „Ehre" gekränkt sieht. Er ist bereit, aller Welt zu zeigen, daß er die verächtlichen Angriffe der Studenten verabscheue. Und daher greift er auf das Ritual des Duells zurück.

Übrigens steht auch die Herausforderung des Professors durch den unterlegenen Studentenfunktionär zu einer Fernsehdiskussion in derselben Tradition. Durch die Nominierung von zwei zusätzlichen Diskussionsteilnehmern — quasi Sekundanten — zeigt sich besonders deutlich die Analogie zum klassischen Duell.

Auch in kriminellen Randgruppen gibt es rituelle Zweikämpfe, die an die alten bürgerlichen aristokratischen Duelle erinnern. In meinen Interviews mit Kriminellen erfuhr ich von solchen Austragungen.
In einem Fall handelt es sich um einen Zweikampf zwischen damals noch jungen Zuhältern. Diesem waren gegenseitige Beleidigungen der beiden Burschen vorausgegangen. Es ging um Ansehen und Macht am Strich. In einem kleinen Park im 17. Bezirk trafen sich, wie vereinbart, die beiden Männer. Im Gefolge eines jeden waren aus ihren „Zuhälterringen" Leute mit dabei. Diese stellten sich im Kreis auf, in dessen Mitte auf ein Zeichen die beiden Widersacher mit dem Kampf begannen. Es war vereinbart worden, zu boxen und die Boxregeln einzuhalten. Die Zuseher achteten darauf. Nach einem hart geführten Boxkampf gab einer der beiden auf und der andere wurde zum Sieger erklärt. Damit war ihm auch das Recht zugesprochen worden, einen bestimmten Strich zu kontrollieren. Der Konflikt war damit zwischen den beiden beendet. Diese Geschichte weist plastisch darauf hin, wie in einer kriminellen Subkultur Rituale eingesetzt werden, um ehrenhaft mit einer problematisch gewordenen Konstellation fertig zu werden. Die Ehre und damit die Macht eines der beiden sollte wiederhergestellt bzw. gefestigt werden.
Eine andere rituelle Streitbeilegung wurde mir aus einem Gefängnis berichtet. Es ging dabei um eine Messerstecherei, wie sie häufig in Gefangenenhäusern vorzukommen scheint. Der Messerkampf war das Ergebnis einer Auseinandersetzung zwischen zwei Insassen, bei der der eine den anderen übel beleidigt und verspottet hatte. Der so Erniedrigte, der allerdings in der Gefängnishierarchie einen hohen Status innehatte, zog darauf ein in seiner Hose verborgen gehaltenes Messer, den sogenannten „Zellenfeitel", und ging auf den Beleidiger los. Dieser holte sein unter dem Gürtel verstecktes Messer hervor. Eine leichte Schnittwunde war das Ergebnis. Der Kampf war damit

beendet. Die um die Kämpfenden Herumstehenden — unter ihnen waren auch zwei Gefängniswärter — unterließen es, sich in das Gefecht einzuschalten. Der Verletzte wurde schließlich von zwei Insassen in die Mitte genommen, in die Zelle gebracht und dann notdürftig verarztet. Solche Kämpfe dienen der Bereinigung von Konflikten, aber auch der Disziplinierung von Insassen durch die Insassen selbst. Dies ist wohl auch der Grund, daß Wärter solche rituellen Streitbeilegungen zulassen. Für diese Messerkämpfe gibt es als ritualisierte Konfrontationen klare Regeln und Handlungsmuster. So wird es als „feig" bzw. unehrenhaft angesehen, wenn jemand dabei den Gegner von rückwärts niederzustechen versucht. Lediglich, wenn der Rivale von vorne mit dem Messer verletzt wird, kann der Verletzer erwarten, von den anderen Insassen des Gefängnisses respektiert zu werden. Zur traditionellen Ausrüstung bei solchen Messerkämpfen gehört es, daß um den linken Arm — also den Arm, mit dem nicht gekämpft wird — ein Handtuch gewickelt wird, das dem Schutz dienen soll. Solche Auseinandersetzungen wirken auf die informelle Hierarchie im Gefängnis und verschaffen entsprechendes Prestige.
Die kriminelle Lebenswelt kennt also rituelle Kämpfe um Ansehen und Macht. Absicht der Beteiligten ist es in der Regel, vor den Augen der zusehenden Kumpanen (und auch Wärter) deutlich zu machen, daß man gewillt ist, Erniedrigungen abzuwehren und sich ein gediegenes Selbstverständnis aufzubauen, um als ehrenhaft und als Held gelten zu können.

Das Bewahren von „Ehre" in krisenhaften Situationen

Ich habe oben skizziert, daß „ehrenhaftes" Handeln über die normale Pflichterfüllung hinausgeht. Der noble Mensch hat gelernt, daß ein besonders nobles Verhalten in unangenehmen Situationen ihm nicht bloß Wertschätzung und Würdigung einbringt, sondern daß es ihm auch hilft, Schwierigkeiten halbwegs elegant zu überstehen. Er kann sich auf einen Kodex beru-

fen, dessen Einhaltung ihn adelt. Mit den Widerwärtigkeiten des Lebens vermögen also Leute eher fertig zu werden, für deren Schicht es traditionell wichtig ist, nach außen „Stolz“ und „Ehre“ zu zeigen, wenn sie in Bedrängnis geraten. Für die Lebenswelt der alten Aristokratie sind solche Werthaltungen charakteristisch, allerdings auch bei den großen Ganoven und früheren Räuberleuten, wie ich zeigen werde.
In einem Aufsatz mit dem Titel „Adeliges Landleben“ verweist Karl Draskovich auch auf diese Seite adeligen Selbstverständnisses: „Es ist bekannt, daß der Adel einst besonders empfindlich auf seine Ehre geachtet hat und daß bei keinem anderen Stand der Ehrbegriff so streng formuliert und kodifiziert war . . . 'Man' fühlt sich hoch über dem Durchschnittsniveau stehend, daß einen die kleinlichen Streitereien, Eifersüchteleien oder gar der Tratsch einfach nicht erreichen konnten. Für die Praxis ist dies auch heute noch brauchbare Lebensphilosophie, die viel Ärger erspart. Dieses 'Über-der-Situation-Stehen' an sich nimmt schon vielen Dingen die Schärfe und verleiht eine gewisse Immunität gegenüber den Unbilden des Alltags. Wenn auch oft als Arroganz ausgelegt, ist diese Haltung vielmehr Ausdruck der Toleranz. Sie besagt nämlich, daß jemand, der einen wirklich beleidigen will, sich schon anstrengen muß . . . Die Kontenance — am ehesten mit 'Haltung' oder 'Selbstdisziplin' übersetzt — ist der Grundpfeiler aristokratischer Erziehung und praktizierter Lebensform. Schon dem Kind wird eingebleut, daß man sich, komme, was da wolle, nie 'gehen-lassen' darf. Weder in Freud noch im Leid dürfe man seine Gefühle übermäßig zur Schau tragen . . . Die wahre Größe der Kontenance zeigt sich jedoch in der Not. Im Nachkriegs- und Flüchtlingselend haben die vertriebenen Aristokraten genügend Beispiele für Würde und Haltung erbracht . . . Noble Haltung auch im Elend ist sicher eine bewiesene Stärke des Adels.“ (Draskovich, 1971, S.181f.)
Durch „Kontenance“ unterscheidet adeliges Leben sich angeblich vom „gewöhnlichen“ Alltag. Es liegt also darin so etwas wie vornehme Distanz zum weniger vornehmen Menschen, dem man „Kontenance“ nicht zuzugestehen gewillt ist.

Aristokraten verweisen gerne auf „noble Haltung im Elend“ als wichtiges Postulat adeligen Lebensstils. Auch die frühere österreichische Kaiserin Zita tat dies, allerdings blieb es nur bei ihren Worten, wie Freiherr von Margutti festhält: „Mit der ihr eigenen Lebhaftigkeit kam die jugendliche Kaiserin auch auf den letzten König von Portugal, Don Manuel, zu reden. Voller Entrüstung und Verachtung (!) gedachte die Herrscherin des unrühmlichen Endes, das die coburgische Dynastie mit dem jungen Manuel in Portugal gefunden. 'Noch im letzten Augenblick hätte sich leicht alles in Lissabon retten lassen', meinte die Kaiserin, 'wenn Manuel nicht so feig, so grenzenlos furchtsam gewesen wäre, wenn er — anstatt ausschließlich an seine persönliche Sicherheit und Bequemlichkeit zu denken — so, wie es einem König ziemt, an die Spitze der zahlreichen, ihm treu ergebenen Truppen gestellt und, allenfalls mit Einsatz seines Lebens versucht hätte, die Revolution im Keim zu ersticken. Da ihm dieser, jedem Manne innewohnende persönliche Mut vollständig fehlte, ist das Königtum in Portugal schmählich zugrunde gegangen. Ich kann den erbärmlichen König Manuel gar nicht genug verachten!' So sprach Kaiserin Zita damals. — Zweiundzwanzig Monate nachher handelte ihr Gemahl, Kaiser Karl, durchaus nicht viel anders als Portugals Herrscher.“ (Margutti, 1921, S.198)

Bei Kaiserin Zita zeigt sich hier also ein gewisser Widerspruch zwischen der von ihr vertretenen Position, mit Würde schwierige Situationen zu meistern, und der Wirklichkeit des Handelns. Trotzdem hat diese Forderung nach Würde ihre große Bedeutung für den Lebensstil der vornehmen Leute.

Ein Angehöriger alten ungarischen Adels, der lange Zeit in kommunistischen Gefängnissen einsaß, erzählte mir, er hätte die Jahre als Gefangener nur darum gut überstanden, weil er sich sagte, er müsse Würde bewahren. Ähnlich würdevoll bzw. ehrenhaft verhielten sich jene adeligen Herren, die das Attentat vom 20. Juli 1944 gegen Hitler geplant, aber erfolglos durchgeführt hatten. Bei der Gerichtsverhandlung vor dem Volksgerichtshof ließen sie sich durch die demütigenden Beschimpfungen des Richters Freisler nicht beirren und behielten ihre

stolze Haltung bei. Einer der interessantesten damaligen Angeklagten war Fritz Dietlov von der Schulenburg. Ihn pflegte Freisler mit „Schurke Schulenburg" anzureden, um ihn zu beleidigen. Als er ihn einmal jedoch mit „Graf Schulenburg" ansprach, verbesserte ihn Schulenburg: „Schurke Schulenburg, bitte!" Und in seiner Verteidigungsrede meinte Schulenburg, ihm täte es nicht leid, dieses Attentat geplant zu haben. Er hoffe, jemand anderem werde es gelingen.
Diese stolze Haltung verhalf Graf Schulenburg, seine mißliche Lage zu überstehen bzw. mit ihr fertig zu werden. Dahinter steht das Wissen, Ehre und Würde bewahrt zu haben.
Von einem Grafen Schwerin wird ähnlich erzählt, er sei in russischer Kriegsgefangenschaft „ungebrochen" gestorben und er habe bis zu seinem Tod im Gefangenenlager seine Bewacher in der dritten Person angesprochen. Nämlich in derselben Weise, wie er früher auf seinem Gut seinen Bediensteten begegnet ist. Das Festhalten an alten Ritualen verhalf dem Manne offensichtlich dazu, ehrenhaft und „mit Haltung" sich in das Unvermeidliche zu fügen. Seine Identität als „feiner Mann" und auch Held, der sich nicht demütigen läßt, konnte so bewahrt werden.

Reden von Adeligen und großen Ganoven unter dem Galgen

Mit Hochachtung spricht man von den Personen, die mit hoffnungslosen Situationen wie einer bevorstehenden Enthauptung oder sonstigen Entleibung würdevoll und heldisch fertig werden. So wird von Marie Antoinette, der Tochter Maria Theresias und der Ehefrau Ludwig XVI., erzählt, sie hätte zwar ein Leben in Saus und Braus geführt, aber zur Guillotine führte man sie stolz erhobenen Hauptes. Sie dachte nicht daran, sich vor den Jakobinern zu erniedrigen.
Eine ähnliche Geschichte gibt es über den Marquis de Bologne. Seine letzten Worte vor der Guillotine sollen gewesen sein: „Je

donne mon âme à dieu, mon coeur au roi et mon cul à la republique!" („Ich gebe meine Seele Gott, mein Herz dem König, jedoch meinen Arsch der Republik!")
Diese Leute besaßen also die Ruhe, in außergewöhnlichen und bedrohlichen Situationen ihren unbeugsamen Stolz und ihre Überlegenheit zu zeigen. Mit der Würde eines feinen Menschen, den solche Unpäßlichkeiten nicht besonders zu tangieren scheinen, betraten sie das Gerüst der Guillotine oder des Galgens. Für eine solche Selbstdarstellung war es nicht unwesentlich, daß die Hinrichtungen früher öffentliche Veranstaltungen waren. Dabei trat man vor einem staunenden und erschaudernden Publikum auf, dem man noch im letzten Moment zeigen konnte, welch Held oder würdevolle Person man jetzt noch war.
Jedoch die Fähigkeit, in solchen unseligen Momenten sich als gelassen und erlaucht zu präsentieren, ist nicht bloß auf die vornehmen Leute beschränkt, sondern sie findet sich auch bei Ganoven und früheren berühmten Räuberhauptmännern.
Über den Räuber Mathias Weber, den man mit seinem Ganovennamen Fetzer nannte, wird berichtet, mit welcher Vornehmheit und Gleichmut er in Köln zum Galgen fuhr. Fetzer genoß sogar bei dem ihn verhörenden Kriminalbeamten einiges Ansehen. Keil, so hieß der Beamte, meinte über diesen Ganoven, der 192 Diebstähle vor seinem frühen Tod mit 25 Jahren begangen hatte, daß er „seiner Anlage, seinem erfinderischen Genie, seinem Muthe nach vielleicht ein bewundernswerther Held, eine Zierde seines Zeitalters . . ." geworden wäre. (Becker, 1804, S.407) Und über die Hinrichtung Fetzers, die um 1800 stattfand, heißt es: „Dann reichte er dem Concierge die Hand, nahm Abschied von den Umstehenden und bestieg so kühn und muthig den Karren, als ob er zu irgend einer frohen Unternehmung führe. P. Asterius stieg mit ihm auf den Karrn. Unterwegs blickte Fetzer frey und munter umher. Als ihn der Geistliche zu sich kehrte, und ermahnte, itzt sich nicht zu zerstreuen, sondern seine Augenblicke besser anzuwenden, rief er: 'Laßt mich noch einmal Menschen sehen, ich habe immer in meinem Leben so recht viele Menschen gern beysammen gesehen' . . . Er war

heiter und unbefangen. Als der Karrn durch die sogenannte Hacht kam, und er die Guillotine sah — ein Anblick, bey dem Helden der Revolution ohnmächtig niedersanken — konnte er lächeln." (Becker, 1804, S.405f)

Auch über den berühmten Schinderhannes, der mit „bürgerlichem Namen" Johann Bückler hieß und auch am Rhein seine räuberischen Aktivitäten als Anführer einer berüchtigten Bande ab ca. 1798 ausübte, ist bemerkenswert Nobles überliefert. Während der gegen ihn und seine Kollegen durchgeführten Gerichtsverhandlung gelang es ihm, durch seine umgängliche Art die Sympathie des Publikums zu erringen. B. Becker schreibt darüber: „Der warme Anteil, den Schinderhannes während der ganzen öffentlichen Audienz an dem Schicksal seines Vaters und seiner Geliebten nahm, hatte ihm alle Herzen gewonnen. Das weibliche Geschlecht besonders scheint deswegen jeden kleinen Zug, der sich von dem Charakter des wohlgebildeten kräftigen vier und zwanzigjährigen Räuber-Anführers entwickelte, bemerkenswerth gefunden zu haben. Ich habe das Mädchen verführt, sie ist unschuldig, sagte er oft in den letzten Tagen seines Lebens, wenn ihm der Tod vorschwebte. Noch kurz vor seinem Urtheile, auf das man ihn vorbereitet hatte, spielte er mit seinem Knaben, und scherzte mit seiner Geliebten." (Becker, 1804, S.147.)

Und weiter heißt es: „Am 29. Brum. (21. Nov. 1803) gegen ein Uhr Nachmittags, wurden die zum Tode Verurtheilten auf fünf Wägen und von Geistlichen nach ihren verschiedenen Religionen begleitet, nach dem Richtplatze gebracht. Der Maire von Mainz hatte diesen vor dem Weissenauer Thore, da wo die churfürstliche Favorite gestanden hatte, bestimmt. Schinderhannes war unerschrocken. Als der Zug bey der Guillotine ankam, sprang er mit großer Fassung von dem Wagen herab, und bestieg das schreckliche Gerüst. Oben wendete er sich auf die beyden Seiten gegen das Publicum, und sprach: 'Ich habe den Tod verdient, aber zehn von den Cameraden nicht' . . . Schinderhannes hatte während der ganzen Audienz eine ausgezeichnete Rolle gespielt. Er schien sich an der Spitze seiner Cameraden zu gefallen . . . Wir sagen nichts von dem ungeheuren Zu-

laufe der Menschen, die am 28. und 29. Brumaire aus allen Gegenden, und besonders von Frankfurt aus, in Mayntz zusammen strömten. Sonntags war das Gedränge nach dem Audienz-Saale so groß, daß Einlassungs-Billete für die Gallerie bis auf 24 Francs gesteigert wurden, und nachdem der Zug zu dem Richtplatz angekommen war, sah man sich genötigt, das Thor der Stadt zu sperren, um das Gedränge, das über alle Erwartung war, wenigstens zum Theil zu brechen. So endigte dieser äußerst merkwürdige Prozeß, wodurch die beyden Rheinufer wenigstens auf lange Zeit beruhigt worden sind." (Becker, 1804, S.151)
Genügend Zuschauer boten dem mutigen und stolzen Räuberhauptmanne Gelegenheit, sich öffentlich als nobler Mensch, der sogar seine Kameraden geschont wissen wollte, zu produzieren.
In dem Buche über Ganoven aus Schwaben (1793) wird dieses würdevolle und ehrenhafte Verhalten von Räubern und anderen Gesetzesbrechern als typisch geschildert: „Eines natürlichen Todes sterben, heißt bey ihnen crepieren; einen gewaltsamen sehen sie für etwas Ehrenvolles — und ihn standhaft und unerschrocken auszuhalten, für Heldenmuth an . . . Mit heroischem Muth und mit einem gewissen Gefühl von Würde machen sie daher auch ihre Reise zum Galgen und zum Rad, sehen mit der Miene der Unerschrockenheit auf die versammelten Zuschauer, lassen sich durch die unter ihnen auch anwesenden Cameraden zu desto mehr Muth und Standhaftigkeit anfeuern, um den Nachruhm von Helden unter ihnen zu erlangen und sie selber auch durch das Beyspiel ihres Heldenmuths zu einem gleichen Schicksal zu stärken." (Schäffer, 1793, S.213)
Der zum Tode verurteilte Räuber zelebriert Würde und weiß sich als Held. Das Publikum bestaunt und beklatscht — zumindest leise — dieses ehrenhafte und heldische Handeln.

Großzügige Feste — Geld und Gäste

Das Potlatch

Großzügigkeit und gespielte Distanz zum Geld gehört in das Repertoire vornehmer Leute. Es gilt für den feinen Menschen als unzumutbar und als unwürdig, anderen Zeitgenossen klarzumachen, daß man sparen müsse. Sparen und kleinlicher Umgang mit Geld werden geradezu als Widerspruch zur Vornehmheit begriffen. Sparen würde bedeuten, sich mit solchen Nebensächlichkeiten wie Geld abgeben zu müssen. Geld hat man, man spricht nicht darüber und gibt es demonstrativ aus.

Diese Vorstellung, Ehre zu gewinnen, wenn man freizügig gibt und sich von wertvollem Besitz trennt, findet sich bereits in archaischen Kulturen. Verknüpft mit der Hingabe ist auch die Verpflichtung des Beschenkten oder Eingeladenen, die Großzügigkeit zu erwidern. Bei Festessen, Tänzen, Leichenschmäusen und ähnlichen rituellen Ereignissen wird sorgfältig versucht, mit ehrenvollen Gesten der Freigebigkeit die Geladenen zu bewirten. Die ihrerseits werden alle Mühe aufwenden, um selbst zu großartigen Festen zu laden. Einladungen müssen erwidert werden, will man als feiner Mensch gesehen werden und sich darstellen.

Marcel Mauss berichtet, daß in einem französischen Dorf Familien, die in normalen Zeiten sehr eingeschränkt lebten, sich anläßlich von Kirchenweihen, Hochzeiten, Erstkommunionen und Beerdigungen für ihre Gäste ruinierten. Bei solchen Gelegenheiten galt es, ein „großer Herr" zu sein (Mauss, 1968, S.158). Ähnliches spielt sich überall dort ab, wo man mit vollen Händen Geld für das Gelingen von Parties, Geschenke zu Weihnachten u. ä. ausgibt. Ethnologen und Kulturwissenschaftler berichten dazu etwas Bemerkenswertes. Bei den Indianerstämmen des nordwestlichen Amerika, bei den Tlingit, den Haisa, den Chinook, den Kwakiutl u. a. gab es eine Institution, die dazu diente, anderen Menschen oder anderen Gruppen Reichtum und ehrenhafte Großzügigkeit vor Augen zu führen. Dies war das sogenannte Potlatch-Fest, wie der Chinook-Ausdruck heißt, bei dem es äußerst verschwenderisch zuging. Sogar Reichtümer, wie Kupferplatten und Hirschfelldecken, wurden vernichtet, um rivalisierenden Häuptlingen, reichen Verwandten und anderen feinen Leuten den Rang abzulaufen (Mauss, 1968, S.23f).

Diese sehr reichen Stämme zwischen der Nordwestküste und den Rocky Mountains verbrachten die langen Winternächte in einem fast nicht endenden Fest: feierliche Versammlungen, Märkte, Bankette und andere Gemeinschaftsveranstaltungen lösten sich in rascher Reihenfolge ab. Diese diversen kultischen Ereignisse, die von den einzelnen Geheimbünden, Bruderschaften und Clans entweder alleine oder mit anderen durchgeführt wurden, waren verbunden mit einer Reihe von Riten wie eben dem Austauschen von Geschenken. Über all den Ereignissen steht das Prinzip der Rivalität. Ein Wetteifern mit Geschenken und prahlerische Darstellung des Reichtums waren bestimmend für die Kontakte der Kontrahenten.

Solche rivalisierende Strategien werden auch von anderen Kulturen berichtet (Mauss, 1968, S.25) und sie sind auch für den noblen Mann in Europa typisch; sowohl beim feinen Menschen als auch beim Ganoven sind sie zu finden. Man fühlt sich verpflichtet, sich zu revanchieren für die schöne Einladung z. B. anläßlich einer Geburtstagsfeier, bei der den staunenden und neidvollen Gästen gezeigt wurde, in welch prächtigem Haus man residiert, welch kostbare Möbel man besitzt und welch teure Speisen man auftischen lassen kann.

Radcliffe-Brown hat solche Verhaltensweisen bei den Bewohnern der Nordinsel der Andamanen im Indischen Ozean 1906 beobachtet und beschrieben. Er hält fest, daß niemand ein angebotenes Geschenk ablehnen könne: „Alle, Männer und Frauen, versuchen sich gegenseitig an Großzügigkeit zu überbieten. Es gab eine Art Wettstreit, wer wohl die meisten und wertvollsten Geschenke machen könnte." (Radcliffe-Brown, 1922, S.81). Geschenke besiegeln z. B. die Heirat und schaffen freundschaftliche Beziehungen zwischen den beiden Elternpaaren.

Interessant ist auch, was Malinowski von dem Kula-Handel der

Trobriand-Inseln Melanesiens berichtet. Diese Insulaner sind kühne und stolze Seefahrer, weshalb Malinowski sie „Argonauten des westlichen Pazifik" nannte. Der Kula ist eine Art großer Potlatch und fördert intensiv den Handel zwischen den Stämmen. „Kula" heißt wahrscheinlich „Ring", denn tatsächlich scheint es, als seien alle jene Stämme, ihre überseeischen Expeditionen, die Wert- und Gebrauchsgegenstände, Nahrungsmittel und Feste, Dienstleistungen aller Art (rituelle wie sexuelle) in einen Ring eingeschlossen, innerhalb dessen sie räumlich wie zeitlich eine gleichmäßige Bewegung beschreiben.

Der Kula ist ein Handel bzw. ein Geschenkeaustausch von aristokratischem Charakter mit bemerkenswerter Großzügigkeit. Es sind vor allem die Häuptlinge als Befehlshaber der Kula-Flotte und -Boote, die Handel treiben und für ihre Vasallen Geschenke annehmen.

Diese Aktivitäten werden in einer vornehmen und bescheiden anmutenden Weise durchgeführt. Es soll dabei demonstriert werden, daß man edle Distanz zu den Reichtümern und Schätzen der Welt hat. Man gibt sich desinteressiert, wie Malinowski beschreibt, und stellt die teuren Geschenke als nur kleine Gaben hin. So zum Beispiel pflegte ein Häuptling zu sagen: „Hier der Rest meiner Nahrung von heute, nimm ihn" während er eine kostbare Halskette überreichte (Malinowski, 1922, S.473).

Streng wird dieser Kula vom einfachen Austausch nützlicher Dinge, dem „gingwali", unterschieden. Er findet neben dem Kula statt, auf den diversen „primitiven" Märkten und zeichnet sich durch sehr hartnäckiges Feilschen aus, ein für den Kula unwürdiges Verhalten. Der Kula wird mit Großmut und Seelengröße durchgeführt.

Typisch ist für den Kula wie auch für das Potlatch, daß die einen geben und die anderen empfangen, wobei die Empfänger von heute die Geber von morgen sind. Es gilt die Regel, daß man nichts zum Austauschen mitnimmt und mit voller Absicht nur empfängt. Z. B. werden erst, wenn im folgenden Jahr der besuchende Stamm die Flotte des besuchten Stammes beherbergt, die Geschenke mit Zinsen vergolten (Mauss, 1968, S.56). Die Schenkungen, die in aller Bescheidenheit durchgeführt wer-

den, nehmen feierlichste Formen an. Man ist bestrebt, Freigebigkeit, Ungebundenheit, Autonomie und zugleich Größe zu zeigen. Es sind Zeichen des Reichtums, wie Halsketten, gedrechselt aus der Spondylus-Muschel und schön polierte Armreifen, die zirkulieren und zum Geschenk gegeben werden.
Das wesentliche Prinzip des Kula — und auch des Potlatch — besteht also darin, daß in großzügig-vornehmer Weise andere Menschen beschenkt oder eingeladen werden, ohne daß deswegen eine sofortige Gegenleistung — wie beim bloßen Tausch — erwartet wird. Hinter dem steht das Wissen, daß dadurch Kontakte zwischen einzelnen Menschen, Gruppen und ganzen Stämmen hergestellt werden.
Besonders radikal geht es beim echten Potlatch-Fest zu. Die Indianer des Nordwestens haben stabile Häuser, gut gebaute Boote und eine hohe materielle Kultur. Vor der Einführung des Eisens verstanden sie, das Kupfer zu schmelzen und in gediegener Weise zu hämmern. Einige der Kupferplatten dienten ihnen als Geld und eine andere Art des Geldes waren die schön gemusterten Wolldecken, die sogenannten Chilkat-Decken. Das Leben dieser Indianer während des Winters unterschied sich grundsätzlich von dem während des Sommers. Sobald der Frühling zu Ende ist, zerstreuen sie sich, gehen auf die Jagd, sammeln Wurzeln und Beeren und widmen sich dem Lachsfang. Erst wenn der Winter wieder hereinbricht, konzentrieren sich diese Menschen auf ihre Siedlungen. Während der nun folgenden Zeit des engen Zusammenlebens befinden sie sich in einem Zustand dauernder Erregung. Ununterbrochen gibt es Besuche ganzer Stämme untereinander, ganzer Clans und Familien. Ein Fest folgt dem anderen. Bei einer Heirat und bei anderen Festen wird mit vollen Händen ausgegeben, was man im Sommer und Herbst mit großem Fleiß an einer der reichsten Küsten der Welt zusammengehäuft hat. Sogar das Privatleben spielt sich auf diese Weise ab; man lädt die Leute seines Clans ein, wenn man eine Robbe erlegt hat oder eine Kiste mit eingemachten Beeren oder Wurzeln öffnet (Mauss, 1968, S.79f).
Bei all dem spielt, wie Mauss feststellt, der Begriff der Ehre eine große Rolle. Das Prestige der Häuptlinge und anderer Leute

hängt eng mit der Ausgabe und dem Verbrauch der angeführten Güter zusammen. Es wird sogar von Potlatch berichtet, bei denen sich die Teilnehmer gezwungen sahen, alles auszugeben, was sie besaßen. Wer am verschwenderischsten mit seinem Reichtum umging, der gewann das meiste Prestige. In einigen Fällen geht es nicht bloß um Geben und Zurückzahlen, sondern auch um Zerstörung. Man demonstriert, daß man keinen Wert auf teure Dinge legt. Ganze Kisten mit Kerzenfischen oder Walfischöl, Wolldecken und andere Dinge wurden vernichtet, um den eventuellen Rivalen auszustechen und um selbst soziales Ansehen zu finden.

Durchdrungen von Etikette und Großmut sind diese vornehmen und ehrenhaften Riten des Gebens und Zurückzahlens (Mauss, 1968, S.84ff). Ganz Ähnliches spielt sich auch in unserer Kultur ab. Bei uns sind es vor allem die Monate der kalten Jahreszeit, die des Spätherbstes und des Winters, während derer durch aufwendige Feste Freunde und Bekannte vom eigenen Reichtum, von Großzügigkeit und Nobilität überzeugt werden sollen, auch wenn sie diese nur mit Widerwillen hinnehmen. Die Zerstörung von wertvollen Dingen, um Prestige zu erwerben, wird bei uns allerdings häufig versteckter und weniger dramatisch durchgeführt, jedoch genauso aufdringlich. So galt es in adeligen Kreisen als ehrenhaft, sich mit einem wertvollen Geldschein, als sogenanntem Fidibus, die Pfeife vor bewundernden Freunden anzuzünden. Der feine Herr leistete sich dies, er zeigte seine Distanz zum materiellen Gut und erhoffte Prestige, Bewunderung und staunende Blicke der Anerkennung durch die anwesende Damenschar. Georg Simmel meint dazu, daß der Reiz der Verschwendung in der Gleichgültigkeit gegenüber dem Geld bzw. teuren Dingen besteht. Das Zerstören oder Wegwerfen von billigen Stücken ist wenig interessant. Wahnsinnige Verschwendungen werden aus dem ancien régime berichtet: als der Prinz Conti einen 5000 Francs Diamanten, den er einer Dame geschickt hatte, von ihr zurückerhielt, machte er etwas Sonderbares. Er ließ den Diamanten zerstoßen und benutzte ihn als Streusand für ein Billet, mit dem er der Dame antwortete (Simmel, 1907, S.255).

Unbeschwerte Vergeudung in Verbindung mit einer eleganten Geste sollen den feinen Mann als jemanden herausstreichen, der über dem Geld und anderen Beschwerlichkeiten des Lebens steht.

Die vornehme Distanz zum Geld

Zur noblen Distanz gegenüber allen irdisch-alltäglichen Dingen gehört insbesondere die Distanz zum Geld. Der feine Mensch geht traditionell jeder direkten Berührung mit dem Geld so gut es geht aus dem Wege. Der feine Mensch hat Geld, aber die Abhängigkeit wird nicht gezeigt, sondern sorgsam hinter Distanzierungsritualen verborgen. Dasselbe gilt für den feinen Menschen ohne Geld.
Deshalb war es beim alten Kaiser Franz Joseph so eingerichtet, daß er selbst niemals mit Geld unmittelbar oder mit Fragen, die sich auf die Bezahlung seiner persönlichen Bedürfnisse bezogen, belästigt wurde. Seine heilige Person hatte eine würdige Distanz zum Geld einzuhalten. Eigene Beamte waren damit beschäftigt, für den Kaiser die diversen Gelder aufzubringen und seine Rechnungen zu bezahlen (Margutti, 1921, S.201ff). Der Kaiser mußte also niemals eine unangenehme und entheiligende Berührung zu Geldmünzen und Geldscheinen, die zwar sein Konterfei zeigten, hinnehmen.
Diese noble Distanz zum angreifbaren Geld pflegen auch andere feine Leute. Dies drückt sich sogar in sprachlichen Formen aus. So ist es in unserer Kultur traditionell üblich, vornehmen und prominenten Menschen, wie Ärzten, Rechtsanwälten, Schauspielern und Wirtschaftsleuten, für eine erbrachte Leistung — eine Heilung oder ein Gutachten — keinen Lohn oder Gehalt zu zahlen, sondern ein Honorar. Der Ausdruck Honorar soll darauf hinweisen, daß es bei dem gezahlten Betrag nicht um Geld als solches geht, sondern um eine Ehrengabe. Der Terminus Geld wird vornehm umschrieben.

Anders ist dies beim Lohn oder beim Gehalt, bei denen die direkte Beziehung zum Geld nicht verdeckt wird. So wurde früher, vor dem bargeldlosen Zahlungsverkehr, und zum Teil auch noch heute, der Lohn dem Arbeiter sichtbar überreicht und in eine Lohntüte gesteckt. Anders ist dies beim Honorar gewesen, welches zumeist diskret vornehm in einem verschlossenen Kuvert überreicht wurde. Heute genügt die Überweisung auf das betreffende Bankkonto.
Der Ausdruck Honorar verweist also eindringlich darauf, daß der feine Mensch von einer direkten Berührung mit Geld fernzuhalten ist. Diese vornehme Distanz war schon für die Fürsten und Edelleute des Mittelalters charakteristisch. Es galt als wenig vornehm sich selbst die Hände mit Geld „schmutzig" zu machen. Man hatte dafür eigene Beamte angestellt, die für ihren Herrn die Geldgeschäfte erledigten oder auf Wunsch diese Geldstücke an den „gewöhnlichen Mann" weitergaben. Die direkte Konfrontation mit vor allem einer Vielzahl von Münzen konnte sogar als Beleidigung gedacht sein, was folgende Geschichte über den Grafen Franz Anton Spork, den Sohn des bekannten, aus einer westfälischen Bauernfamilie entstammenden Reitergenerals Johann Spork, der im Dreißigjährigen Krieg ob seiner Kühnheit geadelt worden war, illustriert. Dieser hatte unter anderem durch den Kaiser die Herrschaft Lissa in Böhmen mit zehn Dörfern zum Geschenk erhalten. Sein Sohn Franz Anton (in seinen Diensten stand übrigens einer meiner Vorfahren als Verwalter) war eine originelle, aber leicht erregbare Persönlichkeit. Ärger hatte er mit seinem Rechtsanwalt Neumann. Es heißt darüber: „Als aber Neumann seinen intriganten Charakter entpuppte, und eines Tages den Grafen mit seinen Nichtswürdigkeiten empörte, vergaß sich dieser in leidenschaftlicher Erregtheit so weit, daß er Neumann eine Maulschelle (Ohrfeige) versetzte. Darüber wurde Neumann klagbar, und der Graf Spork mußte ihm 7000 Gulden Schmerzensgeld zahlen. Der Graf zählte die 7000 Gulden aber in lauter kleinen Scheidemünzen (um Neumann zu ärgern, R.G.), und Neumann mußte vor dem Grafen die ganze Summe guldenweise abzählen. Als Neumann mit der Zählung zu Ende war, geriethen er

und der Graf wieder in einen Wortwechsel, und der Graf versetzte Neumann wieder eine Maulschelle. Nun drohte ihm Neumann abermals mit Klage. 'Ist ganz überflüssig, wertester Herr Neumann', entgegnete der Graf, 'jetzt weiß ich schon, was eine Ohrfeige kostet', und mit diesen Worten wies der Graf Neumann in das Nebengemach, wo ihm 7000 Gulden in Geld (also Kleingeld) sofort ausbezahlt wurden" (Wurzbach, 1878, S.230). Diese Geschichte veranschaulicht, daß die Übergabe von einer großen Menge kleiner Münzen als Beleidigung und Degradierung gedacht sein kann. Wäre in einer großzügigen Geste zum Beispiel eine größere Banknote oder eine entsprechende Bankanweisung überreicht worden, so hätte der Graf dem Gegner gegenüber eine gewisse Achtung bezeugt. Doch dies wollte der Graf nicht.

Vornehmheit und eine ausgewogene Distanz zum gewöhnlichen Geld sind miteinander verwoben. In Restaurants, die Noblesse zeigen wollen und auf ein exquisites Publikum achten, ist es daher auch üblich, daß dem Gast die Rechnung nicht offen präsentiert wird, sondern feierlich auf einem Teller, eingeschlagen in eine Serviette. Der Gast besieht sich für gewöhnlich die Rechnung, legt den geforderten Betrag, eventuell mit Trinkgeld, auf den Teller unter die Serviette und deutet dem Kellner an, den Teller (oder das Tablett) zu holen. Das Geld — oder auch die Kreditkarte — bleibt so dem Publikum verborgen. Es wird aus dem Blickfeld der feinen Gesellschaft verdrängt. Und in derselben Weise war und ist es zu verstehen, daß der hohe Herr — König, Präsident oder General — nicht selbst es ist, der seine Restaurant- oder Hotelrechnung bezahlt, sondern seine Untergebenen tun dies für ihn. Daran erinnert übrigens auch, daß gewöhnlich der Herr auch für die ihn begleitende Dame im Restaurant die Rechnung bezahlt. Der Dame wird so angedeutet, ihre Noblesse gebiete es, Geld nicht selbst zu berühren.

Eine segensreiche Einrichtung des modernen Geldverkehrs macht eine Berührung mit Geld völlig überflüssig:

Das jeweilige Geldinstitut oder ein entsprechender Club übernimmt es für ihren Kunden, den geforderten Geldbetrag zu überweisen. Die noble Person kommt also selbst mit dem Geld nicht direkt in Berührung. Die Vornehmheit demonstriert sich darin, daß andere Personen als die Konsumierenden die aufgelaufenen Kosten begleichen. Das feine Individuum stellt lediglich die Vermittlung zwischen Bank oder Club und Hotel oder sonstigem Betrieb her. Das Geld selbst als etwas eher Anrüchiges, über das der vornehme Mensch nicht spricht, bleibt unsichtbar.

Der Besitz und das Vorzeigen einer Kreditkarte unterstreicht die Würde der Person und gibt sie gegenüber Hoteliers, Geschäftsleuten usw. als vornehm aus. Nämlich als jemanden, dem eine Institution vertraut und der über Geld — ohne es direkt bei sich zu haben — verfügen kann. Aber auch als jemandem, der auserlesen ist, einer feinen Gesellschaft, nämlich einem bestimmten Club von Kreditkartenbesitzern, anzugehören.

In der Werbung dieser Clubs oder Institutionen wird dezidiert herausgestrichen, daß derjenige, der eine solche Kreditkarte bei dem betreffenden Institut erwirbt, eine illustre Person ist und mit anderen noblen Leuten die Achtung von Banken, Hotels und anderer Stellen, die mit Geld zu tun haben, genießen darf.

Typisch ist die Werbung für eine Kreditkarte, die von dem zuständigen Unternehmen mit Stolz als „die beliebteste Kreditkarte der Welt" bezeichnet wird. Es heißt dabei u.a.: „Bequemes bargeldloses Zahlen. Ihre Unterschrift genügt. Weltweit. Denn als ein Karteninhaber sind sie ein angesehener Gast (!). Man schätzt (!) Ihre zeitgemäße (!) Art, mit Geld umzugehen . . . Mit Ihrer Karte sind Sie weltweit zahlbereit — rund um die Uhr. Im Restaurant um die Ecke genauso wie beim Shopping oder am Flughafen . . . 6 Millionen Vertragspartner heißen Sie weltweit willkommen . . .".

Der Kreditkartenbesitzer erfährt, daß er ein angesehener Mensch ist und sich unter feinen Leuten weiß. Um der Würde dieser vertrauenerweckenden Person einen besonderen Anstrich und das Gefühl zu geben, wahrhaft nobel zu sein, ist auf der Kreditkarte meist grundsätzlich neben dem Namen des gewürdigten Individuums und diversen Zahlen noch ein besonderer Ausdruck festgehalten, der auf die Vornehmheit des Karteninhabers verweist. Solche Ausdrücke können sein: „Master-Card", „Classic-Card" u.ä. Jedenfalls vermitteln sie den Kunden den Eindruck, zu einer noblen Gemeinschaft zu gehören.

Es gibt Kreditkarten-Clubs, die je nach Würde und Zahlungskraft eines potentiellen Kunden verschiedene Typen von Kreditkarten — zum Beispiel goldene, silberne und bronzene Karten — anbieten. Die „goldene" Karte ehrt wohl am schmeichelhaftesten den feinen Menschen. Die Einteilung in goldene, silberne etc. Karten drückt die Kreditwürdigkeit des Inhabers aus. Mit der goldenen Karte hat der Inhaber unbeschränkten Kredit. Eine hervorragende Höherwertigkeit erhält die würdige Person, wenn sie auf den Besitz von mehreren Kreditkarten hinweisen kann. Dies deutet auf das Vertrauen hin, welches die Kreditkartenunternehmen diesem feinen Individuum gegenüber haben. Der mit würdigem Stolz zelebrierte Verweis auf eine Reihe von Kreditkarten vermag zu beeindrucken und den Besitzer zu adeln. Für einen derartigen Zweck gibt es entsprechende Brieftaschen, in denen hintereinander für die einzelnen Karten Fächer angebracht sind. Diese sind bei einem Öffnen der Brieftasche für jeden leicht zu sehen. Die Heiligkeit der Person wird „einsehbar".

Kreditkarten sind zu wichtigen Symbolen vornehmer Menschen geworden. Sie deuten nicht nur an, daß solche Leute die Gunst von Clubs und Banken genießen, sondern auch, daß sie eine vornehme Distanz zum Geld haben. Diese Distanz zum baren Geld ist ebenso beim Gebrauch von Scheck und Scheckkarte vorhanden. Auch hier zeigt sich eine gewisse Vornehmheit, wenn man sich auf das Vertrauen der Bank berufen kann, jedoch ist die Kreditkarte von einer höheren symbolischen Qualität. Die Distanz zum Geld wird hier feierlich betont.

Historisch gesehen liegen Kreditkarte und Geld in ihrem Symbolwert allerdings nahe beieinander. Kulturgeschichtlich ist bereits mit der Erfindung des Geldes der Gedanke verknüpft, daß das Edelmetall, aus dem das Geld zunächst bestand, etwas Würdiges ist und sich nobel vom Tauschgut abhebt, mit dem früher gehandelt wurde, nämlich mit Naturalien. Im lateinischen Wort „pecunia" für Geld steckt die Erinnerung an diese zunächst wenig feinen und auch unpraktischen Gegenstände, die man für Geschäfte brauchte, nämlich „pecus". Das heißt soviel wie „Kleinvieh".
Also bereits die Verwendung von geprägtem Silber oder Gold anstelle von Dingen, mit denen gewöhnlich der Bauer, der nie als fein gegolten hat, zu tun hat, war eine noble Sache. Die Geldmünze drückte Distanz zu den Naturalien aus, ebenso wie später die Banknote zu einer Vielzahl von Münzen, an deren Stelle sie nun verwendet werden konnte.
Die Geschichte des Geldes ist neben dem praktischen Aspekt also dadurch gekennzeichnet, daß der direkte Kontakt zu den Dingen, wie früher die Naturalien und dann das Geld, mit denen man unmittelbar seine Bedürfnisse befriedigen kann, als eher etwas Unfeines gesehen wird und vermieden werden soll. Am Ende dieser bisherigen Entwicklung der Vornehmheit steht die Kreditkarte.

Distanz zum Geld beim feinen Ganoven

Auch in der Welt der Berufskriminalität, des verbotenen Glücksspiels und der Prostitution zeichnet sich der vornehme Mensch dadurch aus, daß er Distanz zum Geld hat. Meistens besitzt er zwar keine Kreditkarte oder ein ähnliches Mittel, um bargeldlos zu zahlen. Er setzt aber symbolische Gesten, um klar zu machen, daß ihm Geld keine Rolle spielt und daß er eine zumindest innere Distanz zum Geld besitzt. Eine typische Geste ist die des reichen Ganoven, wenn er mit nobler Gebärde ein Paket Geldscheine herausnimmt, um zu zahlen, und er dabei diese Scheine mehr oder weniger unkontrolliert und leichtfertig von sich gibt. Er will damit demonstrieren, er habe es nicht notwendig, sich um Geld zu sorgen, denn schließlich hat er genug davon. Der Ganove muß zwar den Geldschein selbst berühren, es bleibt ihm wohl nichts anderes übrig, aber er tut dies so, als ob er etwas weggibt, dem gegenüber er einen inneren Widerwillen besitzt. Zu ihm als vornehmen Menschen paßt es zu zeigen, daß er über so nebensächlichen Dingen, wie dem anfaßbaren Geld, steht.

Festliche Essen

Große Feste, um anderen noble Wohlhabenheit vorzuexerzieren, finden sich nicht nur bei den Kwakiutl-Indianern, französischen Dorfbewohnern u.a. feinen Leuten, sondern ebenso in höchsten politischen Kreisen. Staatsbesuche sind traditionell auch Demonstrationen der Großzügigkeit und somit der Vornehmheit. Man zeigt, welche Güter, wieviel Geld und welche Gastmähler für den Besucher eingesetzt und veranstaltet werden können.

Gerade das festliche Essen, mit allem Prunk veranstaltet und in alten Zeremonien zelebriert, bietet eine treffliche Gelegenheit, dem fremdem Gast, Staatsbesuch oder sonst einem feinen Menschen zu imponieren.

Die heutigen Staatsbanquettes — sowohl in den sogenannten kapitalistischen als auch kommunistischen Staaten — sind gute Beispiele dafür. Sie sind eine direkte Fortführung alter hochadeliger und kaiserlicher bzw. königlicher Gepflogenheiten. Es wird annähernd dasselbe Zeremoniell in denselben Prunkräumen und mit dem identischen Tischbesteck eingesetzt.

Ein gutes Bild, wie es zu Zeiten des österreichischen Kaisers Franz Joseph aus Anlaß eines Staatsbesuches oder einer besonderen Einladung durch das Kaiserhaus zuging, gibt folgender malerischer Bericht: „Eine besondere Art der Hoftafeln bildeten die 'Galatafeln'. Dieselben fanden gelegentlich der Besuche fremdländischer Souveräne oder bei außergewöhnlich bedeutungsvollen Anlässen, demnach nur selten, statt. Bei diesen entfaltete der kaiserliche Hof den höchsten Prunk, über den er verfügte . . . Anläßlich der 'Galatafeln', ob dieselben in der Wiener Hofburg, im Schönbrunner Schlosse oder in der königlichen Burg zu Ofen stattfanden, wurden die dafür bestimmten Säle mit den einzigartigen Gobelins, mit kostbaren Vorhängen . . . ausgestattet . . . Die Tafel selbst, mit dem schwersten Damaste gedeckt, . . . bot ein Bild dar, von welchem selbst das verwöhnteste Künstlerauge seine Freude finden mußte. Die eigentliche Weihe erhielt ein solches 'Galadiner' naturgemäß erst durch die Tischgäste. Die Damen erschienen in dekolltiertem Prunkkleide . . . die Herren trugen Galauniform . . . Aufs genaueste, nach dem Range der Eingeladenen, waren die Tischplätze festgesetzt . . . Bei 'Galatafeln' trug auch die sehr zahlreiche . . . Dienerschaft das Hofgalakleid: goldgestickten roten Frack nach altem Schnitte, . . . Zumeist hielt der Kaiser . . . einen Trinkspruch. Nach Genehmigung des Textes durch den Monarchen, wurde der Toast in großen, der Sehweite des Kaisers entsprechenden Lettern reingeschrieben und vom Kaiser . . . während des Mahles, zumeist zwischen dem zweiten und dritten Fleischgericht, nachdem der Champagner in die Gläser eingefüllt worden war, vorgelesen. Diese 'Galatafeln' am Wiener Hofe waren die wohl glänzendsten und distinguiertesten Tischgesellschaften, welche der als Muster der Vornehmheit allseits anerkannte Kaiser Franz Joseph um sich vereinte." (Margutti, 1921, S.214ff). Eine solche Einladung durch einen Kaiser oder einen Staatsmann demonstriert die Noblesse des Einladenden und sie soll beim Gast offensichtlich so etwas wie Hochachtung vor der Großzügigkeit des Gastgebers erzeugen. Der Gastgeber protzt in aller Demut, er deutet an, es wäre für ihn selbstverständlich, einen Gast in dieser Weise zu empfangen, und daß die für das Fest ausgegebenen Kosten ihn nicht berühren würden. Die Ähnlichkeit zum Potlatch wird hier deutlich. Ein direktes Gegengeschenk unmittelbar bei der Einladung wird nicht erwartet und wird auch als unangemessen empfunden, denn es beeinträchtigt die Chance des Gastgebers, seine Großzügigkeit exquisit zu genießen.

Es gibt auch so etwas wie Gastgeschenke der Eingeladenen, jedoch deren Charakter ist eher ein symbolischer. In der modernen bürgerlichen Kultur geschieht dies durch das Verabreichen von Blumen. Das Mitbringsel vermittelt das Gefühl, nur dann ungehemmt zu genießen und sich der Einladung erfreuen zu können, wenn man dafür auch eine Leistung erbracht hat. Ein teures oder übertriebenes Gastgeschenk würde als unangenehm empfunden werden, da doch der Gastgeber sich offensichtlich bemüht, dem Eingeladenen die einzigartige Vornehmheit und Heiligkeit seiner Person darzutun.

Das heißt jedoch nicht, daß der Gastgeber vom Gast nicht erwartet, für seine Großzügigkeit belohnt zu werden: durch entsprechende Gegeneinladungen, eine besondere Verpflichtung u.ä.

Kaiserliche Einladungen und kaiserliche „Galatafeln" waren traditionell für den hohen und auch niederen Adel bestimmend. Der Adelige orientierte sich seit jeher an kaiserlicher (königlicher) Großzügigkeit und Vornehmheit, die freilich in erster Linie sich nur auf jene bezog bzw. bezieht, die ähnlich nobel sind. Gegenüber dem kleinen Bauern oder gar dem herumstreunenden Obdachlosen war und ist man mit der Großzügigkeit vorsichtiger. Schließlich hat man ja auch nichts von ihm zu erwarten.

Großen Festen in adeligem Kreis fehlt es nicht an Symbolen der Generosität. Edle Bekannte und Verwandte sind eingeladen, um die Einmaligkeit der Gastgeber zu genießen. Eine fürstliche Prinzessin erzählte mir dazu, sie werde öfter in Deutschland zu einem solchen Fest gebeten, sie werde großartig bewirtet und mit einer Vielzahl feiner Menschen bekannt gemacht. Bei solchen Festen spart der Gastgeber an nichts. Ihre Eltern sind daran interessiert, daß sie an solchen Treffen und Gastmählern teilnimmt, wohl um die Strategien vornehmer Großzügigkeit der „feinen" Gesellschaft kennenzulernen. Im „Bürgertum" finden sich ähnliche Strategien der Noblesse. Einladungen und Feste sollen auch hier die Großzügigkeit des noblen Menschen aller Welt vor Augen führen. Es werden Schulden gemacht und man delektiert sich daran, dem Gast staunend die kostbaren Dinge, Koteletts, Forellen, Austern, Bananentorten und anderen Besonderheiten nebst silbernem Tafelgeschirr zu präsentieren. In der Tendenz findet sich ein solches Gepräge wohl auch im Kleinbürgertum, beim arbeitsamen Handwerker und dem an Sparsamkeit gewohnten Aufsteiger. Sauberkeit und penibles Verfügen über Geld ist zwar charakteristisch für diese Leute, jedoch wenn Gäste erwartet werden, wird alles Bemühen darangesetzt, diesen zu zeigen, daß sie willkommen sind. Zu diesem Willkommen gehören eine aufgeräumte Wohnung, reine Tischtücher und ein sorgfältig zubereitetes Mahl. Es wird zwar nicht geprotzt, aber doch wird versucht, dem Gast vor Augen zu führen, man könne sich etwas leisten. In der Gastfreundschaft — wohl ein wichtiges Prinzip menschlichen Zusammenlebens — steckt insgeheim und nicht zugegeben die Absicht zu zeigen, man habe eine „gesunde" Distanz zum Geld und anderen Wertsachen. Und gerade diese Distanz, wie oben angesprochen, soll jene Vornehmheit vermitteln, die den feinen Menschen ausmacht.

Das festliche Mahl der noblen Dirne und des noblen Ganoven

Noble Distanz zum Geld erlebte ich auch, als meine Frau und ich von zwei Dirnen und ihren Zuhältern mehrmals in Restaurants eingeladen wurden. Diese vier Leute hatte ich bei meiner Studie über Wiens „Strich" kennen und schätzen gelernt. Ihre Großzügigkeit und damit auch ihren vornehmen Lebensstil zeigten die Vier, als sie uns zu „Martini" einluden, mit ihnen ein gutes Lokal zu besuchen. In diesem waren wir ihre Gäste und

aßen mit Genuß unsere „Martinigans". Mit nobler Großzügigkeit wurden die besten Getränke und diverse Süßigkeiten für uns bestellt. Im Restaurant war den Leuten bald klar, daß hier Leute sitzen, die Geld haben und sich „alles leisten können". Jedoch die Kellnerin, die uns Suppe und Gans servierte, zeigte wenig Respekt und verärgerte eine der Dirnen. Diese war gewohnt, wegen ihres Geldes rasch und ehrerbietig bedient zu werden. Sie äußerte sich abfällig über die Serviererin und versuchte sie zu provozieren. Lautstark erzählte sie über Zuhälter, „Kunden" und andere Leute, von denen einige „in den Arsch gehen sollen", wie sie meinte. Als eine andere Kellnerin für den kleinen Hund der Dirne einen Sessel brachte, wurde ihr von der Dirne als Trinkgeld ein Hundertschillingschein großzügig zugesteckt. Die Kellnerin aber, die uns bedient hatte, erhielt kein Trinkgeld, obwohl sie sich nun besonders eifrig um uns bemühte. Ihr wurde gezeigt, daß sie nicht ungestraft, „feine" Leute mit Geld vernachlässigen dürfe.
Wir, meine Frau und ich, wurden bestens bewirtet. Darauf achteten die beiden Dirnen besonders. Endlich winkte die eine der Dirnen einen Zahlkellner herbei. Dieser näherte sich uns höflich. Sie griff in ihre Geldtasche und zog ein Bündel Banknoten heraus. Mit lässigen Handbewegungen übergab sie den verlangten Betrag und ein königliches Trinkgeld. In einem großen amerikanischen Auto wurden meine Frau und ich heimgebracht. Unserer Dankesbezeugung begegnete man mit der Pose, die Einladung „sei ja nicht der Rede wert" gewesen.
Die Einladung zu diesem prachtvollen Martinigansessen hatte zwar ganz andere Rituale als die „Galatafel" am kaiserlichen Hof, aber doch ähneln sich beide. In beiden Fällen wird dem Gast demonstriert, daß er geschätzt wird und man ihm imponieren wolle, indem man es an nichts fehlen läßt. Der Gast merkt, Geld spielt keine Rolle. Und der Gastgeber hat das Gefühl, der Gast ist beeindruckt. Vielleicht sieht letzterer sogar neidvoll — wie es auch beim Potlatch erhofft wird — auf die finanzielle Potenz des Einladenden.
Reizvoll fand ich auch eine Beschreibung von Festessen, welche von Ganoven des 18. Jahrhunderts veranstaltet wurden. In

diesem Bericht (der bereits in einem anderen Zusammenhang zitiert wurde), wird ähnlich wie in obigen Darstellungen auf die Bedeutung des Festmahles als Zusammenkunft, bei der Kontakte gepflegt werden und einander die eigene Vornehmheit bestätigt wird, verwiesen. Allerdings handelt es sich dabei um kein Festmahl im üblichen Sinn, sondern um ein wildes Prassen der Ganoven. Es heißt da: „Mit dem, was sie dem Bürger abnehmen, wirthschaften sie auf die schlimmste Art. Es ist nur kurze Zeit ihr Eigenthum. So schnell, als sie es bekommen haben, wird es auch verschleudert, und fast der einzige Gebrauch, den sie davon machen, ist der, daß sie sich damit gütlich thun. Sie sind im höchsten Grade verschwenderisch und wollüstig. Wenn sie eine Beute irgendwo gemacht haben, so ruhen sie nicht, bis alles verpraßt ist. Das Zechen und Schmausen, Tanz und Spiel und Belustigung geht dann ohne Aufhören fort. An einem Tag, in einer Nacht werden 50 bis 100 Gulden durchgebracht. Ein Raub von mehreren 1000 Gulden ist in etlichen Tagen aufgezehrt. . . . das meiste geht aber auf Essen und Trinken. Dies haben sie immer gern gut und in starken Portionen. Auch wenn sie keine gestohlene Barschaft haben, verlangen sie doch einen besetzten Tisch von ihren Beischläferinnen, speisen gerne gebratene Hühner, oder Speck und Schinken, und trinken ihren guten Wein dazu. In Wirtshäusern lassen sie sich immer, so wie es ihr Beutel vermag, besonders bei feierlichen Gelegenheiten, kostbar auftragen. Bei ihren Saufgelagen, die ganze oder halbe Nächte hindurch dauern, berauschen sie sich oft bis zum Taumeln" (Schäffer, 1793, S.260f). Der prassende Ganove zeigt sich als Ehrenmann, der, ohne ans Sparen zu denken, mit Freunden und Genossen gemeinsam zecht und das Leben genießt. Auch über die Bettler wird ähnliches erzählt. Die Ganoven schauen — wie heute auch — zwar auf sie herab, ähnlich wie auf erstere der gute Bürger, aber der Bettler weiß ebenso weitschweifig in aller Vornehmheit zu feiern: „Auf eben die unwürdige Art, womit sie ihre Almosen fordern, und empfangen, gehen sie auch mit demselben um; beinahe alles wird zum Wohlleben angewandt. Denn diesem sind sie durchgehends ergeben. Sie lassen sich in Wirthshäusern nach Verhältnis kostbar auftragen, saufen sich voll, und thun sich auf alle Art gütlich . . . Die Sonntage, Festzeiten und den Winter — die Zeit ihrer Ruhe — bringen sie mit Fressen und Saufen und Tanzbelustigungen hin, und verprassen fast alles, was sie vorher durch Arbeit und Betteln zusammengebracht haben. Die übrigen unbeschäftigten Bettler, besonders die Steigbettler, Buzschnurrer und Stappler, schränken sich damit nicht auf bestimmte Zeiten ein: sondern bey ihnen ist nach Maßgabe des Ertrags ihrer Betteley, beständiges Wohlleben, und sie verzehren alles Ersammelte auf der Stelle. So wie sie an einem Ort mit ihren Betteltagwerk fertig sind; so eilen sie in die Wirthshäuser, zechen und schmausen nach Herzenslust, jedesmal soweit es der Beutel vermag, und leben besser als die meisten ihre Wohltäter, zum Beweise, daß das Almosen bey ihnen trefflich angelegt sey." (Schäffer, 1793, S.525f).

Der Bettler hebt sich vom sparsamen, calvinistischen bzw. puritanischen Bürger deutlich ab. Er macht sich sogar über jene Menschen lustig, von dessen Almosen er eigentlich lebt. Die Arroganz des Gebenden ihm gegenüber neutralisiert der Bettler durch ausgelassene Feste. Das erbettelte Geld wird mit vollen Händen ausgegeben und man genießt kurz die exklusive Art zu leben. Dies ärgert den Autor Schäffer und diesen Ärger zeigt er in einem Bericht. Vielleicht neidet er den Bettlern ihre feine Lebensweise: „Man würde oft staunen, wenn man in eine Diversorium der Bettler käme und das sähe, was die verunglückten, mitleidenswürdigen, hülfsbedürftigen, vornehmen (!) Herren für Tafeln halten, und wie alles bey ihnen so herrlich und in Freuden hergeht." (Schäffer, 1793, S.526).

Der Bettler demonstriert, daß er sich etwas leisten kann. Auf den gewöhnlichen Bürger schaut er im Wirtshaus herunter und lädt ihn vielleicht sogar ein. So ist es mir einmal ergangen, als ich mit zwei Bettlern, die vor dem Stephansdom in Wien zu betteln pflegten, ein Restaurant aufsuchte. Da ich befürchtete, die beiden nun einladen zu müssen, meinte ich ruhig, meine Finanzen würden es lediglich zulassen, beide auf je ein kleines Bier einzuladen. Der eine der beiden antwortete, sie würden ohnehin nicht erwarten, von mir eingeladen zu werden, sie selbst

hätten vor, mir einige Biere zu zahlen. Etwas beschämt nahm ich die Einladung an und trank auf Kosten meiner beiden noblen und großzügigen Gastgeber.
In all dem hier Besprochenen wird das Typische des Potlatchfestes deutlich. Der Reichtum wird dadurch bewiesen, daß man ihn vornehm ausgibt, verteilt, andere einlädt und so auch in gewisser Weise demütigt (vgl. Mauss, 1968, S.92). Es ist eine Art Spiel, das hier aufgeführt wird. Es ist jedoch nicht reines Verschwenden, welches beim Kaiser, bei gewöhnlichen Adeligen, dem Bürger, den Chefs der Unterwelt und Sandlern mehr oder weniger rituell zelebriert wird. Mit der großmütigen Einladung ist auch eine Pflicht des Erwiderns verknüpft. Bei den Indianern der Nordwestküste muß der Potlatch stets mit Zinsen vergolten werden. Wenn z. B. ein Untertan von seinem Häuptling für einen geleisteten Dienst eine Decke erhält, wird er ihm anläßlich eines anderen Festes zwei Decken zurückgeben. Die Erwiderung muß in würdevoller Form geschehen. Am besten in Form einer Gegeneinladung, bei der die eigene Würde des Großmuts unterstrichen wird. In dem ehrenhaften Wettstreit versucht einer den anderen zu übertrumpfen. In der Verschwendung demonstriert man Größe. Nicht nur der Kaiser ist darin perfekt, sondern auch der Ganove.

Ich habe oben einige Male darauf verwiesen, daß Großzügigkeit, die Distanz zum Geld und das leichtfertige Umgehen mit diesem Ansehen zu verschaffen vermögen. Großzügigkeit beim Fest durch den Gastgeber verpflichtet zu Erwiderung. Es gibt aber auch Formen des ehrenhaften Handelns, bei der vor allem von Angehörigen niederen Standes keine Gegengabe erwartet wird. Alleine der Erwerb von Ehre genügt dem großmütigen Menschen. Eine solche würdige Großmütigkeit zeigt der Monarch, der einen Verbrecher begnadigt, der Reiche, der einem anderen eine Schuld erläßt oder der Bürger, der einem Bettler mitleidig ein Geldstück in den Hut wirft.
Daß Ganoven ihre Ehre haben und großzügig gegenüber Armen und Benachteiligten sind, wird mit einigem Respekt so erzählt: „Bei all dieser moralischen Verdorbenheit finden sich

doch bei ihnen auch einige Überreste von Tugend und Sittlichkeit . . . Sie sind sehr mitleidig gegen Arme . . . gegen wahre Bedürftige und Nothleidende: und ihr Mitleiden ist nicht bloß theilnehmendes Gefühl, sondern sie beweisen es auch mit der That durch würkliche Aushülfe und Gutthätigkeit. Ein Hülfsbedürftiger, der sie um ein Almosen anspricht, kann allemal sicher sein, daß er eins und zwar meistens ein beträchtliches, es sey an Geld und Kleidungsstücken, oder anderen Artikeln, womit sie eben versehen sind, empfangt. Sie reichen es ihm auch unaufgefordert, sobald schon das Ansehen für ihn redet . . ." (Schäffer, 1793, S.268).

Die noble Art des Ganoven, an Bedürftige Geld zu geben, deutet Schäffer auch als eine Form der Verschwendung und er schildert, wie edel Freunde und Helfer belohnt werden: „Oft ist es aber auch bloß der Geist der Verschwendung, der ihnen eigen ist, die Quelle, aus der ihre Güte fließt . . . Aus diesem Grund sind sie sehr oft gegen Nichtarme freygebig, besonders wann sie eben einen vollen Beutel haben, und durch Lustigkeit zu Bonhomie gestimmt sind. Auch sind sie zuweilen in gewissem Grad mitleidig und großmütig gegen die Bestohlenen, und geben ihnen etwas von dem zurück, das sie ihnen abgenommen haben. Sie belohnen die Dienste, die man ihnen leistet, sehr gut, und ihre Diebswirthe und Freunde unter ansässigen Bürgern darfen nicht fürchten, von ihnen bestohlen zu werden . . . Sie beschweren sich auch nie über zu große Zechen, sondern zahlen, wenn sie auch zu hoch angesetzt wären, alles, ohne ein Wort darüber zu verlieren. Sie verschonen bey ihren Einbrüchen und Beraubungen möglichst die Ärmeren, und kehren nicht selten leer aus einem Haus zurück, wo sie auffallende Spuren des Mangels erblicken" (Schäffer, 1793, S.269ff).

Der „echte" berufsmäßige Ganove rechnet es sich — entsprechend solcher und ähnlicher Beobachtungen, die auch ich machen konnte (Girtler, 1984) — als Ehre an, großzügig und weitherzig gegenüber Leuten zu sein, die entweder selbst arm sind oder denen er aus irgendeinem Grund verpflichtet ist. Ein solches Verhalten wird auch von den Kollegen positiv honoriert und wertet den großmütigen Gauner auf.

Vornehmheit unter berufsmäßigen Ganoven äußert sich also auch, ähnlich wie bei Aristokraten, durch vornehme Großzügigkeit und durch noble Distanz zum Geld — gerade gegenüber Personen, denen man nicht bloß helfen, sondern auch imponieren will.

„Bewegliche" festähnliche Veranstaltungen, Bälle, Empfänge, Parties . . .

Ergänzend zu den Ausführungen zum Fest als einer Veranstaltung, bei der der Gastgeber Großzügigkeit und Distanz zum Geld betont, ist noch auf andere Funktionen von Festen zu verweisen. Wesentlich für das Fest (und festähnliche Einrichtungen) ist auch, daß bei diesem Personen Gelegenheit haben, sich anderen als würdig zu präsentieren, mit ihresgleichen zu disputieren und Leute zu treffen, die einem von Vorteil (Protektion) sein können. Das Fest bietet dafür einen rituellen Rahmen, unter dessen Schutz man z. B. Kontakte mit einflußreichen Personen anknüpfen und Geschäfte im weitesten Sinn machen kann. Hier wird eine Kommunikation eingeleitet, die sonst oft nur schwer möglich ist. Bei einem festlichen Zusammentreffen sind jene Schranken, die gewöhnlich persönliche Beziehungen erschweren, zumindest zu einem Teil geöffnet und lassen engere Kontakte zu.
Die Festlichkeit soll also menschliches Miteinander-Agieren erleichtern und fördern. In diesem Sinn ist auch zu verstehen, daß z. B. mittelalterliche gelehrte 'Disputationes' mit einem rituellen Umtrunk eingeleitet wurden oder wichtigen Vertragsverhandlungen bei den alten Germanen ein ordentliches Mahl vorausging. Auch das Symposion Platons war eine gemeinsame festliche Veranstaltung, bei der feinsinnige und philosophierende Athener miteinander diskutierten. Das 'Symposion' — auf deutsch wörtlich: Zusammentrinken — wurde schließlich — zumindest als Wort — zum Vorbild moderner wissenschaftlicher Tagungen.

Eine besondere Chance, andere Leute zu treffen, um mit ihnen über diverse persönliche oder andere wichtige Dinge zu sprechen, sind festliche Treffen, bei denen die Eingeladenen nicht an einer bestimmten Tafel zu sitzen gezwungen sind, sondern beweglich in den Festräumen die für sie interessanten Menschen nach eigenen Wünschen treffen und sich mit ihnen eventuell zurückziehen können. Dies sind vorrangig Tanzveranstaltungen, wie Bälle zur Faschingszeit, Hochzeitsfeste, rituelle Jagden mit gemeinsamen Trinkgelagen und moderne sogenannte Parties. Man erzählt, daß bei Jagden, die von Ministern oder sonstigen hohen Herren veranstaltet wurden, Geschäfte verschiedener Natur, wie z. B. auch Waffengeschäfte, abgeschlossen wurden.
Solche „bewegte" Geselligkeiten, bei denen die Eingeladenen, natürlich nur vornehme Leute, miteinander in Kontakt gebracht werden, gab es auch am alten österreichischen Kaiserhof: „Zu den Hofbällen wurden die Hofwürdenträger, die Minister, die Spitzen der Geistlichkeit, der Militär- und Zivilbehörden, die Angehörigen des diplomatischen Korps, prominente Funktionäre der öffentlichen Anstalten und Betriebe, Männer der Kunst und Wissenschaft und solche, die sich auf irgendeinem Gebiete hervorragenden Ansehens erfreuten, nach und nach eingeladen, damit der Kaiser Gelegenheit (!) fände (aber die anderen auch, R.G.), mit ihnen in Berührung zu treten und sie länger ins Gespräch zu ziehen, als dies bei den allgemeinen Audienzen möglich gewesen wäre. Hierzu bot allerdings die Faschingszeit noch eine andere Gelegenheit (!) in den Hofbällen, welche alljährlich in Wien und in Budapest stattfanden. In Wien wurden dieselben in der Hofburg abgehalten, zwei im Laufe jeder Karnevalssaison. Der eine, der erste, war der 'Hofball', der darauffolgende andere der 'Ball bei Hofe'. Ersterer war in seiner Art der glänzendere; eine Unzahl von Einladungen wurden dazu ausgegeben, wobei, was die Herren betraf, schon das Moment, einen österreichischen Orden zu besitzen, die Einladungsmöglichkeit involvierte. Bei Damen war der Maßstab ein bedeutend strengerer und an die 'Hoffähigkeit' gebunden, welche durch adelige Geburt, hervorragende Stellung des

Gatten oder sonstige Vorzugsprärogativen gegeben sein mußte. Das diplomatische Korps hatte überdies das Recht, gerade in Wien anwesende Konnationale von entsprechender sozialer Qualifikation zur Einladung für den Hofball unter dem Titel 'Fremde von Distinktion' vorzuschlagen. — Der 'Ball bei Hof' war der intimere, die Einladung zu demselben weitaus beschränkter und tatsächlich an eine besondere Stellung der damit zu Bedenkenden zum Hofe gebunden. Dieser 'Ball bei Hof' fand auch nur im Zeremoniensaale der Hofburg statt, während für den Hofball die 'Redutensäle', als weitläufige Repräsentationsräume der Wiener Burg, in ihrer Gesamtheit zur Verfügung gestellt wurden. Auch der Umstand, daß beim Hofballe von den Herren die Galauniform und alle in- und ausländischen Orden angelegt wurden, während beim 'Ball bei Hofe' die Inhaberuniformen sowie ausschließlich die österreichisch-ungarischen Auszeichnungen zu tragen waren, dokumentierte eine Differenzierung zwischen den beiden Veranstaltungen . . .
Die Hofbälle boten ein wahrhaft märchenhaftes Bild von Pracht und Glanz. Man konnte sich nicht sattsehen an den herrlichen Toiletten der Damen, an ihrem Millionenwerte repräsentierenden Schmucke, an den verschiedenartigsten, mit Sternen und Kreuzen übersäten Uniformen der Herren, an den ernsten, aber prächtigen Gewändern der Kirchenfürsten . . . Als dann der Hof in den großen Tanzsaal einzog — voran der Kaiser mit der Herzogin von Cumberland oder der sonst im höchsten Dynastenrang stehenden Dame am Arme — begann die Hofmusikkapelle, vom temperamentvollen Meister Strauß, späterhin vom weitbekannten Ziehrer dirigiert, den Auftakt zu spielen, dem sodann die Tanzmusik folgte, welche während des ganzen Balles hindurch währte. Es wurden Rundtänze und Gesellschaftstänze von den Damen des Adels und der Diplomatie mit den Kämmerern und jüngeren Herren der hiezu berufenen Kreise durchgeführt . . .
Während der dem Tanze gewidmeten Zeit ging der alte Kaiser von einem zum anderen der Erschienenen und hielt unermüdlich Cercle, so daß man die physische Leistungsfähigkeit des alten Monarchen staunend bewundern mußte. Wenn die Tanzfol-

ge über die Programmhälfte gediehen war, begaben sich der Hof und die höheren Kreise in die Säle, in welchen das Souper serviert wurde, während die sonstigen Anwesenden sich in den großen Büffetraum verfügten, wo auf hufeisenförmig eingerichteten Tafeln eine schier unermeßliche Fülle der köstlichsten Leckerbissen ausgebreitet lag und von Hofbediensteten dargereicht wurde; gleichzeitig schenkten Hoflakaien den Büffetgästen Bier, Weine und Champagner ein. Bald entwickelte sich ein lebhaftes Treiben am Büffet, Gelegenheit zu mancher lustigen Unterhaltung bietend (!)" (Margutti, 1921, S.218ff).

Die hier breit vorgeführte Schilderung vom Hofe des alten österreichischen Kaisers zeigt einiges auf. Die Bälle sollten die erlauchten Leute zusammenbringen, ihnen das Gefühl vermitteln, der Kaiser freue sich über ihre Ergebenheit, und ihnen die Möglichkeit geben, sich als feine Menschen hervorzutun. Eine Vielzahl von Symbolen wurde eingesetzt, um Stand, Ansehen und auch die Nähe zum Kaiserhaus, eine besondere Auszeichnung, zu zelebrieren. An diesen Symbolen konnte man sich gegenseitig ausrichten, um eventuelle vorteilhafte Kontakte zu suchen. Der Glanz der Hofbälle bietet den Rahmen und die Chance in ritueller, aber entspannter Atmosphäre das Gespräch zu einem bedeutenden illustren Gast zu suchen, von dem man sich abhängig weiß, von dem man sich aber in dieser Situation ein geneigtes Ohr verspricht.

Hofbälle waren und sind nicht bloß zeremonielle Zurschaustellungen der eigenen hervorragenden Bedeutung der geheiligten Person, sondern sie boten auch Anlaß zur Hoffnung, von anderen würdigen und sakralen Personen gesichtet, bestaunt und akzeptiert zu werden. Es wurden Gesprächsebenen geschaffen, die es ansonsten nicht so leicht gibt. Das kühle Büro eines hohen Beamten wird vertauscht mit einer prachtvollen Lokalität, in der Kontakte und Gespräche leichter und auch unauffälliger geführt werden können.

In diesen Zusammenhang gehören auch all die Anstrengungen von Männern und Frauen oder deren Eltern, geeignete solenne Heiratspartner zu finden oder einfach attraktive Freundschaf-

ten zu suchen. Die in der Tradition des alten Hofballes und ähnlicher Bälle stehenden heutigen Feste, wie der Staatsopernball oder diverse Redouten, erfüllen dieselbe Funktion. Reiche und vornehme Balleltern sehen hierin wunderbare und standesgemäße Gelegenheiten, das Fräulein Tochter an den Mann aus feiner oder zumindest vermögender Familie zu bringen. Die früheren Erzherzöge, Fürstinnen, Exzellenzen und Generäle wurden abgelöst durch ordenbedresste Staatsminister, Fußballtrainer, Schauspielerinnen, Schlagersänger, Wirtschaftsmagnaten und andere noble Leute, die nun in der durch das Fernsehen verstärkten Öffentlichkeit aller Welt als herrliche Individuen erscheinen.
Ein Unterschied zu Kaiserszeiten besteht wohl: während früher die Einladungen an die Gäste und Debütantinnen durch das Kaiserhaus ergingen, ist es heute vor allem für die Leute aus der Wirtschaft und dem modernen, durch das Geld und das Showgeschäft geprägten Adel nicht billig, Logenplätze und Eintrittskarten zu erhalten. Wirtschaftsbosse lassen es sich viel kosten, ganze Logen zu mieten, in die sie dann während des Staatsopernballes Kollegen, politisch einflußreiche Experten und Geschäftspartner bitten und sie prächtig bewirten. Geschickte Gespräche bahnen ein eventuelles Geschäft, eine wichtige Protektion oder eine spätere Einladung bei einem interessanten noblen Heiratspartner an. Die Republik befindet sich also in bester aristokratischer Tradition. Die Bühne und die menschlichen Absichten blieben dieselben, die Schauspieler jedoch änderten sich.

Zu solchen „beweglichen“ Festen, wie den Bällen eben, gehörten auch die vom Kaiser gegebenen „Empfänge“ oder „Cercles“, die vorrangig dem Kontakt und dem Gespräch dienten. Darüber heißt es: „Hier sei auch jener 'Empfänge' bei Hof gedacht, die allgemein mit der Benennung 'Rout' gekennzeichnet wurden. Ihre Aufmachung war eine nicht viel andere als jene der Hofbälle und Hofkonzerte, nur daß bei den 'Empfängen' Musik, Tanz und Gesang wegfielen. Es blieb da nur der vom Monarchen gehaltene Cercle als Fixpunkt der Veranstaltung, wie auch der Zweck lediglich darin bestand, dem Kaiser Gelegenheit zu bieten, mit den auf seine Einladung Versammelten in Fühlung zu treten. Solche 'Empfänge' fanden zumeist während der Tagung von wissenschaftlichen, sozialen oder humanitären Kongressen, hie und da — jedoch seltener — auch bei Besuchen ausländischer Potentaten in Wien oder Budapest und schließlich bei offiziellen Aufenthalten des Monarchen in größeren Städten statt. Nach Beendigung der vom Kaiser geführten Cercle-Konversation wurden die Gäste in Nebenräume geleitet, wo ein großes Büffet mit den mannigfaltigsten Erfrischungen, dann Bier, Wein und Champagner ihres Zuspruches harrten." (Margutti, 1921, S.221).

Diese „Empfänge" haben sich bestens bewahrt und bewährt. Nicht nur treffliche Erfrischungen und bravourös zubereitete Leckerbissen, wie Hummerstücke, Leberpasteten, Brötchen mit bunten Aufstrichen, vielerlei Käsesorten, zarte Törtchen und Schokoladekuchen locken die Eingeladenen, sondern — für viele besonders wesentlich — die Nähe zu den für sie irgendwie wichtigen Personen.

Heutige „Empfänge" für Teilnehmer an wissenschaftlichen und ähnlichen Tagungen durch den Bundespräsidenten, den Landeshauptmann, den Bürgermeister oder eine andere rituelle Persönlichkeit gelten genauso wie früher dem würdigen Zusammensein der gelehrten und noblen Leute. Informationen über wissenschaftliche Projekte, Geldgeber für diese und die Ausschreibung von reizvollen Posten können dabei ausgetauscht werden. Die rituelle Persönlichkeit, die früher der Kaiser oder irgendeine Exzellenz war, ist heute der Bundespräsident oder ein anderer hoher republikanischer Beamter. Sie adelt durch ihre Anwesenheit den „Empfang" und damit das Treiben von Wissenschaftlern und anderer glanzvoller Leute. Diese Adelung von besonders geselligen Veranstaltungen, wie den Bällen, bei denen Menschen sich präsentieren und kontaktieren konnten und können, geschieht auch heute grundsätzlich dadurch, daß eine annähernd charismatische Person den „Ehrenschutz" übernimmt und andere bedeutende Zeitgenossen als „Ehrengäste" auftreten. In der auf vornehmes Papier gedruckten „Einladung" zu solchen Festlichkeiten wird daher vor allen anderen Informationen, wie Datum, Eröffnungskomitee usw., alles andere überstrahlend, der „Ehrenschutz" in geradezu monarchischer Weise vorgetragen. Diese „rituelle", den „Ehrenschutz" z. B. eines Balles tragende Persönlichkeit führt alte aristokratische Traditionen weiter. An kaiserliches Charisma erinnert so unter anderem auch der Bürgermeister, der mit seinem Namen einen Feuerwehrball heiligt.

Vor allem die „beweglichen" Festlichkeiten erfahren durch einen „Ehrenschutz" beim Ball oder durch eine feine Einladung die noble Weihe.

„Empfängen" strukturell ähnlich sind die modernen Vernissagen, bzw. die Präsentation von Bildern, Büchern und Schallplatten, die diversen Feiern bei Filmpremieren, Geburtstagsfeste von illustren Zeitgenossen und andere feine Veranstaltungen. Die besonderen Weihen erhalten diese Unternehmen durch eingeladene heilige Individuen, diese adeln die Zusammenkunft und machen sie interessant; zum Beispiel für Erwähnungen in den Gesellschaftsspalten der Boulevardzeitungen. Die Öffentlichkeit ist wichtig, sie soll wissen, daß bestimmte Personen von einer hervorragenden Bedeutung sind oder etwas Bewundernswertes als Sportler, Autoren oder Politiker geleistet haben.

Diese „beweglichen" festlichen Zusammenkünfte schaffen also ein Klima, in dem Kommunikation mit allen anwesenden Leuten möglich ist. Dadurch unterscheiden sie sich von den „Tafeln" mit festen Sitzordnungen, die wohl nach dem Essen aufgegeben werden, die jedoch nicht die Kontakte ermöglichen, die für einen „Empfang" typisch sind.

Ähnlich den „Empfängen", jedoch intimer, sind die sogenannten Parties, die vielleicht den früheren kaiserlichen Einladungen zur Konversation oder zum Kaffee ähneln. Die Teilnehmerzahl einer Party ist begrenzt und überschaubar, was bei einem Empfang keineswegs der Fall ist. Die Partygäste kennen sich entweder oder sie werden einander direkt vorgestellt. Dasselbe wäre bei einem „Empfang" mühsam. Man sitzt oder steht beisammen, genießt die am Büffet vorbereiteten kleineren Speisen, scherzt höflich und redet Belangvolles. Bei Veranstaltungen im Stile einer Party sind mitunter Personen eingeladen, die nach dem Willen der Gastgeber sich kennenlernen wollen oder sollen. Ganz wesentlich ist hier die Selbstdarstellung und das Bemühen, auf andere zu wirken. Öffentliche Personen, die vom Fernsehen, der Bühne, aus dem Sport oder sonstwie bekannt sind, geben dabei der Party und den Gastgebern Reiz und Bedeutung.

Im wesentlichen gibt es zwei Typen solcher Parties: Zum ersten Typ gehören Parties oder ähnliche Festlichkeiten, bei denen ein eher gesetztes Publikum eingeladen ist, ein feines Publikum, gut gekleidet, mit Manieren, höflichen Anreden und kontrollierten Bewegungen. Gastgeber und Gastgeberin suchen selbst Anerkennung, bieten dafür ein glanzvolles Büffett und freuen sich über die Gäste.

Ich kenne ein freundliches Akademikerehepaar, welches periodisch vor allem Ärzte, hohe Juristen, wichtige Beamte und auch Aristokraten zu einer solchen Party einlädt. Es ist in ihrem Sinne, daß die Gäste manchmal auch über tagespolitische Themen oder Gesetzesvorlagen diskutieren. Mit Stolz wurde mir erzählt, die Grundideen für ein bestimmtes Familiengesetz, welches später im Nationalrat beschlossen wurde, seien bei einer derartigen „beweglichen" Festlichkeit gefaßt worden. Ein Gästebuch, in welches die werten Besucher gebeten werden, ihre Namen einzutragen, dient dazu, die Prominenz und Buntheit der geladenen Gäste, die dem Haus die Ehre erwiesen haben, zu verewigen.

Dieser Partytyp hat etwas Rituelles an sich, was Begrüßung, Unterhaltung und auch Verabschiedung betrifft. Zur Struktur dieser vornehmen Art von Party gehört auch, daß man zumindest eine Person als eine Art Unterhalter einlädt, um die oft zähen Gespräche aufzulockern. Ich hatte das Gefühl, als ich hier eingeladen war, eine solche Funktion zu erfüllen. Man empfand es geradezu als angenehm und erfrischend, daß da jemand heiter und leichtfertig gewisse Dinge ansprach.

Der zweite Partytyp hat wohl auch seine Riten, ist aber formloser und die Kontakte zwischen den Gästen untereinander und

zu den Gastgebern laufen unter geringeren sozialen Zwängen ab. Unproblematisch können andere angesprochen, Kontakte hergestellt und kann mit Mädchen geflirtet werden.
Die Vornehmheit der Gastgeber wird auch hier durch die besondere Sorgfalt in der Bereitstellung des Büffets und in der Besorgung guter Getränke deutlich.

Allen den hier skizzierten rituellen Festlichkeiten, den „festen" („Galatafeln" u. ä.) und „beweglichen" (Empfänge und Parties), ist ein gewisses Maß an Großzügigkeit des Einladenden gemeinsam. In verschwenderischer Weise wird den Gästen die Noblesse des Gastgebers vorgeführt. Die „beweglichen" Festivitäten, bei denen die Gäste an keine Tischordnung gebunden sind, sondern frei in den für das Fest bestimmten Räumen sich bewegen und herumgehen, dienen der Kontaktnahme mit feinen Leuten, von denen man vielleicht etwas erhoffen kann.

Andere „noble" Gäste bei „Empfängen"

Die „Empfänge" haben, wie ich eben angedeutet habe, einen offeneren Charakter als Galadiners und Parties. Für solche „Emp fänge" — Vernissagen u. ä. — sind wohl geladene Gäste typisch, jedoch es ist auch nicht direkt eingeladenen Leuten mitunter möglich, an ihnen teilzunehmen. Die Schwierigkeit, geladene und nicht-geladene Gäste zu unterscheiden, verleitet raffinierte Personen, sich unter die Geladenen zu mischen, mit interessanten Besuchern zu plaudern und kräftig beim Buffet zuzulangen. Bei diesen Gästen handelt es sich vorrangig um zwei Typen von Lebemännern. Für die einen ist es eine Genugtuung, mit mehr oder weniger angesehenen Personen, die zu dem „Empfang" geladen sind, kommunizieren zu können. Man kann Bildung vortäuschen und in dem Gegenüber das Gefühl entwickeln, eine wichtige Person zu sein. Die anderen wieder sehen vor allem in den bereitgestellten Leckerbissen eine wichtige Möglichkeit, sich satt zu essen. Ein Gespräch mit anderen Gästen wird nicht immer gesucht, jedoch hingenommen. Ich habe zu solchen Leuten längere Zeit einen guten Kontakt gehabt. Ich besuchte mit ihnen solche „Empfänge", führte Konversation und trank mein Bier.

Für die meisten dieser noblen Besucher — es sind nicht viele — ist es wichtig, zumindest einen guten Anzug und entsprechende Schuhe zu besitzen, um sich unproblematisch unter die Gäste mischen zu können, um also nicht aufzufallen. Die soziale Herkunft dieser Leute ist bunt. Vorrangig sind es wohl sparsame Studenten, die über ein knappes Budget verfügen, arbeitslose Jungakademiker, verbummelte Studenten und in Würde ergraute Herren, denen es nie besonders wichtig war, durch harte Arbeit sich den Lebensunterhalt zu verdienen, und grundsätzlich solche, für die die Verköstigung bei solchen „Empfängen" eine wichtige Möglichkeit des Nahrungserwerbs darstellt. Diese Leute, die bisweilen als „Nobelsandler" bezeichnet werden, schaffen sich so eine ehrenhafte und noble Lebenswelt, die nahrhaft und gesellschaftlich interessant ist. Beim „Empfang" sind sie dem täglichen Druck, der eventuell auf ihnen als Außenseiter oder Angehörige einer Randgruppe lastet, enthoben. Hier genießen sie für einige Augenblicke den Glanz eines kultivierten und manchmal auch weltmännischen Publikums. Hier haben sie eine andere Identität, mit der sie zufrieden sein können, nämlich die Identität des ehrenhaften Empfangteilnehmers. Sie wissen, daß sie als Eindringlinge, die sie eigentlich sind, beim „Empfang" kaum auffallen, denn so ein Empfang ist nicht überschaubar.

Mir erzählte einmal jemand, der zu einem „Empfang" geladen war, daß zur Verwunderung der Gastgeber 300 Gäste anwesend gewesen seien und beim Buffet hungrig zugelangt haben, obwohl nur 100 eingeladen waren.

Diese Gäste sind jedoch nicht immer „Profis". Sie lassen sich durch Freunde mitnehmen und fallen nicht weiter auf. Diejenigen aber, die professionell solche „Empfänge" aufsuchen, „leben" davon. So ein Empfang ist für sie Nahrungsquelle und ge-

sellschaftliche Veranstaltung, bei der sie auch Kollegen treffen können, zugleich. Die Zeitpunkte und Adressen für solche „Empfänge“ erfahren sie durch Freunde, diverse Ankündigungen und sogar durch öffentliche Stellen.
Einer dieser Berufsgäste, den ich gut kannte, war seit seiner Jugend mit einer Reihe von jetzigen hohen Beamten des Bundeskanzleramtes oberflächlich befreundet. Als ehemaliger, verbummelter Student hatte er gute Kontakte und nützte diese auch. Von seinen Bekannten erfuhr er regelmäßig, wo „Empfänge“ veranstaltet werden, bei denen es sich lohnte teilzunehmen. Die Adressen, die dieser Spezialist bekam, tauschte er mit den Adressen seiner Kollegen aus, die diese ihrerseits regelmäßig sammelten. Mir zeigte einmal ein „Empfangs-Professional“ seinen Terminkalender, in dem er pedantisch die täglichen „Empfänge“ aufgezeichnet hatte. An einem Tag waren oft mehrere dieser nahrhaften Veranstaltungen festgehalten. Die, von denen sich der Mann vor allem ein gutes Buffet versprach, waren mit einem Kreuz besonders gekennzeichnet. Seinen Kollegen gewährte er freimütig Einblick in den Kalender.
Auf diese Weise lebten sie gut. Einige lehnten es ab, überhaupt einer Arbeit nachzugehen, zumal wenn sie eine kleine Rente oder Notstandshilfe bezogen. Einen dunklen Anzug hatte jeder und das reichte. Zum Essen hatten sie ja genug: die ganze Stadt bot sich ihnen als Gastgeber dar, denn täglich gibt es irgendwo einen Empfang oder eine ähnliche Veranstaltung.
Als „noble“ und sichere Gäste rechnen manche Besitzer von Ausstellungsgalerien sogar mit der Teilnahme dieser Spezialisten, denen alleine der gute Wein und die bunten Brötchen wichtig sind. Mir wurde erzählt, einer dieser Galeriebesitzer hätte es sogar einmal als Beleidigung angesehen, weil diese Leute einer bestimmten Ausstellungseröffnung mit Buffet fern geblieben waren.
Grundsätzlich haben diese feinen Besucher ein gutes Benehmen, verfügen über ein gutes Allgemeinwissen, so daß sie überall mitreden können, und sie kennen die mit solchen „Empfängen“ verbundenen Riten. Die Gastgeber haben also in dieser Richtung mit ihnen keine Probleme, eher im Gegenteil, sie ge-

ben dem Empfang sogar einen gewissen Schmuck. Die Kunst dieser Spezialisten ist es, vornehm zu erscheinen und gleichzeitig in gespielter Distinguiertheit doch soviel zu essen, daß sie satt sind. Würden sie unangenehm auffallen, so müßten sie damit rechnen, ein andermal nicht eingelassen zu werden.
Pech hatte in dieser Hinsicht ein ehemaliger Student, der, ohne zu arbeiten, sich durchs Leben mühte und ein echter Professional bei Empfängen war. Für gewöhnlich erzählte er bei diesen, er sei Journalist. Bei einem großen und vornehmen Empfang, der von einem Ministerium gegeben wurde, gab er sich als „Präsident der Auslandsösterreicher" aus. Man bat ihn anschließend zu einem Diner. Der Mann aß und trank in würdevoller Zurückhaltung. Er kostete von den aufgedeckten französischen Weinen und prostete seinem Tischnachbarn zu. Doch als er gehen wollte, meinte ein Ober, er müsse die Getränke bezahlen. Der feine Gast verwies darauf, er sei doch eingeladen worden. Die Einladung würde sich nur auf das prachtvolle Essen beziehen, nicht jedoch auf die konsumierten Getränke, wurde ihm geantwortet. Es mußte nun zugeben, kein Geld bei sich zu haben, denn er sei unter etwas falschen Voraussetzungen hier. Der Ober meldete dies dem Gastgeber, der nun merkte, daß der noble Herr gar nicht eingeladen war. Etwas erzürnt ging er zu diesem und sagte, er solle sofort verschwinden und sich nicht wieder sehen lassen.
Pannen dieser Art sind möglich, jedoch hindern sie diese Leute nicht daran, wieder solche „Empfänge" aufzusuchen. Sie tragen eher dazu bei, die Strategien bei solchen Veranstaltungen zu verfeinern und eventuell andere Kollegen zu warnen.

Gedanken zum „Empfang"

Grundsätzlich, wie gesagt, sind solche „Empfänge" als „bewegliche" Festlichkeiten, bei denen die teilnehmenden Personen an keine fixe Sitzordnung gebunden sind und miteinander Kontakte aufnehmen können, wenig oder gar nicht überschaubar. Daher ist es auch nicht eingeladenen Spezialisten möglich, bei Einhaltung nobler Riten unproblematisch sich in das Getriebe und Gewoge einer einen Empfang absolvierenden Gesellschaft zu mischen.

Bei überschaubaren Festlichkeiten, wie zum Beispiel einer klassischen Party, sind solche Aktionen kaum möglich. Wahrscheinlich würde man sie fragen, was die ungebetenen Besucher „hier zu suchen" haben, und sie dann hinausbitten. Bei einem Atelierfest, einer Art Party, zu der ich eingeladen wurde, war auch ein solcher, durchaus vornehm wirkender Gast anwesend. Niemand kannte ihn. Er war gut angezogen, griff beim Buffet ordentlich zu, trank seinen Wein und stellte sich zu den herumstehenden, miteinander Konversation führenden Gästen. Er nickte hie und da freundlich. In seinem grauen Nadelstreifanzug, zu dem er ein dezentes Mascherl trug, wirkte er seriös. Niemand wagte, ihn zu fragen, wer er denn eigentlich sei. Auch die Gastgeberin interessierte der Mann. Sie konnte sich nicht erinnern, ihn irgendwo schon einmal gesehen oder ihn gar eingeladen zu haben. Nach seinem Namen zu erkundigen, das erschien ihr aufdringlich und daher bat sie ihn — als einzigen —, als er sich verabschiedete, sich in das Gästebuch einzutragen. Dies in der Hoffnung, nun würde sie erfahren, wer dieser unbekannte Gast denn sei. Doch der Mann unterschrieb zur Enttäuschung der Frau so, daß sein Name nicht zu lesen war. In diesem Fall hatte zwar der ungerufene Gast keine Probleme, jedoch die Gastgeber, die nicht wußten, um wen es sich da handelt, waren verunsichert

„Empfänge", wie sie in ihrer Tradition auf das Kaiserhaus zurückgehen, sind also rituelle Zusammenkünfte, bei denen erlauchte und kultivierte Menschen sich präsentieren, Kontakte zu anderen suchen und in vornehmer Weise dargebotene Speisen verzehren.

„Erlaucht" und „vornehm" sind auch die Besucher von Empfängen oder Parties der sogenannten „linken Schickeria". Anstelle der traditionellen Anzüge und Kleider wird bei solchen Festivitäten eher lockere Kleidung getragen. Krawatten als Symbole des „braven" Bürgers sind verpönt, aber teure Jeans durchaus

akzeptiert. Auch hier gibt es strenge Kleiderregeln, die symbolisch die besondere, sozialkritische Lebensweise dieser Leute betonen sollen. Ihre Noblesse, also ihr Anders- und Bessersein, äußert sich ebenso in einem charakteristischen Gesprächsstil. Letztlich jedoch verharren auch diese Gäste in den alten zeremoniellen Gleisen der klassischen „Empfänge" bzw. Parties. Sie unterstützen sich gegenseitig in der gemeinsamen Vorstellung, feiner, exklusiver und eben ganz anders als der „brave Bürger" zu sein.
Wesentlich ist all diesen Veranstaltungen — auch dann, wenn es nicht zugegeben wird —, daß den Gästen, eingeladenen und nicht eingeladenen, das Gefühl vermittelt wird, in gewisser Weise nobel und bevorzugt zu sein. Die Teilnehmer genießen die Ehre und greifen kräftig am Buffet zu. Und die Ehrenhaftigkeit des Gastgebers zeigt sich in seiner Großzügigkeit, mit der er dieses Buffet ausstattet. In Ansätzen und prinzipiell finden sich auch in diesen Empfängen und Einladungen die Grundsätze des Potlatchfestes, dessen wesentliches Ziel es ist, dem Gast zu imponieren, ihn aber auch für sich zu verpflichten, bzw. ihn für sich geneigt zu machen.

Trinkgeld und vornehme Rangordnung beim gemeinsamen Mahl

Das Mahl mit seinen verschiedenen Riten und Strategien sagt — wie zu sehen war — einiges über die betreffende Kultur aus. Es spiegelt Machtverhältnisse, soziale Hierarchien und auch die Degradierung von Menschen wieder. Wir haben oben gesehen, daß am kaiserlichen Hof eine Vielzahl von bunt gekleideten Dienern den hohen Herren servieren und ihnen das Gefühl geben, tatsächlich besondere Menschen zu sein.
Eine ähnliche Funktion hat der Kellner. Für ihn ist der Gast der „König" und er hat alles zu tun, damit der Gast das auch glaubt und ein entsprechendes Trinkgeld gibt. Das Trinkgeld wird daher zum Symbol für Leute, die als vornehm erscheinen wollen.

In diesem Sinn neigen gerade Personen aus unteren oder wenig angesehenen sozialen Schichten dazu, dem Kellner ordentlich Trinkgeld zu geben. Sie erkaufen sich damit Ansehen.

Ich selbst war als Student drei Tage Kellner — länger wollte mich der Wirt, der sich über mich wegen einiger meiner kleinen Fehler ärgerte, nicht behalten. Dabei machte ich die Erfahrung, mit welchem Edelmut vor allem die ärmeren Gäste mir relativ hohes Trinkgeld gaben. Und je freundlicher ich war, desto tiefer griffen sie in die Tasche.

Im Trinkgeld äußert sich die Möglichkeit, eigene Vornehmheit zu erkaufen, aber auch der Dank dafür, als nobler Mensch behandelt worden zu sein. Die Strategien des Kellners sind demnach nicht immer einfach. Sie beruhen auf gediegener Menschenkenntnis und auf der trefflichen Kunst der Menschenbehandlung. Der Kellner weiß um die Schwächen seiner Gäste und verdient daran. Man denke an die Geschichte von der Dirne, die meine Frau und mich zum Essen eingeladen hat. Sie gab einer Kellnerin, von der sie sich gut behandelt sah, reichlich Trinkgeld. Dadurch wollte sie einer andere Kellnerin, die wenig freundlich war und die daher auch kein Trinkgeld von ihr erhielt, klarmachen, mit welch finanziell starken und daher feinen Leuten sie es zu tun hat. Das Trinkgeld hat also eine wichtige symbolische Funktion für die Vornehmheit von Menschen, die aber auch dadurch, daß sie kein Trinkgeld geben, verdeutlichen wollen, nicht entsprechend nobel behandelt worden zu sein.

Beide, der reiche Zuhälter und der kleine Bettler, sehnen sich danach, wie „Herren“ behandelt zu werden. Einen solchen Bettler lernte ich bei meiner Studie über „Sandler“ kennen. Dieser erzählte mir, er würde, — wenn er manchmal genügend Geld hat — gerne ein seriöses Restaurant aufsuchen, um sich dort „ordentlich“ bedienen zu lassen. Ihm sei es angenehm, wie er mir erzählte, von den Kellnern gut und freundlich bedient zu werden. Er habe das Gefühl, dabei noch ein feiner Mensch zu sein. Als ein solcher werde er sonst nicht behandelt, wenn er sich zum Beispiel um eine Klostersuppe anstellt. Dem Kellner gibt er stets angemessenes Trinkgeld und er sieht sich als ein

Mensch „besserer Qualität", der er eigentlich als Sandler sonst nicht ist. Das Trinkgeld erzeugt den noblen Menschen und es verweist auf die rituelle Wichtigkeit von Essen und Bedienen.

Aber auch andere typische soziale Eigentümlichkeiten zeigen sich beim Essen, nämlich solche, die die Rangordnung von Menschen hervorkehren sollen. Dazu gehört eine spezifische Sitzordnung und Regeln darüber, wer zuerst mit dem Essen beginnt, wer aufhört, wie man spricht und ähnliches. Derjenige, der in einer solchen Weise das Mahl beherrscht, hat gewöhnlich auch innerhalb der betreffenden sozialen Gruppe hohes und höchstes Ansehen, also soziale Macht.
Von der kaiserlichen Tafel wird dazu berichtet: „Während der Tafel wurde eine ruhige Konversation in gedämpftem Tone, zumeist allerdings nur von Nachbar zu Nachbar geführt; dank der musterhaft eingeübten und mit erstaunlicher Präzision ineinandergreifenden Bedienung erfolgte das Servieren der Gerichte ungemein rasch. So kam es, daß Tafeln mit zwölf und mehr Gängen kaum eine Stunde währten. Wenn sich dann der Kaiser vom Tisch erhob, taten es sofort auch alle Gäste." (Margutti, 1921, S.217).
Vom Kaiser hing es also ab, ob die Gäste noch weiter tafeln konnten. Er bestimmte, wann die anderen satt zu sein hatten. Seine hohe Stellung wurde so symbolisch zum Ausdruck gebracht.
Ganz ähnlich ging es auf den alten Bauernhöfen in den Bergen zu, wo die Dienstboten, gemeinsam um einen Tisch sitzend, aus der gemeinsamen Schüssel aßen. Der ranghöchste Knecht war der „Moar" (Meier). Über die Essensrituale erzählte mir ein alter ehemaliger Knecht: „Ist nun die Schüssel zu uns getragen worden, hat der erste Knecht, der Moar, zu essen begonnen, dann sind die anderen Knechte drangekommen. Wenn der Moar, der Vorarbeiter, zum Essen aufgehört hat, haben alle anderen zum Essen aufgehört bzw. aufhören müssen. Die Schüssel hat voll sein und die anderen Hunger haben können, trotzdem wurde sie weggetragen. Weggehaut ist nichts worden. Man hat das, was übrig geblieben ist, vielleicht am Abend be-

kommen. Wenn der Moar ein Spinner gewesen ist, hat man als kleiner Knecht, wie ich einer war, mit dem Essen nicht viel zu tun gehabt. Als ich der jüngste Knecht war, habe ich als letzter angefangen zu essen. Wie ich beim Anfangen war, war die halbe Schüssel schon leer. Die Jüngsten haben auch als erste mit dem Essen aufhören müssen. Wenn der Moar schief geschaut hat und wenn nicht mehr viel in der Schüssel war, habe ich genau gewußt, daß ich abrüsten muß. Der packt das Essen schon allein, so war das. Der Moar war auch beim Essen der Chef. Er war der erste zum Anfangen und letzte zum Aufhören" (Girtler, 1987, S.169f).

Beim gemeinsamen Mahl zeigt sich also die Rangordnung der Dienstboten. Der mächtigste Knecht unter ihnen, der entweder Befehle des Bauern weitergab oder alleine befehligte, war auch beim Essen der erste. Nach ihm hatten sich die anderen zu richten und vor ihm hatte man bisweilen ehrfürchtige Angst. Wenn ihm ein uneheliches Kind einer Magd nicht behagte, so verbot er manchmal, wie mir erzählt wurde, beiden, Mutter und Kind, am gemeinsamen Mahl teilzunehmen. Das Kind beschimpfte er dabei „Hurenbams".

Die autoritäre und gewaltige Position des Moar am Hof wurde also beim gemeinsamen Essen allen Teilnehmern symbolisch und ausdrücklich vor Augen geführt; in ganz ähnlicher Weise, wie es bei der Kaiserlichen Tafel üblich war. Der Kaiser als prunkvolle und mächtige Symbolfigur stand auch beim Mahl, dem rituellen Zusammensein, alleine im Vordergrund, genauso wie der Moar. Macht und Autorität verbinden sich bei beiden Herren und demonstrieren ihre Vornehmheit.

Essensrituale dieser Art sagen viel über den sozialen Vorrang von feinen Menschen und sind daher besonders zu beachten, wenn man über Hierarchien in einer Kultur etwas erfahren will.

Hierarchie und Ehre

Interne Hierarchien der ehrenhaften Leute — Adelige, Politiker und Ganoven

Innerhalb der jeweiligen großen gesellschaftlichen Gruppierungen, Schichten und Klassen wird mitunter ein verzweifelter Kampf geführt, „besser“ zu sein als andere, vor allem als die, die sozial aufzusteigen versuchen. Die internen Abgrenzungen sind nicht immer einfach.

So war und ist es für den alten Adel nicht leicht, sich gegenüber den Emporkömmlingen, Neuadeligen und all denen zu unterscheiden, die durch eine Reihe von Symbolen, wie die Jagd, sich anzubiedern versuchen. Eine charakteristische Hochmütigkeit wird eingesetzt, um Distanz zu wahren. Darauf geht auch Berta von Suttner in ihren Memoiren ein, in denen sie über einen Adelsball, an dem sie teilnahm, berichtet: „Voll freudiger Erwartung betrat ich den Saal. Voll gekränkter Enttäuschung habe ich ihn verlassen . . . Die hochadeligen Mütter saßen beisammen, meine Mutter saß einsam. Die Komtessen standen in Rudeln und schnatterten miteinander . . . ich war verlassen.“ (Reden, 1984, S.86). Diese bereits in einem anderen Zusammenhang zitierte Schilderung beschreibt plastisch den Versuch des alten Adels, Exklusivität zu bewahren, die Außerordentlichkeit ihrer Familien hervorzukehren und Distanz zum „gewöhnlichen“ oder niedrigen Adel zu bewahren, eine Distanz, die umsomehr gegenüber dem Bürger betont wird.

Dieses Verhalten zeigt sich jetzt noch in der adeligen Gesellschaft und wurde mir in einem Gespräch, welches ich mit einer Angehörigen eines noch heute regierenden Fürstenhauses führte, klar. Die Frau meinte, sie würde nicht zum Adel gehören, sie würde als eine Angehörige eines noch regierenden (!) Hauses vielmehr „über dem gewöhnlichen Adel“ stehen. Sie distanzierte sich also von anderen Leuten, die stolz von der Vorstellung getragen sind, hochnobel über allen anderen Menschen zu stehen.

Diese Absicht, sich feiner als andere zu geben, durchzieht auch die sogenannte „bürgerliche" Gesellschaft mit ihren vielen Nischen und sozialen Bereichen. Das Prinzip der Gleichheit oder Gleichwertigkeit existiert nur formal, denn tatsächlich herrscht ein dauerndes Bemühen, sich gegenüber anderen hervorzutun. Hier sei auf eine inoffizielle Liste des österreichischen Bundeskanzleramtes verwiesen, die Kriminalbeamten und anderen Angehörigen diverser öffentlicher Stellen nahebringen soll, welchen Persönlichkeiten informell der höhere Rang gegenüber anderen Prominenten einzuräumen ist und die daher bevorzugt zu behandeln sind. Die Liste führt der Bundespräsident an, ihm folgt der Wiener Erzbischof, dann kommen der Präsident des Nationalrates, der Bundeskanzler, der Vizekanzler, die Bundesminister, der Präsident des Verfassungsgerichtshofes und allerlei höchste Beamte. An der 28. Stelle finden die Botschafter und andere Angehörige des Diplomatischen Corps Erwähnung, an der 34. die Abgeordneten zum Nationalrat, an der 41. der Polizeipräsident und schließlich bescheiden an der 42., der letzten Position, werden global die „Personen des öffentlichen, kulturellen und wirtschaftlichen Dienstes" als verehrungs- und schützenswürdig zusammengefaßt.

Auch die Republik hat ihre besonderen noblen Menschen, denen man Referenz zu bezeugen hat. Daß diese Rangordnung innerhalb der politischen Prominenz auch eingehalten wird, dafür sorgen viele Menschen.

Ähnliche Hierarchien und informelle Abstufungen wiederholen sich mehr oder weniger verdeckt. So auch in der Welt der Geschäftemacher und Bankleute, bei „kleinen" Angestellten und in Akademikerkreisen. Mit feinen Strategien und heimlich-spöttischen Bemerkungen wird der eigene Vorrang herausgestrichen. Man befindet sich in dauerndem Wettstreit und ist geradezu bemüht, Leute aus demselben sozialen Bereich zu finden, denen man sich überlegen fühlen kann. Das geschieht oft mehr durch Andeutungen als durch direkte Konfrontation, denn der Kontakt soll ja nicht abbrechen, er ist notwendig, um die eigene Person glänzen zu lassen. Es kann jedoch umgekehrt passieren, daß Leute den Umgang zu ihresgleichen ablehnen, weil sie sich unterlegen fühlen. Individuen, mit denen früher freundschaftlich verkehrt wurde und die nun plötzlich zu hohem Ansehen, z. B. durch die Erwerbung eines attraktiven akademischen Status, gelangen, werden problematisch. Man sieht die eigene, nun deutlich gewordene „Inferiorität" und zieht sich zurück, um noch etwas an Vornehmheit für sich zu retten und nicht mit jemandem konfrontiert zu sein, der „besser" ist. Aber auch in den von der Gesamtgesellschaft degradierten und an den Rand gedrängten Gruppen, wie die der Ganoven und Bettler, finden sich diese internen Versuche, „feiner" zu sein als die anderen. Man ist hier traditionell darauf bedacht, nicht mit allen anderen Ganoven in einen Topf geschmissen zu werden. Wie im 18. Jahrhundert Ganoven versucht haben, sich nicht nur über den gewöhnlichen Bürger zu stellen, sondern auch über Seinesgleichen, dies zeigt folgende Darstellung: „Sie kennen keinen größeren Ruhm als den, ein großer Gauner zu sein. Je mehr einer dies ist und die angeführten Vorzüge bei ihm sich vereinigen, desto aufgeblasener und übermütiger ist er, desto mehr verachtet er alles neben sich. Selbst die schlechtesten unter ihnen, die sich nicht durch die mindesten Gauner-Talente auszeichnen, haben dennoch eine sehr hohe Meinung von sich, bloß weil sie auch Gauner sind. Sie rechnen sich die Vorzüge ihrer Gesellschaft an und brüsten sich damit als mit eigenen. Voll von Stolz sehen sie mit einem Blick der Geringschätzung auf jeden, der nicht ist, was sie sind, dünken sich besser als der Bürger, der im Schweiße seines Angesichts und mit Unterwerfung unter die Gesetze sich nährt; und hegen auch gegen herumstreichende Bettler, als gegen schwache, träge, furchtsame und einfältige Leute Verachtung, wenn sich dieselben ihnen gleich in Ansehung der Lebensart nähern und von ihnen zu ihren Diebsabsichten gebraucht werden. Auf ähnliche Art üben sie gegen einander selber (!) ihren Stolz aus. Eine Classe setzt sich über die andere hinauf. Der Nachtdieb gibt sich den Rang vor dem Beutelschneider, und dieser wieder vor jenem usw. Die Diebe, welche noch mit einiger Mäßigung ihr Handwerk treiben, rechnen sich dies gegen andere, die ohne Rücksicht stehlen, zum Verdienst an. Der betuchte Kochemer (Gauner) glaubt sehr viel vor einem Kochmohren (auch: Gauner) voraus zu haben, weil er nicht, wie dieser, bei seinen Einbrüchen Leute mißhandelt und Gewalt gebraucht. Jeder sucht, sich ein Ansehen zu geben, jeder seine Vorzüge gegen andere geltend zu machen. Vermag ers: so kleidet er sich kostbar, und erscheint nicht selten ganz in dem Aufzug eines Mannes von Stande, mit einer oder zwo Uhren, und tritt mit hoher Mine einher. Ist er zu arm zu dieser Prahlerei, so ersetzt er den Mangel davon durch Großsprechen . . ." (Schäffer, 1793, S.256f).

In derselben Weise ist es auch heute in der Kultur der Ganoven z.B. in Wien üblich, daß Berufsverbrecher, die ohne wesentliche Gewaltanwendung gegenüber Menschen Geldschränke zu öffnen vermögen, oder die, die beim verbotenen Glücksspiel zu Geld gekommen sind, oder die, die in eleganter Weise die Polizei irregeführt haben, usw., einiges Ansehen unter Kriminellen genießen.

In der Szene der Obdachlosen, die in Wien Sandler genannt werden, besteht eine informelle Hierarchie, nach der jene Männer, die auf sich achten, diszipliniert sind und sich den Umständen entsprechend gepflegt kleiden, auf jene geringschätzig herabblicken, die zerlumpt und laufend betrunken ihr Leben fristen. Aber auch in der den Menschen am meisten in seiner menschlichen Existenz beeinträchtigenden Situation, nämlich in der des Gefängnisses, sind einzelne bemüht, sich über andere zu erheben und sich nobler darzustellen. In der informellen Hierarchie des Gefängnisses, in welchem eine „Tyrannei der Kameradschaft", wie Dostojewski meint, herrscht, haben ähnlich wie in der Berufskriminalität diejenigen, die mit Geld zu tun hatten, unter den Insassen ein hohes Prestige. Dagegen werden in weit größerem Maße als außerhalb des Gefängnisses Leute, die als Sittlichkeitsattentäter, Frauenmörder, Kinderschänder o.ä. „sitzen", von den anderen Insassen degradiert. Ihnen wird gezeigt, daß sie sozial tief unten stehen und daß man mit

einigem Stolz auf sie heruntersehen kann. Den eigenen Selbstwert baut man bereits dadurch auf, daß man auf die Inferiorität dieser üblen Kriminellen hinweist.
In den einzelnen Bereichen, die ich hier angerissen habe, gibt es Strategien und Tricks, um besser bzw. „feiner" oder „nobler" zu sein als andere. Zumindest ist man daran interessiert, sich mit Menschen zu umgeben, die einem unterlegen erscheinen, an deren Unwichtigkeit man sich — im Vergleich zu sich selbst — delektieren kann.
Wilhelm Busch schrieb einmal soziologisch treffend über diese, dem Menschen innewohnende Absicht, der „Bessere" zu sein: „Dummheit, die man bei den andern sieht, wirkt leicht erhebend aufs Gemüt."

Zum Teil in Ergänzung zu vorigen Kapiteln möchte ich noch einige Aktivitäten in spezifischen Randgruppen aufzeigen, die darauf angelegt sind, so etwas wie Ehre zu erwerben. Gerade in gesellschaftlich degradierten Subkulturen hebt ein „ehrenhaftes" Handeln die jeweilige Person aus dem Alltäglichen heraus und macht sie zu einem feinen Menschen. Das „unehrenhafte" Handeln aber degradiert sie, stößt sie aus der Gruppe. Welche Strategien in Randgruppen eingesetzt werden, um „Ehre" zu finden, zeigen die folgenden Ausführungen.
Thematisch werde ich mich auf die sogenannten Sandler, die kriminelle Subkultur rund um ein verbotenes Glücksspiel in Wien, die Wiener Lebenswelt der Prostitution und schließlich auf das Leben im Gefängnis beziehen.
Die Daten, auf denen meine Überlegungen aufbauen werden, habe ich in „teilnehmender freier Beobachtung" und durch „freie Interviews" gesammelt, d.h. ich nahm am Leben dieser Leute teil, traf mich mit ihnen in den diversen Lokalen und ließ mir ihre Geschichten erzählen.

Ähnlich den Parias des Hindui sind die Sandler, wie man in Wien obdachlose Nichtseßhafte nennt (woanders heißen sie Tippelbrüder, Penner u.a.), formal und faktisch von der dominierenden sozialen Umwelt geschieden. Dies drückt sich in einer prekären Rechtslage aus, die den Sandler zum Spielball der Willkür z. B. von Polizisten macht (vgl. Webers Überlegungen zum Begriff „Paria“, 1922, S.636).
Bei Sandlern handelt es sich um Männer, die aus Gründen der Resignation oder aus persönlichen Schwierigkeiten, wie Gefängnisaufenthalten oder familiären Konflikten, den Kontakt zu Leuten suchen, die ähnliche Probleme haben. In solchen Sandlergruppen erhofft sich der künftige Sandler so etwas wie die Zuschreibung einer sozialen Identität, mit der er einigermaßen leben kann. Er erfährt persönliche Akzeptanz, die ihm woanders versagt bleibt. Charakteristisch ist übrigens, daß ein Großteil der Wiener Sandler, aus ländlichen Gegenden stammend, die Anonymität der Großstadt sucht. Hier sind sie vor den Sanktionen (Vorwürfen, Erniedrigungen usw.) ihrer Angehörigen und Bekannten sicher. (vgl. Girtler, 1980, S.9ff) In der Großstadt erlebt der Sandler ein gewisses Maß an Freiheit, die ihn ohne besonderen sozialen Druck im Kontakt mit Leuten, die ein ähnliches Schicksal haben, leben läßt.
Bei der Kultur der Sandler handelt es sich um eine Rückzugskultur von Menschen, die durch einen „Prozeß doppelten Versagens“ bestimmt sind. Doppelt insofern, als es den Sandlern weder in der kriminellen Welt noch in der „normalen“ Gesellschaft gelungen ist, Fuß zu fassen. Diese Rückzugskultur stellt eine Möglichkeit dar, gemeinsame Probleme kollektiv zu lösen. Geprägt ist diese Subkultur durch eine spezifische Gegenwartsorientierung, die der Zukunftsorientierung der Mittelschicht gegenübersteht. Die Zukunft ist dem Sandler uninteressant und auch gefährlich. Er lebt in der dauernden Hoffnung, daß die antizipierte Zukunft nicht sofort eintritt. Eine echte längere Planung seiner Lebensgeschichte ist ihm nicht möglich. Der

Sandler lebt von Augenblick zu Augenblick. Arbeit, bei der ja für die Zukunft etwas geschaffen oder verdient werden soll, hat daher nur einen sekundären Stellenwert. Besonderen Respekt scheinen die Sandler zu genießen, die durch eine heitere Schilderung ihrer vergeblichen Bemühungen um Arbeit ihre Distanz zur Arbeit demonstrieren. Das „Ehrverhalten" des Sandlers wird vor diesem Hintergrund verstehbar. Es genießt jener Sandler Ansehen und „Ehre", dem es gelingt, in seiner fatalen Situation ohne echte dauernde Arbeit mehr oder weniger elegant zu überleben.

An den Biertischen, an denen sie sich treffen und hoffen, von anderen auf ein Bier eingeladen zu werden, kann man bemerken, wie gerade gegenüber Nichtsandlern versucht wird, die Arbeit zu ironisieren. Dies speziell in der Hoffnung, Beachtung der Kumpanen und „Normalbürger" zu erleben und eventuell auf ein Bier eingeladen zu werden. Zu solchen „ehrhaften" Infragestellungen der Arbeit gehört die Erzählung eines Sandlers, der meinte, er suche wohl täglich (es war Winter) das Arbeitsamt auf, nicht aber um eine Arbeit zu bekommen, sondern es mache ihm Spaß, den anderen zuzusehen, wie sie sich um die „Arbeit reißen".

Und ein anderer erzählte, er wäre bei der Firma „Lantana" angestellt. Als ich ihn fragte, was dies denn für eine besondere Firma sei, erwiderte er: „Das ist die Firma, in der einer hier und der andere dort lehnt." (lant ana = wienerisch für „lehnt einer")

Aussprüche dieser Art deuten an, daß der Sandler, der kaum eine Chance hat, eine ihn zufriedenstellende Arbeit zugeteilt zu bekommen, sich auf diese Weise bemüht, eine „ehrenhafte" Identität aufzubauen. Eine Identität, die ihn z.B. als heiteren Philosophen zeigt. Je vollkommener ein Sandler diese Rolle des erfolgreichen Nichtarbeiters zu spielen vermag, um so mehr kann er damit rechnen, mit Respekt behandelt zu werden und als „Held" gesehen zu werden.

Zu einem solchen ehrenhaften Handeln kommt noch ein spezifischer Habitus hinzu. Ist der Sandler annähernd „gepflegt", was allerdings mit Schwierigkeiten verbunden ist, und halbwegs gut gekleidet (bei der Caritas u. ä. Stellen kann er zu noch brauchbarem Gewand kommen) und hat er den „Weiberschmäh“ (so sagt man, wenn der Sandler Beziehungen zu Frauen mit Erfolg aufbaut), so kann er als ehrenhafter Mann mit Prestige respektiert werden.

Keine Achtung bringt man in Sandlerkreisen Männern entgegen, die lallend, verdreckt und betrunken in den diversen Lokalen herumwanken. Sie können den anderen Sandlern echte Probleme bereiten, wenn Polizei und Wirt das Verhalten der Betrunkenen zum Anlaß nehmen, auch die sich diszipliniert verhaltenden Sandler aus dem Bierlokal zu weisen.

Der disziplinierte Sandler genießt durch seine Unauffälligkeit und Unaufdringlichkeit einigermaßen Hochachtung und sieht sich in seiner Identität bestätigt.

Das Leben der Sandler ist durch ein Prinzip wesentlich bestimmt, nämlich durch das Prinzip der Gegenseitigkeit, der gegenseitigen Hilfeleistung. Sucht einer von ihnen z. B. einen Platz, um dort die Nacht mehr oder weniger bequem zu verbringen, so sind es die diversen Tische in den einschlägigen Lokalen, an denen er von dort stehenden Sandlern derartige Informationen einholen kann. Der Sandler kann damit rechnen, solche Adressen zu erhalten, wenn er den Ruf eines Mannes genießt, der seinerseits gerne bereit ist, seinen Kollegen zu erzählen, wo z. B. eine wohlschmeckende Klostersuppe zu erbetteln sei.

Eine Solidarität dieser Art sichert die soziale und ökonomische Existenz der Sandler, die sich als eine lose Gruppe verstehen und einen Fremden sofort erkennen. Ein Sandler, der deutlich unsolidarisch und sogar hinterlistig handelt, muß damit rechnen, daß er fortan von seinen Kumpanen als „unehrenhaft“ eingestuft und ignoriert wird. Hilfestellungen kann er von ihnen nicht erwarten. Ein Sandler meinte daher über einen anderen Sandler, von dem er gehört hatte, er hätte einen Leidensgenossen bestohlen: „Dieser Bursche steht am toten Gleis. Kein Sandler, der dies erfährt, wird ihm helfen.“

Der klassische Sandler wird dann damit rechnen können, entsprechend geschätzt zu werden, wenn er sich großzügig zeigt und auf ihn Verlaß ist. Die Ehre des Sandlers besteht in seinem

Ruf, generös gegenüber anderen durstenden und hungernden Sandlern zu sein. Sein Prestige steigt, wenn er ein gewisses Maß an Selbstdisziplin demonstrieren kann. Der „ehrenhafte“ Sandler zeigt damit überlegen Distanz zu seiner, ihn belastenden sozialen Situation. Die charakteristische Rückzugskultur der Sandler, in der er als Gescheiterter zu überleben trachtet und in der das Prinzip Arbeit keine Bedeutung hat, verschafft ihm annähernd zufriedene menschliche Kontakte. Ansehen und Genugtuung sind mit einer Ironisierung der Arbeit und damit einer Art Selbststigmatisierung verknüpft.
Der Sandler am Rande der Gesellschaft und als Stigmatisierter weiß um seine Chance, „Ehre“ unter den Ausgestoßenen zu finden. Dieses Wissen ist es auch, welches vielen Sandlern hilft, eine zufriedenstellende, aber genügsame Existenz, die allerdings meistens mit Alkoholgenuß einhergeht, zu leben.

„Ehre“ in einer kriminellen Lebenswelt

Die Lebenswelt der Sandler, wie sie oben skizziert wurde, ist eine Lebenswelt des Rückzugs. Werte und Ziele der Gesamtgesellschaft haben für den Sandler keine Bedeutung mehr.
Anders sieht dies in der Welt der Berufskriminalität aus. Diese Subkultur orientiert sich an den Zielen und Symbolen einer reichen Oberschicht, bzw. was sie dafür hält. Geld, große Autos, schöne Frauen und eine sichtbare Distanz zur körperlichen (produktiven) Arbeit bestimmen grundsätzlich das Leben der Berufskriminellen. Vor allen jene sind im folgenden interessant, die in der Organisation des verbotenen Glücksspiels in Wien und der Prostitution tätig sind und die miteinander in einem mehr oder weniger engen Kontakt stehen.
Mit gutem Grund läßt sich festhalten, daß es so etwas gibt wie eine gemeinsame Kultur dieser Berufskriminellen. Sie konnte sich durch allerlei Kontakte, durch gemeinsame Gefängnisaufenthalte und durch das gemeinsame Agieren gegenüber

Behörden herausbilden. Es ist eine Kultur, die auf eine lange Tradition verweisen kann. Eine gemeinsame Sprache, eine ähnliche Einschätzung der Delikte, ein annähernd ähnlicher Lebensstil und auch ein akzeptiertes Ehrverhalten charakterisieren diese kriminelle Tradition.
Mit dieser Kultur der Kriminalität habe ich mich näher befaßt. Anhand einer Biographie eines bekannten Ganoven habe ich versucht, einen Einblick in diese Lebenswelt zu geben. (Girtler, 1983) Auffällig war für mich bei meiner über Jahre dauernden Forschung, daß ein allmählicher Wandel in dieser Kultur hinsichtlich der Einschätzung der Gewalt deutlich wird. Pure Gewalt, wie sie vielleicht in den fünfziger und sechziger Jahren das Feld bestimmte, verliert allmählich an Attraktivität und der intelligente Kriminelle gewinnt, wie mir scheint, an Ansehen.

Der „demonstrative Müßiggang" des erfolgreichen Ganoven

Hochachtung genießen die Leute, denen es gelungen ist, viel Geld durch die Einrichtung von Bars oder durch die Kontrolle des verbotenen Glücksspiels, des sogenannten „Stoß" zu machen. In der Hierarchie der Kriminalität stehen diese Personen an der Spitze. Sie selbst treten nicht als Gewalttäter auf. Es sind ihre „Bugls", wie man die Leibwächter im Rotwelsch nennt, die aktiv werden. Ähnlich dem alten Aristokraten zeigt auch der „feine" Kriminelle, daß er über Menschen verfügt, die für ihn tätig sind. Stellvertretender Müßiggang zeigt sich nicht nur in der Kleidung dieser feinen Leute, sondern auch darin, daß durch ein komplexes System der Kontrolle — in das die Freunde des „Chefs" involviert sind — Spiel und Strich funktionieren. Aufpasser, „Bankerer" (die Spielleiter beim „Stoß"), die Geschäftsführer der Bars, in denen Dirnen auf Kunden warten, und die Zuhälter, die die Mädchen in die Bars bringen, sind jene Personen, die diese Kontrolle ausüben.

Demonstrativer Müßiggang, symbolisch dargestellt durch schwere Autos und auffällige, maßgeschneiderte Kleidung, bestimmen das Leben dieser Männer. Sie leben im Hintergrund und suchen nicht das Licht der Zeitungen und Fernsehberichte. Ein Mann dieser Szene, dessen Freund ich mich nennen konnte, und der in Wien über 20 Bars sein eigen nennt, — er gehört zu den Chefs des Wiener Strichs — erwarb in der Nähe Wiens einen Hügel, auf dem er gleich einem Grafen in einem schönen Haus logiert. Hierher zieht er sich zurück und lebt mit zwei großen Hunden, einem Rottweiler und einem sogenannten römischen Kampfhund, als wuchtigen Symbolen der Macht. Zu seinem Lebensstil, durch den er sich von seinen Kollegen und seiner Gefolgschaft unterscheidet, gehört ein schwärmerischer Bezug zum „alten Rom". So heißt eine seiner Bars bezeichnenderweise „Senat". Demonstrativer, „ehrenhafter" Müßiggang wird hier deutlich, der auch hervorheben soll, daß dieser Mann es „geschafft" hat, daß es ihm gelungen ist, aus einer degradierten Lebenssituation herauszutreten. Hierin besteht seine „Ehre": in seiner Intelligenz. Mehrere Steuerberater und Rechtsanwälte unterstützen ihn beim effizienten Dirigieren seines Imperiums. Sein Ansehen erhält dadurch eine merkliche Festigung.

Dieser Mann kam als uneheliches Kind zur Welt, er lebte einige Jahre in Erziehungsheimen und dann in Gefängnissen. Geschicktes Agieren und der Einsatz bisweilen massiver Gewalt verschafften ihm genügend Prestige in der kriminellen Lebenswelt, aber schließlich auch in der sogenannten „Normalgesellschaft", die ihn heute akzeptiert, weil er machtvolles Geld demonstriert.

Sein Geld, die für ihn arbeitenden Menschen und ein gewisses Maß an Großzügigkeit machten ihn zu einem „ehrenhaften" Mann, der es genießt, hofiert zu werden. Wenn ich ab und zu diesen Mann mit Kollegen in einer seiner Bars besuche, so ist es ihm selbstverständlich, uns mit einer Geste der Generosität zu teuren Getränken einzuladen.

Hier werden Strategien deutlich, die diesen Mann als einen „Ehrenmann" herausstreichen sollen, nämlich als einen Prachtkerl, dessen Ehre in seiner Großzügigkeit und seinem Geld besteht. Wichtig ist ihm eine deutliche Distanz zum täglichen „Broterwerb". Für diesen hat er seine „Bugls" und seine Anwälte. Wohl bedarf es Mühe für diesen Herrn, seine „Ehre" darzutun, doch es gelingt ihm.

Leute dieses eben besprochenen Genres genießen in der sogenannten Unterwelt höchste Ehre. Sie bilden die Spitze einer Pyramide, die man als Ehrenpyramide bezeichnen kann. Unter diesen „Helden" sind die Männer einzuordnen, die es zwar nicht ganz so weit wie diese gebracht haben, die aber durch geschicktes Agieren, gewitzte Aktionen und intelligente Beeinflussung anderer Menschen für sich Wertschätzung erworben haben. „Kleinere" Kriminelle versuchen, gerade zu diesen „Ehrenmännern" gute Kontakte herzustellen. Deren überlegene Art wird geehrt und man ist stolz, diese Leute zu kennen. Ein „Ehrenmann" dieser Art in der Wiener Szene der Kriminalität war vor einigen Jahren ein gewisser Heinzi K. Er hatte Ansehen durch eine raffiniert eingefädelte Flucht aus dem Gerichtssaal erworben. Als Gefangener ließ er sich zu einer Scheidungsverhandlung vorführen, die von seiner Gattin als Vorwand angestrengt worden war, um dem Heinzi die Flucht zu ermöglichen. Zwei Justizbeamte führten Heinzi vor. Während der Richter etwas über die Versöhnung der beiden Ehepartner oder ähnliches sprach, entwaffnete Heinzi blitzschnell die beiden Beamten, hielt den Richter und die Schriftführerin in Schach und fesselte alle vier. Darauf versperrte er seelenruhig die Tür zum Verhandlungssaal und marschierte gelassen aus dem Gerichtsgebäude. Man hat ihn nicht mehr gefunden. Jahre später erfuhr man, daß er bei einer Schießerei in Düsseldorf getötet worden war.
Dieser Heinzi K. war im Stoßspiel der sechziger Jahre in Wien eine wichtige Figur, zu einer Zeit, als die konkurrierenden Organisatoren des Stoßspiels sich mit einiger Heftigkeit bekämpft haben. Damals wie heute sind es drei Männer in Wien, die darauf achten, daß das Stoßspiel in Wien von niemand anderem als von ihnen organisiert und kontrolliert wird. Konkurrenten

werden mit Drohungen und auch mit Gewalt gehindert, in diesem Geschäft um das verbotene Glücksspiel mitzumischen. Mit Hochachtung und Respekt sprach man über den Heinzi K., als er sich mit einem gewissen Angeler, der — weil er beim Ziehen seines Revolvers langsam war — ironisch der „Geschwinde" genannt wurde, in aller Öffentlichkeit wegen des Stoßspieles schoß. Wegen dieser Schießerei wurde Heinzi zu einer Gefängnisstrafe in Göllersdorf unweit von Wien verurteilt. Im Gefängnis brachten ihm die anderen Gefangenen Ehrerbietungen entgegen. Er war bekannt als guter Organisator, vor allem bei Gefängnisausbrüchen, und als gebildeter Krimineller, der ein bemerkenswertes Hochdeutsch sprach. Er war eine natürliche Autorität. Andere Gefangene ordneten sich ihm unter, als er einen waghalsigen Ausbruch aus dem Gefängnis plante und auch erfolgreich durchführte. Die Kollegen, die mit ihm ausbrachen, wurden bereits nach ein paar Tagen von der Polizei festgenommen und in das Gefängnis zurückgeschickt, nicht jedoch Heinzi K., dem die Flucht geglückt war.

Kriminelle von der Art des Heinzi K. werden in der kriminellen Szene durch sichtlichen Respekt geehrt. Vor allem durch die Männer, die als Leibwächter und Aufpasser beim Stoßspiel Karriere zu machen versuchen. Einer dieser Leute, dessen Biographie ich studiert habe (Girtler, 1983), setzte alles daran, eine wichtige Funktion beim Stoßspiel einzunehmen, in der Hoffnung, dadurch in der Lebenswelt der Wiener Kriminalität Achtung, Ansehen und Ehre zu erwerben. In meinen Gesprächen mit ihm fiel mir auf, daß es ihm vorrangig darum ging, sich „einen Namen zu machen", mit dem er entsprechend respektiert wird. Ein „Name" als Krimineller sichert Lebensunterhalt und eine ehrenhafte Karriere, nämlich ein Selbstverständnis bzw. eine Identität, mit dem bzw. der er zufrieden sein kann. „Einen Namen hat man", so erzählte der Mann, „wenn man herumgereicht und empfohlen wird."
Der Weg dieses Mannes in die Kriminalität ist bestimmt durch ein kontinuierliches Erlernen von Gewalt, die schließlich sein Ausweis wird und die man von ihm erwartet und auch fürchtet.

Angelegt ist seine Karriere in einem Erziehungsheim, in dem er sich in einer dauernden Auseinandersetzung mit den anderen Zöglingen befand. Er erzählte: „Ich schlug sofort zu, wenn ich merkte, daß mir jemand etwas antun wollte. Dabei schreckte ich vor nichts zurück. Auf diese Weise erwarb ich mir Respekt bei meinen Mitzöglingen."
Pepi T., wie der Mann heißt, bekam zwar wegen seiner Aktionen Schwierigkeiten mit dem Direktor des Heims, aber sein Ansehen bei seinen Kumpanen wuchs. Er taucht, wenn er in Freiheit ist, in einer Jugendbande unter. Es setzt ein täglicher Kampf ums Überleben ein. Er lernt Tricks und Fertigkeiten, die schließlich sein Leben als Gewalttäter bestimmen. Er lernt dabei, daß Gewalt gegenüber bestimmten Leuten „Ehre" einbringt. Er schafft sich eine Waffe an, die fortan zu seiner Identität gehört. Er will sich als Revolverträger und als jemand, der schnell ziehen und schießen kann, einen Namen machen. Der Chef der „Stoßpartie" (Gruppe von Männern, die das Stoßspiel dirigieren) setzt ihn u.a. dazu ein, konkurrierende Stoßpartien „einzustellen" und die Teilnehmer am eigenen Stoßspiel zu kontrollieren. Von der Stoßpartie akzeptiert und gewürdigt zu werden, ist ihm eine Ehre.
Ein wichtiges Prinzip bei seinen Auseinandersetzungen mit Rivalen und Widersachern ist es, kein Gefühl von Mitleid aufkommen zu lassen. Er erzählte: „Obwohl ich ein weiches Herz habe und zur Gutmütigkeit neige, bemühte ich mich, dies niemanden merken zu lassen. Ich wollte mein Prestige als wilder Bursche, der vor nichts zurückschreckt, aufbauen."
Wesentlich für diese Lebensphase Pepis sind seine Kontakte in der Berufskriminalität. Erst durch diese ist es ihm möglich, von den oben zitierten „Ehrenmännern" ernst genommen zu werden. Dieselben Burschen, die er aus den Heimen kannte und die er regelmäßig in den diversen Kaffeehäusern traf, hatten ihm auch die notwendigen Zugänge verschafft.
Pepi war ein Mann, der Ehre hatte, weil er bei einzelnen Aktionen Mut bewies und gegen jene mit Konsequenz losging, die den Normen der kriminellen Subkultur widersprachen. Mit seiner Ehre als Mitglied der Stoßpartie stimmte es auch überein,

daß seine gewalttätigen Aktivitäten sich nicht gegen Außenstehende seiner Lebenswelt richteten. Pepi gelang es, sich durch ein solches Handeln einen besonderen „Namen zu machen". Man sprach über ihn und behandelte ihn mit Respekt. Ihm war es geglückt, sich aus der Masse der Kriminellen herauszuheben. Eine besondere Aufwertung und Ehre erhielt seine Person, als man ihn nach einer Flucht aus dem Gefängnis in der Sendung XY suchte und vorstellte. Mit einigem Stolz meint er heute, er wäre zu dieser Zeit einer der zehn gesuchtesten und attraktivsten Berufsverbrecher gewesen.

Pepi lernte es, sich an die Leute in der Unterwelt anzuschließen, die dort Macht haben und von denen man für sich selbst Prestige ableiten kann, eben z.B. als „Bugl" (Leibwächter) des Schmutzer (eines berühmten Wiener Berufskriminellen). Pepi weiß, daß es diesen Männern schmeichelt, wenn man ihnen klar macht, daß man sich für sie jederzeit einsetzen will. Pepi paßt sich schnell den jeweiligen Situationen an und er weiß, wo seine Vorteile liegen. Zunächst ist es ihm wichtig, als Mann der Stoßpartie sich „ehrenhaft" zu verhalten. Zu dieser Ehrenhaftigkeit gehört, daß die Gewalt grundsätzlich nur gegen Männer gerichtet wird und nicht gegen Frauen. Dazu meinte einer der Großen des Stoßspiels: „Es ist nicht viel dabei, Frauen mit Gewalt auszunützen und von ihnen zu leben. Daher mag ich gewisse Typen von Zuhältern nicht. Solche stehen unter denen, die sich mit Männern anlegen. Eine Frau zu schlagen, dazu gehört nicht viel Mut. Ich erwerbe mir das Geld lieber auf andere Art als als Zuhälter."
Für den klassischen Unterweltler ist es wesentlich, nur solche Tätigkeiten auszuüben, die sich auf die Organisation z. B. des verbotenen Glückspiels, auf den Einsatz als „Bugl" und andere „Heldentaten" beziehen, nicht jedoch auf produktive körperliche Arbeit in irgendeinem „bürgerlichen" Betrieb. Charakteristisch dafür ist es, daß Pepi T., nachdem er die Unterwelt verlassen und mit mir das Buch „Der Adler und die drei Punkte" geschrieben hatte, keinerlei ernsthafte Absichten zeigte, einer körperlichen Arbeit nachzugehen. Einige meiner Freunde und

ich hatten uns zwar um eine Arbeit für ihn bemüht, doch er lehnte es aus verschiedensten Gründen ab, eine Stelle anzunehmen. Stattdessen wollte er Schauspieler oder etwas ähnliches werden. Er zeigte also Interesse für jene Arbeiten, die nicht — zumindest nach seinen Vorstellungen — mit körperlichem Einsatz verbunden sind, die jedoch Prestige bringen können. Er hatte geradezu panische Angst, seine Freunde könnten meinen, er arbeite. Grundsätzlich gehört zur Ehrbarkeit des Ganoven eine demonstrative Distanz zur Arbeit. Ein Prinzip, welches allerdings dann zum Problem werden kann, wenn der Ganove aus der Unterwelt aussteigen will oder muß.

Gewalt wird in der Berufskriminalität grundsätzlich nur in bestimmten Situationen und nur gegen bestimmte Personen akzeptiert. Frauen, Kinder und meist auch Leute, die nicht zu dieser Subkultur gehören, erfahren eine bemerkenswerte Distanz und zuweilen auch Achtung. Gewalt gegenüber Konkurrenten und bekannten Unterweltlern bringt Ansehen und man spricht über Rivalitäten dieser Art. Als besonders raffiniert gilt jener Mann, der z. B. im Laufe einer Schießerei einen Gegenspieler tötet und dem es gelingt, bei Gericht bloß wegen „Notwehrüberschreitung" verurteilt zu werden. Zwei Fälle, bei denen es zu solchen Gerichtsentscheidungen in Wien kam, sind interessant. In beiden sprach man — nicht nur in der „Unterwelt" — mit Respekt von diesen „Notwehrüberschreitern". Wegen ihrer Intelligenz achtet man sie und sprach ihnen den Ehrentitel „Notwehrspezialisten" zu. Mir wurde von einem dieser „Notwehrspezialisten" erzählt, er wäre auf diese Weise mit einigen seiner Gegner verfahren. Da zumeist auch letztere dem Gericht als Gewalttäter bekannt sind, ist es für das Gericht schwierig, entsprechende Beweise für die Tötungsabsicht zu erbringen. Ein „Notwehrspezialist" genießt Ansehen; seine Gerissenheit, Schläue und auch „Ehrenhaftigkeit" verschaffen ihm den Ruf, integer und loyal gegenüber seinen Freunden zu sein.

Das in den Hinterzimmern diverser Kaffeehäuser veranstaltete Glücksspiel darf grundsätzlich nur von Männern betrieben werden. Das Spiel, welches bei entsprechender Beleuchtung in fast vollständiger Ruhe abläuft, hat seine charakteristischen Normen, an die sich die Spieler zu halten haben, wollen sie respektiert und nicht als „unehrenhaft" angesehen werden. In der Regel wird von Männern, die bei diesem Spiel Geld verlieren, erwartet, daß sie keine Emotionen zeigen. Reagiert ein Spieler wegen seines Verlustes verärgert oder kommentiert er das Spiel gereizt, so gilt dies als „unehrenhaft" und er muß damit rechnen, daß ein „Bugl" ihn „höflich" aus dem Raum bittet.

Diese Lebenswelt der kriminellen Subkultur, die vorrangig mit dem Stoßspiel, der Geschäftigkeit in den Bars u. ä. befaßt ist, akzeptiert (wie skizziert wurde) also vor allem jene Formen der Kriminalität, die darauf angelegt sind, das Stoßspiel zu sichern, um damit eine problemlose Existenz zu garantieren. Kriminelles (gewalttätiges) Handeln, welches nicht funktional für diese Szene ist, wird als „grean" (kommt vom mittelhochdeutschen „greinen" für „weinen") bezeichnet.

Für diese Kultur der Kriminalität ist übrigens auch charakteristisch, daß gewisse Kontakte zur Polizei bestehen. Die Polizei ist bereit, die Leute des Stoßspiels und des Strichs über weite Strecken unbehelligt zu lassen. Sie geht mit Recht davon aus, daß die Männer dieser Szene aufgrund ihrer traditionell informellen Normen eine effizientere Kontrolle über Kunden, Störenfriede usw. auszuüben vermögen, als sie selbst. Stoßspieler, Barbesitzer und auch Zuhälter sind meist auch sehr daran interessiert, eine gedeihliche Beziehung zur Polizei zu unterhalten. Es ist durchaus üblich, daß Kriminalbeamte bisweilen von Barbesitzern bzw. Dirnen eingeladen werden, um mit ihnen zu zechen. Ein informelles Zusammenspiel dieser beiden Welten, der der Dirnen und Spieler und der der Polizisten, bringt „Ruhe und Ordnung". Während die eine Seite sich eine freundliche Behandlung durch die Polizei erwartet, erhofft sich die andere Seite, die Herren von der Polizei, Informationen aus der „Unterwelt".

Allerdings werden nur gewisse Berichte weitergegeben. Jemand, der bestimmte Geheimnisse an die Polizei weitergibt, wird im Rotwelsch, der alten Gaunersprache abwertend als

„Konfident" oder „Wams" (leitet sich vom jidd. „mamsen" = „verraten" ab) bezeichnet. Diese Bezeichnungen gelten wohl als die ärgsten Schimpfworte in dieser Lebenswelt. Trägt jemand das degradierende Stigma „Wams", so muß er damit rechnen, von seinen früheren Kollegen und anderen Leuten aus der Subkultur der Kriminalität geschnitten, beschimpft oder gar geschlagen zu werden. Ein „Wams" ist in einem gewissen Sinn ein Vogelfreier in dieser Szene. Ihm wird keine Chance eingeräumt, irgendwie in irgendein kriminelles „Geschäft" einzusteigen. Jemand, der ein „Wams" bzw. ein „Konfident" ist, ist „grean", ebenso jener, der seinen Kumpanen hineinlegt, oder jene Dirne, die sich am Strich nicht an die diversen Regeln hält. Ein „Greaner" oder eine „Greane" sind gefährlich und man hütet sich vor ihnen.

„Greaner", „Wams" oder „Konfident" sind die wohl gröbsten Diskriminierungen und kommen einem Ausstoß aus der kriminellen Gruppe gleich. Solche Leute tun gut daran, die Szene fortan zu meiden.

Wie schlimm es diesen Verrätern in der Kultur der Kriminalität früher erging, zeigt anschaulich Avé-Lallemant in seinem Buch „Das deutsche Gaunertum" (Wiesbaden, 1858) auf. Zunächst stellt er fest, daß den Ganoven kein Opfer zu groß ist, um ihre Geheimnisse zu bewahren und den „Verrat zu verhüten und zu bestrafen". Wie man sich an Verrätern rächte, darüber berichtet Avé-Lallemant:

„Bei der großen holsteinischen Untersuchung wurde der Hauptangeber (sozusagen der Kronzeuge, R.G.) nach Amerika befördert, um sein Leben vor Verfolgung zu schützen, das aber selbst in der Neuen Welt nicht hinlänglich vor blutiger Rache geschützt sein mag. Zum mindesten wird der 'Sslichener' (Verräter) gezinkt, in die Wange geschnitten, um ihn kenntlich zu machen und jeden vom Verrat abzuschrecken. Ich habe in meinen Verhören (A.-L. war Untersuchungsrichter, R.G.) die überraschendsten Erfahrungen gemacht über die enorme Gewalt, die die bloße Erscheinung, das bloße Atemholen eines Räubers auf seinen zum Geständnis geneigten Genossen zu machen imstande ist."

Besonders gewalttätig gingen Ganoven in folgendem Fall vor: „Sogar Gefängnisse wurden gestürmt, um gefangene Kameraden zu befreien und mit ihnen das Geheimnis zu retten. So befreite Picard einen Kameraden, einen Wittschen Masser, der Geständnisse zu machen angefangen hatte, aus dem Kerker, ging gleich darauf mit ihm auf einen Raub aus und schoß ihn unterwegs nieder." (Avé-Lallemant, 1858, S.12f)
Die Behandlung der Verräter hat sich grundsätzlich bis heute nicht geändert. Den Verräter trifft Verachtung und Ausstoß.

In sozialen Randgruppen haben Tätowierungen eine lange Tradition und spezifische Bedeutungen. Fahrende Matrosen und auch Kriminelle waren es vornehmlich, die sich, zumindest seit dem vorigen Jahrhundert, tätowierten. Einige Tätowierungen haben eine wichtige Symbolfunktion und zeichnen den Träger als etwas „Besonderes" aus. Mit ihnen stigmatisiert er sich selbst. (vgl. dazu das Konzept der Selbststigmatisierung von W. Lipp, „Selbststigmatisierung", 1975, S.25ff.)
Vornehmlich werden Tätowierungen, die „Peckerln" (wie man sie in der Gaunersprache nennt), in Erziehungsheimen und Gefängnissen angebracht. Spezifische Zeichen weisen so den Kriminellen als jemanden aus, der eine längere Zeit hinter Gittern verbracht hat. Tätowierungen deuten auf ein Doppeltes hin: einmal auf Mut und das Ertragen von Schmerzen, denn im Gefängnis ist das Tätowieren verboten und verursacht — vielleicht wegen der primitiven Mittel, die dort zur Verfügung stehen — gehörige Schmerzen. Zum anderen geben Tätowierungen Aufschluß über die „Ehrenhaftigkeit" ihres Trägers. Zu solchen Symbolen gehören z. B. die drei Punkte am Winkel zwischen Daumen und Zeigefinger. Sie besagen, daß der so Tätowierte jemand sei, auf den man sich verlassen könne, der keine Informationen an die Polizei weitergibt und der eben zur Subkultur der Kriminalität gehört. Er ist jemand, der „nichts redet, nichts gesehen und gehört hat".
Als ich meine Forschung bei der Wiener Polizei durchgeführt habe, fiel mir auf, daß Kriminalbeamte bei den Verhören Ganoven, die diese drei Punkte eintätowiert hatten, in besonderer

Weise behandelten. Für sie war klar, so erzählte man mir, daß Männer mit diesen Punkten sogenannte „Steher" wären, nämlich Leute, die trotz diverser Polizeimethoden sich nicht zu einem Geständnis oder einem Verrat bewegen ließen. Die einfachen Symbole sind prägnante und schnelle Informationen — auch an die Polizei —, daß man ein „echter Ganove" sei, auf den man sich verlassen und der über gewisse Dinge Stillschweigen bewahren könne. Von einem so Tätowierten kann man daher mit Fug und Recht annehmen, daß er ein „Ehrenmann" sei.
Als ich einmal bei meinen Recherchen im Restaurant des Wiener Westbahnhofes bei Sandlern stand, stellte sich ein junger Mann zu unserem Tisch, an dem wir unser „Stehbier" tranken. Dieser Mann hatte an seiner linken Hand diese beschriebenen drei Punkte. Ich stand damals am Beginn meiner Forschung und hatte von diesen Symbolen noch keine Ahnung. Naiv fragte ich den Hinzugekommenen, was denn diese Tätowierung bedeuten würde. Der so Angesprochene schaute mich zunächst verwundert an und meinte dann drohend und abweisend „Wer läßt fragen?" Ich sagte nichts mehr und sah es als günstig an, mich halbwegs vornehm zurückzuziehen. Mir war nun klar, daß diese drei Punkte etwas Wichtiges aussagen. Erst später erfuhr ich deren tatsächlichen noblen Sinn.
Daß diese drei Punkte für den einzelnen Ganoven Verhaltensmaßregel und von enormer Wichtigkeit sein können, erfuhr ich in einem Interview mit einem jugendlichen Bandenführer, zu dessen „Ehre" es gehörte, seine Mittäter zu schützen und nicht zu verraten: „Immer, wenn die Polizei mich verhört und etwas über meine Freunde wissen will, beginnen diese drei Punkte an meiner Hand zu brennen."
Die „Ehre" dieses Burschen bestand darin, der Aufforderung, die diese drei Punkte deutlich machen sollten, treu zu bleiben. Er weiß, daß ein Verrat ihn zu einem „Wams" macht. Und als ein solcher würde er seine „Ehre" verlieren.
Neben diesen einfachen tätowierten Symbolen bzw. Informationen gibt es noch eine Reihe anderer, die sich grob in fünf Typen teilen lassen: Glückssymbole, wie Kreuze und Frauen; Klugheitssymbole, wie Schlangen; Freiheitssymbole, wie ge-

sprengte Ketten; Gewaltsymbole, wie Waffen und Raubtiere; und Tätowierungen, die eine bloße Schmuckfunktion haben oder lediglich aussagen, daß der so Tätowierte aus der Kriminalität oder aus dem Gefängnis kommt.
Alle diese Tätowierungen — qualitativ meist weniger ausgearbeitet als die Tätowierungen von Professionellen — dokumentieren den „Ehrenkodex" ihrer feinen Träger.

Ehre im Gefängnis

Im vorigen Kapitel brachte ich bereits einige Hinweise auf das Problem des Gefängnisses; jetzt will ich noch näher auf dieses eingehen. Vorab seien mir einige Gedanken zur sozialen Situation des Gefangenen gestattet: Sie ist durch eine zwangsweise Ausgliederung aus der bisherigen sozialen Umwelt und die Eingliederung in ein geschlossenes soziales System bestimmt. Dieses System zwingt den Betroffenen eine von den bisherigen Gewohnheiten erheblich abweichende Lebensweise auf. Für den Insassen besteht ein nur beschränkter Kontakt zur Außenwelt. In der Regel besteht eine große Distanz zwischen Insassen und Gefängniswärtern. Es stehen sich hier zwei kulturelle Welten gegenüber, die sich berühren, aber nicht durchdringen. Der Häftling verspürt bereits bei seinem Eintritt in das Gefängnis eine Reihe von Degradierungsritualen. Dazu gehören der Kleidungswechsel, das Zugangsbad, die Einweisung in die Hausordnung usw. Damit verknüpft sind Gehorsamstests, um den Willen des Neulings zu brechen. Zu diesen Demütigungen gesellt sich noch die demütigende Behandlung durch die Mitgefangenen. Die Autonomie des Menschen wird gänzlich mißachtet und eine Möglichkeit des persönlichen Rückzugs gibt es nicht. Jeder ist jedes aufgezwungener Genosse.
Die psychische Belastung des Häftlings ist also enorm. Um mit dieser fertig zu werden, bieten sich mehrere Möglichkeiten an. Entweder der Insasse zieht sich völlig zurück, oder er bedroht

die Institution, oder er biedert sich an das Personal an, oder er paßt sich den Gegebenheiten des Gefängnisses an und versucht, sich eine akzeptable Existenz aufzubauen (vgl. Goffman, 1981).

Für uns ist diese letzte Möglichkeit interessant, denn bei dieser unternimmt es der Insasse, sich in der Subkultur des Gefängnisses einen entsprechenden Status aufzubauen. Die Insassenkultur dient also dazu, den inferioren Status des Gefangenen zu verändern. Allerdings sind es nur wenige Gefangene, die sich einen effizienten Status erwerben können. Demnach sind die im Vorteil, die aus der Berufskriminalität kommen und in dieser bereits „einen Namen“ haben.

Zu den Versuchen von Gefangenen, ihre Identität hervorzukehren und Ansehen — also „Ehre“ — zu erringen, gehört die Strategie, zugedachte Erniedrigungen „tapfer“ hinzunehmen. Es wird der beabsichtigten Entwürdigung derart begegnet, daß das Unausweichliche uminterpretiert wird. Z. B. wenn Gefangene zur Strafe in die sogenannte Korrektionszelle gesteckt werden, versuchen einzelne, diese ihnen zugedachte Stigmatisierung umzudrehen. Dies machen sie meist dadurch, daß sie sich gegenüber ihren Kollegen als Menschen ausgeben, denen solche Erniedrigungen nichts anhaben können. Das, was als Demütigung gedacht war, wird nun zu einer würdevollen Inszenierung und Selbstdarstellung, die von den Zellengenossen schlußendlich belobigt wird.

Mir erzählte ein ungarischer Aristokrat, der jahrelang in kommunistischen Gefängnissen festgehalten worden war, er hätte diese fürchterliche Belastung nur überstanden, weil er mit „Würde“, wie er sagte, diese Demütigungen hinnahm. Ähnliche Gedanken sind auch in einem Interview erkennbar, welches ich mit einem Haftentlassenen führte. Dieser Berufskriminelle mit ca. zehnjähriger Gefängniserfahrung, der unter den Gefangenen ein hohes Prestige genoß, erzählte mir: „Wegen einer Messerstecherei mit einem anderen Häftling wurde ich für vier Wochen in den Keller (= Korrektionszelle) gesperrt. Ich ertrug diese Wochen in dem Bewußtsein, ein Held zu sein.“

Die Korrektionszelle ist ca. 3 mal 4 Meter im Grundriß groß, sie

besitzt ein Bettgestell, welches während des Tages an die Wand geschraubt wird, einen fixierten Tisch und einen eingebauten, gepolsterten Abort. Der psychische Druck, der in dieser Zelle auf dem Gefangenen lastet, ist enorm, zumal er nicht einmal etwas zum Lesen mitnehmen darf.
Ein anderer Mann, der in einem Jugendgefängnis einsaß, schilderte zu demselben Problem, er habe sich auf der linken Wange eine „Träne“ eintätowieren lassen. Diese Träne solle bezeugen, daß er ein Mensch sei, der Schmerz und Leid ertragen könne. Auf diese Weise versucht der Gefangene also, oft mit Erfolg, sich als jemand herauszustellen, der eine Demütigung seiner Person nicht hinzunehmen gewillt ist. Ihm ist es wichtig, Ehre zu haben, die zu ihm gehört und die man ihm nicht wegnehmen kann.
In der informellen Hierarchie des Gefängnisses sind jene Leute am höchsten angesehen, die bei ihren Delikten mit Geld zu tun hatten. Bankeinbrecher, geschickte professionelle Betrüger u.a. Ganoven besitzen das meiste Prestige. Gleich nach ihnen kommen die, die als Gewalttäter mit Polizisten oder mit zumindest gleichwertigen Männern aus der Kriminalität zu tun hatten.
Körperliche Stärke spielt in der Einstufung eine große Rolle. So wurde mir über einen ehemaligen Boxer, der allerdings Zugänge zur Kriminalität hatte, erzählt, er wäre gerade wegen seines kräftigen Körperbaus sehr angesehen gewesen. Keiner wagte es, ihn direkt anzugreifen oder ihn herauszufordern. Um die „Ehre“, bzw. um die höchsten Plätze in der Gefängnishierarchie gibt es bisweilen echte Kämpfe.
Das Prestige, die „Ehre“ im Gefängnis richtet sich schließlich auch an der Medienwirksamkeit des Berufskriminellen aus. Eine Einblendung eines Ganoven in der Fernsehsendung „XY“, bei der es um Verbrechensaufklärung geht, kommt einer „Ordensverleihung“ gleich, schrieb mir ein Häftling, mit dem ich zu diesem Thema korrespondierte. Dieser Mann, ein bekannter und intelligenter Räuber, der noch über 10 Jahre im Gefängnis zu bleiben hat, schilderte mir, wie Kriminelle bzw. Häftlinge um Erwähnung in den Medien bemüht sind: „. . . jede Seite in der

Kronenzeitung oder im Kurier (zwei große Wiener Tageszeitungen, R.G.) hebt das Ansehen. Es gibt nicht wenige Häftlinge, die ganze Sammlungen von Zeitungsausschnitten über ihre Taten besitzen und sie stolz umherzeigen . . . Die meisten Kriminellen wollen von Jugend an nichts anderes als Anerkennung. Sie wollen in ihrem Freundeskreis vollgenommen werden . . . Jeder Mensch hat seine Viertelstunde, in der er berühmt ist . . . Eine gute Position kann nur der einnehmen, der bewiesen hat, daß er konsequent ist, daß er gefährlich ist. Jede Tat bringt Ansehen, besonders, wenn sie noch dazu leicht im Gedächtnis haften bleibt. Z. B.: 'Der hat ihn mit dem Schalldämpfer niedergeschossen . . .'. Oder: '. . . er hat ihm die Kanone an den Hals gehalten und ihn dann geohrfeigt.' Solche Sachen merkt man sich."
Hochgeachtet in einem österreichischen Gefängnis ist ein Geldtransportfahrer, der Millionen Schilling veruntreut hat, dem es aber gelang, das Geld so zu verstecken, daß weder jemand von der Polizei noch sonst jemand es finden konnte. Dies verhalf ihm zu einigem Ansehen bei seinen Mitgefangenen. Schließlich erwies sich der Geldfahrer beim Verhör als „Steher", nämlich als jemand, der beharrlich die Polizei hinter das Licht führt und keine nennenswerten Informationen weitergab.
Zu der „ehrbaren" Figur des Stehers schrieb mir ein gebildeter Häftling: „Der Mythos, daß einer, der die Vernehmung durch die harten Beamten des Sicherheitsbüros durchsteht, selbst ein harter Knochen ist, überzeugt die Mitgefangenen, die selbst gespieen (verraten) haben und Mittäter angeben und deren Verhaftung verursacht haben, weil sie sich einschüchtern ließen oder irgendwelchen Versprechungen der Vernehmungsbeamten glaubten. Versprechungen wie: 'kriegst zwei Jahre weniger, wir können ein gutes Protokoll schreiben, das den Richter beeindruckt' (das Nennen von Mittätern kann ein Strafmilderungsgrund sein). Angst vor körperlichen Angriffen, die ersten Schrecksekunden in Isolation nützen die Sicherheitsbeamten . . ."
Leute also, die sich durch die Strategien der Polizei nicht beeindrucken lassen, sind hochgeachtet und Männer voll Ehre. Dazu

schreibt mein inhaftierter Brieffreund weiter: „Die Ehre mehrt sich, wenn der 'Steher' zwar ins Gefängnis wandert, aber die Beute unauffindbar bleibt. Die Großzahl der Gefangenen kann man aber als erfolglose Verbrecher bezeichnen, als sogenannte Eierdiebe, deren Wunsch es ist, eine 'Superhacken', einen großen Coup zu landen, der ihnen auch gelingt."

Als besonders ehrenhaft wird schließlich angesehen, wer soviel Souveränität mitbringt, daß ihm die Gewalt des Gefängnisses und der Wärter nichts anhaben kann.

Am Ende der internen sozialen Hierarchie im Gefängnis stehen die Sittlichkeitsattentäter, diejenigen, die Frauen und Kinder vergewaltigt oder gar getötet haben. Sie sind es, an denen die Frustrationen abgebaut werden und die somit Gegenstand der Beschimpfung und des Spotts der Mitinsassen sind. Ein Häftling erzählte mir dazu treffend: „Interessant ist, daß sich jede Minderheit auch eine schafft. Und auch die extremste findet sich eine. Das sieht man im Gefängnis."

Sittlichkeitsattentäter und seit neuem Personen, die „Aids positiv" sind, sind demnach im Gefängnis dazu verurteilt, der Verachtung anderer ausgesetzt zu sein. Auf ihrer Existenz bauen sich die Kollegen ihr bißchen Ehre auf.

Besonders kraß zeigte sich dieses Problem, als vor einigen Jahren in einer österreichischen Haftanstalt ein bekannter Frauenmörder von einem Mithäftling rituell ermordet wurde. Bei einer gemeinsamen Schachpartie soll letzterer aufgestanden sein und gesagt haben: „Ich bin der Richter über dich, du hast eine Frau umgebracht!" Darauf nahm er ihn von hinten und würgte ihn, bis er tot zusammenbrach.

Die Brutalität des Gefängnisses als einer totalen Institution wird in den Degradierungszeremonien deutlich, die ihrerseits die Funktion haben, die Degradierenden als „ehrenhafte" Burschen herauszustreichen. Es ist eine Kultur der Gewalt, die sich hier auftut und in der Menschen einiges unternehmen, um respektiert zu werden, also um Ehre zu haben. Das Selbstwertgefühl wird im Gefängnis verletzt und es gelingt nur wenigen wirklich, für sich eines aufzubauen, mit dem sie zufrieden sind. Gegenüber Leuten, die in Kriegsgefangenenlagern o. ä. festgehalten werden, befinden sich die „gewöhnlichen" Kriminellen in einem großen Nachteil. Während der gefangene Soldat oder der aus politischen oder religiösen Gründen Verfolgte sich auf irgendwelche Ideologien oder Postulate berufen kann, hat es der „gewöhnliche" Gefangene mit seiner Entwürdigung schwerer. Dem Soldaten hilft seine Ehre als „Soldatenehre" oder als „Ehre", für das Vaterland bzw. eine Idee zu leiden. Für die eigene Identität ist dies hilfreich, denn solche „Ehren" verhelfen dazu, die Situation der Haft und der Degradierung zu ertragen und sie leichter zu nehmen. Kriminelle versuchen in ähnlicher Weise, den anderen klar zu machen, wie zu sehen war, daß sie so etwas wie „Ehre" haben, doch haben sie es wesentlich schwerer. Ihr Selbst ist dauernd bedroht und „Ehre" zu finden, ist eine heikle und komplizierte Sache.

Ehre in der Welt der Dirnen und Zuhälter

Prostitution ist in einer charakteristischen Subkultur beheimatet. Es gibt bestimmte Regeln, diverse Rituale und eine Reihe von Handlungsmustern, die für die Szene, in der Zuhälter, Dirnen und Kunden agieren, von Bedeutung sind. Derjenige, der Zuhälter werden will, benötigt bestimmte Kontakte dieser Lebenswelt und muß eine Menge lernen, um überhaupt einmal eine Frau auf den Strich zu bringen. Ebenso ist es für eine Dirne mit einem kulturellen Lernprozeß verbunden, wenn sie problemlos ihrem Gewerbe nachgehen will (näher dazu: Girtler, 1985).

Vorab sei festgehalten, daß es für die typische Prostituierte lediglich das Wissen ist, auf diese Weise leicht zu Geld zu kommen, welches ihr den „Strich" akzeptabel erscheinen läßt. Eine Dirne meinte dazu: „Wir sind Frauen wie andere auch, der Unterschied zu den anderen liegt bloß darin, daß die ins Büro gehen und wir auf den Strich!"

Im Folgenden möchte ich mich vor allem auf zwei Bereiche beziehen, in denen das Ehrverhalten eine nicht unbedeutende Rolle spielt. Zunächst werde ich die Beziehung zwischen Dirnen und Kunden darstellen. Daran anschließend werde ich die Strategien diskutieren, die dem Zuhälter in seiner Lebenswelt „Ehre" verschaffen.

Der Kunde ist für die typische Dirne bloß als Geldgeber interessant, nicht jedoch als Mann, von dem sie sich sexuelle Befriedigung erhoffen kann. Das Leben am Strich ist von diesem Postulat grundsätzlich bestimmt. Bei meinen Interviews und bei meinen Kontakten in dieser Lebenswelt wurde mir deutlich, daß es geradezu als Prestigeverlust für die Dirne angesehen wird, wenn sie behauptete, sie wäre durch einen Kunden sexuell befriedigt worden. Ich wurde einmal Zeuge einer etwas hitzigen Auseinandersetzung zwischen zwei Dirnen in einem Nachtlokal. Die beiden beschimpften sich, und in der offensichtlichen Absicht, die Rivalin zu demütigen, rief die eine Dirne: „Dir kommt es ja bei deinen Gogln!" (Gogl = Ausdruck für Kunde) Die solcherart beleidigte Frau wehrte sich lautstark gegen diesen Vorwurf. Für eine „richtige Hur" ist der Kunde kein Objekt der Sexualität, von ihm erhält sie das Geld und damit wird der Sexualakt zu einem Geschäft. „Privat und Geschäft" muß man voneinander trennen. Darin liegt die Ehre der Dirne. Dies ist wohl im Sinne des Zuhälters. Die Prostituierte achtet genau darauf, sich selbst nicht zum Objekt, also zur Ware zu machen. Sie baut eine innere Distanz zum Kunden auf, die ihr eine gewisse Souveränität (nicht nur) gegenüber dem Kunden verleiht. Aus diesem Grund wird es eine „echte" Dirne auch nicht zulassen, daß der Kunde sie auf den Mund küßt, denn so würde eine intime Bindung angedeutet werden, die nicht gewollt ist.

Dazu ein Zuhälter: „Die Prostituierte ist wie ein Kaufmann . . . Im Prinzip hält sie nur wenig von ihrem Kunden. Das ist ja Selbstschutz, daß sie wenig von ihm hält. Sie läßt sich von ihm bezahlen, daher muß sie sich vor ihm schützen. Wenn die Hur auf dem Standpunkt steht: 'Das ist ein Arschloch, der pudert mich, aber ich habe sein Geld im Sack', dann ist das praktisch Selbstschutz."

Als ich eine Dirne fragte, ob sie sich als „Ware" vorkäme, meinte sie: „Das ist ein vollkommener Blödsinn. Es ist eher das Gegenteil: er, der Kunde, ist der Blöde. Dafür sagt man ja Gogl (abwertend) zu ihm." Der Terminus „Gogl" bedeutet eine bewußte Degradierung des Kunden, wodurch die Dirne in ihrem Selbstwertgefühl sich gestärkt sieht. Sie weiß, der „brave" Bürger nimmt ihre Dienste in Anspruch, aber er verachtet sie. Diese Dirne dreht nun das Stigma um. Sie zeigt dem Kunden, daß sie ihren „Stolz", ihre „Ehre" hat. Wichtig für diese „Ehre" ist eben die Distanz zum Kunden. Gibt die Dirne diese Distanz auf und erfahren andere Dirnen oder Zuhälter davon, so muß sie mit Sanktionen, wie Beschimpfungen oder Verachtung rechnen.

Die wesentliche Legitimation der noblen Dirne für ihre Tätigkeit ist ihr finanzieller Erfolg. Ihr Prestige — ihre Ehre — und das des Zuhälters richten sich danach. Die Dirne selbst und ihre finanzielle Leistungsstärke werden am Aussehen des Zuhälters und seiner Symbole, wie gute Kleidung, Auto, Schmuck usw., gemessen.
Eine erfahrene Dirne berichtete: „Der Alte (Zuhälter) einer Hur ist ihr Aushängeschild, so wie der Alte aussieht, so verdiene ich. Kommt der Alte abgesandelt daher, tauge ich auch nichts." Dem Zuhälter nützt eine solche Einstellung, denn ihm wird es dadurch ermöglicht, jenen Müßiggang zu demonstrieren und sich jene Dinge zuzulegen, die ihm Prestige verschaffen.
Deshalb läßt es eine Dirne auch nicht zu, daß ihr Freund arbeitet. Regelmäßiges produktives bzw. körperliches Arbeiten wäre unwürdig und „unehrenhaft" für die Dirne. Ein Zuhälter, der arbeitet, würde komisch und dumm wirken und ebenso beurteilt werden. Beide, Dirne und Zuhälter, zeichnet somit großzügige Lebensweise mit einer deutlichen Distanz zur „gewöhnlichen" Arbeit aus.
Der Zuhälter wird zum Repräsentanten der Dirne. Es kehrt sich hier die übliche Rollenbeziehung zwischen Mann und Frau um: die Rolle der Frau, die durch Tragen eines besonderen Schmuckes und teurer Kleidung die finanzielle Potenz und den Müßiggang stellvertretend für ihren Herrn und Meister demon-

striert, wird hier vom Zuhälter übernommen. Der Zuhälter als der Freund der Dirne achtet daher sorgfältig darauf, vor seinen Kollegen ein gutes Bild zu machen (vgl. dazu die Überlegung Thorstein Veblens, 1986). Speziell der Goldschmuck des Zuhälters wird so zum Symbol der erfolgreichen Dirne, deren „Ehre" es ist, dem zweifellos auch gewitzten Zuhälter ein komfortables Leben zu ermöglichen.

Kleidung als Symbol „demonstrativen Müßiggangs“

Der wichtigste und sichtbarste Symbolträger für die Strategien der Vornehmheit und des demonstrativen Müßiggangs ist wohl die Kleidung. Sie teilt dem Beobachter auf den ersten Blick einiges mit, wie z.B., daß der Beobachtete gerade im Arbeitseinsatz ist, auf einen Ball geht, Tennis spielt oder lediglich ein „feiner“ Mensch ist.

Kleidung, zu der auch die Schuhe gehören, hat traditionell etwas mit Mode zu tun. Der Terminus „Mode“, der etymologisch vom lateinischen „modus“, die Art und Weise sich ableitet, wird ab dem 17. Jahrhundert in der heutigen Bedeutung zuerst in Frankreich verwendet und wird von dort in den deutschen Sprachraum übernommen. Mode ist schlechthin der in einer Epoche oder einer sozialen Schicht typische Kleidungsstil. Es gibt aber auch Mode, durch die man revolutionäres Gedankengut ausdrücken wollte und will, wie z.B. das Gewand der Jakobiner während der Französischen Revolution.

Charakteristisch für die Kleidungsmode ist nun — ich will hier keine eingehende Diskussion führen — ein Doppeltes. Einmal die Absicht, Menschen nachzuahmen, die Vorbildcharakter haben. Dazu gehören vor allem jene, die sozial mächtig sind und zur sozialen Elite gehören. Und zum zweiten der Versuch, klar von denen symbolhaft abzurücken, mit denen man nicht identifiziert werden will. Grundsätzlich resultiert aus der Dialektik dieser beiden Elemente die Dynamik der Mode.

Im Mittelalter war es durch starre Kleiderordnungen einem sozial Tiefstehenden unmöglich gemacht, sich vornehmer zu geben als er tatsächlich war. Es wurde mitunter streng bestraft, wenn z. B. Bürger bestimmte Kleidungsformen verwendeten, die gewöhnlich nur Aristokraten zustanden. Es war somit für die mittelalterlichen Menschen nicht schwer, jemanden anhand der Kleidung sozial einordnen zu können. Man erkannte den Grafen und fiel vor ihm eventuell auf die Knie, und man identifizierte den Scholaren, um ihn vielleicht zu verjagen.

Heute ist im Zuge einer „Demokratisierung der Mode" (R. König) einiges anders geworden. Die Möglichkeit, zu gutem Gewand zu gelangen, ist nicht mehr auf bestimmte soziale Schichten beschränkt. Vielmehr ist heute der Zugang zu „feiner" Kleidung ein allgemeiner geworden. Und gerade die „bürgerliche Geldaristokratie" ist eifrig bemüht, das Symbol vornehmer Gewandung mehr oder weniger unaufdringlich einzusetzen. Für den alten Aristokraten besteht hier nun das Problem, sich von diesen „Emporkömmlingen" symbolisch abzugrenzen.
Aber noch etwas sehr Wichtiges macht die Kleidung des „vornehmen" Menschen aus, etwas, auf das in der Modediskussion kaum oder nur am Rande verwiesen wird: nämlich der Bezug zum feinen und extravaganten Müßiggang. Wie kaum ein anderes Symbol vermag gerade die Kleidung diesen Müßiggang zu demonstrieren (vgl. Veblen, 1986). Kleidung verschafft die Möglichkeit, die Zugehörigkeit zu einer „feinen" Schicht auszudrücken, die es nicht nötig hat, für das tägliche Brot zu rackern. Diese Absicht findet sich nicht nur beim klassischen Aristokraten: beim zu Geld gekommenen Bürger ebenso wie beim erfolgreichen Ganoven, aber auch beim raffinierten Sandler, der auf seine Weise durch seine Kleidung sich als vornehm präsentiert.

Die Kleidung des Aristokraten und anderer feiner Leute

Nicht nur Wappenring, Benehmen, Stil und „dezentes" Auto vermögen die Zugehörigkeit zur Adelsgemeinschaft anzudeuten, sondern auch und vor allem vornehme Kleidung. Und dies ist nicht immer einfach, denn Kleidung, die zu aufdringlich adelige Provenienz kundtun soll, kann negativ bewertet und ihr Träger als Protz abgetan werden. Für den „klassischen" Aristokraten oder den, der als solcher angesehen sein will, ist es gerade heute mit einiger Mühe verbunden, durch Kleidung seine Vornehmheit zu präsentieren.

Dazu sprach ich auch mit einem Herrenschneider aus dem 1. Wiener Gemeindebezirk, der stolz auf seine adeligen Kunden ist: „Für mich sind Adelige Kunden, die durch eine lange Überlieferung vom Anziehen und von der Kleidung eine Menge verstehen. Ich möchte sagen, sie haben das in die Wiege mitbekommen. Sie wissen, wie man sich anziehen soll und auf was man achten muß. Sie bringen von sich aus einen gewissen Geschmack und ein gewisses Empfinden mit. Erlernt haben sie dies alles wahrscheinlich durch lange Tradition und weil sie eben immer schon Kultur hatten und weil sie sich seit Generationen gut angezogen haben . . . Von meinem Geschäftsvorgänger habe ich noch die Maßbücher der alten Aristokraten, sie gehen zurück auf 1870. Bereits die Groß- und Urgroßväter der heutigen Kunden waren Kunden dieses Hauses. Diese halten an der Tradition fest, denn sie wissen, der Großvater war schon Kunde und er hat sich gut angezogen. Auch sie wollen sich gut anziehen. Es gibt unter ihnen auch Kunden, mit denen ich mich ein bißchen auseinandersetze und deren Linie ich mitbeeinflusse. Noch immer haben wir aristokratische Kunden, die sich ihr Gewand nach Maß machen lassen.
Unsere Maßanzüge sind keine modischen Anzüge, sondern sie haben einen gewissen Stil, den sie schon vor 20 Jahren hatten. In den Anzug schreiben wir unseren Namen und das Datum hinein. Es gibt Kunden, die haben einen Anzug vom Ende der fünfziger Jahre oder aus den sechziger Jahren. Er freut sich, daß der Anzug so lange hält und noch immer vornehm aussieht. Heute kostet so ein maßgeschneiderter Anzug zwischen 23.000 und 30.000 Schilling (einen guten Konfektionsanzug erhält man schon um 2.000 Schilling, R. G.). Unter den Aristokraten gibt es einen großen Prozentsatz, der Verständnis für gutes Gewand hat."

Der Adelige hat durch eine gewisse Tradition eben auch ein bestimmtes „Wissen" um einen feinen Kleidungsstil. Und dazu gehört eben der maßgeschneiderte Anzug. Er drückt nicht nur aus, daß man über Geld verfügt, sondern eben auch, daß man sich „gut" zu kleiden weiß. Nämlich so, daß man als jemand gesehen wird, der mit diesem speziellen Gewand keiner manuel-

len Tätigkeit nachgeht. Das feine Gewand unterscheidet in diesem Sinn auch den mächtigen oder höher bewerteten Fabriksdirektor bzw. Fabriksangestellten von dem „gewöhnlichen" Arbeiter.
Penible Kleidersitte, die dezente Krawatte usw. weisen den „leitenden Angestellten", aber auch den „ordentlichen" Lehrer und Professor als diszipliniert, geistig arbeitend und eben vornehmer als die Untergebenen aus.
Strenge Kleidernormen in Schulen und Internaten haben dabei eine ähnliche Funktion. Zunächst sollen sie den Schüler oder die Schülerin disziplinieren und dann sollen sie darauf verweisen, daß der auf diese Weise trefflich Gekleidete einer Elite angehört. Allerdings hat sich dabei bereits einiges in der europäischen Kultur geändert. Dadurch daß der Zugang zu höheren Lehranstalten in Mitteleuropa ein allgemeiner wurde, ist auch das Bedürfnis verschwunden oder unbedeutend geworden, sich als elitär hervorzutun, da ohnehin viele „elitär" sind. Anders sieht dies freilich in den ärmeren Ländern aus, wie in Indien, wo an traditionellen, vornehmen englischen Schuluniformen festgehalten wird. Bestimmte Kleidungssitten verhelfen dazu, sich abzuheben. So war es, wie schon gesagt, für den Adeligen früher leichter, sich vom „gewöhnlichen" Bürger durch die Kleidung abzusetzen. Dies meint auch Thorstein Veblen: „Je weiter sich eine Gesellschaft in finanzieller und kultureller Hinsicht entwickelt, desto mehr muß der Betrachter sein Unterscheidungsvermögen verfeinern, will er die verschiedenen Beweise der Zahlungsfähigkeit angemessen einschätzen. Die subtilen Unterschiede zwischen den verschiedenen Mitteln der Selbstreklame stellen einen Bestandteil jeder hochentwickelten und vom Geld geprägten Kultur dar". (Veblen, 1986, S.183)
Dadurch, daß viele den Zugang zu guter und auffällig teurer Kleidung haben, erscheinen prunkhafte Kleider heute eher als protzig und dem guten Geschmack widersprechend. Niemand fand früher etwas dabei, oder es war selbstverständlich, wenn der Aristokrat durch pompöse Gewandung Auffallen erregte und dieses auch suchte. Er hatte seine Vorteile dadurch. Heute

findet man eine solche Tendenz allenfalls noch in der kirchlichen Hierarchie. Der wohlerzogene Adelige hat gelernt, nicht aufdringlich zu sein. Wahre Vornehmheit dokumentiert sich heute vielmehr in einem verfeinerten und subtilen Kleiderkomfort, zu dem eben dezente Symbole gehören, um adelige Zugehörigkeit und vornehmen Müßiggang auszudrücken. Der Eingeweihte weiß Bescheid und darauf kommt es auch an.
Eine junge Hochadelige, eine Prinzessin, erzählte mir dazu: „Die meisten Adeligen kann man an ihrer Kleidung erkennen. Ich kann es nicht beschreiben, warum und weshalb. Die Kleidung ist nicht nigelnagelneu, sie ist nicht gebügelt oder so, sondern sie ist ein Gebrauchsgegenstand. Aber wenn andere zum Beispiel ebenso einen Jägerleinen anhaben, erkennt man trotzdem den Unterschied. Wenn ein Adeliger in einem solchen Anzug in ein Lokal kommt, dann sieht man sofort, das ist 'jemand'. Jeder versteht den anderen unter den Adeligen."
Das Fehlen fester Kleiderregeln, an denen das Mittelalter reich war, macht es notwendig, die Phantasie einzusetzen. So wunderte es nicht, als bei einem Cocktail in Wien eine französische Gräfin in einem Kleid erschien, welches auch in das vorige Jahrhundert hätte passen können. Man sah, die Dame demonstrierte Vornehmheit.
Es bedarf einigen Geschicks, sich als vornehm gekleidet zu demonstrieren. Einige dieser Strategien schilderte mir eine Prinzessin so: „Viele sind im Jägerleinen. Da gibt es viele Möchtegerns. Jägerleinen ist in den letzten Jahren schick geworden und viele, die sich gut vorkommen, haben eines. An der Wirtschaftsuniversität ist es besonders arg. Da gibt es viele, die vornehm sein wollen. Sie tragen auch genagelte Schuhe. Die hört man schon von Ferne. Und viele Mädchen, besonders die, die Landadelige sind oder solche sein wollen, kommen mit Schottenröckchen, Tüchern, Berlington-Socken usw. daher. Es gibt unter den Jungen auch die Punk-Adeligen, die ziehen Leder an."
Es gibt zwar keine direkten Kleidungsnormen, aber doch sind es feine Symbole, die anzudeuten vermögen, der Träger will vornehm sein. Mir fiel auf, daß jugendliche Angehörige hoher Adelshäuser nicht unter diesem Druck stehen. Ihr Name ge-

nügt, um ihre Vornehmheit zu attestieren. Ich war einmal in der Gesellschaft mehrerer junger Adeliger und anderer junger Menschen, die sich irgendwie an den Adeligen ausrichteten. Den meisten dieser Leute sah man an, daß sie entweder adelig waren oder adelig erscheinen wollten. Sie trugen Lodenröcke, Trachtentücher oder handgemachte, genagelte Schuhe. Unter ihnen war jedoch einer, der ganz anders gekleidet war. Er hatte Jeans an und seine Füße steckten in Turnschuhen. Dieser junge Mann, ein Student, war der durch die Medien bereits bekannte Sohn eines berühmten Aristokraten. Ihm war es, so schien es, wichtig, durch „gewöhnliche" Kleidung sich von denen zu distanzieren, für die er und seine Familie Vorbilder sind.
Die Sache ist also kompliziert. Die Kleidung dient dazu, um vornehm zu gelten, aber auch, um sich zu distanzieren. Der „gute Bürger", für den der Adel traditionell, wie wir sahen, nachahmenswert war und ist, steht unter einem Druck. Die Kleidungsindustrie und Werbung — darauf möchte ich noch näher eingehen — weiß dies und richtet sich danach. Ein junger Adeliger, mit dem ich darüber sprach, führte dazu anschaulich aus: „Man will eben schick sein, wenn man Jägerleinen oder einen Steireranzug anhat. Zuerst haben sicher die Adeligen damit begonnen. Heute sind es alle anderen auch, kaufmännische Angestellte und Bankbeamte, die so gehen. Obwohl es in Wien vollkommen abstrus ist, mit einem Steirer zu gehen. Schick ist es natürlich, Blue Jeans anzuhaben und dazu einen Steirerrock aus Jägerleinen. Das ist so ein Understatement. Unten dazu meistens maßgeschneiderte Schuhe. Es ist 'in', eine zerschlissene Hose und oben ein elegantes Sakko. Es schaut elegant aus, wenn ein junger Adeliger oder sonst einer, der glaubt, er ist etwas, so herumgeht. Oder: Jeans und Krawatte ist ähnlich zu sehen."
Eine junge Hochadelige kritisierte diese auffällige Art junger Leute, vornehme Zugehörigkeit zu demonstrieren: „Manche führen sich auf, wie sie es meiner Ansicht nach nicht dürften. Ich boykottiere sie. Sie fühlen sich als etwas Besseres mit ihren genagelten Schuhen, ihrem Lodenmantel und was alles dazugehört. Es gibt viele Möchtegerns, für die es etwas besonderes ist, sich hochzurappeln. Sie benehmen sich oft provokant."

Außerdem meinte der erwähnte Herrenschneider: „Kleidung gehört zum Menschen. Kleidung ist Ausdruck des vornehmen Charakters. Wenn jemand ein ordentlicher Mensch ist, dann zieht er sich ordentlich an, nicht auffällig und schreiend. Ich finde es ganz schlecht, wenn jemand mit einer Kleidung herumläuft, auf der vorne eine große Aufschrift prangt. Es gibt Leute, die sind unsicher und wissen nicht, wie man sich anzieht; die glauben, wenn sie so eine Marke von irgendeinem Modezaren auf der Brust tragen, kann einem nichts passieren."

Der vornehme Mensch zieht sich demnach dezent, aber nicht gerade billig an. Und wichtig ist — so der Schneider — Unaufdringlichkeit. Den Namen seines Schneiders trägt man nicht sichtbar an der Brust oder am Rücken, sondern bestenfalls unsichtbar im Inneren des Anzugs oder des Kleides. Der feine Mensch ist also kein Reklameträger, zu dem ihn manche Spezialisten machen wollen.

Der adelige Herr und der noble Bürger — ebenso die adelige Dame und die vornehme Bürgersfrau — haben also die Möglichkeit, über ebenso vornehme Schneider und Schuster symbolisch zu vornehmen Menschen zu werden. Ihrer Selbstdarstellung kann trefflich nachgeholfen werden. Exquisite Geschäftsräume und gepflegtes Benehmen des Verkaufspersonals vermitteln schließlich das Gefühl, als Angehörige einer Elite behandelt zu werden.

Charakteristisch dafür ist beispielsweise eine Schneiderwerkstätte im 1. Bezirk Wiens, in der Aristokraten, Politiker, hohe Staatsbeamte und andere „bessere" Menschen sich Gewänder anmessen lassen. Ein dezenter, eher unauffälliger Eingang führt zu einer holzgetäfelten Stiege. Man gelangt in einen sehr breiten und langen, durch Ständer mit Kleidern untergliederten Raum. In diesem findet die Begegnung zwischen dem elitären Kunden und dem Schneider statt. Der Schneider in modischem, maßgeschneidertem grauem Flanell spricht leise; er versucht, auf die Wünsche des glücklich hierher Gelangten einzugehen, bietet ihm Platz an und lädt ihn auf eine Tasse Kaffee ein. Es wird somit eine Situation hergestellt, die dem Kunden, der regelmäßig hier arbeiten läßt, das Gefühl vermittelt, ein Gast zu sein und eben zu den Menschen zu gehören, von deren Vornehmheit der Schneider überzeugt ist.

Die Atmosphäre unterscheidet sich von der in einem Konfektionshaus grundsätzlich. Hier, in den Hochburgen des guten Geschmacks, ist der Kunde nicht jemand, der sich durch die Kleider wühlt und dabei mehr oder weniger schlecht beraten wird, sondern hier wird ihm vorgeführt, daß er „jemand" ist. Darüber freut sich der Kunde und nimmt dankbar hin, daß der Schneider ihm ein Gewand anmißt, das irgendwie außergewöhnlich ist. Es sticht von der Konfektionsware ab und hilft dem Kunden sich als nobel darzustellen. Für diese Heiligung seiner Person zahlt er schließlich auch gerne den entsprechenden Preis. Es ist kein bloßes Anmessen, das sich hier vollzieht, sondern es ist ein Ritual, welches der Schneider vorführt. Die Anprobe ist daher eine Art salbungsvolle Huldigung der durch den Schneider geheiligten Person.

Es sind aber nicht bloß diese Rituale und der maßgeschneiderte Anzug, die dem noblen Kunden gefallen, sondern auch, daß es so etwas wie Schneider dieser Art in einer Zeit der Warenhäuser und Konfektionskleider überhaupt noch gibt. Der Nobelschneider knüpft also an eine alte Tradittion der Kleiderherstellung an, die es heute prinzipiell nicht mehr zu geben braucht. Der „alte" Schneider — dies dürfte wohl der Hauptgrund sein — kümmert sich um den Kunden individuell und hofiert ihn. Und schließlich ist der „alte" Schneider ein Symbol einer vergangenen Zeit, von der man meint, in dieser hätte es noch wahre Adelige und Noblesse gegeben. Die Konfektionswaren widersprechen in ihrer Unpersönlichkeit dem feinen Menschen. Durch den „unseligen" Nachahmungstrieb des aufwärtsstrebenden Bürgers fällt es den Adeligen heute allerdings schwer, ihre Exklusivität entsprechend deutlich darzustellen. Es bereitet einige Mühe, sich von Nachahmern symbolisch abzugrenzen, wie auch der Herrenschneider weiß: „Sicher erkennt man, ob es sich um einen Adeligen handelt, wenn er im Jägerleinen geht. Gewöhnlich trägt man den Jägerleinen zum Beispiel nicht mit einem blau gestreiften Hemd. Manche Aristokraten gehen aber gerade so, statt mit einem einfärbigen grünen oder blauen

Hemd, das zu einem Jägerleinen viel besser passen würde. Dies machen sie nur, um sich ein bisserl unscheinbar abzuheben. So gibt es Adelige, die kaum einen Steireranzug tragen, um sich von ihren Angestellten, die ihre Steirer- oder Jägeruniformen anhaben, zu unterscheiden. Wenn sie unter sich sind, also unter Gleichgestellten, dann tragen sie wohl das Jagdgewand oder etwas Sportliches."

Der reiche, grundbesitzende und jagende Adelige sieht sich also — manchmal zu seinem Entsetzen — mit Leuten konfrontiert, die sich durch teure Jagdkleidung den alten Aristokraten anzupassen versuchen. Die diversen Jagdausrüstungsgeschäfte und Trachtenstuben profitieren davon und verdienen gut.

Der vornehme Schuh

Elementare Kleidungsstücke sind die Schuhe. Sie schützen nicht nur und verhelfen eventuell zu einem angemessenen Schritt, sondern sie sind seit jeher ein Symbol des vornehmen und begüterten Menschen. Für den großen Teil der Bevölkerung, in Österreich bis in die fünfziger Jahre, waren Schuhe eine Kostbarkeit. Die Schuhe mußten geschont werden und daher ließ man vor allem die Kinder vom Frühjahr bis in den Herbst barfuß laufen (auch für mich, der ich in einem Bergbauerndorf aufwuchs, wurden die Schuhe erst im Spätherbst interessant. Im Frühjahr gab ich sie wieder weg). Knechte und Mägde am Dorf hatten zur Arbeit gewöhnlich nur billige Holzschuhe an, in den schönen Lederschuhen ging man zur Kirche.

Gute Schuhe für den Alltag waren schon sehr früh eine Sache vornehmer Menschen und hatten hohen Symbolwert. Dieser zeigte sich unter anderem darin, daß es im deutschen Mittelalter dem Bauern untersagt war, einen anderen Schuh zu tragen als den billigen und einfachen Bundschuh. Dieser bäuerliche Schuh, der den Bauern als solchen auswies und ihn degradie-

ren sollte, wurde schließlich zum Symbol eines deutschen Bauernaufstandes. Unter dem Namen „Der Bundschuh“ ging diese Erhebung in die Geschichte ein.
Schuhe als Zeichen des feinen Mannes haben Tradition. Sie sind ebenso wichtig für die feinen Leute wie die anderen, oben besprochenen Kleidungsstücke. Es gibt nicht nur Nobelschneider, sondern auch Nobelschuster, die mit Stolz auf einen noblen Kundenstock verweisen können. Die Vornehmheit des Kunden unterstreicht der Nobelschuster dadurch, daß er einen eigenen Leisten für dessen würdige Schuhe anfertigt und aufbewahrt, ähnlich wie dies auch sein Nobelschneider sorgsam mit seinem Maße tut. Die Maßschuhe machen u. a. den feinen Mann aus. Dies erklärte mir ein Herr aus altem, aber verarmtem österreichischem Adel: „Das Sakko kann ramponiert sein, die Hose Beulen haben, aber die Schuhe müssen gut, am besten handgemacht, und stets so geputzt sein, daß sie spiegeln. Das Putzen ist eine eigene Kunst. Die Nähte müssen eingestrichen sein. Hier und da etwas Spucke auf den Fetzen und fest reiben. Erst wenn die feinen Schuhe glänzen, dann sind sie in Ordnung.“

Den herausragenden Wert der Maßschuhe für das erlauchte Ansehen des feinen Menschen kannte auch ein ungarischer Emigrant, der nach 1956 nach Österreich kam. Das gesamte Geld, das er bei sich hatte, soll er zu einem Schuhmacher getragen und ihn gebeten haben, ihm ein Paar vornehme Maßschuhe anzumessen. Der Mann meinte dazu: „Maßschuhe sind das einzige, was ein Herr haben muß.“

Schuhe sind also für die Erlauchtheit einer Person wesentlich. Sehr sorgfältig achtete man daher am kaiserlichen Hof in Wien auf vornehme Fußbekleidung. Erst in der zweiten Hälfte des vorigen Jahrhunderts erhielt der Halbschuh, der die vielfältigen Stiefelformen ablöste, seine Attraktivität. Der Halbschuh wird sowohl aus Wichsleder als auch aus lack- und mattfarbenem schwarzem Glacéleder hergestellt (siehe dazu näher: Köhler, 1910, S.206f.). Für den vornehmen Mann behält diese Schuhform im wesentlichen bis heute ihren Reiz.

Mit dem Aufkommen von billigen und modischen Konfektionsschuhen entsteht auch für den feinen Menschen das Problem, sich durch Schuhe von anderen, weniger feinen Individuen abzugrenzen. Der handgefertigte, von einem prominenten Schuster hergestellte Maßschuh hat Würde. Alte Aristokraten, reiche Kaufleute, Vertreter der Hochfinanz und Personen, die den Zugang zur Vornehmheit suchen, sind die Kunden solcher Nobelschuster. Das Design dieser noblen Schuhe wie auch das der Kleidung orientiert sich an englischer Tradition. Schließlich gilt England auch auf diesem Gebiet als Vorbild für die Welt der Vornehmen.
Charakteristisch für die Maßschuhe ist, daß sie teuer sind und vom „kleinen Mann" nicht so ohne weiteres erstanden werden können. Gute, handgenähte Maßschuhe bei einem feinen Schuster können bis zu 15.000 Schilling (2.000 DM) kosten, also ungefähr soviel wie ein durchschnittliches Monatseinkommen.
Der Nobelschuster — ähnlich wie der besprochene Nobelschneider — bemüht sich um seinen Kunden, er gibt ihm das Gefühl, ein Mensch von besonderer Erlauchtheit zu sein, für den es wert ist, jene Arbeit auf sich zu nehmen, die mit einem edlen Schuh verknüpft ist. Es gibt Schusterwerkstätten mit langer Tradition, in denen schon die Schuhe der Vorfahren der heutigen adeligen Kunden hergestellt wurden. Alte, auffällig präsentierte Leisten erinnern an die ehemalige vornehme Kundschaft. Zur Kundschaft eines ungefähr 170 Jahre alten Wiener Betriebes zählten nicht nur Adelige und reiche Bürger, sondern auch fast alle Herrscherhäuser Europas. Die Schuhe, die heute hier hergestellt werden, sind von bleibendem Wert und für den Kenner sofort erkennbar.
Das minutiöse Anmessen der Schuhe in der ersten Sitzung ist bei einem solchen feinen Schuster ein Ritual, welches dem Kunden seine Vornehmheit bewußt macht. Auf jedes Hühnerauge wird angeblich Rücksicht genommen. Nach dieser ersten Sitzung werden vorfabrizierte Holzleisten auf die Bedürfnisse der Kunden abgestimmt. Dort, wo sie schmäler werden müssen, wird Holz abgeraspelt, wo sie breiter sein sollen, mit Leder

aufgepolstert. Der fertige Leisten bleibt beim Schuster und ist die Vorlage für die weiteren Schuhe des feinen Kunden.
Es kommt vor, daß ein solcher Kunde in Gesellschaft darauf hinweist, daß ein bestimmter Nobelschuster seine Leisten aufbewahrt. Mir erzählte ein hoher Polizeioffizier, ein nobler Mann, seine Schuhe wären handgefertigt und er sei froh, daß seine Leisten bei einem bekannten Wiener Schuster sind. Der Hinweis, einen Schuster zu haben, der sich um die noblen Füße persönlich kümmert, hebt die vornehme Person über alle, die auf die Unpersönlichkeit der Kaufhäuser angewiesen sind.
Als häufigstes Material für die feinen Schuhe wird das weiche, wasserabstoßende und feinporige Boxcalf eingesetzt. Aber auch Leder vom Strauß, vom Elefanten und Krokodil werden verwendet. Bis die Schuhe fertig sind, vergehen üblicherweise acht Wochen; es kann bis zu sechs Monate dauern.
Der neue Maßschuh, der sich durch handgemachte Nähte und Lederschichten von einem Fabrikschuh unterscheidet und daher auch zunächst nicht so geschmeidig ist wie dieser, muß eingegangen werden. Früher taten die Kammerdiener dies für die Herrschaft, heute verzichtet der feine Mensch auf eine solche Hilfe. Er will die Extravaganz des Maßschuhes spüren.
Allerdings gibt es bereits Konfektionsware, die sich nur schwer von einem echten Maßschuh unterscheiden läßt. Ein halbwegs sicheres Unterscheidungsmerkmal ist das dezente Klappern, das die Maßschuhe auf hartem Boden verursachen. Dieses Klappern rührt von den in der Sohlenspitze und im Absatz eingearbeiteten Metallplättchen her. Maßschuhe sind nicht beschlagen. Dieser durch die Schuhe des vornehmen Herrn beim Betreten eines Restaurants, eines Theaters oder sonst einer Lokalität erzeugte Lärm kündigt hörbar an, daß sich eine erlauchte Person nähert.

Auch in der Welt der Ganoven, kleinen Diebe und Stadtstreicher wird die Symbolik der Schuhe beachtet. In der alten Wiener Gaunersprache gibt es das Wort „bock-valat", das eine seltsame Bedeutung hat. Jemand ist „bock-valat" heißt soviel wie, daß der Betreffende keine oder schlechte Schuhe besitzt. Also auch hier wird der Mensch an seinen Schuhen gemessen und eingeordnet. Derjenige, der unter diesen Leuten gute Schuhe besitzt, kann damit rechnen, entsprechend akzeptiert zu werden. Vor allem für einen Sandler ist es nicht einfach, zu halbwegs tragbarem Schuhwerk zu gelangen. Er erhält zwar abgetragene Kleider, aber kaum Schuhe, denn von Schuhen trennt sich der gute Bürger nur selten. Für den Sandler können schlechte Schuhe zum Problem werden, denn gerade aufgrund dieser ist er für einen Polizisten leicht als ein Vagabund auszunehmen.

Der Schuh kann also einerseits ein Symbol der Vornehmheit sein, andererseits kann ein schlechter oder ungepflegter Schuh auch dazu beitragen, einen Menschen zu degradieren. Mir erzählte ein Personalchef einer großen Firma: „Wenn jemand zu mir kommt, um sich für eine freie Stelle vorzustellen, so achte ich genau auf seine Schuhe. Sind diese ungeputzt und dreckig, so weiß ich, was ich von dem Mann zu halten habe. Die Stelle bekommt er dann kaum." In ähnlicher Weise ist auch eine Werbung einer Kopierfirma konzipiert. Das Inserat zeigt zwei Paar Schuhe. Das eine ist reif für den Müll und das andere glänzt gepflegt. Darunter ist zu lesen: „Beide haben die gleiche Ausbildung. Wem geben Sie den Job?" Schuhe weisen also mitunter einen hohen Symbolgehalt auf, sie helfen, Menschen sozial einzuordnen. Und der feine Mensch kann durch sie sich und anderen zeigen, daß er wirklich fein ist.

Tracht und noble Leute

Traditionell ist mit der adeligen Kleidungssitte der Jagdanzug verknüpft. Die Jagd als Vorrecht des Aristokraten war ein altes Symbol des Müßiggangs, nämlich für eine Tätigkeit, die als solche eigentlich eher unnütz ist. Die Jagd und auch der Sport zeichneten den Adeligen als jemanden aus, der Zeit und Muße hat, etwas, das dem Bürger und Arbeiter zunächst fehlte. Das Jagdgewand wurde somit zum Zeichen für den adeligen Menschen.

Die spezifische Jagdtracht, wie sie vornehmlich im Ausseerland (Steiermark) durch Erzherzog Johann kreiert und gepflegt wurde, wurde schließlich auch zum Symbol des vornehmen Sommergastes im Salzkammergut. Diese Tradition hält sich bis heute. Lodenmantel, Lederhose, Dirndl und feste, handgefertigte Schuhe wurden so zum Ausdruck vornehmer Gesittung. Mit Tracht oder Jagdgewand wird nicht nur ländliches Leben verbunden, sondern eben auch aristokratisch-nobles. Der Jägerleinenanzug und das Jägerleinenkostüm, aus hellgrünem Trachtenstoff verfertigt, beherrscht am Beginn der achtziger Jahre die vornehme Szene des städtischen Großbürgertums. Das alpenländische Trachtengewand verdankt seine noble Attraktivität nicht nur Erzherzog Johann, sondern auch den baierischen Wittelsbachern, die in der Tracht beziehungsweise dem Jagdgewand einen entsprechenden Ersatz für alte prunkvolle Kleiderformen sahen. Die Jagd als adelige Betätigung wird somit in der Lederhose und im Loden symbolisch festgehalten. Der Hochadel hatte somit eine Kleidung, in der er sich — ähnlich wie der eifrige Jäger Kaiser Franz Joseph — nobel zeigen konnte. Schließlich war es in den dreißiger Jahren eine österreichische Erzherzogin, die in München ein exklusives Trachtengeschäft eröffnete. In den Jahren vor dem zweiten Weltkrieg erlebte die Tracht eine Blüte, die sie auch heute wieder hat. Sogar Marlene Dietrich soll, zumindest einmal, sich in Tracht gezeigt haben. Das Dirndl und der Trachtenanzug sind salonfähig, als Salondirndl und als Salontrachtenanzug eroberten sie die Ballsäle.

Die Tracht beziehungsweise das Jagdgewand wurden zu einem wichtigen Bereich der Mode. Modeschöpfer verarbeiteten und verarbeiten Trachtenelemente in ihren Kreationen, und Spezialisten erfinden Trachten für diverse Landstriche. Der Reiz dieser Kleidung steckt wohl in der Vorstellung, etwas Vornehmes, das irgendwie mit dem alten Kaiser und dem Adel verbunden ist, anzuhaben. Es ist also nicht bloß der Bezug zum gewöhnlichen

Landleben interessant, sondern zu einem Landleben, welches durch den adeligen Jagdherrn oder Sommerfrischler bestimmt ist. Der Städter, der während seiner Ferien in die Tracht schlüpft, schlüpft auch in ein anderes Bewußtsein. Er will Distanz zu seinem alltäglichen Leben und will zumindest für ein paar Tage das Gefühl haben, sich als freier und nobler Mensch zu bewegen.

In manchen Orten — sie haben Ähnlichkeiten mit einem Disneyland — gibt es so etwas wie eine Kultur der Trachtenträger, die vor allem den aus den Städten kommenden, wohlhabenden und auch adeligen Schichten angehören. Das Trachtengewand hat den Charakter eines noblen Symbols, welches alle Lederhosenträger und Dirndlträgerinnen zu einer Gemeinschaft verbindet. Man trifft sich bei speziellen Gastwirten, beim Baden am See, am Tennisplatz und am Abend in Tanzlokalen, die im Alpenstil eingerichtet sind. Der, der eine Tracht trägt, ist geachtet, wobei es allerdings auf die besondere Qualität der Tracht ankommt. Eine gewöhnliche Lederhose verschafft nicht jene Anerkennung, die ein teures, gesticktes Stück, von einem örtlichen Spezialisten gefertigt, bringt. Unter den Lederhosenträgern entwickelt sich mitunter auch eine Konkurrenz bezüglich der teuersten und am meisten verzierten Hose. Zur Lederhose kommt eine passende Jacke. Das Gesamtbild erinnert schließlich an Erzherzog Johann, der in ähnlicher Weise porträtiert wurde. Von noblen Trachtenträgern wird zwar behauptet, die Tracht habe ihre Wurzeln in der alten bäuerlichen Kleidungstradition, was jedoch nur bedingt seine Richtigkeit hat. Denn tatsächlich sind in der Tracht, speziell im Dirndl Elemente eingefangen, die bei städtischen Patriziern und am kaiserlichen Hof ihr Vorbild hatten, wie das barocke Schnürmieder oder der weite Rock des 18. Jahrhunderts.

Wesentlich ist jedoch die Beziehung der Tracht zum Adel und dem alten Kaiser. So heiligt sie die heutigen Benützer von Lederhose und Dirndl; Benützer, die sich auch sonst an nobler Tradition orientieren. So auch ein ehemaliger Finanzminister, der regelmäßig gegen Ende seines Sommeraufenthaltes würdige Einheimische und Gäste zu einem Abschiedsessen in ein ländli-

ches Nobelhotel einlädt. Er hält in der Lederhose Hof und dankt für die schönen Tage und verabschiedet sich von der vornehmen, in der Tracht erschienenen Gesellschaft.
Die Tracht als Symbol des noblen, mit dem Land verbundenen Menschen vermittelt romantische Ländlichkeit, gemütliches Leben, eine heile Welt und eine deutliche Distanz zum städtischen Alltag, der als „ungesund“, „unfrei“ und manchmal auch als proletarisch empfunden wird.
Das weiß auch der vom Fremdenverkehr lebende Gebirgsbewohner. Geschickt paßt er sich den Erwartungen an und präsentiert ländliche Lebensfreude, mit der Bergsteigen, die Jagd und das Fensterln traditionell verknüpft zu sein scheinen. Der feine Städter ist davon angetan, durch die Tracht erhält er eine andere Identität, beim alljährlichen Kirtag sitzt er im Bierzelt, und im Kontakt mit anderen Trachtenträgern sieht er sich in eine Welt versetzt, die grundverschieden von seinem Berufsalltag ist.
Diese mit der Tracht und dem Landleben zusammenhängende Noblesse bleibt schließlich nicht auf die Bergwelt beschränkt. In den feinen Salons der Städte, bei Hochzeiten des wohlhabenden Bürgertums und auch bei Modeschauen spielt die Tracht jene Rolle, die man ihr als feiner Mensch zuerkennt. Speziell bei Trachtenhochzeiten, die der reiche Primararzt oder der hohe Staatsbeamte für seine Kinder arrangiert, soll offensichtlich jene adelige Vornehmheit vermittelt werden, die an die alten Vorbilder kaiserlicher Hochzeits- und Jagdgesellschaften erinnert.
Da sich Tracht auf alte Vorbilder wie früheres Landleben und kaiserliche Jagdrituale bezieht, wird sie zum Sinnbild der Beständigkeit. Und die Beständigkeit, die lange Tradition, macht schließlich, wie man meint, den echten Adel aus. Vor diesem Hintergrund ist auch das Interesse an der Tracht zu verstehen, deren Vornehmheit darin besteht, daß sie — im Gegensatz zum üblichen, leicht wandelbaren Kleidungsstil — den Eindruck alter und edler Kultur vermittelt. Und die Modewerbung bedient sich dieses Eindrucks bisweilen sehr direkt. So ist in einer Trachtenwerbung ein jüngerer Herr im klassischen Trachten-

rock abgebildet. Unter dem Bild kann man in großen Lettern lesen: „Landadel-Touch". Weiter heißt es: „Die heurige S. Mode-Kollektion ist auf Lifestyle mit österreichischem Landadel-Touch aufgebaut." (VOR-Magazin, Wien, November, 1988, S.27). Trachtenmodeschauen in angesehenen städtischen Häusern sind demnach auch Anlaß für regelmäßige Zusammenkünfte adeliger und anderer feiner Leute. Als Mannequins fungieren dabei mitunter Damen der modernen „höfischen" Kultur.

Jagdgewand und Wilderer

Im Kapitel über die Jagd bin ich bereits auf den Wilderer eingegangen. Hier will ich ergänzend die Attraktivität der Jagdtracht für den Wilderer besprechen. Der klassische Wildschütz stellte sich — wie schon mehrmals erwähnt — dem Aristokraten gleich und verwendete dessen Zeichen, wie den Gamsbart und das Jagdgewand. Er hob sich dadurch aus der Dorfgemeinschaft heraus. Gleichzeitig war er der Held der kleinen Leute im Gebirge in ihren Auseinandersetzungen mit den adeligen Grund- und Jagdherren. In seinem Jagdgewand präsentierte der adelige Herr soziale Macht, noble Lebensart und das alte Recht zur Jagd. Der Wildschütz jedoch gestand ihm dies nicht alleine zu und nahm sich, was er brauchte.
In einer Modezeitschrift für feine Männer, in der strapazierfähige Jagdkleidung angepriesen wird, wird auf diese kühne und somit auch noble Lebensart des Wildschützen verwiesen. Man sieht in witzig-makaberer Weise in teure Jagdanzüge gesteckte Männer, die, offensichtlich Wilderer darstellend, mit dem Gewehr in der Hand verwegen in die Gegend blicken. Als wackere Feinde des Jagdherrn genießen sie wieder romantischen Respekt.

Der Wilderer hat historisch den Ruf des edlen und großmütigen Rechtsbrechers und die Modezeitschrift bedient sich dieses Nimbus des Wildschützen. Dieser trug stolz seine Lederhose und andere, an die Jagd erinnernde Kleidungsstücke. Man sollte im Dorf sehen, daß er, der ansonsten „kleine" Knecht oder arme Bauer, ein kühner Wildschütz sei, der weit über den „gewöhnlichen" Leuten stehe. Mir zeigte einmal ein ehemaliger Wildschütz, dessen Vorfahren auch bereits anerkannte Wilderer waren, ein Bild seines Vaters. Auf diesem Bild sieht man einen Mann in Lederhosen, auf dem Kopf einen Jagdhut mit kühnem und breitem Gamsbart und um die Schulter eine Büchse. Der Vater hatte sich in diesem Aufzug fotografieren lassen, um sich als wahren Waidmann mit all den üblichen Symbolen zu präsentieren. Daß es sich bei diesem Manne um einen Wildschütz handelt, konnte man nicht sehen. Sein Sohn meinte stolz, sein Vater wäre als Wilderer stets ein Waidmann gewesen, der auch die Jagdregeln eingehalten hätte.
Symbolisch zeigte der als Jäger abgebildete Wilderer also an, daß er sich in nichts von einem traditionellen Jagdherrn unterscheiden wolle. Allerdings war er bei seinen Wildererabenteuern anders bekleidet; in dunklem, altem Gewand und mit Mütze, um nicht aufzufallen und um nicht vom Jagdaufseher erkannt zu werden. Die zitierte Modezeitschrift bedient sich ebenfalls der alten Vorstellungen vom „edlen Wildschützen", wie er nicht nur vom „gewöhnlichen Volk" verherrlicht wurde, und macht so Reklame für kostbare Trachtenkleidung, an der die noble Welt Interesse hat oder haben könnte. Die Gestalt des Wilderers verknüpft alte, an adeligem Tun ausgerichtete Tradition mit verwegenem, naturverbundenem und außergewöhnlichem Handeln.
Das Jagdgewand, gerade von Wilderern getragen, demonstriert in diesem Sinn Noblesse und eine Lebensart, die außerhalb des gewöhnlichen Lebens am Dorf liegt. Genau das sucht der feine Mensch und die Modezeitschrift weiß dies.

Ganz ähnlich wie in der Tracht und dem kühnen Jagdgewand steckt auch in gewissen „sportlichen" Kleidungsstücken der Anspruch der heldenhaften Vornehmheit. Der noble Mann und auch die noble Frau bedienen sich einer solchen Kleidung, um andere davon zu informieren, daß sie ihr Leben oder einen Teil davon danach ausgerichtet haben, einer ansonsten wenig nötigen oder wenig nützlichen Tätigkeit wie dem Sport nachzugehen.

Ähnlich wie der Jäger genoß und genießt der feine Sportsmann im „altenglischen Stil" einiges Ansehen. Und zwar ist es nicht jeder Sport, der den Mann adelt, sondern traditionell, wie ich noch zeigen werde, sind es das Tennis, das Golf, das Segeln und auch das Bergsteigen, die historisch mit der Freizeitgestaltung der feinen und adeligen Leute verbunden waren und sind.

Es sind daher in der vornehmen „Sportskleidung" deutliche Hinweise gerade auf solche vornehme sportliche Betätigungen enthalten. Der exklusive Sport adelt den nach Noblesse strebenden Menschen. Auf das noble Golfspiel deuten zum Beispiel spezielle, aus englischen Stoffen hergestellte Sakkos hin. Kleine, für den täglichen Bedarf vollkommen unnötige Bestandteile, wie besondere Knopflöcher und Seitentaschen mit raffinierten Falten zur angeblichen Aufbewahrung von Golfbällen, sind daher als Zeichen eleganter Vornehmheit zu werten. Mein Sohn, der einen leichten Hang zu vornehmer Lebensweise hat, schenkte mir zu der Zeit, als ich diese Zeilen schrieb, ein Sakko mit dieser kultivierten und stilvollen sportlichen Note, welches ihm nicht mehr paßte. Mir paßte es und ich war froh, etwas derart Erlauchtes nun anziehen zu können. Mein Selbstbewußtsein hob sich und mein Sohn wies nicht ohne Stolz darauf hin, daß dieser Rock in englischer Manier eigentlich auf den Golfsport verweise. Obwohl er selbst nie diesem edlen Sport gehuldigt hatte und auch nicht wußte, auf welchen Regeln er basiert, sah er in diesem mit Golffalte u. ä. ausgerüsteten Rock ein wesentliches Symbol edlen Menschseins. Auch mir gefiel —

obwohl ich es nicht zugab — diese Besonderheit meines neuen Rockes, eines Kleidungsstückes, welches an die Lebensweise alter englischer und aristokratischer Sportleute erinnert.
In derselben Weise wie dieses Sakko wurden und werden Tennissymbole, Seemannsdressen und auch manche Bergsteigerkluften — im 19. Jahrhundert war der Bergsport noch eine Sache des Aristokraten und wohlhabenden Bürgers — eingesetzt. An die noble Zeit des Bergsteigens erinnern charakteristische Kniebundhosen, die auch beim Spaziergang im Kurpark den Träger als sportlich und großartig erscheinen lassen.
Es ist nicht uninteressant in diesem Zusammenhang, daß die früheren Bergsteiger zur Kniebundhose ein Sakko und ein Hemd mit Krawatte trugen. Man war also auch am Berg und in der Felswand ein wahrer Herr, der auf Kleidungsformen zu achten wußte. In der Anfangszeit des Bergsteigens hielt man es übrigens für unangebracht, daß auch Frauen in die Berge stiegen. Ein wesentlicher Grund, der gegen die Frauen als Bergsteigerinnen sprach, lag im Problem der weiblichen Kleidung. Außerdem konnte man sich nicht vorstellen, daß eine Frau es hierin dem Manne gleichtun könnte. In den alten Kletterbüchern wird daher das Klettern als männliche und erhabene Tätigkeit, die den Mann adelt, gepriesen. Und so verhielt es sich auch mit der dabei verwendeten Kleidung.
Aus einem um die Jahrhundertwende erschienenen Kletterbuch geht in diesem Sinn hervor, daß nur der vermögende, also noble Mann imstande war, sich einen echten Kletteranzug zu leisten. Das Bergsteigen war also noch eine Domäne des feinen Mannes, der Zeit und Muße hatte, sich dem Bergsport zu widmen. In diesem Buch heißt es: „Ich nehme an, daß du gesonnen bist, Kletterer in großem Stil zu werden, daß heißt, ein Mann, der sich oft mehrere Tage nacheinander seinen Bergen widmen will. Nach dem Grundsatz 'Kleider machen Leute' gebe ich dir nun zur Anschaffung zunächst der allgemeinen Ausrüstung den Rat, dich zu deinem Schneider zu verfügen und dir dort selbst einen Kletteranzug anmessen zu lassen. Sehr angenehm sind nicht allzu dicke Lodenstoffe, ja, sie wären nebst den englischen Wollstoffen das beste . . . Neigst du mehr zur ästheti-

schen Seite, so empfehle ich dir einen Anzug aus Manchester . . . Eines vergiß nicht: möglichst viele, zuknöpfbare Taschen im Rock, desgleichen Verschlußspangen an den Ärmeln und am hochzuklappenden Kragen." (Nieberl, 1909, S.33f.) Klettern war also bis zum 1. Weltkrieg eine Sache wohlhabender Leute. Es hat sich einiges bis heute geändert, aber dennoch blieb vor allem mit dem Klettern noch das Fluidum des Außergewöhnlichen und Einmaligen verbunden. Kleidungsstücke, die an spezifische noble Sportarten erinnern sollen, auch wenn man diese nicht unbedingt selbst ausübt, sind — ebenso wie das Jagdgewand — Zeichen stiller Vornehmheit geblieben. Denn schließlich ist es höchst achtenswert, mit einer solchen Kleidung zu zeigen, daß man zumindest symbolisch eine Tätigkeit ausübt, die als solche nicht besonders nutzvoll, aber nobel und teuer ist.

Mode und Werbung für Vornehmheit

Es ist nicht beabsichtigt, hier eine Kulturgeschichte der Kleidung zu skizzieren, es soll lediglich blitzlichthaft die Kleidung als Symbol der Vornehmheit diskutiert werden. Historisch war es, wie so oft, der königliche und kaiserliche Hof, der die Gewandung der feinen Dame und des feinen Herrn wesentlich beeinflußte. So wird beispielsweise aus der Zeit der zweiten Hälfte des 18. Jahrhunderts berichtet, daß in deutschen Landen die Anregungen zur Umformung der Frauen- und Männerkleidung vom Hofe ausgingen. Der Reifrock wurde durch Marie-Antoinette völlig neu gestaltet, indem er zu einem breiten Hüftgestell umgeformt wurde. Es heißt, daß dieser Reifrock beweglicher als der frühere, unter Ludwig XIV. übliche, war. Dieser neue Reifrock, der einen wesentlichen Bestand der Hoftracht bildete, hatte den Vorzug, daß die Damen, falls sie eine enge Tür oder einen schmalen Gang zu durchschreiten hatten, die in Scharnieren ruhenden Bügel mitsamt den Kleidern in die

Höhe ziehen und platt an den Körper drücken konnten, wodurch ihre Figur wieder auf ein normales Maß zurückgeführt wurde (Köhler, 1910, S.147).
Vornehmheit präsentiert sich hier in klassischer Weise in der durch die Kleidung erreichten Unbeweglichkeit des vornehmen Menschen. Die komplizierte Kleidung weist augenfällig darauf hin, daß die auf diese Weise Bekleidete nicht in Versuchung kommen kann und auch nicht will, sich auf irgendeine Weise körperlich zu betätigen. Ihre ganze Kunst und Beherrschung ist darauf ausgerichtet, anderen zu zeigen, welch feiner Mensch sie eigentlich ist. Ihr gelingt es vortrefflich, eine Kleidung zu tragen, von der man annehmen kann, daß die Betreffende ihre gesamte Fertigkeit aufwenden muß, um sich anmutig zu bewegen. Das ist nicht immer leicht.
Aber nicht nur Reifröcke, auch wuchtige Gewänder von hohen Priestern, Päpsten, Häuptlingen und Königen erfüllen diese Aufgabe. Sakrale und weltliche Macht demonstrieren sich nobel auf diese Weise. In der den Hals des modernen distinguierten und achtungsgebietenden Mannes einschnürenden Krawatte findet sich eine Fortsetzung dieser Strategie der Vornehmheit.
Vor allem die vornehme Damenkleidung ist bis in die jüngste Zeit durch dieses Prinzip der Unbeweglichkeit bestimmt, denn die Frau wird auf diese Weise zum prachtvollen Schaustück des feinen machtvollen Mannes. Sie dient in speziellen, komplizierten und die Beweglichkeit blockierenden Kleidern der „Verschönerung“ seiner Lebenswelt.
Bei großen gesellschaftlichen Ereignissen, wie bei einer Hochzeit, wird dies besonders bemerkbar. Zum Beispiel die Kleidung der würdevollen aristokratischen Damen anläßlich der Hochzeit Erzherzog Karls, des späteren letzten österreichischen Kaisers, fiel durch eine prunkvolle, aber sperrige und hinderliche Eleganz auf, die der Braut, der erlauchten Frau Mutter und anderen hochwohlgeborenen Frauen einige Mühe auferlegte. In der am 25. Oktober 1911 in Wien erschienenen Zeitung „Das interessante Blatt“ wird die Kleidung dieser Damen geschildert. Unter anderem heißt es da: „Das Ereignis dieser

Woche war wohl für alle Österreicher die Trauung des Erzherzogs Karl Franz Josef mit Prinzessin Zita von Parma . . . Daß es da einen ungewöhnlichen Aufwand an herrlichen Toiletten gab, daß man das Schönste sehen konnte, was die Kunst des Schneiders überhaupt hervorzubringen imstande ist, das läßt sich wohl leicht vorstellen. Das Brautkleid, das Prinzessin Zita trug, ist ein wahres Gedicht an Anmut, Pracht und Schönheit . . . es machte mit seiner prächtigen, langen Schleppe einen wahrhaft majestätischen Eindruck. Ein Fond von Ivoir Satin Duchesse ist mit schwerer Silberstickerei in zartem Dessin reich gestickt . . . Erzherzogin Maria Annunziata, die eine wundervolle schlanke, mädchenhafte Erscheinung ist, sah entzückend aus in der großartigen Toilette. Die Robe war sehr geschmackvoll mit reichen Seiden-, Pierre de Strass- und Perlenstickereien bedeckt, die die scheinbar so duftige, sylphidenartige Toilette de facto ziemlich schwer von Gewicht (!) machen, wenn sie auch zart wie ein Hauch aussieht. Die Schleppe war über zwei Meter lang."

Vornehmheit war bei den Damen also auch eine Sache des Gewichtes. Anmut und Eleganz zeichneten Robe und Trägerin aus, die es offensichtlich großartig verstand, das mit teuren und schweren Dingen versehene Kleid mit Leichtigkeit zu tragen. Dies ist zweifellos eine Kunst, die zum feinen Lebenswandel gehört. Die Symbole der Macht und des Reichtums werden mit Eleganz, einer vornehmen Eigenschaft, präsentiert. Es ist Aufgabe vor allem der Damen, durch ihre Kleidung klarzumachen, aus welchem feinen Haus sie kommen und welch einflußreicher Herr ihr Gemahl ist. Insofern unterscheidet sich eine solche anmutige Kleiderträgerin nicht wesentlich von dem übrigen Personal ihres Mannes, welches durch kostbare Livrees den Fremden auf die Bedeutung ihres Herrn aufmerksam macht.

Die Modeindustrie bedient sich heute exklusiver Strategien und einer ausgesuchten — durch aristokratische Muster inspirierten — Terminologie, um dem modernen, begüterten Zeitgenossen vorzugaukeln, er sei mit einer bestimmten Kleidung ein vornehmer Mensch. Eine „Demokratisierung der Mode" — von der man nicht ganz zu Unrecht annimmt, daß es sie gibt —

ist jedoch nicht im Sinne des feinen Kunden. Er will Kleidung, die ihn von anderen unterscheidet und ihn als nobles Lebewesen ausgibt. Der feine Mensch ist nicht für eine „Demokratisierung der Mode", er will sich ja vielmehr von seinen ordinären Landsleuten symbolisch abgehoben wissen. Darauf reagiert die Modewerbung und versucht, die Erzeugnisse der Modeschöpfer und der Modeproduzenten als aristokratisch, einmalig und exquisit herauszustellen.

Die Werbung der Modeindustrie und der Modehäuser greift auf die klassischen Strategien der Vornehmheit zurück: Kleidung ist dann als nobel zu sehen, wenn sie zeigt, daß ihr Träger bzw. ihre Trägerin keiner körperlichen Betätigung nachgeht. Wie bei alten Adeligen dienen die heutigen, die Bewegung behindernden Kleidungsstücke, wie Stöckelschuhe, enge Röcke und Korsetts, dazu, noblen Müßiggang, also Befreiung von körperlicher Arbeit, zu demonstrieren. Bei der Durchsicht von Modeschriften und Modewerbeheften fällt auf, wie ausdrücklich mit an adeliges Leben erinnernden Wörtern Damenkleidung angepriesen wird. So heißt es unter anderem in einem 1987 in Wien erschienenen „Modejournal": „Noble Klassik wetteifert mit lässiger Eleganz. Ein Hauch von Luxus umgibt die neue Mode . . . Auch Männer brauchen nicht unbedingt nur Muskeln, um den starken Mann zu spielen. Ein guter Anzug hilft da oft mehr . . . Die Frauen suchen in der Mode wieder nach sicheren Werten, nach Qualität und Klasse, eben nach einem Hauch von Luxus . . . Diese neue klassische Mode legt wieder Wert auf edle Stoffe. Ein Stichwort der Saison: Die schlanke Linie . . . wird nun aber vom Schritt her weitaus raffinierter und figurbetonter bestimmt . . . Lange und klassisch-schlichte Oberteile mit kokett ausschwingenden Rocksäumen in Längen, die Knie oder Wade mit Glocken, Godets, Plisses, Rüschen oder Velours umspielen. Das ist modern 'gewagte Klassik' . . ."

In diesen Zeilen bedient man sich adelig-nobler Termini, um die Exklusivität der hier angepriesenen Modestücke und ihrer Trägerinnen darzutun. Im folgenden Abschnitt aus dieser Werbeschrift werden schließlich modische Kleider vorgestellt, die keineswegs dazu angetan sind, der betreffenden Dame einen

angenehmen Bewegungsfreiraum zu offerieren: „Aber auch die Frauen schwenkten wieder auf die verführerische Linie ein. Der kurze Rock ist dafür ein sehr probates Mittel. Wer also Lust hat und wer es sich erlauben kann — die größte Schwierigkeit ist es, die biederen Schranken selbstauferlegter und eingeimpfter 'Anstandsdisziplin' zu überwinden, ohne dabei gleich seine Grenzen der Ästhetik zu überschreiten — der soll seinen Beinen freien Lauf lassen. . . . Am wagemutigsten sind die Franzosen, die ihre Liebe zur Femme fatale nicht leugnen können. Selbst Modezar Y. S. L. präsentierte eine superkurze Kollektion und die Pariserinnen jubelten . . ."
Enge kurze Röcke und ähnliche Kleidungsstücke verlangen von ihren Trägerinnen einige Disziplin und Fertigkeit, sich „richtig" zu bewegen. Der Rock darf nicht zu hoch rutschen, er soll delikate Einblicke nicht ermöglichen und er hat in dezenter Weise den eventuellen Reiz der Beine zu erhöhen. Eine Sache, die mit Mühen verknüpft ist und die an die Trägerin einige Anforderungen stellt. So verhält es sich allerdings nicht bloß mit hautengen, die Bewegungsfähigkeit einschränkenden Gewändern. Die Trägerin benötigt ein gewisses Maß an nobler Wendigkeit, um Anmut, Charme, Grazie und Eleganz — trotz der hinderlichen Kleidung — zu zeigen. Und das eben macht den vornehmen Menschen aus.
In einem anderen Journal, das sich auf wertvolle Stoffe bezieht, wird ähnlich deutlich auf die Attribute edlen Menschseins hingewiesen: „Edel im Griff und nobel in der Optik sind die weichen Wollvelours . . . englisch-sportiv die Oxford-karierten Blazerstoffe zu den feinen faux-uni Flanellen der Röcke . . . Die Stoffe sollen edel sein, sie sollen ihre Rolle spielen . . ." Und unter dem Titel „British-Club oder Noblesse" ist an einer anderen Stelle zu lesen: „Die neue Klassik für die Stadt personifiziert die Mode 'mit Klasse' aus edlen Stoffen in bester Verarbeitung."
Der Kleidung als wichtigem Symbol wird also eine große Bedeutung beigemessen, um anderen Mitbürgern die Exzellenz und Sonderklasse der eigenen Person vorzuführen. Daher wird in den alten Anstandsbüchern sehr genau auf das Thema Kleidung eingegangen. In einem „Gesellschaftlichen Wegweiser"

aus dem Jahre 1931 wird daher nicht nur auf die verschiedenen Kleidungsformen, wie Smoking, Cut und Frack verwiesen, sondern werden auch Regeln, die beim Tragen der jeweiligen Kleidungsstücke zu befolgen sind, vorgeschlagen. Ein korrektes Tragen des Gewandes bedarf anscheinend einiger Anstrengung. Eine Haltung, die bequem und angenehm ist, wird als nicht vornehm und unbeherrscht abgetan. Zwei Zeichnungen in diesem Buch illustrieren dies. Die eine Zeichnung zeigt eine Dame und einen Herrn in disziplinierter Haltung und sorgfältig gekleidet. Dazu ist zu lesen: „Richtige Haltung! Beherrscht, aufrecht, ohne steif zu sein." Auch in der anderen Zeichnung ist ein Paar zu sehen. Allerdings in einer ausgesprochen gemütlichen Haltung. Sie stützt locker die Hand an die Hüften und er hat die Hände in den Hosentaschen. Kritisch wird hier festgehalten: „Was ist an der Haltung dieser beiden schlecht? Bei der Dame die gegrätschten Beine, der vorgeschobene Bauch, der henkelartig in die Hüften gestützte Arm mit geschlossener Faust, der weggespreizte Schirm; beim Herrn die hängenden Schultern, die gegrätschten und knieweichen Beine, die in den Hosentaschen befindlichen Hände, der schlaffe unbeherrschte Gesichtsausdruck, die lässig hängende Zigarette."
Zur noblen Kleidung gehört also auch ihre kontrollierte Darstellung, die mühevoll ist und eines Lernprozesses bedarf. Das feine Elternhaus, pädagogische Anstalten und die Tanzschule achten sorgfältig darauf, daß der junge Mensch all diese Normen auch erlernt, um sich nobel präsentieren zu können. In diesem Sinn heißt es in dem zitierten Anstandsbuch: „Verbunden mit einem entsprechenden Benehmen, erzielt ein gut gekleideter Mensch immer größeren Erfolg als ein solcher in dürftiger Kleidung . . . Wir selbst haben in tadelloser Kleidung ein gehobenes Gefühl der Sicherheit, während unser Selbstbewußtsein und damit auch der Erfolg sinkt oder schwindet, wenn wir uns in bescheidenem, schlecht passendem, unmodernem Gewand zeigen."
Kleidung, dies sollte herausgearbeitet werden, ist für die sakrale Selbstdarstellung von großer Wichtigkeit. Kostbare Stoffe und komplizierte Gewänder, mit mühevoller Anmut und Ele-

ganz vorgetragen, verhelfen zur erhofften Vornehmheit. Die Modewerbung versucht dem potentiellen Kunden das Gefühl der Noblesse zu vermitteln. Sie bezieht sich daher beim Anpreisen ihrer kostbaren Gewänder auf Ausdrücke, die viel mit adeligem Leben zu tun haben.

Ganz ähnlich wie mit dem exklusiven Gewand verhält es sich mit dem Schmuck. Teurer Schmuck ziert nicht nur die Person, sondern er macht aus ihr etwas Besonderes, er erhebt sie aus dem Grau des Alltags. Charakteristisch ist es auch hier, daß wertvoller und prächtiger Schmuck erst dann im Sinne der Vornehmheit glänzt, wenn der Träger ihn mit Anmut und Eleganz zur Schau stellt. Der schwere Gold- oder Edelsteinschmuck bedarf also einer graziösen Trägerin. Auch hier ist es das eher hinderliche und schwere Geschmeide, welches mit Eleganz getragen, den hohen und noblen Wert einer Person deutlich macht. Königliche Personen, würdevolle Priester und andere kultische Personen lernen — oft schon sehr früh und mit Mühe — schwere Kronen, kostbares Gehänge und sperrige, übergroße Ringe mit Würde und Leichtigkeit zu tragen. Dies macht die Vornehmheit dieser Leute aus, ebenso wie die anderer feiner Menschen, die keine Kosten scheuen, um sich oder die Ehefrau zu veredeln. Protzige Zurschaustellung des Schmucks kann negativ ausgelegt werden, denn zur noblen Lebensart gehört — wie oben schon einige Male betont — auch eine Darstellung, die nicht aufdringlich sein will. Dies bedarf freilich einiger Kunst. „Selbstverständliche" Anmut beim Tragen schweren Goldes, Silbers oder ähnlichem weist auf wahre Noblesse hin, die jedoch nicht jeder hat.
In Kulturen der Armut, wie bei indischen Stämmen, hat teurer und alter Silberschmuck, der in der Familie weitergegeben wird, eine hohe Bedeutung. Er hat hier auch die Funktion, der armen und ohnehin degradierten Person so etwas wie Würde und Stolz zu geben. Ähnlich sieht es in unseren europäischen kriminellen Subkulturen aus, wo oft protzig vorgetragener Schmuck die Extravaganz des Ganoven, der Dirne oder des Zuhälters demonstriert und anderen klar macht, es nicht nur mit

einer noblen Person zu tun zu haben, sondern auch mit einer, die stolz über Geld verfügen kann.
Übrigens hat dabei die wertvolle Uhr einen hohen symbolischen Wert. Die Uhr demonstriert vielleicht am deutlichsten Vornehmheit und finanzielle Macht. Charakteristisch dafür ist die Werbung für die goldene, hochwertige und belastbare Uhr, durch die man geradezu zum Aristokraten wird. So heißt es in einer kostspieligen Werbung für eine teure Uhr: „Eine Uhr, die Sie Tag und Nacht begleiten soll, muß . . . sportlich sein . . . Sie muß elegant genug sein, um auch bei festlichen Anlässen einen glänzenden Eindruck zu machen. Sie muß außerordentlich präzise sein . . . Und sie muß gut aussehen, daß Sie sich rund um die Uhr mit ihr sehen lassen können." Sportliche Eleganz, eine männliche Sache, verbindet sich mit exklusivem Aussehen. Kleine Symbole, wie kaum sichtbare Diamanten, weisen schließlich den Besitzer der Uhr als Mann mit reichlich Geld aus und als jemanden, der für sich in Anspruch nimmt, ein edler Mensch zu sein. Nicht wenige Menschen versuchen also, wie wir sehen, mit allen möglichen Kleidungssymbolen und Schmuckstücken andere Zeitgenossen sorgfältig darauf aufmerksam zu machen, wie großartig sie sind. An die Stelle des edlen Wappenringes tritt der teure und elegante Schmuck.

Die Kleidung des vornehmen Zuhälters und großen Ganoven

Bei meiner Forschung in der Lebenswelt von Dirnen und Zuhältern wurde mir deutlich, daß der Zuhälter zum Repräsentanten der Leistungsstärke der Dirne wird. Seine nobel konzipierte Kleidung spielt hierbei eine große Rolle. Es kann hier ein für unsere europäisch-amerikanische Kultur erstaunliches Phänomen beobachtet werden: In der Sphäre der Prostitution dreht

sich die bürgerliche Rollenbeziehung um. Der Zuhälter wird zum Repräsentanten der Dirne. In Symbolen, wie einem großen Auto, Schmuck, großen Hunden und eben einer prächtigen und imposanten Kleidung deklariert der Zuhälter die finanzielle Verfügungsmacht der Dirne. Sie selbst weiß auch, daß sie ebenso an dessen Ansehen gemessen wird. Besonders das Auto als sichtbares und überall vorführbares Symbol verweist augenscheinlich auf die besondere Qualität des Zuhälters und die für das Geschäft wichtige Attraktivität der Dirne. Eine Dirne erzählte über die Bedeutung des Geldes: „Für sie und ihn ist das Geld wichtig. Wenn sie einmal nicht mehr viel verdient, sucht er sich eine andere. Auch die Hur ist daran interessiert, daß ihr Alter gut angezogen ist. Sie ist ja stolz auf ihn, besonders wenn es sich bei ihm um einen bekannten Zuhälter handelt. Zuerst ist es ein schönes Gewand, dann kommt der Sportwagen und dann das Gold. Wenn der Zuhälter daherkommt wie ein Speckknödel, so wird er nur geärgert: 'Deine Alte verdient ja nichts.' Kommt er gut geschalt und mit Gold angehängt, so steht sie gut da."
Diese Überlegung der Dirne umreißt das Thema des Prestiges und seiner Symbole eindringlich. In sehr anschaulicher Weise tat dies mir gegenüber auch ein ca. 40 Jahre alter Zuhälter, der stolz auf seinen Sportwagen ist: „Den Madln ist es meist nicht recht, wenn ihr Alter arbeiten geht, im halbseidenen Kreis ist das Prestigedenken sehr groß. Die gehen dort gut gesackelt und geschalt. Jeder muß seinen großen Wagen haben. Als ich noch keinen Namen hatte, hatte ich zwei Ringe und einen Nadelstreif-Anzug mit Gilet von einem bekannten Herrenschneider." Als ich ihn auf den Schmuck ansprach, beschrieb er ihn so: „Das Kreuz, das ich umgehängt habe, ist ganz besonders schön, es ist 30.000 Schilling wert. Die Uhr und das goldene Uhrband sind zusammen 90.000 Schilling wert. Das Uhrband alleine kostet 40.000 Schilling. Früher habe ich mir gedacht, wenn ich einmal ein großer Zuhälter bin, dann hänge ich mir Schmuck um, wie ich dies bei bekannten Zuhältern gesehen habe. Mein ganzer Schmuck ist ca. 200.000 Schilling wert. Er ist mein Statussymbol und außerdem bin ich stolz auf meinen Beruf. Ich bekenne

mich dazu. Die Leute sollen sich nicht aufregen. Die sind ja nur neidig." Ein stolzes Lächeln begleitete die Aussage und verstärkte sie.
Kleidung und auffälliger Schmuck machen den Zuhälter, zumindest in seiner Szene, zum feinen Mann. Aber auch zum Repräsentanten der Dirne. Somit ähnelt er der Frau in der Normalgesellschaft, die durch das Tragen von Kostbarkeiten die Heiligkeit ihres Herrn und Meisters hervorkehrt.
Schmuck und beste Maßanzüge von renommierten Herrenschneidern werden zum Symbol des Erfolges von Zuhälter und Dirne. Er kann so auch demonstrieren, daß er keiner körperlichen Arbeit nachgeht — durchaus im Sinne der Dirne.
Eine gehörige Distanz zur körperlichen Arbeit wird in dieser Lebenswelt ständig betont. Körperliche Arbeit um des täglichen Brotes willen degradiert den Mann, nicht jedoch eine Arbeit, die dem Hobby dient oder der Gartengestaltung. Ich kenne einen reichen Zuhälter, einen vornehmen Menschen und Bordellbesitzer, dem es wichtig ist, sich durch Diener, Kellner und anderes Volk bedienen zu lassen, der jedoch einigermaßen stolz darauf ist, den Garten um seine Villa selbst zu pflegen. Dies, obwohl er sogar einen Gärtner angestellt hat, wohl um zu demonstrieren, daß er sich einen solchen leisten könne.
Ein Zuhälter erzählte mir, daß seine Dirne es ihm sogar untersagt hätte, zu arbeiten. Als bekannte, gut verdienende Dame am Strich wolle sie nicht mit einem Mann beisammen sein, der gezwungen sei, sein Geld durch harte Arbeit selbst zu verdienen.
Diese Welt der Dirnen und Zuhälter steht in engem Kontakt zur Berufskriminalität. Körperliche Arbeit wird als unwürdig und unziemlich für die gediegenen Herren dieser Subkulturen interpretiert. Auf die Betonung einer echten Distanz zur üblichen körperlichen Arbeit wird stets geachtet und Wert gelegt. Eine entsprechende Kleidung kündigt diese feine soziale Position symbolhaft an.
Der Soziologe Robert Merton meint, daß ein wesentlicher Grund für die Kriminalität dann vorliegt, wenn innerhalb einer Gesellschaft nicht alle Mitglieder die gesellschaftlich hoch bewerteten Ziele, wie hohes Prestige, Verfügen über Geld und

eben exklusive Kleidung, erreichen können. „Niedere" Herkunft, mangelnde Ausbildung und das Fehlen von Protegés lassen bestimmte Formen der Kriminalität interessant erscheinen. Denn harte körperliche Arbeit bietet kaum die Möglichkeit, zu jenem Geld zu gelangen, welches für den Erwerb der in unserer Gesellschaft geschätzten Prestigemittel notwendig ist.

Demonstrativer Müßiggang des finanziell potenten und gut gekleideten Mannes — vor allem im Bereich der Bordelle und des verbotenen Glücksspiels — dokumentiert auch Gerissenheit, Schläue und soziale Macht. Eine gewisse Vorbildwirkung haben dabei wohl auch die Bosse der Mafia und deren maßgeschneiderte teure Anzüge, wie man sie aus den Filmen kennt. Ihr Stil ist der des feinen Mannes, der die Konkurrenz mit dem Aristokraten nicht scheuen will.

Ich war gut bekannt mit einem Leibwächter aus dieser Subkultur. Er brachte ungemein viel Mühe auf, um durch eine elegante Erscheinung attraktiv für diverse Bosse der Wiener Unterwelt zu werden. Er suchte teure Friseure auf, pflegte seinen Körper durch regelmäßiges Training und Saunabesuch und war Kunde extravaganter Bekleidungshäuser. Als dieser Leibwächter wegen einiger Streitereien aus seinem noblen Dienst „entlassen" wurde, behielt er die Art bei, durch gut geschnittene Anzüge imponieren zu wollen. Als ihm schließlich das Geld für eine solche Kleidung fehlte, suchte er wiederholt einige ihm noch wohlgesonnene frühere Kumpane auf und bat sie um eine, wenn auch schon abgelegte, vornehme Garderobe.

Der soziale Durchschnitt wird durch den gerissenen und eleganten Ganoven überwunden. Dieser orientiert sich an den Leuten, die an der sozialen Spitze stehen und an ihrer Kultur, so wie er sie sich vorstellt. Wichtig ist ihm die Distanz zum „gewöhnlichen" Bürger. Der Aristokrat — im klassischen Sinn — und der große Ganove, gemeinsam mit seinem Leibwächter, nähern sich hier einander. Beiden ist es wichtig, mit feiner und exklusiver Kleidung — als Symbol des demonstrativen Müßiggangs — ihren Abstand zum ordinären Zeitgenossen rituell abzusichern.

Der Sandler als jemand, der in einer Rückzugskultur agiert und bettelt und sich einige wichtige Strategien der Lebensbewältigung geschaffen hat, steht vor allem vor dem Problem, zu einer für ihn passablen Kleidung zu gelangen. Die Kleiderbeschaffung ist für den Sandler eine lebenswichtige Angelegenheit. Ihm kommt jedoch zugute, daß durch den raschen Wechsel der Mode, in der heutigen konsumorientierten Kultur, die unmodisch gewordenen Kleidungsstücke schnell weggegeben werden.

Caritative Institutionen, wie das „Rote Kreuz“, „SOS“ oder die „Caritas“, führen regelmäßig Sammlungen der für den modischen Bürger unnütz gewordenen Röcke, Hosen usw. durch, um sie an Bedürftige weiterzugeben. Durch Kollegen und diverse Institutionen, wie die Bahnhofsmission, erfahren sie, wo es Kleiderausgabestellen gibt, bei welchen sie in regelmäßigen Abständen um abgetragene Kleidung vorsprechen können. Auf diese Weise haben Sandler bisweilen die Chance, zu brauchbarem und oft nicht unhübschem Gewand zu kommen, das sie nicht so ohne weiteres als Sandler erscheinen läßt.

In der einschlägigen Szene genießt ein gut gekleideter und halbwegs gepflegter Sandler einiges Ansehen — im Gegensatz zu den verwahrlosten Sandlern. Denn letztere erzeugen durch ihr desolates Äußeres Probleme für ihre Kollegen; zu solchen gehören die besondere Aufmerksamkeit der Polizei, die Mißachtung des Wirtes in der Kneipe u. ä. m.

In der Hierarchie der Sandler kann der mit Eleganz, auch wenn es eine schäbige ist, gekleidete Kollege damit rechnen, in gewisser Weise von seinesgleichen mit Respekt behandelt zu werden. Allerdings bewirkt das Leben in Abbruchhäusern, auf der Straße, in den Parks und in schmuddeligen Kneipen sehr bald eine charakteristische Ausprägung der, zunächst noch sauberen, Sandlerkleidung mit ihrem speziellen Geruch und ihrer verwegenen Patina. Der Sandler ist für den erfahrenen Polizisten auf diese Weise leicht als solcher zu erkennen. Dem Polizi-

sten dient der Sandler als unproblematisches Objekt für Amtshandlungen. Da Beschwerden von Sandlern gegen Polizisten wegen ihrer notorischen Erfolglosigkeit kaum eingebracht werden, kann der Polizist mehr oder weniger willkürlich Sandler zum Gegenstand seiner „Perlustrierungen" machen. Dies verhilft ihm zu schönen Berichten über sein tägliches Tun. Während meiner Untersuchung bei der Polizei Wiens (Girtler, 1980) wurde ich einigemal mit diesem Thema konfrontiert. Sandler sind für den Polizisten angenehme Kontaktpersonen, die ihm das Gefühl geben, eine herausragende Identität zu besitzen. Polizisten entwickeln daher ein gutes Auge für „ihre" Kunden. Die alte, übelriechende, heruntergekommene Kleidung stigmatisiert also den Sandler, sie stellt ihn als jemanden hin, der in der sozialen Rangordnung unten anzusiedeln ist und der mit Degradierungen zu rechnen hat.
Der Sandler spürt diese Erniedrigung und entwickelt seinerseits Strategien, um mit ihr fertig zu werden. Einigen Sandlern gelingt es mit Erfolg, dieses Stigma umzudrehen und es positiv zu interpretieren. Sie suchen bewußt die Auffälligkeit, um sich dem guten Bürger gegenüber als interessant und originell hervorzukehren. In diesem Sinn versuchen Sandler, um ein gewisses Maß an Selbstachtung aufrechtzuerhalten, den Dingen mit Witz zu begegnen, wegen derer sie vom arbeitsamen „Normalmenschen" mißachtet werden.
Man macht sich in dieser Lebenswelt lustig über die Arbeit und streicht ein gewisses Exotentum heraus, welches manchen Bildungsbürger bzw. Intellektuellen seit jeher fasziniert hat. Der demonstrative Müßiggang des Sandlers macht ihn zu einem lockeren Burschen, der durch seine Lebensart dem Zwang der Normalgesellschaft widerspricht. In den Studentenliedern des vorigen Jahrhunderts, als man daranging, die absolute Monarchie mit ihrer beängstigenden Kontrolle über den Menschen zu bekämpfen, wird dies besonders deutlich. Der herumziehende Vagabund wurde da zum Vorbild des freien Menschen. Heute findet sich z. T. eine ähnlich romantisierende Idealisierung, in einer Zeit, die durch Konsumzwang und eine massive Bedrohung des Menschen und der Natur bestimmt ist. Der klassische

Sandler weiß, daß er seine eigentümliche Situation für sich nützen kann, wenn es ihm gelingt, sein Exotentum gut zu verkaufen. Zu solchen Strategien gehört, daß geschickte Sandler ihrer Kleidung den Anstrich des Originellen und Heiteren geben. Dadurch vermögen sie den idyllischen Vorstellungen vom Vaganten oder lustig lebenden Landstreicher zu entsprechen, was zu einigen Einladungen führen kann. Auch Sandler, die ihr sämtliches Gut in Nylonsäcken, Kinderwägen usw. bei sich führen, können einige Attraktivität genießen. Einer, zu dem ich längere Zeit einen engen Kontakt hatte, trug gleichzeitig drei Jacken, zwei Hemden, eine Jean und einen Überrock aus einer Art Plastikstoff, der zu einem Schlafsack verändert werden konnte, an seinem Körper. Außerdem ging er immer mit Hut. Für diesen Sandler war es ganz wesentlich, daß seine Kleidung als Symbol seines Vagantentums, also des lustigen Müßigganges gesehen wurde. Den symbolischen Charakter der Kleidung unterstützte er noch trefflich durch eine Art zusammenlegbare afrikanische Harpune, die er in einem Andenkengeschäft als Geschenk erhalten hatte, einige Schmuckstücke aus Glas, die er als Edelsteine ausgab, und einen Zinnbecher, den er manchmal auspackte und behauptete, aus ihm würde er nur die besten französischen Weine trinken. Dieser Habitus brachte den Sandler nie in Verlegenheit, man sah ihm belustigt nach und gab ihm einige Geldstücke.

Die Kleidung hat hier also die Funktion, die persönliche Existenz zu sichern. Auch beim Sandler, ähnlich wie bei den oben beschriebenen feinen Leuten, wird die Kleidung bewußt eingesetzt, um den Müßiggang, die Abneigung zur Arbeit zu demonstrieren. Der gewitzte Sandler will herausstreichen, daß er als Mensch exzellent und daher zu respektieren sei. Seine Extravaganz besteht darin, dem Publikum klarzumachen, daß er eigentlich der feine Herr ist und nicht derjenige, der sich täglich bei seiner Arbeit abmüht und für den die Arbeit zum Lebenselexier gehört. Diese durch die Kleidung zur Schau gestellte Antipathie gegenüber der Arbeit hat der intelligente und aktive Sandler mit dem Ganoven, dem Zuhälter und dem vornehmen Adeligen gemein, nicht jedoch mit dem „braven Bürger“.

Die Familie des adeligen und vornehmen Menschen

Charakteristisch für den Adel, wie oben in den Kapiteln über Adelsverleihung, Wappen u. ä. bereits angeschnitten wurde, ist eine spezifische Beziehung zur Familie. Eine alte Familie mit langem Stammbaum gibt, wie wir gesehen haben, dem feinen Menschen Legitimation und Anspruch auf Ehrerbietung, die er sich erhofft. Individualismus steht in gewisser Weise im Widerspruch dazu. Grundsätzlich wird das Individuum zurückgedrängt, der edle Name der Familie umhüllt es und gibt dem einzelnen Angehörigen seine Identität. Ein Graf von N. zum Beispiel genießt auch heute Ansehen und gewisse Vorteile (Kreditwürdigkeit usw.) gewöhnlich nicht durch seine Person selbst, sondern durch seinen Namen, den er von seiner Familie ableitet. Der feine Mensch weiß um den Wert seiner Familie und deren Stammbaum, er beruft sich auf sie — auch in der Republik — und genießt diese Vergünstigung. Es gibt daher Leute, wie oben ausgeführt wurde, die durch Adoption, Schwindel und ähnliche Strategien mit Erfolg versuchen, in den Besitz eines adeligen Namens oder Stammbaumes zu kommen. Sie nehmen es dabei selbstverständlich auf sich, ihre persönliche Identität zurückzudrängen und diese hinter dem vornehmen Namen zu verbergen.

Die Familie hat für den vornehmen Menschen historisch eine große Bedeutung, um sich als nobel — sei es als Thronfolger oder kleiner Edelmann — zu präsentieren. In meinen Interviews mit Angehörigen der Hocharistokratie war es daher auch zu erwarten, daß das Thema Familie zentral angesprochen wird.

Ein alter Aristokrat erzählte mir, daß im Adelsstand die Verankerung der Großfamilien „stark gegeben" sei. Eine große Verwandtschaft sei wichtig, daher seien vor allem Hochadelige sehr bestrebt, viele Kinder in die Welt zu setzen. Viele Kinder garantieren die Fortführung der Familie, Tradierung adeliger

Lebensformen und auch — das ist vielleicht das Wichtigste — ein gewisses Maß an gegenseitiger Hilfe und Protektion.
In der Tendenz besteht hier eine Ähnlichkeit zu den alten Bauerngeschlechtern, die sehr daran interessiert waren, durch viele Kinder die Existenz von Hof und Familie zu sichern. Eine wichtige symbolische Bedeutung für die adelige Familie und ihre Tradition hatte und hat noch das Schloß oder Palais. Von einem solchen Bauwerk leitet man nicht bloß Namen und adeliges Ansehen ab, sondern symbolisch ist es auch Ausdruck für eine große Familie. Über das Schloß, in dem eine adelige, 45jährige Frau wohnt, sinniert diese: „Dieses Schloß gefällt mir und es ist insofern schön, weil es so viele Ecken und Plätze hat, die mich an irgend jemanden aus der Familie erinnern. Man weiß, hier ist die Großmutter gesessen und hier in dem großen Speisezimmer sitzen wir oft. Man lebt auch etwas in Erinnerungen, das ist auch schön so. Die Adeligen, so glaube ich, leben deshalb auch vor einem anderen geistigen Hintergrund als andere, weil sie eben in Generationen und in der Tradition denken. Man denkt vielleicht in größeren Dimensionen wegen der großen Familie."
Der adelige Mensch existiert durch die Familie und für die Familie. Die Verwandtschaft hat eine immense Bedeutung. Sie ist weit verzweigt und sichert dem Adeligen viele Zugänge. Ich kenne eine fürstliche Prinzessin, die regelmäßig bei Verwandten auf deren Schlössern in Italien lebt. Im Februar ist sie bei einem Onkel, der in der Schweiz ein prachtvolles Haus sein eigen nennt, auf Schiurlaub und während der Sommerferien arbeitet sie als Ferialpraktikantin entweder bei einer Bank in London, in Thailand oder sonstwo, wohin sie durch ihre Verwandten empfohlen wird.
Eine adelige Frau unterstreicht diesen Stellenwert der Verwandtschaft für das adelige Leben: „Der Adel hat zwar offiziell keine Privilegien mehr, aber er hat gewisse Heimvorteile. So würde ich es nennen, wenn man in eine große Familie eingebettet ist. Die Familie ist für einen Adeligen nicht bloß Vater, Mutter und Kind, sondern sie ist sehr weit gespannt. Wenn ich gefragt werde: bist du mit dem oder dem verwandt? Dann sage ich

meist: nicht nahe verwandt, aber oft. Diese große Verwandtschaft ist natürlich ein Netz, das sich über ganz Europa zieht. Ich weiß, der Mensch fühlt sich wohl, wenn er eingebunden ist in ein großes Netzwerk." Die Dame verweist also auf die Weite der Verwandtschaft, die — dies wird angedeutet — dem einzelnen einige Sicherheit bietet, sowohl, wie ich gezeigt habe, was seine Identität angeht, als auch hinsichtlich eines ökonomischen Nutzens und der Solidarität. Darauf geht ein älterer Aristokrat näher ein: „Die Solidarität innerhalb des Adels funktioniert — selbst gegenüber verarmten oder verschwenderischen Mitgliedern der Familie. Da sie alle irgendwie miteinander verwandt sind, helfen sie auch einander. Ich selbst kannte einen Sohn eines früheren österreichischen k. u. k. Ministers, der ein Palais in Wien hatte. Dieser Sohn ist gänzlich verarmt. Ich glaube, er war sogar ein entmündigter Verschwender. Er wurde aber von aristokratischen Familien durchgefüttert und so von der äußersten Not befreit. Das ist ein Beispiel für die Schutzfunktion des Adels gegenüber seinen Mitgliedern."

Verwandtschaftliche Bindungen der Aristokratie bieten also Schutz, sie lassen den einzelnen, der Probleme hat, grundsätzlich nicht im Stich. Und aristokratische Familien sichern aristokratische Tradition. Dies wird auch in einer anderen Überlegung eines Aristokraten deutlich: „Die Stärke des Adels liegt in der Abgeschlossenheit der Familie. Es sind tatsächlich Bande im Blut, die den Adel zusammenhalten. Wer nicht im Blut mit ihm verwandt ist, gehört ihm nicht an. Irgendwie ist der Adel eine große Familie, die Aristokraten sind alle miteinander verwandt."

Die alte Heiratspolitik der Aristokratie, nur innerhalb ihrer Schicht zu heiraten, bewirkte, daß vor allem die Hocharistokratie in ganz Europa in sehr enger Verwandtschaft steht. Dies erzählt ein junger Adeliger so: „Auch bei Leuten, die keinen Grundbesitz mehr haben, kennt man den Namen noch sehr gut. Man kennt auch die Verwandten rund herum und man weiß über das Zentrum der Familie und ihre Verbindungen zu anderen Familien. Es ist eine kompakte Struktur. Man hat vor allem Verbindung in das Ausland als Adeliger. Man weiß, wenn man

zum Beispiel nach Italien, Sizilien, Belgien oder Frankreich fährt, daß man dort überall seine Verbindungen hat. Verwandte und Freunde." Und ein anderer Adeliger erwähnt: „Der Adel war stets übernational. Er diente jeweils einem Herrn, einer Fahne, aber keiner ethnischen oder sprachlich eng umrissenen Nation. Der österreichische Adel ist mit jeglichem anderen europäischen Adel verwandt, dem spanischen, italienischen, französischen und englischen. Das sind familiäre Bande."
Diese internationale, durch die Verwandtschaft möglich gemachte Vernetzung der Aristokratie hat bewirkt, daß die Aristokratie nicht auf ein „Volk" oder einen Staat festgemacht werden konnte und kann. Heute scheint in Vergessenheit zu geraten, daß der „kleine Mann aus dem Volke" einst unter dieser adeligen Einstellung zu leiden hatte, denn dem Aristokraten war traditionell das Volk lediglich ein Objekt der Ausbeutung; ihm war und ist lediglich die Familie wichtig. Er legitimierte sich mit der gottgegebenen Nobilität der Familie und sah sich berechtigt, Privilegien zu genießen und das „gemeine Volk" von sich und seiner besonderen sozialen Stellung fernzuhalten. In der französischen Revolution und den Aufständen des Jahres 1848 wurde die Kritik des „Volkes" an einer solchen Haltung dramatisch deutlich. Es ist bemerkenswert, daß heute Aristokraten — wie der oben zu Wort gekommene Herr — die Internationalität des Adels positiv herausstellen und dabei ihre Inhumanität vergessen. Dies ist durchaus im Sinne eines verdeckten Restaurationsversuches des Adels. Der Bürger, dessen Vorfahren ihre Freiheiten dem Adeligen abgetrotzt haben, hat vergessen, in welchem Maße seine Vorfahren zu leiden hatten und welches Elend im Wien der Monarchie herrschte. Paradoxerweise ahmt der Bürger heute jedoch, wie ich zeigen will, aristokratischen Stil nach. Also den Stil derer, die er früher bekämpfte (vgl. Schillers „Lied an die Freude"; dort heißt es: „Männerstolz vor Königsthronen").
Die Verwandtschaftsvernetzung der Aristokratie bringt ihr Vorteile — dies wollte ich mit dem kleinen Einschub bestärken — und auf ihr konnte und kann der Adel seine Macht, die sich heute in anderer Weise verdeutlicht, aufbauen.

Wichtige Instrumente, um die Familien- und Verwandtschaftsbindungen symbolisch zu stärken und sie zu rechtfertigen, sind die diversen Handbücher der „adeligen Häuser". Wessen Vorfahren in diesen Büchern aufscheinen, der kann sich mit gutem Grund zur Aristokratie zählen und wird auch dementsprechend von „Seinesgleichen" akzeptiert. Es ist ein stolzer Ausweis, dort genannt zu werden.
Es sind vor allem die hochadeligen Familien, die jene oben angesprochenen Bindungen und Beziehungen besitzen. Der niedere Adel, der Beamten- und Offiziersadel, hat freilich nicht diese weiten Verflechtungen. Allerdings finden sich auch hier, ähnlich wie beim gehobenen, alteingesessenen Bürgertum, solche familiären Netze.
Charakteristisch für die Hocharistokratie ist die Einrichtung eines Familienrates vor allem in den Familien, in denen ein reicher Besitz verwaltet und an seine Mitglieder weitergegeben wird. Präsidiert wird ein solcher Familienrat meist durch den ältesten und (politisch) angesehensten Mann. Entschieden wird in ihm über ökonomische Fragen, Fragen der Verehelichung und andere wichtige Dinge, die die Familie und ihr Vermögen betreffen. Frauen sind grundsätzlich von den Beratungen ausgeschlossen. Es deutet sich hierin allerdings ein Wandel an. Eine Hocharistokratin erzählte mir dazu, daß seit kurzem Frauen bei den Beratungen anwesend sein und zuhören dürfen, ein Stimmrecht wird ihnen jedoch nicht zugestanden.
Die Struktur dieser Familienräte deutet auf eine lange patriarchalische Tradition und daher schlüssig auch auf die Wichtigkeit der Familie in der Aristokratie hin. Die Familie mit ihren vielfältigen sozialen, ökonomischen und auch politischen Aufgaben gibt dem einzelnen Mitglied nicht nur Schutz, Identität und Stolz, sondern sie eröffnet ihm auch diverse Zugänge durch Protektion.
In regelmäßigen Familientreffen, in denen die gegenseitige Kontaktnahme und die fröhliche Unterhaltung von einem besonderen Reiz sind, werden die Familienbande gestärkt und die einzelnen Mitglieder informell darauf verwiesen, daß die Familie von echter, würdiger Nobilität ist und ihre Anliegen daher

einen gewissen Vorrang vor anderen Dingen haben. Diese Bedeutung der Familie hat auch der vornehme Bürger erkannt; er weiß, eine alte Familie gibt ihm ein würdiges Selbstverständnis und verschafft ihm interessante Verbindungen.

Die Familie der Mafia

Eine gewisse Ähnlichkeit zu den aristokratischen Familien findet sich in den Familien der Mafia und der Camorra. Und beide Organisationen haben eine lange Tradition.
Während der ersten Zeit, als spanische Könige in Neapel und Sizilien regierten — es waren dies die Jahre 1504 bis 1707 —, wurde in Neapel der Vorläufer der Camorra gegründet. Diese frühe Vereinigung bestand aus spanischen Invasoren und Neapolitanern und gab sich einen Kodex und Regeln. Die sizilianische Mafia entstand, als die Spanier zum zweiten Mal, nämlich von 1738 bis 1860, in Süditalien herrschten. Sie setzte sich aus Aufrührern und anderen ehrenwerten Herren zusammen. Gemeinsam war der Camorra und der Mafia die Bereitwilligkeit, gegen hohes Entgelt kriminelle Dienste, sogar für Regierungen, zu verrichten. Beide hatten eine straffe Organisation. Während die Camorra in Banden organisiert war, hatte die Mafia Familien.
Die Mafia hatte strenge Rituale, wie den Kuß auf die Wange eines Todeskandidaten und den Stich in den Finger, um mit dem Blut die unverbrüchliche Loyalität zur Familie zu beweisen. Beide Gruppen hatten das absolute Schweigegebot, die Omertà.
Als Vater der sizilianischen Mafia wird Giuseppe Mazzini, Gelehrter und Abenteurer, gesehen. Zum erstenmal erschien das Wort „Mafia" 1860 in der Presse. Um 1870 war die Mafia eine Mischung aus Idealisten, Revoluzzern und Banditen. Mit steigendem Einfluß weitete sich die Mafia aus. Der erste Mafioso, der nach den USA auswanderte, war Giuseppe Esposito. Im Jahre 1878 kam er mit sechs anderen Sizilianern in New York an. Von

dort zog er wegen des Klimas und der Konkurrenz nach New Orleans, wo er die Mafia bis 1881 leitete. Dann wurde er verhaftet und nach Italien deportiert. Seine Stelle nahm nun Joseph Macheca, Sohn sizilianischer Eltern, ein. Er vergrößerte die Organisation in New Orleans durch zahlreiche Rekrutierungen aus Sizilien.

Im ausgehenden 19. Jahrhundert gab es nicht nur in New Orleans, sondern auch in San Francisco, St. Louis, Chicago und New York Mafia-Familien. In den zwanziger Jahren erreichte die Mafia eine Blüte. Es kam zu Kämpfen innerhalb der Mafia. Die Cosa Nostra wurde gegründet und in neun Familien eingeteilt. Lucky Luciano und die anderen Bosse der Cosa Nostra festigten in den dreißiger Jahren ihre Positionen und dehnten die Organisation über die ganzen USA aus. Heute ist La Cosa Nostra in 25 Städten der USA aktiv und hat etwa 2000 Mitglieder. Durch ihre Hände geht das über sizilianische Mafia-Familien nach den USA geschmuggelte Heroin. In den USA operiert die Mafia als eigene kriminelle Vereinigung. Es gibt jedoch Doppelmitgliedschaften in der Mafia und der Cosa Nostra. Der Bereich der Tätigkeiten beider Organisationen ist sehr weit, dazu gehören das Glücksspiel, der Kreditwucher, der Schmuggel von Heroin, Kokain und anderer Drogen. Gewisse amerikanische Cosa Nostra-Familien — wie die des Gambino in New York oder die des De Calvacante in New Jersey — haben eine derartige Macht, daß ohne ihre Genehmigung ein Heroinschmuggel durch die Mafia gar nicht möglich ist (vgl. Harnischmacher und Müther, 1987, S.25ff).

Diese kurze Skizze der Welt der Kriminalität, wie sie durch „Familien" der Mafia und der Cosa Nostra in den USA bestimmt wird, verweist darauf, daß in dieser traditionell kriminellen Szene Familien oder familienähnliche Organisationen ihren Mitgliedern ähnlich Schutz und Vorteile anbieten wie eben die Hocharistokratie. Mafia- und Cosa Nostra-Familien ermöglichen dem in die USA frisch eingewanderten Sizilianer oder Süditaliener, der oft bereits verwandtschaftliche Bindungen zu einer dieser beiden kriminellen Banden besitzt, sich zunächst einmal in einer ihm fremden Welt zu orientieren. Sie gewähren

ihm großzügige Hilfen, eine Unterkunft und schließlich die große Chance, über eine bestimmte Familie zu Prestige und zu Vermögen zu gelangen.
Die Symbole, durch welche die Cosa Nostra und die Mafia ihre Würde und Feinheit dokumentieren, wurde in diversen Filmen verherrlicht. Neben einer spezifischen Kleidung, die besonders in der Vorkriegszeit von einer gewissen übertriebenen Noblesse war, wird durch elegante Autos und einen großzügigen Lebenswandel gezeigt, daß man Macht hat und von einer gewissen Vornehmheit ist. Und speziell ist es die Familie, die in dieser „ehrenwerten Gesellschaft" von großer Bedeutung ist. Es ist zum Beispiel eine Ehre, bei der Familie des Gambino aktiv zu sein. Von der Familie, wie in der Aristokratie, leitet der einzelne für sich eine würdige Identität ab, er kann sich also hinter dem Namen der feinen Familie verbergen.
Ähnlich wie in der Aristokratie gibt es auch hier Familientreffen und Familienoberhäupter. Allerdings endeten in den zwanziger Jahren solche Familientreffen für jene Mitglieder unangenehm, die von den Geboten der Familien abwichen. Lucky Luciano oder Al Capone waren Spezialisten für die Bereinigung von Familienkonflikten.
Wichtig war und ist diesen Familien, den adeligen und denen der Mafia oder Cosa Nostra, daß ihr Ansehen nach außen gefestigt ist, daß ökonomisch — durch Waldbesitz oder Heroinschmuggel — ihre Existenz garantiert ist und die Tradition mit ihren Ritualen und Symbolen aufrecht erhalten bleibt. Daher ist es notwendig, daß die vornehme Familie auch entsprechend geführt wird. Aus dem Buch von Mario Puzo „Der Pate", in dem Szenen aus dem Leben einer Mafia-Familie geschildert werden, möchte ich beispielhaft einige Zeilen zitieren. Sie verweisen plastisch auf die Bedeutsamkeit der Familie sowie ihres Oberhauptes, das gewisse Ähnlichkeiten mit dem Chef eines hocharistokratischen Familienverbandes samt all seiner Machtbefugnis hat: „Genco Abbandando war um drei Uhr morgens gestorben, und als Don Corleone vom Krankenhaus zurückkam, hatte er Hagen mitgeteilt, daß er von nun an offiziell der neue Familien-Consigliore sei. Das hieß, daß Hagen mit Sicherheit

ein sehr reicher Mann werden würde . . . Dadurch hatte Don mit einer alten Tradition gebrochen. Consigliore durfte nur ein Vollblutsizilianer sein, und die Tatsache, daß Hagen als Familienmitglied des Don aufgewachsen war, spielte im Sinne der Tradition keine Rolle. Es war eine Frage des Blutes. Nur einem in der Omertà, dem Gesetz des Schweigens, erzogenen Sizilianer konnte die Schlüsselstellung des Consigliore anvertraut werden. Zwischen dem Oberhaupt der Familie, Don Corleone, der die Politik bestimmte, und den Männern, die die Befehle des Don zur Ausführung brachten, lagen drei Rangstufen oder Puffer . . . Außerdem war der Consigliore noch das, was sein Name eigentlich besagte: ein Berater des Don, seine rechte Hand . . . Aber noch nie hatte ein Consigliore seinen Don verraten, noch nie, solange die mächtigen sizilianischen Familien, die sich in Amerika niedergelassen hatten, zurückdenken konnten. Es lohnte sich nicht. Denn jeder Consigliore wußte genau, daß er reich werden würde, wenn er loyal blieb, daß er Macht erlangen und Anerkennung (!) gewinnen würde. Und wenn ihm etwas zustoßen sollte, so würde für seine Familie gesorgt, würden Frau und Kinder beschützt werden . . ." (Puzo, 1969, S.60ff). Die ehrenwerte Corleone-Familie innerhalb der Mafia — ähnlich wie ein Fürstenhaus — breitete ihren Schutzmantel über ihre seriösen Mitglieder aus und verhalf ihnen zu Geld, Ansehen und Würde.

Die Position der noblen Frau

Für die adelige Lebenswelt und die edle Vornehmheit des adeligen Herrn hat die Frau eine große Bedeutung und wichtige Funktion. Thorstein Veblen meint, daß es typisch für die „barbarische Lebensweise" sei, daß die Frau die Würde ihres Herrn und Gebieters zu achten und ihm zu dienen habe. Der moderne feine und adelige Herr führt diese Tradition weiter. Für die aristokratische Szene scheint diese Überlegung Veblens zuzutreffen. Grundsätzlich repräsentiert die adelige Frau ihren adeligen Ehemann, ist in seine Geschäfte nicht eingebunden und wird von diversen Arbeiten ferngehalten. Häusliche Arbeiten werden ihr durch Dienstpersonal heute noch abgenommen und so hat sie alle Möglichkeiten, der Welt zu zeigen, ihr vornehmer Gatte könne sich diese Frau leisten. Im gehobenen Bürgertum besteht eine ähnliche Tendenz; allerdings auch beim großen Ganoven, wie ich noch zeigen werde.

Zunächst möchte ich prinzipiell diskutieren, welche Bedeutung die Frau in der Lebenswelt der Aristokratie hat. Die adelige Gesellschaft ist historisch patriarchalisch strukturiert, das heißt, die Frau, obwohl geachtet und verehrt, hat grundsätzlich andere Rechte und Pflichten als die männlichen Mitglieder. Dies zeigt sich symbolisch unter anderem beim Hochzeitszeremoniell. Es ist der Mann, der in der Aristokratie eine gewisse Vorrangstellung gegenüber der Frau genießt. Eine junge Hochadelige, mit der ich zu diesem Thema ein längeres Gespräch führte, deutete diese männliche Dominanz jedoch als durchaus positiv: „Die Feministinnen oder Emanzen meinen, die Frauen haben nur dann einen Erfolg, wenn sie emanzipiert sind. Wenn man aber in die Geschichte schaut, so sieht man, daß nur die Männer groß geworden sind, die im Hintergrund eine Frau gehabt haben, die intelligent genug war." Der Frau wird hier also eine wichtige Funktion, allerdings eine mehr verborgene, zugesprochen.

Ein junger Adeliger unterstreicht die Ansicht, daß die aristokratische Frau ein durchaus hohes Ansehen genießt: „Ich glaube, daß beim kleinen Bürger die Frau viel weniger angesehen ist und viel mehr arbeiten muß als bei den Aristokraten. Die bürgerliche Frau muß ihren Herrn bedienen, der setzt sich nieder und wartet auf sein Essen. Bei uns ist die Frau juristisch zwar dem Mann nicht gleichgestellt, ich habe aber das Gefühl, sie wird zuvorkommender behandelt."

Die Frau als Gegenstand der noblen Verehrung, die, wenn sie geschickt ist, ihre Position trefflich zu ihrem Vorteil nutzen kann, ist eine typisch patriarchalische Vorstellung mit langer Tradition.

Eine junge Angehörige der Hocharistokratie ist mit der überkommenen Frauenrolle nicht einverstanden. Sie steht ihr sehr kritisch gegenüber. Ihre Erzählung ist von einigem Interesse, da sie auch darauf verweist, welche Schwierigkeiten eine hochadelige Frau mit einem unehelichen Kind haben kann. Daraus läßt sich einiges über den Status der Frau in der Hocharistokratie ableiten: „Die Frauen werden zwar nicht unterdrückt bei uns, aber sie werden als minder angesehen. Es haben sich zum Beispiel die L. für das Wahlrecht der Frau eingesetzt, aber in der eigenen Familie haben die Frauen es noch nicht. Die Frau ist auf alle Fälle schlechter gestellt. So hat die Frau auch keinen Anspruch darauf, ihren Namen zu behalten. Würde ich ein uneheliches Kind bekommen, so hätte ich größte Schwierigkeiten, meinen adeligen Familiennamen weiterzuführen. Ein Familienrat würde darüber entscheiden. Bekommt also eine Frau von uns tatsächlich ein uneheliches Kind, wird sie fast verstoßen mit ihrem Kind. So war es mit einer Tante, einer Habsburgerin. Als sie schwanger war, wurde sie für vier Monate nach Frankreich geschickt. Niemand hat davon etwas gemerkt. Sie hat dort das Kind bekommen und hat nachher deswegen aber nicht geheiratet. Sie nahm einen anderen Namen an, das wollte die Familie. Heute ist ihr unehelicher Sohn 20 Jahre alt. Sie arbeitet als Sekretärin in einer Firma unter einem Fantasienamen. Auch eine andere Verwandte bekam ein uneheliches Kind. Allerdings hat der Vater dann das Kind adoptiert. Das sind schon Tragödien, heute noch.
Wenn ich plötzlich ein uneheliches Kind bekommen würde, das wäre furchtbar. Meine Eltern würden mich zwar nicht verstoßen. Aber die Verwandten würden reden. Es wäre ein Skandal. Meine Tante, die von einem bewußt zwei uneheliche Kinder hat, war sehr stark. Sie lebte mit diesem Herrn, einem bekannten Konditoreibesitzer in Wien, zusammen. Sie hat viele Probleme mit der Verwandtschaft gehabt. Ich finde so etwas mutig, ungeheuer toll und ehrlich. Es ist aber nicht leicht, so zu leben. Außerdem sind die Frauen, die nicht geheiratet haben, für die Familie uninteressant.
Auch im Familienrat haben die Frauen kein Stimmrecht. Tritt

der Familienrat zusammen, dürfen oft die Frauen nicht einmal zuhören. Es ist komisch, daß es heute eine solche patriarchalische Form überhaupt noch gibt."

Die besondere Einstufung der Frau in der Aristokratie dokumentiert sich auch darin, daß von den adeligen Clubs nur Herren aufgenommen werden. Damen ist der Zutritt in die Clubs nur gestattet, wenn — so die Statuten — eine „spezielle oder generelle Einladung ergangen ist." Schließlich leitet die Frau ihre vornehme Identität formal von der des Mannes ab. Dies wird bei allerlei öffentlichen Anlässen deutlich. Bei schriftlichen Einladungen, Ankündigungen von Bällen u. ä. tritt die Ehefrau unter dem Namens ihres Mannes auf. Ihre Identität geht vollständig in der ihres Herrn und Gebieters auf. So z. B. als Erzherzogin Friedrich (!) S. oder als Freifrau Christian (!) B.-D., oder als Gräfin Carl Anton (!) von G.-S. oder als Prinzessin Georg (!) von und zu L. usw.

Bei diesen Bezeichnungen ist bemerkenswert, daß der Titel wohl weiblichen Geschlechtes ist, jedoch mit einem männlichen Vornamen verknüpft wird. Der adelige Herr ist — so scheint es — das vollwertige Mitglied adeliger Gemeinschaft, die Frau dient als Schmuck und ist dazu da, die noble Männerkultur zu bestätigen und zu stützen. Offensichtlich wird dies auch bei der bereits besprochenen Jagd, die grundsätzlich eine Sache des Mannes ist, bei der die Frau der Zierde und der Unterhaltung des wackeren und von der harten Mühe im Revier gezeichneten Mannes zu dienen hat.

Die adelige Frau wird also ferngehalten von Bereichen wie z. B. der Jagd und dem Familienrat und von Räumen, die die vornehmen aristokratischen Herren für sich alleine in Anspruch nehmen, wie z. B. dem Clublokal. Ihre Rolle ist demnach heute noch von einer exklusiven und symbolischen Unterordnung bestimmt. Grundsätzlich wird dies von der noblen Dame auch akzeptiert. Kommt jedoch die Frau den an sie gerichteten Erwartungen nicht nach, so kann es, wie die oben zitierte Prinzessin ausführte, zu Problemen kommen.

Das liberale und aufgeschlossene Bürgertum hat eine solche Position, wie sie die feine Frau in der Aristokratie innehat, bereits mit Erfolg kritisch hinterfragt. Eine ähnliche Diskussion ist in Ansätzen bei einigen adeligen Frauen zu bemerken, jedoch im Ganzen gesehen erfreut sich der adelige Herr seiner Einmaligkeit, an der die Dame, die prachtvoll die Potenz ihres Herrn demonstriert, nur zaghaft rüttelt.

Die Frau des großen Ganoven

Was die Rolle der Frau betrifft, findet sich der Hocharistokrat in gediegener Übereinstimmung mit der Kultur einer gehobenen Kriminalität. Symbolisch deutlich wird dies vor allem beim verbotenen Glücksspiel in Wien. Grundsätzlich ist dieses Spiel eine reine Männersache und in eine alte Kultur eingebettet. Es werden dabei nur die alten „deutschen" Karten, in der Gaunersprache „Hadern" genannt, verwendet und ganz spezifische Rituale durchgeführt. Die Freundinnen und Begleiterinnen der Spielleiter und der Spielenden dürfen, während „der Stoß rennt", nicht das Spielzimmer betreten. Sie sitzen separat in einem anderen Zimmer des Kaffeehauses und warten dort auf ihre feinen Herren. Die Damen dienen der Präsentation. Teuer gekleidet, mit wertvollem Schmuck behängt und in vornehmer Gelassenheit dokumentieren sie gegenüber den anderen Gästen die hohe Bedeutsamkeit der Männer, derer sie hier harren. Die attraktive Dame hebt damit das Prestige ihres sich beim Glücksspiel betätigenden Herrn und Meisters. Sie ist Zierde und Schmuckstück des Stoßspiels; das weiß sie auch und akzeptiert diese Kultur der Männer, die im noblen maßgeschneiderten Anzug und mit dem Revolver unter der Jacke ihr Spiel spielen.
Die Prinzessin L. äußerte einmal mir gegenüber den Wunsch, einen Blick in diese Gaunerwelt tun zu dürfen. Darauf suchte ich mit ihr ein solches Ganovenlokal, in dem im Hinterzimmer „Stoß" gespielt wurde, auf. Der Wirt, den ich gut kannte, freute

sich, als ich ihm meine Begleiterin als eine Prinzessin vorstellte. Er war hoch geehrt, denn daß eine Prinzessin sein Lokal betrat, das war wohl einmalig. Ich meinte dann, es wäre doch eine schöne Sache, wenn meine Begleiterin beim Spiel zusehen dürfe, auch wenn dies für Frauen verboten wäre. Der Wirt, der stets zwei Revolver bei sich trug, lächelte geschmeichelt und bat die Prinzessin, ihn in das Spielzimmer zu begleiten. Dort saßen einige Herren um den Spieltisch und setzten schweigend größere Geldscheine ein. Die Prinzessin war beeindruckt. Die Herren Spieler, denen der Wirt mitgeteilt hatte, die Frau wäre eine Prinzessin, hatten nichts dagegen, auch sie waren geehrt, daß eine echte Aristokratin bei ihrem noblen Spiel — wenn auch nur kurz — anwesend war. Man war also von der Prinzessin angetan und daher auch bereit, von dem Verbot, daß Frauen anwesend sein dürfen, abzugehen.

Mir zeigte dieses Erlebnis, daß der noble Ganove die Prinzessin und ihr Erscheinen als ehrenvolle Sache betrachtete. Man leitete also von ihrem Besuch Prestige ab. Die Frauen, die aus der Szene kommen, haben dagegen eine andere Aufgabe. Ihr Ausgeschlossensein vom Spiel unterstreicht die Männlichkeit des vornehmen Ganoven, dessen edle Noblesse durch attraktive Frauen, die auch keiner Tätigkeit nachgehen und alleine von der Huld ihres beim Spiel aktiven Freundes abhängen, präsentiert wird.

Und hierin zeigt sich eine Parallele zu der Lebenswelt der Aristokraten und adeligen Damen. Diese Parallele besteht augenscheinlich darin, daß es in beiden Lebenswelten ehrenhafte Räume gibt, die die Männer für sich alleine in Anspruch nehmen und von denen sie die Frauen ausschließen. Dies sind auf der einen Seite die Räume des Clubs, die nur zu gewissen Zeiten den adeligen Damen geöffnet werden, und auf der anderen Seite die Hinterzimmer der Kaffeehäuser, in denen der feine Ganove dem Glücksspiel nachgeht. Charakteristisch ist übrigens auch für beide Gruppen, daß von ihren Mitgliedern ein würdiges und ehrenhaftes Verhalten verlangt wird. Wird ein Mitglied des adeligen Clubs seiner Ehre für verlustig erklärt, so darf es die Clubräume nicht mehr betreten. Ähnlich geht es dem Gano-

ven, der den Respekt seiner Kollegen verloren hat.
Die Frauen sind also ausgeschlossen von gewissen Lebensbereichen des Mannes. In Relikten finden sich solche Tendenzen auch in einer würdigen bürgerlichen Kultur, zum Beispiel in den Studentenverbindungen, bei Freimaurern u. a., die deswegen auch einer gehörigen Kritik ausgesetzt sind — im Gegensatz zu den Aristokraten und Ganoven.

Die noble Heirat

Das Prinzip der Ebenbürtigkeit[1] — Kaiser Franz Joseph, Kronprinz Rudolf, der Thronfolger und die „rote Erzherzogin"

Der adelige Besitz, der edle Erben braucht, und das Wissen um die Bedeutung der Familie als eine wichtige Instanz, die vornehme Identität und Schutz verleiht, gebieten, daß gerade im Hochadel bei den Verehelichungen auf das Prinzip der Ebenbürtigkeit geachtet wird. Die Ebenbürtigkeit garantiert, daß das Eigentum einer Familie standesgemäß erhalten, aber auch eine enge Verwandtschaft zwischen den herrschaftlichen Häusern geschaffen wird. So zum Beispiel hat ein Prinz von Baiern mehr Habsburger im Stammbaum als seine Frau, die selbst eine Habsburgerin ist. Man kann also damit rechnen, daß Grund-, Wald- und anderer Besitz und adelige Kultur grundsätzlich nicht in unvornehme Hände geraten.

Ein vehementer Verfechter der Forderung nach Ebenbürtigkeit in der Hocharistokratie war der frühere österreichische Kaiser Franz Joseph. Kaiser Franz Joseph unterschied deutlich zwischen Aristokratie und anderen Gesellschaftsschichten und war ein Fürsprecher für die Exklusivität des Hochadels. Er selbst achtete daher genau, wie ich schon ausgeführt habe, auf eine noble Distanz zu Leuten von nichtaristokratischer Herkunft (Margutti, 1921, S.252f).

Einer solch strengen Heiratsordnung (die sich auch bei Bauern findet, s. u.) wird freilich auch der Vorwurf des Rassismus ge-

[1] Der Begriff „Ebenbürtigkeit" wird hier verwendet, wie er früher in der Rechtsgeschichte gebraucht wurde: die gleichwertige Abkunft mehrerer Rechtsgenossen, die zur Standes- und Rechtsgleichheit führte. Im Mittelalter ist die Ebenbürtigkeit (erstmals im Sachsenspiegel erwähnt) Ausdruck von Standesschranken. Bei der Ehe war die Ebenbürtigkeit von Bedeutung, da Erbrecht, Lehnsfolge und Rechtsstellung der Kinder davon abhingen. Später wurde die Ebenbürtigkeit privatrechtlich bedeutungslos; beim Adel spielte sie noch im 19. Jh., im Privatfürstenrecht z.T. bis ins 20. Jh. hinein eine Rolle.

macht. So spricht der Historiker Viktor Bibl von einer „planvollen rassischen Reinerhaltung der herrschenden Geschlechter mit entsprechenden Folgen". (Bibl, 1940, S.88)
Kaiser Franz Joseph wurde mit dem Problem, daß Angehörige des Kaiserhauses nichtstandesgemäße Personen heiraten wollten, einige Male konfrontiert. Und jedesmal reagierte er verärgert und versuchte, eine solche nichtebenbürtige Heirat zu verhindern. Auf drei dieser Fälle, die einige Aufmerksamkeit erregten, will ich hier verweisen.
Der eine bezieht sich auf die Liaison des Kronprinzen Rudolf mit Marie Vetsera. Der Kronprinz war mit der belgischen Prinzessin Stefanie, gegen die er eine tiefe Abneigung entwickelte, verheiratet. Rudolf wollte sich scheiden lassen und zeigte — so wird berichtet — die feste Absicht, die Baronesse Marie Vetsera zu ehelichen. Albert von Margutti, ein Vertrauter des Kaisers, beleuchtet kritisch die klassischen, oft beschriebenen Versionen des Todes von Kronprinz Rudolf und Marie Vetsera. Dabei entwickelt er eine kühne Deutung aufgrund eigener Recherchen, die ich hier referieren will — nicht nur des anregenden Themas wegen, sondern weil es hier auch um die Frage der Ebenbürtigkeit geht.
Margutti schreibt: „Nach dem, was ich nach und nach darüber erfuhr, glaube ich nunmehr fest und mit gutem Grunde an einen ganz anderen Vorgang bei Rudolfs Ende . . . Schon ein paar Tage nach dem verhängnisvollen 30. Jänner 1889 teilte mir mein alter Freund und Schulkamerad Gmeiner mit, daß ihm ein Forstgehilfe aus Mayerling vertraulich eröffnet habe, es sei dort der Kronprinz am Morgen des vorletzten Jännertages mit zertrümmertem Schädel vor dem Forsthause tot aufgefunden worden und er selbst habe mitgeholfen, des Kronprinz Leiche in das Schloß zu tragen. Ein Selbstmord war schon deswegen ausgeschlossen, weil der Kronprinz überhaupt keine Waffe bei sich getragen. Der Verdacht, die Tat begangen zu haben, lenkte sich gleich auf den Förster, welcher auch spurlos verschwand . . ." (Margutti, 1921, S.109f).
Margutti erzählte dies einem Graf Appony, der ihn entgeistert angestarrt haben und gesagt haben soll: „Es ist tatsächlich so

und nicht anders. Behalten Sie es aber für sich." Margutti berichtet weiter: „Ich erlaubte mir die Entgegnung, daß ich mir damit Marie Vetseras Anwesenheit in Mayerling und ihren Lebensabschluß daselbst nicht gut zusammenzureimen vermöge . . . Einer der wenigen Zeugen des Dramas von Mayerling — Graf Hoyos — schrieb nämlich faktisch unmittelbar nach dem 30. Jänner 1889 an eine nahe Verwandte in Ungarn über des Kronprinzen Lebensabschluß und schilderte eingehend dessen Nebenumstände. Da stand es schwarz auf weiß, daß am fatalen Tage Rudolf mit zerschmettertem Schädel vor dem Mayerlinger Forsthause im Schnee gelegen. Genau so hatte es seinerzeit der Forstgehilfe dargestellt . . . Nun erklärte dieser Brief auch die weiteren Zusammenhänge besser. Der Kronprinz soll einige Zeit vorher zur jungen und anmutigen Förstersfrau, die als große Schönheit galt, Beziehungen geknüpft haben, welche der ungemein eifersüchtige Förster unter keiner Bedingung dulden wollte. Dieser warnte deshalb den Kronprinzen einigemal, aber es nützte nichts. In der verhängnisvollen Nacht traf der Förster im eigenen Heime den Kronprinzen an und rechnete sofort mit ihm ab. Elend kam dabei Erzherzog Rudolf ums Leben; sein entseelter Körper wurde vors Försterhaus geworfen und blieb dort liegen, bis man ihn am Morgen fand. Es gab also einige Zeugen für die Überführung der Leiche ins Jagdschloß und der vorerwähnte Jagdgehilfe war tatsächlich einer . . .
Das Mayerlinger Schloß barg aber am Morgen des 30. Jänner 1889 schon eine andere Leiche. Jene der Marie Vetsera. Wie verhielt es sich nun um deren Lebensausgang? . . . So merkwürdig es auch klingen mag. Marie Vetseras Tod entbehrte einer unmittelbaren Verbindung mit jenem Rudolfs. Beide schieden zwar annähernd gleichzeitig aus dem Leben; es erscheint jedoch mehr als fraglich, ob der Kronprinz vom Selbstmorde der Baronesse Vetsera je Kenntnis erlangt hat. Letztere hat das Ende Rudolfs bestimmt nie erfahren, weil sie ja — wie ärztlich einwandfrei festgestellt wurde — mehrere Stunden vor dem Kronprinzen gestorben ist. General Middleton war also vollkommen richtig informiert, daß Marie Vetsera mit dem Tode des Kronprinzen gar nichts zu tun gehabt . . . An Hand des Vor-

gesagten fällt es nunmehr nicht so schwer, den Gang der Ereignisse am 29. und 30. Jänner 1889, wenigstens hypothetisch, zu rekonstruieren. Nach Erhalt der entschiedenen Absage (!) seines kaiserlichen Vaters zur beabsichtigten Ehe mit Marie Vetsera war für den Kronprinzen die Sache als solche abgetan. Er teilte dies vermutlich ohne viel Umschweife der Baronesse Vetsera mit und glaubte noch ein übriges dahin tun zu sollen, daß er gleichzeitig für den Augenblick aus ihrem unmittelbaren Gesichtskreis verschwand. Daher seine Fahrt nach Mayerling. Die Wahl gerade dieses Ortes mochte auch durch die dortige, vom Grafen Hoyos als auffallende, ungewöhnliche Erscheinung geschilderte Förstersfrau bedingt gewesen sein. Daß Marie Vetsera zu einer letzten Aussprache dem Kronprinzen nach Mayerling nacheilte, dürfte diesem daher nichts weniger als gelegen gekommen sein. Immerhin fand so der endgültige Abschied statt; nach demselben zog sich wahrscheinlich Baronesse Vetsera in ein Zimmer des Schlosses zurück und verübte Selbstmord. Kronprinz Rudolf kümmerte sich nach dieser Unterredung nicht mehr viel um Marie Vetsera. Er dachte weiter, verlor keine Zeit und verfügte sich zur schönen Förstersfrau . . ." (Margutti, 1921, S.112f).

In dieser Geschichte, die ob ihres historisch-grausigen Inhalts hier näher wiedergegeben wurde, wird eine Heirat des Kronprinzen mit Marie Vetsera vom Kaiser, eben weil sie nicht ebenbürtig ist, abgelehnt.

Wie der Kaiser Heiraten von Hochadeligen mit nichtebenbürtigen Personen verurteilte, zeigt sich auch darin, wie er reagierte, als er von der Absicht des später in Sarajewo ermordeten Thronfolgers Franz Ferdinand hörte, die Gräfin Sophie von Chotek zu ehelichen.

Margutti hält dazu fest: „Das war ein fürchterlicher Schlag für den Kaiser Franz Joseph! An ein Erlangen seiner Zustimmung zu einer solchen unebenbürtigen Ehe, und noch dazu für den Thronfolger, war vorerst überhaupt gar nicht zu denken. Der Kaiser setzte dem ihm ungeheuerlich dünkenden Ansinnen des Erzherzogs jahrelang mit allen Mitteln den hartnäckigsten Widerstand (!) entgegen." (Margutti, 1921, S.138).

Die kaiserliche Abneigung gegen nichtebenbürtige Verehelichungen wurde auch deutlich, als Erzherzogin Elisabeth Marie, die Tochter des Kronprinzen Rudolf, ihrem Großvater, dem Kaiser, eröffnete, sie wolle den nichtebenbürtigen Prinzen Otto von Windisch-Graetz, dem sie im September 1900 in Laxenburg näher gekommen war, heiraten. Darüber schreibt F. Weissensteiner in seinem Buch „Die rote Erzherzogin": „Die Erzherzogin wußte, wie hart der Großvater in diesen Fragen sein konnte. Aber sie hatte sich Otto Windisch-Graetz in den Kopf gesetzt . . . . Unbeugsam und mit fester Stimme trug sie dem Kaiser ihren Entschluß vor. Franz Joseph hörte seiner Enkelin geduldig zu. Dann sagte er langsam und bedächtig: 'Schau, Erzsi, du bist noch so jung. Überleg dir das noch einmal gut. Vor deinem 18. Lebensjahr kommt eine Verlobung nicht in Frage.' Mit kurzem Wink war sie entlassen. Elisabeth Marie konnte es nicht fassen, daß der Großvater ihren Wunsch nicht erfüllt hatte." (Weissensteiner, 1987, S.75). Da Elisabeth Marie es sich nicht ausreden ließ, Windisch-Graetz zu heiraten, stimmte der Kaiser schließlich der Verbindung zu. Jedenfalls zeigt seine erste Reaktion plastisch seine tiefe Aversion gegen unebenbürtige Heiraten.
Nicht uninteressant ist, daß es in der Ehe Elisabeth Maries mit Otto Windisch-Graetz bald kriselte. Otto hatte einige amouröse Abenteuer und seine Gattin, die sich von ihrem Mann sexuell nicht befriedigt fühlte (Weissensteiner, 1987, S.100), begann einige Verhältnisse einzugehen. Darunter mit dem U-Boot-Kapitän Egon Lerch, der allerdings im 1. Weltkrieg fiel. Der Ehezwist, bei dem es wesentlich auch um Geld und Besitz ging, führte schließlich zur Scheidung im Jahre 1920. Der geistige Loslösungsprozeß der Erzherzogin vom Kaiserhaus und der Aristokratie, der bereits zu Lebzeiten des Kaisers begonnen hatte, wurde in der Folge ein endgültiger. Sie wandte sich immer mehr der Sozialdemokratie zu — sie soll schon vor dem Tod des Kaisers Abonnentin der „Arbeiter-Zeitung" gewesen sein (Weissensteiner, 1987, S.136).
Sie lernte den sozialdemokratischen Lehrer und Abgeordneten Leopold Petznek kennen und lieben. Ihre Verwandten aus der

Aristokratie standen ihr mit unverhohlenem Haß gegenüber. Und am 4. Mai 1948 heirateten die beiden ohne jedes Zeremoniell im Standesamt in Hadersdorf-Weidlingau (Weissensteiner, 1987, S.188).
Erwähnenswert ist noch, daß Elisabeth Marie trotz ihrer sozialdemokratischen Ansichten an dem alten Lebensstil, wie sie ihn von Kindheit an gewohnt war, festhielt. Als Österreich 1955 den Staatsvertrag zugesprochen bekam, wurde der „Fürstin" die ihr gehörende „Villa Windisch-Graetz" wieder zurückgegeben. In dieser soll es, wie ihr Arzt Dr. Rambauske meinte, „wie am kaiserlichen Hof zugegangen" sein: „Ich wurde von einem Diener am Eingangstor erwartet und in ihr Schlafzimmer geleitet . . . Ich traf Frau Windisch-Graetz stets im Bett an. Das Hauspersonal wurde im Befehlston behandelt. Der Ton paßte nicht recht zu ihrer (sozialdemokratischen) Gesinnung, sie war da in einem echten menschlichen Dilemma." Von ihren Bediensteten wurde sie mit „Hoheit" angesprochen (Weissensteiner, 1987, S.202 u. 208). Auch ihr feinfühlender Gemahl, der übrigens früher liebevoll von einigen Genossen als „Fürst" betitelt worden war, paßte sich dem Stil seiner aristokratischen Ehefrau an.
Die frühere Erzherzogin und Enkelin des Kaisers, Elisabeth Marie, die als „rote Erzherzogin" in die Geschichte einging, hatte also sehr dramatisch gegen das alte aristokratische Prinzip der Ebenbürtigkeit verstoßen. Sie sagte sich von alten Normen los — nicht jedoch von allen Ritualen — und nahm ein Leben, welches zu einem Teil durch Härte und Entbehrung bestimmt war, auf sich. Sie blieb ihrem nichtebenbürtigen Mann bis an sein Lebensende treu verbunden und sie starb einsam und furchtlos, wie ihr Biograph erzählt, am 16. März 1963 in ihrer Hütteldorfer Villa. Sie hatte das hochadelige Prinzip der Ebenbürtigkeit, das dem alten Kaiser ein inniges Anliegen war, mißachtet und sie mußte daher damit rechnen, von ihrer hocharistokratischen Verwandtschaft verschmäht und ignoriert zu werden.
Der Kaiser hatte also streng am Prinzip der Ebenbürtigkeit festgehalten, obwohl, wie er vielleicht gefühlt haben mag, damit das Problem der Inzucht verknüpft ist. Jedoch erschien ihm der

ebenbürtige Partner für einen Sproß des Kaiserhauses wichtiger als die Gefahr einer Erbkrankheit oder ähnliches.
Nicht uninteressant ist daher in diesem Zusammenhang folgende Schilderung Marguttis über Zita aus dem Hause Parma, die Ehefrau des Thronfolgers und späteren Kaisers Erzherzog Karl: „Speziell der Umstand, daß in des verstorbenen Herzogs von Parma Familie — allerdings aus dessen erster Ehe — mehrere schwachsinnige Kinder vorhanden waren, gab dem Monarchen zu denken. Auch die Tatsache, daß Prinzessin Zita einem abgesetzten italienischen Fürstenhause entstammte, erschien Kaiser Franz Joseph keineswegs vielverheißend. Aber schließlich war es doch eine ebenbürtige (!) Ehe, die Erzherzog Karl einzugehen sich anschickte; dieses Moment half dem alten Herrscher, welcher gerade in der Richtung schon so bitter enttäuschende (!) Erfahrungen gemacht, über sonstige Bedenken hinweg. Demnach wurde mit aller Beschleunigung zur Hochzeit gerüstet." (Margutti, 1921, S.163f).

Weiterführung des Prinzips der Ebenbürtigkeit

Das Prinzip der Ebenbürtigkeit wurde also über das Dilemma der Inzucht gestellt. Grundsätzlich hat sich bis heute in einer solchen Einstellung hinsichtlich der Beachtung der Ebenbürtigkeit in der Hocharistokratie kaum etwas geändert, wie mir auch eine Prinzessin bestätigte. Sie meinte jedoch mir gegenüber, solche ebenbürtigen Heiraten würden in sich die Gefahr der Inzucht bergen: „In unserem Haus wird irrsinnig Wert darauf gelegt, daß die Männer nur Frauen aus dem Hochadel heiraten. Vor jeder Hochzeit wird daher im Familienrat abgestimmt, ob zwei heiraten dürfen. Ist die künftige Frau nicht standesgemäß, so heißt es zum Beispiel: die Mehrheit hat beschlossen, daß du diese Frau heiraten darfst, auch wenn sie nicht standesgemäß ist. Beschließen sie im Familienrat, daß er die Betreffende nicht heiraten soll, so hat der Mann entweder die Wahl, nicht zu heiraten, oder eben seinen Namen zu ändern, was auch vorkommt. Das ist bei Männern so, nicht bei den Frauen. Ich habe sechs Geschwister, von denen sind drei nicht standesgemäß verheiratet. Mein Vater hätte es lieber anders gehabt. Letztlich hat er aber die Angeheirateten akzeptiert. Mit meinen Eltern rede ich nicht darüber, weil ich weiß, auch wenn sie solche unstandesgemäßen Heiraten akzeptieren, wollen sie keine Stellung dazu beziehen. Ich glaube, das ist bei vielen so. Ich habe jetzt einen Freund, der ist kein Adeliger. Meinen Eltern erzähle ich nichts davon. Wer weiß, wie lange das hält."

Meine Interviewpartnerin lehnt sich zwar sanft gegen die traditionellen Heiratsregeln auf, ihr ist aber bewußt, daß ein Abgehen von diesen Normen für die Familie zum Problem werden kann. Eine Diskussion könnte diese spezifische adelige Wirklichkeit und die damit verbundenen Regeln in Frage stellen. Darum schweigt sie.

Sie selbst sieht Verehelichungen über die Standesgrenzen hinaus als wichtig an, um der Inzucht (die auch Max Weber als wesentlich mit dem Adel verknüpft sieht) zu begegnen. Darauf zielt sie in ihrem Gespräch mit mir auch ab: „Meine Mutter, eine Habsburgerin, ist das Produkt der Inzucht. Es bringt einige Vorteile. Und zwar, daß man untereinander verheiratet ist. Aber der Schaden scheint größer zu sein. Es ist tragisch, daß einige Verwandte dies noch nicht begriffen haben, was sie mit solchen Heiraten anrichten. Und sie machen dasselbe noch einmal. Ich würde es zwar nicht ablehnen, einen Adeligen zu heiraten, aber es ist sicher nicht gut."

Ein ähnliches Interview führte ich auch mit einer anderen Prinzessin aus dem höchsten europäischen Adel. Diese Frau schwächte allerdings das Problem der Inzucht etwas ab und versuchte sogar, die Heirat in ihrer Familie zu rechtfertigen: „Man sagt oft, daß bei uns Inzucht getrieben wird. Das klingt aber bloß so, weil man Leute für verwandt erklärt, auch wenn sie bloß Cousins im 4. oder 5. Grad sind. Ich glaube, hier ist die Inzucht nicht so stark. Im Hochadel ist man tatsächlich untereinander verwandt." Ich fragte sie, wen sie heiraten würde. Sie antwortete, den, den sie „gern" habe. Ich wies sie auf die sozialen Schranken hin, die es ihr doch schwierig machen würden, jeden beliebigen, der ihr gefalle, zu heiraten. Darauf meinte sie: „Es ist irgendwo automatisch, daß man jemand heiratet, der denselben kulturellen Hintergrund hat. Meine Schwester hat auch einen Grafen geheiratet." Tatsächlich heiratete die Prinzessin nach ungefähr einem Jahr den Sohn einer angesehenen österreichischen Grafenfamilie.

Schließlich meinte ein Graf zum Thema der Ebenbürtigkeit: „Es nützt nichts, wenn man einen guten alten Namen hat, es fehlt aber die Frau dazu." Die alte Tradition der verwandtschaftlichen Heirat, wodurch Vornehmheit und Eigentum in einer aristokratischen Welt verbleibt, wird hier angedeutet.

Allerdings kann dieser Grundsatz der standesgemäßen Heirat nicht vollkommen exakt befolgt werden. So ist es kein Problem, wenn ein Graf in das alte Königshaus Baiern einheiratet oder eine Erzherzogin als „Kaiserliche Hoheit" einen Fürsten ehelicht. Dazu passen ein paar Gedanken einer Prinzessin aus fürstlichem Haus: „Genaugenommen hat meine Mutter nicht standesgemäß geheiratet, denn sie hat als Habsburgerin meinen Vater, der ein Prinz von N. ist, geheiratet. Auch wenn die Frau hinunter heiratet, bleibt ihr der ursprüngliche Titel. Meine Mutter ist weiter Kaiserliche Hoheit und nicht Durchlaucht."

Mit Heiraten dieser Art wird wohl das Prinzip der Ebenbürtigkeit nicht verletzt, obwohl formal — auch heute noch — bei diesen Ehen von einem Standesunterschied zwischen hocharistokratischem Mann und hocharistokratischer Frau gesprochen werden könnte. Allerdings sind dies eher spielerische Überlegungen, denn tatsächlich sind derartige Häuser lange und oft miteinander verwandt. Und schließlich würde die Chance, einen echten ebenbürtigen aristokratischen Partner zu finden, bei einer strengen Befolgung des Grundsatzes der Ebenbürtigkeit sehr eingeengt werden.

Für den kapitalkräftigen und besitzenden Bürger gilt in ähnlicher Weise das Prinzip der Ebenbürtigkeit, auch er ist daran interessiert, genauso wie der reiche Bauer, daß Geld und Gut nicht in unrechte Hände gelangen. Auch er will, daß die Nachkommen nicht unter dem Stand heiraten.

Um nun zu ermöglichen, daß man unter seinesgleichen heiratet, gibt es gewisse Strategien unter adeligen Leuten. Eine wichtige Strategie ist, die künftigen, reputierlichen Partner durch Feste und ähnliche Einrichtungen miteinander in Kontakt zu bringen. Eine junge Hochadelige illustrierte diese Strategie farbig: „Es ist noch immer üblich, daß die Eltern für ihre Töchter, aber kaum für ihre Söhne, wenn sie 18 sind, Feste geben. So ein Fest ist sozusagen wie ein Heiratsmarkt, nicht bei allen, aber bei einigen besonders. Solche Feste veranstalten die, die es sich leisten können. Ähnlich wie ein Ball ist so ein Fest aufgezogen, mit langen Kleidern, raffinierten Speisen und allem drumherum. Es findet meist in einem gemieteten Palast statt, zum Beispiel in Laxenburg oder im Palais Palavicini, und kostet viel Geld. In so ein Fest investieren die Eltern, es ist ihnen viel wert. In erster Linie erreichen sie, daß ihre Kinder auch weiterhin eingeladen sind zu anderen Veranstaltungen, um möglichst viele Leute aus dem adeligen Milieu kennenzulernen. Auch ich wurde schon ein paarmal zu so etwas eingeladen. Wahrscheinlich macht man sich bei solchen Festen an manche heran, die viel erben. Aber das kann ich nicht beurteilen.
Meine Eltern unterstützen es, wenn ich nach Deutschland zum Beispiel zu einem großen Fest eingeladen bin. Sie wollen, daß ich hinfahre. Sie meinen, man muß Leute kennenlernen. Ich habe Freundinnen, die vertreiben sich die Zeit, bis sie jemanden gefunden haben, der zu ihnen paßt."
Den Aristokraten ist also sehr daran gelegen, über spezifische Veranstaltungen den heiratsfähigen jungen Adeligen die Chance zu geben, den „richtigen" Partner, der im Sinne der Eltern und adeliger Tradition ist, ausfindig zu machen.
Ein typischer Ball, der als ein echter „Heiratsmarkt" für den adeligen Nachwuchs gilt, ist in Wien der „Ball der silbernen Rose", der ähnlich wie die oben genannten Feste innerhalb eines feierlichen Rahmens und mit viel Zeremoniell die noblen Heiratspartner einander näher bringt.

Zu den heiratsmarktähnlichen Veranstaltungen gehören auch bestimmte Tennisturniere, die von einer adeligen, ein größeres Gut besitzenden Familie regelmäßig im österreichischen Waldviertel veranstaltet werden. Zu diesen Turnieren sind hoffnungsvolle Jungaristokraten eingeladen, die nicht nur während der Spiele miteinander in Kontakt treten, sondern auch bei einem gemeinsamen Diner und einem Cocktail. Der Weg, um zu dem erhofften vornehmen Gatten zu gelangen, ist zwar nicht immer einfach, aber eine charakteristische Erziehung und adelige Umgebung schaffen die nötigen Chancen.
Dies bestätigte mir eine adelige Studentin: „Wir sind sieben Geschwister, wir sind auf einem Gutshof bei unseren Eltern aufgewachsen. Die Freunde unserer Eltern, das waren adelige Gutsbesitzer, hatten auch Kinder. Mit denen haben wir den Tanzkurs gemacht und mit denen haben wir begonnen auszugehen. Man ist von Anfang an in diesen Kreis hineingekommen. Das zieht dann immer größere Kreise, wenn man älter wird."
Jungen Hochadeligen ist also ein Lebenskreis mit spezifischen noblen Kontakten vorgegeben; ein Milieu, das es ihnen geradezu schwer macht, künftige Gatten aus anderen sozialen Schichten zu finden. Dieser Kreis adeliger Hocharistokraten ist allerdings keineswegs auf Leute beschränkt, die aus vermögendem Hause kommen. Mittellosigkeit kann durch eine entsprechende Herkunft aufgewogen werden. So heiratete ein Fürst S. aus Sachsen, ein eher mittelloser Mann, nach seiner Ankunft in Wien vor über 20 Jahren eine Wiener Fürstin W. Diese Heirat entspricht der traditionellen Heiratsordnung, an der man heute noch festhält. Obwohl Fürst S. keinen ökonomischen Rückhalt hatte, wurde ihm in aristokratischer Großmütigkeit eine Karriere in einer Bank ermöglicht.
Ein Abgehen von den alten Heiratsregeln, so meinte eine Adelige, wäre allerdings in den letzten 20 bis 30 Jahren zu beobachten. Vorher wäre eine morganatische Ehe, also eine Ehe außerhalb des Standes eine Ausnahme gewesen. Morganatische Ehen dürften heute dann keine Seltenheit sein, wenn Leute aus dem Geldadel versuchen, Frauen von Stand zu heiraten. Das Geld erfährt dadurch eine bemerkenswerte Nobilitierung.

Der zu Geld gekommene Bürger, der die klassischen Symbole feiner Lebensart bereits erworben hat, wie ein feines Auto und ein schloßähnliches Mauerwerk, und der seinen Kindern eine noble Erziehung angedeihen läßt, sucht nach Veredelung seiner Familie. Wir haben oben die verschiedenen Versuche, adelig und nobel zu werden, angesprochen. Dazu gesellt sich als wichtige Strategie die Verehelichung Bürgerlicher mit Leuten aus altem Adel und klingendem Namen. Geld und Adel — historisch bereits in enger Beziehung — werden auch heute durch die Heirat verknüpft und machen den Abkommen reicher Eltern zu einem vornehmen Menschen, über den wiederum auch die Eltern für sich Prestige und noble Zugänge erhoffen.
Ansonsten hat es der gute Bürger und ebenso der Abkomme des niederen Adels nicht immer leicht, die „ebenbürtigen" Partner für seine Nachkommen zu finden. Tanzkurse und ähnliche Veranstaltungen bieten sich hier an.
Zu den Strategien des noblen Bürgers gehören schließlich auch die Versuche, vor allem die Tochter in vornehme Kreise wie Jagdgesellschaften und Golfclubs, aber auch Studentenverbindungen einzuführen — in der Hoffnung, einen würdigen Ehepartner für die feine Erbin zu finden. Mir erzählte die Sekretärin eines Golfclubs, daß ein wohlhabender Baumeister, der Mitglied dieses Clubs ist, seine Tochter regelmäßig auf den Golfplatz mitnehme. Sie betätige sich dort keineswegs als Golferin, sondern sie beobachtet das Golfspiel und betreibe freundliche und gepflegte Kommunikation im Clublokal in der offensichtlichen Erwartung, einmal mit einem noblen Golfer in einen engeren Kontakt zu treten.

Durch die Heirat kann aber auch ein adeliger Titel erworben werden. Bei der Diskussion über den Erwerb eines adeligen Namens durch Adoption wurde dieses Thema bereits kurz gestreift.
Für die Frauen und deren Familien, die Interesse am Adel und seinem Ansehen haben, mag es nicht uninteressant sein, einen Herrn von adeligem Stand und mit wohlklingendem Namen zu heiraten, um so zu einem attraktiven Adelstitel zu gelangen. Filmschauspielerinnen und andere Damen der Gesellschaft erhalten durch so eine Heirat und dem damit verbundenen Titelerwerb noch eine weitere vornehme Identität. Auf dem gesellschaftlichen Parkett erfährt der adelige Titel glänzende Aufmerksamkeit.
Es kommt auch vor, daß solche Ehen nur wegen des Titelerwerbs geschlossen werden. Dies kann freilich zu Problemen führen. Über eine solche Verehelichung schrieb eine österreichische Tageszeitung im Mai 1987: Ein Prinz wurde in einer Wiener Cocktailbar von deren Besitzerin derart betört und vor Liebe trunken gemacht, daß er ihr erklärte, er wolle sie heiraten. Dies war in ihrem Sinn und sie ließ nicht locker. Der Hochzeitstermin am Standesamt wurde vereinbart, jedoch der Prinz kam auf Anraten seiner Freunde nicht. Die am Standesamt sitzengelassene Dame verbrachte dennoch am selben Tag einen schönen und flotten Abend mit dem adeligen Herrn, der ihr nun fest versprach, mit ihr sobald als möglich zum Standesamt zu gehen und sie zu heiraten. Dies tat er dann auch. Nach der Hochzeit kam es zum Krach. Der Prinz versuchte, die Ehe wegen sexuellem Nichtvollzug annulieren zu lassen. Die neue Prinzessin, die an dem Prinzen selbst keinen Gefallen gefunden hatte, wollte zwar die Scheidung, nicht jedoch die Annulierung. Eine Annulierung würde bewirken, daß sie ihren vornehmen Namen wieder verlöre. Bei einer Scheidung könnte sie ihn jedoch behalten. Daran war sie sehr interessiert. Dies geht auch aus einem Interview hervor, welches sie der zitierten Zeitung gab: „Ich

war geschmeichelt. Zumal Max (der Prinz) mit den notwendigen prinzlichen Papieren wedelte und das Aufgebot bestellt hatte. Na gut . . . die Aussicht, Prinzessin zu werden, ist reizvoll gewesen . . ."

Der Barbesitzerin, so ist es aus dem Zeitungsartikel zu schließen, war kämpferisch bereit, ihren durch weibliche Strategie auf dem Standesamt zugesprochenen fürstlichen Titel zu behalten — gegen den Willen ihres nur für kurze Zeit gewesenen Ehemannes. Nach modernen bürgerlichen Gesetzen hat jedoch auch der Mann die Chance, über die Heirat mit einer Aristokratin zu Würde und Titel zu gelangen. Dies wird mitunter von Leuten genützt, die sich als Geschäftsleute dadurch bessere Geschäftserfolge oder ähnliches erhoffen. In einer österreichischen Zeitung erschien vor kurzem die Notiz, daß ein der Kriminalpolizei nicht unbekannter Mann eine italienische Hocharistokratin geheiratet und deren adeligen Namen legal angenommen habe. Dem neuen „Conte" brachte sein erheirateter Name nicht nur einiges Ansehen, sondern für einige Zeit auch den großen Vorteil, unter diesem Namen nicht in der Strafkartei der Polizei aufzuscheinen. Es dauert eine Weile, bis findige Kriminalbeamte herausfanden, daß hinter dem „Conte" sich der gesuchte Betrüger versteckte.

Frauen, die über einen adeligen Ehemann eine aristokratischen Titel zu erlangen versuchen, dürften in der Überzahl sein. Daß eine Verehelichung mit einem adeligen Herrn für Damen, die den sozialen Aufstieg suchen, traditionell von Interesse war, schildert auch Egon Erwin Kisch. Er bringt blumenhaft, heiter und wahrscheinlich kunstvoll ausgeschmückt ein Interview, welches er noch vor dem Ende der Monarchie mit einem Heiratsvermittler geführt hatte.

Kisch fragte den Heiratsvermittler nach der Attraktivität adeliger Herren. Er bekam zur Antwort, diese sei nicht mehr so wie früher, da die Adeligen die höchsten Ansprüche stellen würden. Er zeigte dabei Kisch einen „charakteristischen" Brief eines edlen Mannes, dem er aber keine Chance gab, zu einer Frau zu gelangen. Der Brief, auch wenn er von Kisch etwas drastisch „verfeinert" worden ist, macht jedoch deutlich, daß der betreffende adelige Herr im Sinne der üblichen Vorstellungen fest davon überzeugt war, als aristokratischer Mensch eine besondere Qualität zu besitzen. Der Wortlaut dieser Heiratsofferte lautet: „Ich bin 38 Jahre alt, entstamme einem alten Tiroler Freiherrengeschlecht. Ich bin unheilbar krank. Ich würde mich — zwecks Bezahlung meiner Schulden — mit einer Dame mit 150.000 Kronen Mitgift verehelichen. Religion, Vorleben, Äußeres und Alter — Nebensache. Ich würde mich materiell verpflichten, keine weiteren Ansprüche an meine Frau zu stellen, und sie kann leben, wo sie will. Es ist gewiß ein seltener und äußerst günstiger Antrag, für so wenig Geld einen tadellosen, freiherrlichen Namen zu erhalten und doch bei vollständiger Freiheit zu bleiben." (Kisch, 1980a, S.275f.)

Die Würde der Hochzeitsanzeige

Die Heirat ist für die noblen Leute von einer hohen symbolischen Bedeutung. Das damit verbundene Hochzeitsritual informiert die eigene vornehme Umgebung und darüber hinaus, daß zwei adelige Häuser miteinander verbunden werden, oder daß jemand, der aus einer weniger edlen Schicht kommt, nun in eine solche einheiratet, oder daß die die Hochzeit veranstaltenden Eltern von gediegener Vornehmheit sind.
Die Benachrichtigung von der bevorstehenden Hochzeit erfolgt daher regelmäßig in einer würdigen Anzeige, die deutlich auf den Stand und auch auf die soziale Macht der Heiratenden und eventuell ihrer Eltern verweisen soll. Charakteristisch dafür ist z. B. eine Hochzeitsanzeige, die sich auf die Verehelichung einer Prinzessin mit einem Grafen bezieht. Der Text ist durchwegs in Großbuchstaben und in einer unaufdringlichen, feinen Schrift gehalten. Auf der linken Seite der gefalteten Anzeige ist zu lesen (der Höflichkeit halber sind die Namen u. ä. Hinweise auf die betreffenden Personen abgekürzt oder verändert):

„ROBERT PRINZ VON B. GIBT IM EIGENEN SOWIE IM NAMEN SEINER GEMAHLIN, TH. PRINZESSIN VON B., ERZHERZOGIN VON . . ., GEZIEMEND NACHRICHT VON DER BEVORSTEHENDEN HOCHZEIT SEINER TOCHTER E. PRINZESSIN VON B. MIT ALEXANDER GRAF K., SOHN DES KARL GRAF K. UND SEINER GEMAHLIN G. GRÄFIN K., GEBORENE GRÄFIN M.-P.".

Und auf der rechten Seite steht geschrieben: „KARL GRAF K. GIBT IM EIGENEN SOWIE IM NAMEN SEINER GEMAHLIN G. GRÄFIN K., GEBORENE GRÄFIN M.-P., GEZIEMEND NACHRICHT VON DER BEVORSTEHENDEN VERMÄHLUNG SEINES SOHNES ALEXANDER MIT E. PRINZESSIN VON B., TOCHTER DES ROBERT PRINZ VON B. UND SEINER GEMAHLIN TH. PRINZESSIN VON B., ERZHERZOGIN VON . . .".

Im unteren Teil der Anzeige finden sich Ort und Zeit der Trauung und die Adressen der noblen Herrschaften. Und in der Mitte direkt am unteren Rand ist klein, aber nicht zu übersehen, der Name der vornehmen Druckerei verewigt.
Diese würdige Anzeige weist zunächst auf die adelige Tradition beider Eheleute, die Geschichte und den Stammbaum der Eltern und schließlich auf die noble und mächtige Gesellschaft, in die beide fest eingebettet sind.
Die Symbolik einer solchen Hochzeitsanzeige ist von großer Bedeutsamkeit, das weiß auch der gute und feine Bürger und orientiert sich daran. Allerdings kann der Bürger für gewöhnlich auf keinen Namen verweisen, der Tradition und Prestige hat. Jedoch wenn einer der Eheleute den Namen eines bekannten Vorfahren trägt — den eines berühmten Politikers, Dichters o. ä. —, so wird ebenso mit noblem Stolz auf die Würde der Familie, die durch die Prominenz ihres Mitgliedes veredelt wurde, in vornehmer Bescheidenheit verwiesen.
In anderen Fällen ist es für die bürgerliche Hochzeitsanzeige vorrangig wichtig, mit bürgerlichen Titeln und vornehmen Bekundungen, — wie daß der Herr Primarius Dr. N.N. und dessen Frau A., geborene X., die Hochzeit ihres Sohnes (oder ihrer Tochter) mit N. ankündigen — hervorzutreten.

Der Stil unterscheidet sich grundsätzlich nicht von dem des Aristokraten. Und gleich ist auch die für die aristokratische Lebenswelt wesentliche Andeutung, daß die Familien des Hochzeitspaares von noblem oder zumindest von hohem Ansehen sind. Die Heiratenden können also mit einigem Stolz klarmachen, daß sie nicht „Dahergelaufene“ sind, sondern von „alter“ oder edler Abstammung.

Das vornehme Hochzeitsritual

Die noble Bedeutsamkeit der Hochzeit für die Partner und ihre Familien zeigt sich schließlich im vornehmen Hochzeitsritual. Die katholische Kirche — sie ist hierin traditionell spezialisiert — bietet dafür ein entsprechendes Zeremoniell an, auf welches die feine Familie auch bewußt zurückgreift.
Die künftigen Eheleute beugen sich für gewöhnlich solchen Wünschen der Familie. Welche Probleme entstehen können, wenn jemand dies nicht tut, erzählte mir eine Prinzessin: „Ein Cousin hatte nicht kirchlich geheiratet, man war auf ihn böse. Er wurde gesellschaftlich richtig ignoriert. Ihm ist nichts anderes übrig geblieben, als kirchlich zu heiraten. Erst als er das getan hatte, war man wieder freundlich zu ihm. Die Kirche spielt bei uns eine enorme Rolle.“
Der göttliche Segen festigt die noble Ehe und gibt ihr einen würdevollen Charakter. Ich erkundigte mich, ob es bei Adeligen Hochzeiten gebe, bei denen schwangere Bräute heiraten und ob dies auf Kritik stoße. Eine adelige Informantin dazu: „Früher war es im Adel verpönt, daß man ein uneheliches Kind bekommt oder daß man wegen eines Kindes heiraten 'muß'. Heute ist das etwas anders. Heute sind solche Hochzeiten keine Seltenheit. Es wird schon gesagt, daß es eine 'Muß-Hochzeit' ist oder eine 'mit Rückenwind'. Man redet gewiß darüber. Bei einer Schwangerschaft wird heute aber dennoch im großen Stil ge-

heiratet. Früher machte man oft deswegen eine 'kleine' Hochzeit. Es ist nicht mehr so, daß jemand scheel angesehen wird, weil er heiraten muß." Es zeigt sich hier also ein Wandel. Wichtig ist demnach weniger der 'Umstand', aus dem geheiratet wird, sondern daß die „richtigen", edlen Partner heiraten und ein heiliges Zeremoniell eingehalten wird.
Das „gute" Bürgertum orientiert sich daran und feiert ähnlich. Einladungen zum feierlichen Hochzeitstisch, der die Hochzeit zu einer würdigen und bedeutsamen Angelegenheit macht, ergehen — sowohl im Adel als auch beim noblen Bürger — außer an nahe Verwandte nur an ausgesuchte Personen. Das sind bei einer hochadeligen Hochzeit vor allem Angehörige der Hocharistokratie. Andere Leute haben kaum Chancen, als Gast geladen zu werden. Bei bürgerlichen Hochzeiten sind es Personen mit hervorragendem Namen und wissenschaftlichem, politischem oder kulturellem Renommee, die der Hochzeit Glanz verleihen sollen. Man schmückt sich mit illustren Gästen und erhofft sich dadurch Ansehen.
Manche feinen bürgerlichen Hochzeiten erfahren schließlich auch dadurch eine noble Aufwertung, daß über sie in den Klatschspalten der Boulevardpresse berichtet wird. Dort kann man lesen, ein bekannter Anwalt habe die Tochter eines berühmten Arztes geheiratet u. ä. Mit der Schilderung der Hochzeit werden auch die Namen der prominentesten Gäste genannt, was die Würde der Ehepartner aufwertet.
Die spezifische Ausrichtung des vornehmen und sich als gesellschaftlich wichtig einstufenden Bürgers an der Aristokratie wird nicht bloß darin deutlich, daß die Zeremonien der Hochzeiten sich ähneln, sondern auch in anderen Symbolen. So ist es für noble bürgerliche Eheleute typisch, eine Hochzeitskirche zu wählen, die mit aristokratischer Tradition verknüpft ist. In Wien ist es u. a. die Hofburgkapelle, die an frühere kaiserliche Pracht erinnert, in der die Hochzeit speziell veredelt wird.
Einen ähnlichen Bezug zu adeligem Leben zeigte auch ein bekannter Wiener Kabarettist, der sich in Tracht — ganz im Stil früherer adeliger Jagdherrn und Sommerfrischler — im Marmorschlößl der Kaiserin Elisabeth in Bad Ischl trauen ließ. In

der entsprechenden Klatschspalte wird auch demonstrativ erwähnt, daß ein bekannter „Operettist“ unter den Gratulanten gewesen sei.

Die Trachtenhochzeiten entwickeln sich zu einem Merkmal vornehmer Lebensweise des noblen Bürgers. Dabei zieht man als geeigneten Heiratsort ländliche Gegenden vor, mit denen der Adel eng verknüpft war und noch ist. Eine klassische Gegend ist das Ausseerland, in welchem im vorigen Jahrhundert der legendäre Erzherzog Johann oftmals weilte, jagte und die Tochter des Postmeisters von Bad Aussee ehelichte. Vor nicht allzu langer Zeit wurde ich Zeuge einer Trachtenhochzeit, die von einer reichen Wiener Familie in Altaussee in einem Strandhotel veranstaltet wurde. In Trachtenanzügen und in phantasievollen Dirndln waren die geladenen Gäste, wie man mir mitteilte vor allem aus Wien und dem Burgenland, angereist. Ein Ausseer Musikant spielte, auch in Tracht, zur Hochzeit Lieder, die an die Zeit Erzherzog Johanns erinnerten. Bad Aussee und Altaussee sind — eben wegen ihrer aristokratischen Tradition und ihrer spezifischen noblen Trachtenkultur — attraktive Hochzeitsorte und Aufenthaltsorte für den feinen Bürger geworden. Dieser kann so zeigen, daß er — ähnlich wie Erzherzog Johann — einen edlen Lebensstil beherrscht.
Die Fremdenverkehrsvereine dieser Orte erhoffen sich davon offensichtlich regen Zulauf und werben daher auch eindringlich mit Erzherzog Johann. So ist im 'Altausseer Postillion' vom Sommer 1988 die Überschrift zu lesen: „Das besondere Angebot für Verlobte: Erzherzog Johann-Hochzeit im Ausseerland.“ Es heißt dort: „Die romantische Landschaft des Salzkammergutes . . . verführte seit jeher viele Besucher zum Schwärmen. Daß dabei auch Gefühle aufbrachen und später manches Herz zum Herzen fand, beweist kein Geringerer als Erzherzog Johann. Seine im Ausseerland erblühte Romanze und Zuneigung zur Ausseer Postmeisterstochter Anna Plochl gab und gibt genug Stoff für Bücher und Filme. Aber auch die jüngste Zeit beweist mit ganz prominenten Namen (wir ersuchen um Verständnis für unsere Diskretion) die Beliebtheit des Ausseerlan-

des als Ort, an dem sich zwei Menschen das Jawort geben oder nach 25 oder mehr Jahren erneuern möchten. Ganz natürlich, daß sich die Ausseer im Ausrichten von echten (!), bodenständigen Hochzeitsfeiern mit Tracht (!), Musik, Brautführer, Tafelfreunden etc. ein besonderes Know-how zulegen . . . konnten. Altaussee hat sich nunmehr entschlossen, das komplette Ausrichten von stil- und gehaltvollen Grün-, Silber- und Gold-Hochzeiten für alle Freunde und Gäste und natürlich auch für die einheimische (!) Bevölkerung als Gesamtbetreuungs-Paket offiziell anzubieten. Es kann individuell gewählt und beliebig zusammengestellt werden aus: geeigneten Festräumen . . ., Menüangeboten, einem breiten Nächtigungs- und Flitterwochen-Angebot für Brautpaar und Hochzeitsgesellschaft (Gratis-Hochzeitsnacht des Brautpaares!), Organisations- und Beratungshilfe bei Beschaffung von Ausseer Tracht (!!), Brautführer, . . . mit steir. Musik, Plättenfahrt auf dem See . . . Richten Sie Ihre schriftlichen oder telefonischen Anfragen an: Verkehrsbüro . . ." (Altausseer Postillion, Folge 10, Sommer 1988, S.7).
Dem feinen Menschen versucht dieser Werbetext klarzumachen, daß die ländliche Gegend durch den Hochadel geheiligt sei und daß sie auch heute noch viel Prominenz — was besonders hervorgehoben wird — anziehe. Die geistige Nähe zu Erzherzog Johann adelt die noblen Hochzeiter.
Es scheint, daß gerade das Hochzeitsritual für den feinen Bürger ein wichtiger Anlaß ist, seine offensichtliche Hochachtung vor aristokratischer Lebensweise zu bekunden. Die groß in Mode gekommenen Trachtenhochzeiten sind zu einem Teil wohl in diesem Sinn zu interpretieren. Bemerkenswert an diesem Werbeschreiben ist übrigens auch der Hinweis, daß man bei der Beschaffung der Tracht beraten und helfen wolle. Man ist also bereit, dem feinen Menschen zu jenem Kostüm zu verhelfen, welches angeblich typisch für den Adel und überhaupt die noble Welt ist.
Der vornehme Bürger versucht also, bei seinen Hochzeiten seine Noblesse darzustellen und es dem Hochadel gleichzutun. Symbolisch gelingt ihm dies auch weitgehend. Dennoch hat die hocharistokratische Hochzeit noch einige zeremonielle Be-

sonderheiten. Da die Hochzeit gerade für die adelige Lebenswelt von großer Bedeutung ist, wie ich zu zeigen versucht habe, wurden mit ihr auch spezielle Rituale verbunden. Solche zielen offensichtlich darauf ab, adelige Tradition, den Bestand der adeligen Familie und eben auch Weiterführung des adeligen Besitzes zu garantieren. Eine Prinzessin schilderte mir, wie es bei hocharistokratischen Hochzeiten zugeht: „Ich war zum Beispiel in Göttingen zu einer Hochzeit eingeladen. Zu dieser waren Leute aus dem ganzen Gotha eingeladen worden, Sprößlinge aus den verschiedenen hochadeligen Häusern. Die Hochzeit war etwas unpersönlich, denn es geht bei einer solchen eher um die Generation der Eltern als um die Jungen, die heiraten wollen. Die Eltern lassen sich die Hochzeit einer Tochter einiges kosten. Hochzeiten habe ich gerne, sie sind erfreulich. Eigentlich sind sie aber wegen des alten Rituals traurig, denn es ist noch immer folgendes üblich bei unseren Hochzeiten: wenn die Braut vom Priester gefragt wird, ob sie den Bräutigam zum Mann nehmen will, so blickt sie, bevor sie etwas sagt, zu ihren Eltern. Erst wenn der Vater oder die Mutter ihr zugenickt haben, darf sie 'Ja' sagen.

Nach der Trauung in Göttingen gab es einen großen Empfang und ein riesiges Essen. Bei diesem wurde man 'gesetzt', mit Namensschild und Sitzplan. Es war alles standesgemäß aufgeteilt. Mein Tischherr, der sich um mich hätte kümmern sollen, war sehr standesgemäß, aber der, der mir gegenüber saß, war nicht von einem so hohen Adel, er war aber viel netter, er hat mir mehr zu erzählen gehabt."

Die Prinzessin bedauert offensichtlich die starren Formen der Hochzeit, die sie als vornehmes Individuum zwar beengen, die aber die Familie und deren würdiges Fortbestehen sichern sollen. Mit diesem besonderen Wert, den die Hochzeit für den Aristokraten hat, scheint der Gedanke an eine Scheidung der Ehepartner nicht vereinbar zu sein. Dies meinte mir gegenüber auch eine junge Hocharistokratin: „Ich kann mir nicht vorstellen, daß es für meine Eltern einen Grund gibt auseinanderzugehen. Im Grunde ist so etwas aber kein Vorbild, wenn man nur darum gemeinsam sein Leben miteinander verbringt, weil man

eben verheiratet ist. Irgendwie ist das trostlos. Wohl sieht man heute einen Wandel. Es gibt aber noch immer genügend Mädchen bei uns, die mit 20 oder 22 Jahren einen kennenlernen, sozusagen ihren ersten Freund, und den heiraten sie nach einem halben Jahr." Diese kritische Überlegung zur Wichtigkeit eines festen und dauerhaften Ehebandes im Adel ist untypisch. Eine Scheidung hocharistokratischer Ehen würde Probleme hervorrufen, die Partner und deren Familien verunsichern und überhaupt die hohe Wichtigkeit von Ritualen in Frage stellen. Schließlich wird durch solche Rituale auch bewußt gemacht, daß man von vornehmem Stand ist und daß zum „gewöhnlichen" Menschen eine noble Distanz besteht.
Im Bürgertum finden sich wohl ähnliche Tendenzen, jedoch die Heirat hat nicht immer jenes Gewicht wie im Adel. Eine gewisse Liberalisierung, die auf die Betonung des Individuums Wert legt, erleichtert die Scheidung und nimmt der Ehe die traditionelle Geltung. Jedoch in den Bürgerfamilien, in denen Besitz zusammengehalten werden soll — wie zum Beispiel in den alten Handelshäusern —, wird man ebenso daran interessiert sein, daß die unter seinesgleichen geschlossene Ehe nicht so ohne weiteres aufgelöst wird.

Eine große Ähnlichkeit zur aristokratischen Ehe besteht nicht nur im vornehmen Bürgertum, sondern auch in den alten Bauernfamilien. Diese waren heftig daran interessiert, daß ihre Besitzungen nicht zerfielen und bäuerliche Lebensart tradiert wird. Auf das Prinzip der Ebenbürtigkeit wurde daher sehr genau geachtet. Eine Bauerntochter mußte für gewöhnlich einen Bauernburschen heiraten und einem Bauernburschen blieb nichts anderes übrig, als sich seine künftige Frau auf einem Bauernhofe zu suchen. Verliebte sich eine Bauerntochter in einen Knecht oder einen anderen wenig geachteten Mann, so hatte sie mit größeren Problemen zu rechnen. Und ebenso war es für den Sohn eines reicheren Bauern undenkbar, eine Dienstmagd zu heiraten. Kam es aber dennoch vor, daß ein Bauernbursche eine Magd heiratete, so hieß es in seinem Umfeld: „Der hat eine Bettlerin geheiratet!" Und seine nicht-standesgemäße Frau hatte es im Umgang mit den anderen Bauern nicht leicht. Der alte Bauernstand war also ähnlich dem Adel am Prinzip der Ebenbürtigkeit interessiert. Erst in den fünfziger Jahren dieses Jahrhunderts kommt es mit dem Abgehen von der alten bäuerlichen Wirtschaftsform zu einer Durchlöcherung der bäuerlichen Ebenbürtigkeit. Entsprechend diesem Grundsatz waren die Bauern eines bestimmten Gebietes miteinander verwandt, ähnlich dem Hochadel in Europa.

Inzucht als Ergebnis nobler Heiraten

Es gab also bei den Bauern ähnliche Regeln wie beim Adel und die mitunter enge Verwandtschaft führte gleichermaßen zur Inzucht. Die klassischen „Dorftrottel", die es heute anscheinend nicht mehr gibt, waren ein Produkt der Inzucht einer mächtigen ländlichen Schicht. In derselben Weise wie einige beschränkte Aristokraten und wunderliche Kaiser offensichtlich das Produkt der Inzucht der Hocharistokratie waren.
Ich möchte — um dieses Thema, an welchem oft aus Gründen der Noblesse vorbeigegangen wird, plastisch herauszustreichen — zeigen, welche physischen und psychischen Schwierigkeiten mit dem Prinzip der Ebenbürtigkeit verknüpft waren. Körperliche und geistige Schädigungen als Ergebnis traditioneller aristokratischer Heiratsregeln und Inzucht stehen in grausamem Widerspruch zu der Heiligkeit und der Würde, die der aristokratische Mensch für sich beansprucht. Daher versucht man in hochadeligen Häusern, Personen mit einem derartig offensichtlichen Makel aus dem Blickfeld der Öffentlichkeit, der man den Glauben an die besondere Dignität des Adels nicht nehmen will, zu verbannen. Ist der Makel nur unscheinbar, so gibt es diverse Strategien, dieses Stigma zu verdecken. Bei einem geistig wenig wendigen Kaiser der Habsburger pflegte man diesem ein Kollegium zur Seite zu stellen, welches die

Regierungsgeschäfte erledigte. Er brauchte dann nur Hof halten und repräsentieren.
In der Hocharistokratie hat man traditionell beträchtliche Angst vor den Folgen der Inzucht. So heißt es in einem 1987 erschienenen Aufsatz in der Londoner „Times", der für uns aus mehreren Gründen bemerkenswert ist: „Wahnsinn, uneheliche Geburt und Scheidung sind die drei Gespenster aus der Vergangenheit, die Königshäuser am meisten fürchten. Das Haus von Windsor hat unter Wahnsinnsanfällen weniger gelitten als einige kontinental-europäische Dynastien, allen voran die Häuser Habsburg und Bourbon Parma." Nun jedoch, so schreibt die „Times" weiter, sei bekannt geworden, daß „im verschlossenen Schrank des Hauses Windsor" es auch Personen gebe, die als Produkte der königlichen Inzucht geistig krank wären. Zwei Nichten der jetzigen geliebten Königsmutter seien 46 Jahre lang in einer staatlichen Irrenanstalt untergebracht gewesen. Um die Schande zu verbergen, führte man sie in den Nachschlagewerken des Adels als verstorben, und zwar zu einer Zeit, als sie noch am Leben waren. Mehr als 20 Jahre hätten die hoheitlichen Nichten keine Besuche ihrer Familienangehörigen empfangen. Eine der beiden Schwestern, Katherine Bowes-Lyon, eine direkte Cousine der heutigen Königin, lebt heute noch im „Royal Earlswood Hospital" in der Grafschaft Surrey, wo sie bereits 1941 im Alter von 15 Jahren eingeliefert worden war. Ihre Schwester war 1986 in der gleichen Anstalt mit 67 Jahren gestorben und in einem Armengrab bestattet worden, das lediglich durch ein 10 Zentimeter langes Plastikschildchen mit der Nummer M 11125 und dem Namen Bowes-Lyon gekennzeichnet ist. In der britischen Presse wird das Verbergen der Wahrheit, die jetzt aufkam, mit dem (fragwürdigen) Schutz der königlichen Familie gerechtfertigt (zit. nach: Die Presse, 16. 4. 1987, S.14). Die Nachricht von der Geisteskrankheit dieser Frauen aus königlichem Haus hätte also nicht verbreitet werden sollen, entsprechend dem Wunsch der Königsfamilie. Der Nimbus der Würde des Hauses sollte gewahrt bleiben und die Außerordentlichkeit königlicher Menschen nicht beeinträchtigt werden. Vielleicht ist es dieses Wissen um die Problematik der Inzucht,

das Mitglieder des heutigen englischen Hauses veranlaßt, Personen aus niederen Ständen zu ehelichen. Jedenfalls verweist dieser Zeitungsartikel auch darauf, daß Scheidungen, durch Inzucht bedingte Krankheiten, aber auch uneheliche Geburten für die Existenz hochadeliger Familien, an die Besitz und Macht gebunden sind, gefährlich sein können und auch sind.

Die vornehme Verehelichung bei Sozialdemokraten

Die selben heiratspolitischen Gepflogenheiten sind in der Politik zu beobachten und sogar in der modernen Sozialdemokratie, die allerdings angetreten war, die Macht und die Privilegien der Aristokraten zu beschneiden.
Die Personen, denen diese politische Bewegung zu höchsten Staatsstellen und anderen mächtigen Positionen verholfen hat, denken wohl nicht daran, ihre Macht und ihre Privilegien einzuschränken. Und dies zeigt sich eben auch in einer charakteristischen Heiratspolitik. So heiratete ein österreichischer Spitzenpolitiker die Tochter aus einer bekannten und soliden sozialdemokratischen Familie, aus der auch ein Bundespräsident entsproß. Dadurch eröffneten sich ihm Möglichkeiten, die ihm nicht nur politische, sondern auch einige finanzielle Vorteile brachten. Seine gesellschaftliche und politische Position wurde auf diese Weise — zumindest für einige Zeit — gestärkt. Symbolisch zeigte sich dies darin, daß dieser Mann sich nicht nur gleich anderen vornehmen Menschen mit großen Autos und anderen wichtigen Dingen umgab, sondern sich in seinem Sommerurlaub wie einstens Erzherzog Johann in dessen charakteristischer Tracht dem Publikum präsentierte.
Heiraten dieser Art sind von einigem Reiz, versprechen Zugang zu wichtigen Privilegien und sind Ausweise dafür, daß man aus guter Familie ist. Scheidungen — ebenso wie bei Adeligen und

Bauern — sind auch in dieser Lebenswelt problematisch und man achtet daher offensichtlich sorgsam darauf, daß die Ehen von Bestand sind.
Auch in der Sozialdemokratie gibt es demnach jene verwandtschaftlichen Verfilzungen, die der alten Aristokratie zum Vorwurf gemacht werden. Das Problem der Inzucht dürfte jedoch heute noch bedeutungslos sein, da die sozialdemokratische Kultur relativ jung ist. Die richtigen Partner ermöglichen auch hier eine Weiterführung eines gewissen Stils und die Erhaltung von Machtstrukturen.

Eheähnliche Verbindungen bei tüchtigen Ganoven

Auch der große und der „kleine" Ganove, die aus der alten Kultur des fahrenden Volkes, der Diebe, Betrüger, Falschspieler und der Prostitution kommen, nehmen sich bei der Partnerwahl und der Heirat den mächtigen Aristokraten, den reichen Bauern, den noblen Bürger und den würdigen Sozialdemokraten zum Vorbild. Auch sie sind daran interessiert, Ehefrauen zu finden, die eine einschlägige Tüchtigkeit gezeigt haben.
Im Kapitel über die Kleidung habe ich bereits darauf verwiesen, daß in der Welt der Prostitution die übliche Beziehung zwischen Mann und Frau, nach der die Frau die Würde ihres Herrn und Gebieters demonstrieren soll, sich umgekehrt hat. Dort ist es der Freund der Dirne, der Zuhälter, der durch kostbare Kleidung, Autos und Schmuck die Leistungsfähigkeit der Prostituierten herausstreicht. Die erfahrene Hure ist daher daran interessiert, einen Mann als Zuhälter zu haben, der in der Szene der Dirnen und Zuhälter einen „Namen" hat und nobel in Erscheinung tritt. Es handelt sich dabei um ein eheähnliches Verhältnis, daher ist es hier zu erwähnen, durch welches die Dirne an Ansehen unter ihren Kolleginnen gewinnt und als würdig erscheint. Aber auch der Zuhälter kommt dadurch bisweilen zu

Prestige, wenn eine Dirne von einer besonderen Attraktivität und Cleverness ist. Die eheähnliche Verbindung von Zuhälter und Dirne ist also eine durchaus noble Angelegenheit, die symbolisch vielfältig abgesichert ist. Wie und nach welchen Kriterien früher Ganoven ihre Liebschaften und Ehefrauen suchten, schildert nun das folgende Zitat aus dem Jahre 1793: „Den Gegenstand ihrer Liebe wählen sie sich aus der Mitte ihrer Gesellschaft, zuweilen auch aus den Bettelleuten und Vaganten, höchst selten aus dem Bürgerstand; und sie sehen bei ihrer Wahl gerade auf Eigenschaften, welche Leuten von ihrer Lebensart vorzüglich (!) einleuchten müssen. Eine Dirne, die ihnen gefallen soll, muß eine gute Anlage zur Gaunerei und eine gewisse Fertigkeit darin haben: d.h. sie muß schlau, wachsam, aufgelegt und geschickt zum Stehlen, zum Ausspionieren und zur guten Bedienung des Beyschläfers sein. Und besitzt eine nur diese Eigenschaften, so kann sie sicher sein, daß sie genug Liebhaber finden werde. Auch gegen Schönheit sind sie zwar keineswegs gleichgültig . . . Aber sie sehen über den Mangel dieses Vorzugs weg, wenn sie nur die ersteren (Eigenschaften) bey einer Person antreffen. Gemeine Gauner nehmens wohl hierin nicht immer so genau . . . Aber die Hauptgauner lassen sich selten mit einer ein, die sich nicht durch gaunerische Vorzüge (!) auszeichnet . . .

Die Dirnen ihrer Seits haben bey der Wahl ihrer Männer und Beyschläfer ähnliche Rücksichten. Der Gauner, dem sie ihre Hand geben sollen, darf nicht eben nur wohlgebildet (vom Aussehen) seyn, sondern er muß hauptsächlich Stärke, Mut und Klugheit besitzen. Ein Feiger, Schwächlicher und Einfältiger . . . ist der Verachtung gewiß. Ein Kraftvoller, Beherzter und Verschlagener hingegen darf nie fürchten, daß er wegen einer guten Partie in Verlegenheit kommen werde . . . Und je mehr eine selber gaunerische Vorzüge besitzt, desto mehr sieht sie darauf, einen sehr ähnlichen Mann zu bekommen . . . Auch die Eltern und nächsten Verwandten einer Dirne stellen Männer von den angeführten Eigenschaften nach, und thun alles mögliche, um ihr Mädchen bey ihnen anzubringen." (Schäffer, 1793, S.233ff.)

In dieser klassischen Lebenswelt der Ganoven genießen die Würdigen unter ihnen, die sogenannten „Hauptgauner“, ein hohes Ansehen. Zu diesem Ansehen gehört es auch, daß ein solcher Mann sich eine Frau mit entsprechenden „gaunerischen“ Fertigkeiten zur Ehegefährtin wählt. Es wird also auch in dieser Kultur darauf geachtet — mehr oder weniger streng — daß das Prinzip der Ebenbürtigkeit eingehalten wird. Als ebenbürtig gilt jemand, der in den Künsten der Gaunerei erfahren ist, aber auch zeigt, daß er ein nobler Partner ist, der die Regeln dieser Subkultur beherrscht.

Allerdings sind dic Ehen zwischen diesen Leuten, wie Schäffer schreibt, „fast durchgehend Concubuinate“: „Bey den meisten gilt die beiderseitige Einwilligung für alle Formalitäten und die Heirat wird sofort für geschlossen angenommen.“ Aber auch kirchliche Trauungen kommen vor, jedoch meint Schäffer: „Und selbst auch dann, wann sie sich trauen lassen, bedienen sie sich dazu eines moralisch oder ökonomisch verdorbenen Pfarrers, der sich nicht lange damit abgibt, die Umstände der Verlobten, die sich ihm zur Trauung darstellen, erst näher zu erkundigen, sondern sie ohne weiters kopuliert, wenn sie ihn nur gut bezahlen.“ (Schäffer, 1793, S.237)

Die Hochzeitsfeierlichkeiten der Ganoven unterscheiden sich von anderen lediglich durch das „Ambiente“; mit ihnen wird kundgetan, daß die Hochzeiter Leute von Welt sind und ähnlich wie die hohen Herren zu feiern wissen. Schäffer schreibt dazu: „In dem Fall, daß eine Trauung vorgenommen wird, und das angehende Paar Eltern und nahe Verwandte hat, die mit der Heirat zufrieden sind, werden dann auch, wenn es nicht ganz an Vermögen fehlt, gemeiniglich die im bürgerlichen Leben gewöhnlichen Feierlichkeiten veranstaltet. Das neue Paar verlobt sich öffentlich, man kommt in einer Diebsherberge zusammen, hält da eine Mahlzeit, zu der mehrere Gauner von der Freundschaft geladen werden, und macht sich lustig. Das nemliche geschieht nochmehr am Tage der Trauung selber, und damit die Eheleute recht, wie sichs für Gauner gebührt, in ihren neuen Stand eingeleitet werden; so wird oft in der Nacht vor oder nach der Hochzeit irgendwo eingebrochen, um das zusammen zu bringen, was zur Bestreitung des Hochzeitsmahls und der dabey aufzuwendenden Kosten und zur Einrichtung der neuen kleinen Haushaltung nöthig ist." (Schäffer, 1793, S.237f)

Versatzstücke aus der ehrbaren Welt des Bürgers oder Adeligen haben auch für die Ganoven hohen Symbolwert. Die im Grunde immer gleichen Rituale bekommen nur in der jeweiligen Schicht oder Subkultur ihr spezifisches Gepräge.

Die Erziehung zum feinen Menschen

Eine noble Erziehung ist wesentlich durch die Absicht charakterisiert, den Kindern Kontakte zur vornehmen Welt zu vermitteln und damit ist das Wissen verbunden, in dieser entsprechend bestehen zu können. Man ist daher daran interessiert, dem Kind bereits sehr früh beizubringen, daß eine gewisse Distanz zu den weniger feinen Leuten für das Leben in der noblen Welt wichtig sei.

Diese Erziehung zur Distanz, die für die Hocharistokratie typisch ist, wird unter anderem auch darin deutlich, daß außerhalb der Schulzeiten für den jungen Adeligen kaum oder nur wenig Kontaktmöglichkeiten zu gleichaltrigen Nichtadeligen bestehen. Dazu erzählte mir eine auf einem Schloß in Oberösterreich herangewachsene Prinzessin: „Ich bin in einem Schloß in Oberösterreich aufgewachsen. Unsere Mitschüler konnten mit uns nicht spielen. Wir sechs Kinder waren unter uns. Wir haben daher viel lustiger spielen können. Wir mußten uns nicht lange die Spiele erklären. Weil wir so abseits von unseren Mitschülern wohnten, erlaubten deren Eltern auch nicht, daß sie uns mit dem Radl besuchen. Deswegen waren wir meist unter uns. Meine Eltern sind ähnlich aufgewachsen. Meine Mutter war auf einem großen Schloß und hat auch keinen Kontakt zur Dorfjugend gehabt."

Die Abkapselung der aristokratischen Familie, die Distanz zu Nichtadeligen kam in meinen Interviews immer wieder zur Sprache; man bleibt unter sich, pflegt die „eigene" Kultur. Bereits im Kindesalter wird eine unsichtbare Barriere aufgebaut: „Wir sind sieben Geschwister gewesen. Wir haben auf einem Gutshof außerhalb eines Dorfes gelebt. Wir brauchten kaum Freunde und Freundinnen, wir hatten ja uns. Zu Festen und ähnlichem haben wir uns mit Nachbarskindern getroffen. Von Anfang an war man an einen solchen Kreis gewöhnt. Dieser Kreis wird größer, wenn man älter wird. Mit unseren Schulfreunden haben wir nicht gespielt. Unsere Erzieherin und unsere Mutter haben uns aus Büchern vorgelesen, weil wir bis in

die letzte Zeit keinen Fernseher hatten. Nach diesen Büchern haben wir gespielt, zum Beispiel nach dem Buch Kon Tiki. Dazu haben wir uns an einem Tümpel ein Floß gebaut, aus alten Ölkanistern, auf die wir Bretter genagelt haben. So haben wir Kon Tiki gespielt. Unsere Schulkameraden hätten da ja gar nicht mitspielen können, weil sie hätten nicht gewußt, um was es da geht." Innerhalb einer noblen Gemeinschaft bilden sich die jungen Hochadeligen heran. Die Kontakte zu gleichaltrigen Nichtadeligen sind zu sehr eingeengt, als daß so etwas wie eine gemeinsame Kultur entstehen könnte.
In sehr jungen Jahren erleben Hocharistokraten bereits eine Welt, die in ihrer Vornehmheit deutlich distanziert ist von der der „gewöhnlichen Leute". Diese Separierung wird erst spät unterbrochen, oft erst an der Universität, wenn Kontakte zu Kollegen aufgenommen werden. Die Erziehung adeliger Kinder wird für gewöhnlich auch heute noch nicht durch die Eltern selbst, sondern durch Kindermädchen besorgt. Die Eltern sind somit für die Kinder nicht unbedingt die primären Bezugspersonen. Sie sind jedoch wichtige Vorbilder, die etwas im Hintergrund stehen und daher als würdig erscheinen. Wohl deutet sich ein Wandel an, jedoch strukturell hat sich nur wenig geändert. Dies geht auch aus einem Interview hervor, welches ich mit einer Prinzessin, die 1964 geboren wurde, führte: „Wir haben immer Kindermädchen gehabt. Als Kleinkinder waren wir im Zimmer stets nur mit den Geschwistern beisammen. Wir waren zu sechst. Erst mit neun habe ich mein eigenes Zimmer bekommen. Wie lange wir bei der Mutter nach der Geburt waren, darüber redet man bei uns nicht, das ist tabu. Als ich klein war, habe ich meine Eltern kaum gesehen. Sie waren wohl zu Hause, im Palais, aber . . . Für mich war meine Mutter eine Zeit lang eine Art Traumfigur. Ich habe sie nur gesehen, wenn wir zum Beispiel in die Stadt gegangen sind, oder zum Friseur oder zum Einkaufen. Es waren immer erfreuliche Ereignisse, wenn mir etwas gekauft wurde. Und geschimpft wurde ich, wenn ich etwas angestellt habe, nur vom Kindermädchen. Als plötzlich kein Kindermädchen mehr da war, weil wir alt genug waren, kam es zur Desillusionierung, weil ich meine Mutter nun anders

erlebte als früher. So kannte ich meine Mutter nicht. Vorher war sie für mich geradezu heilig. Mein Vater ebenso. Außer mir und meiner Schwester waren meine Geschwister alle in einem Internat in der Schweiz oder in Deutschland. Eine Schwester war in Wien bei den Dominikanerinnen. Zu Hause war sie nur während der Wochenenden und in den Ferien. Wenn man die Kinder nur zu solchen Zeiten sieht, ist man viel freundlicher zu ihnen, als wenn man sie jeden Tag hat. Meine Mutter hat ihre Mutterrolle eigentlich nie wirklich gespielt, höchstens bei uns Jüngsten, die anderen waren ja im Internat und die Jüngeren haben das Kindermädchen gehabt. Als wir ab meinem 10. Lebensjahr kein Kindermädchen mehr hatten, kam es mit meiner Mutter häufig zu einem Krach. Dazu gab es viele Anlässe. Meine Eltern standen auf dem Standpunkt, bis zur Matura (Abitur) haben sie die Verantwortung. Bis dahin wurde ich streng erzogen, wir durften kaum am Abend weggehen, außer hie und da am Samstag und am Sonntag. Wir mußten auch Rechenschaft darüber ablegen, wohin wir gegangen sind und mit welchen Leuten wir weg waren. Nach der Matura begann dann die totale Freiheit. Seitdem bekomme ich regelmäßig ein Taschengeld. Von diesem zahle ich sogar meine Kleidung. Ich habe genug Taschengeld, wahrscheinlich mehr als doppelt soviel wie andere Studentinnen. Das Wohnrecht habe ich weiter zu Hause und essen kann ich auch dort, wann immer ich will."

In der ersten Erziehungsphase besteht also eine echte noble Distanz zu den Eltern, wodurch diese verklärt werden, was durchaus in ihrem Sinne ist. Als unvornehm würde es in der feinen Gesellschaft gelten, die mühsame Aufgabe der Erziehung selbst zu übernehmen. Dafür wird ein Kindermädchen eingestellt, das die Eltern von den Kindern abschirmt und dadurch die Eltern zu sakralen Personen macht, denen man in Ehrfurcht begegnet. Die Internatserziehung hat eine ähnliche Wirkung, auch hier wird die Erziehung den Eltern gegen Entgelt abgenommen und damit die Noblesse der Eltern unterstrichen. Zu Problemen kann es jedoch kommen, wenn die Kinder schließlich in eine direkte Beziehung zu den Eltern treten.

Ich möchte hier noch eine Passage eines mit einer jungen Hocharistokratin geführten Gespräches einfließen lassen, aus der hervorgeht, wie Kindern gezeigt wird, daß die Zugehörigkeit zur feinen Gesellschaft ein „gutes" Benehmen verlangt: „Bis zum Schulalter mußten wir im Kinderzimmer essen. Dann jedoch aßen wir mit den Eltern. Dabei mußten wir uns ordentlich benehmen. Führten wir uns aber bei Tisch schlecht auf, so wurden wir ins Kinderzimmer abgeschoben. Das war die Strafe." Hier wird dem Kind sehr früh demonstriert, eine vollwertige Mitgliedschaft bei den noblen Leuten ist erst dann möglich, wenn das Kind auch das entsprechende Benehmen beherrscht. Zeigt es, daß es dieses noch nicht verstanden hat, so muß es damit rechnen, symbolisch wieder in den Bereich des Kindes verbannt zu werden.

Diese Strategien der Erziehung in den alten Adelshäusern waren und sind auch für den aufstrebenden, gebildeten und kapitalkräftigen Bürger interessant. Irgendwie orientiert er sich gerade darin stets an der Aristokratie. Auch das Bürgertum versuchte, den charismatischen Zug der alten Aristokraten mit der speziellen Verehrung der Eltern als den aufrechten Bewahrern nobler Lebensform zu übernehmen — allerdings gelang es ihm offensichtlich nicht immer. Daran erinnert die bis in dieses Jahrhundert hineinreichende Regel, daß die Kinder ihre Eltern und andere erwachsene Verwandte mit dem unpersönlichen „Sie" ansprechen mußten.

Für den wackeren Bürger und aufgestiegenen Arbeiter ist es aber ebenso wichtig wie für den Aristokraten, eine Distanz nach unten zu schaffen. Grundsätzlich wird auch hier in der Erziehung danach getrachtet, dem Kind klarzumachen, daß es etwas „Besseres" sei als der Prolet, der Gastarbeiter oder sonst jemand, der sich „nicht benehmen kann". Und ähnlich bringt der Prolet oder der Gastarbeiter seinem Kind bei, daß es qualitativ höher stehe als andere Proleten oder Gastarbeiter usw. Überall wird als ein Erziehungsziel die Distanz zu den weniger feinen Menschen hervorgekehrt und zelebriert. Die Bezugsgruppe sind die feineren Leute.

In den alten Benimmbüchern des vorigen Jahrhunderts, welche gerade dem Bürger Regeln zur Hand gaben, um als vornehm und welterfahren zu gelten, wird diese Ausrichtung am aristokratischen Lebensstil deutlich. Das Ziel ist, der „feinen Welt“ anzugehören.
So heißt es in einem um 1900 unter dem Titel „Der gute Ton“ herausgegebenen Buch: „Da indes das natürliche Streben jedes Menschen dem Höheren, Besseren zugewendet ist und wir solches Streben auch in Bezug auf den guten Ton bei unseren Lesern voraussetzen müssen, ist vorwiegend das als Norm genommen worden, was in der *gebildeten, feinen Welt als guter* Ton gilt.“ (Eberhardt, 1900)
Dem „guten“ Bürger ist es auch heute noch, in der Tradition der alten „Benimmbücher“, wichtig, seine Kinder in einer Weise zu erziehen, daß sie sich dereinst als noble und gebildete Leute in den verschiedenen bürgerlichen Lebenswelten, zu denen die Bildung, das Wirtschaftsleben u. ä. gehören, bewähren und Prestige erlangen können.
Genau in diesem Sinn war und ist auch die sozial aufsteigende Arbeiterschaft sehr darauf bedacht, über den Weg einer guten Bildung ihren Nachkommen wichtige Zugänge zu verschaffen, die früher nur dem feinen Mann offen standen. Vor diesem Hintergrund ist es auch zu verstehen, wenn Kinder aus dem sozial aufwärts strebenden Arbeitermilieu schließlich Minister, Universitätsprofessoren und Wirtschaftsmanager werden. Auf diese Weise bietet sich ihnen die Chance, jenes noble Leben zu führen, welches ihren Eltern noch nicht möglich, aber von vorbildhafter Bedeutung war. Das Prestige der Eltern erfährt dadurch sehr wohl auch eine merkliche Steigerung. Das Kind — dies scheint ein Erziehungsideal des aufsteigenden Bürgers und Arbeiters zu sein — soll also jenen Status übersteigen, den die Eltern einnahmen. Ausdrücke, wie: „Mein Kind soll es einmal besser haben“, deuten in diese Richtung.

Das hochadelige Kind, also das Kind aus einer Familie mit Besitzungen und stolzer Geschichte, wird schon sehr früh auf die Symbole dieser Familie aufmerksam gemacht. Zu solchen Symbolen gehören das Schloß, alte Bilder, das Wappen, teures Porzellan, antike Möbel und auch allerhand Geschichten über Vorfahren.

Man ist in dieser noblen Lebenswelt also daran interessiert, daß das adelige Kind mit all diesen Dingen umzugehen lernt und daß es diese Dinge als selbstverständlich für sein Leben, welches eben ein vom „gewöhnlichen Menschen" distanziertes ist und sein soll, sieht. In diese Richtung interpretiere ich auch folgende Erzählung einer jungen Hocharistokratin: „Bei der Hochzeit meiner Cousine hat man den Unterschied (zu Neureichen, Emporkömmlingen, R. G.) deutlich gemerkt. Einige reiche Industrielle sind in einem wunderschönen Zimmer, in dem viel altes schönes Porzellan war, gesessen. Sie haben zwei Stunden nur über den Wert dieser Dinge geredet. So etwas ist mir widerlich. Ich habe keine Lust, mit solchen Leuten über all dies zu sprechen. Das ist mir in tiefster Seele zuwider. Wenn ich in ein altes Haus gehe und dort alte Möbel sehe, dann stelle ich vielleicht fest, daß sie mir gefallen. Aber ich denke nicht über ihren Wert nach. Alte Möbel bin ich gewohnt, man wohnt bei uns zwischen solchen Möbeln, man ist daran gewöhnt." Gediegenes altes Mobiliar und ähnliches wird als selbstverständlich hingenommen. Der finanzielle Wert hat dabei nicht zu interessieren, denn er ist nur für den wichtig, der sich in diese noble Lebenswelt einkaufen will. Es entspricht danach auch nicht dem vornehmen Lebensstil, über den Wert von Dingen zu sprechen, mit denen man zu leben gewohnt ist. Das adelige Kind bekommt also eine vornehme Welt mit althergebrachten, glanzvollen Dingen vorgesetzt. Es lernt — darin liegt ja die Vornehmheit — dies alles als zu seiner Kultur gehörig zu begreifen. Und für diese Kultur, wie ich in einem Eingangskapitel ausgeführt habe, ist eben eine lange Familientradition als Ausweis nobler Leute wichtig. Symbolisiert wird sie durch die erwähnten alten und wertvollen Gegenstände.

Als traditionelles, altes aristokratisches Symbol ist das Reiten für die Erziehung in noblen Familien von einiger Bedeutung, so scheint es zumindest. Der Umgang mit Pferden soll früh erlernt werden. Damit kann gezeigt werden, daß man einer Betätigung nachgeht, die nichts mit dem Leben des „kleinen Mannes" zu tun hat. Der kapitalkräftige Bürger orientiert sich übrigens auch hierin am Aristokraten, wenn er seine Kinder in Reitschulen schickt oder selbst ein Pferd für seine Kinder erwirbt. Vor allem für die Leute aus der Hocharistokratie, die über Grundbesitz und Gutshöfe mit Stallungen verfügen, ist das Pferd von nobler Wichtigkeit. Bei adeligen Abkömmlingen in den Städten mag das Interesse daran vielleicht weniger ausgeprägt sein. In einem Interview mit einem jungen adeligen Herrn, der in ländlicher Umgebung auf einem Schloß aufgewachsen ist, wird jedenfalls deutlich auf das Reiten und seinen hohen Stellenwert für die aristokratische Erziehung hingewiesen: „Einmal ist unsere Mutter zum Gestütmeister gegangen, weil sie festgestellt hat, daß wir in einem bestimmten Alter Angst vor Pferden hatten. Sie war darüber entsetzt, weil wir ja immer mit Pferden gelebt haben. Unsere Pferde waren gutmütige Tiere, sie sind nie mißhandelt worden. Pferde gehören eben dazu, daher braucht man keine Angst vor ihnen zu haben. Mein Onkel ist Sechserzug gefahren. Die Pferde gehörten also zu unserer Familie. Meine Mutter ist also mit uns zum Gestütmeister, er war ein alter Ungar, gegangen und hat ihn gefragt, was man wegen unserer Angst vor den Pferden machen solle. Der hat gemeint, darüber solle man sich nicht aufregen. Wenn Kinder Angst haben, so ist es ein Zeichen für Phantasie. Die Angst würden wir mit der Zeit schon verlieren. Meine Mutter hat dies respektiert. Unsere Angst ist im Laufe der Zeit tatsächlich verschwunden."

Noch etwas schien mir in meinen Gesprächen mit adeligen jüngeren Damen und Herren von einiger Bedeutung für die Erziehung zu sein: nämlich eine besondere Distanz zur Sexualität. In bürgerlichen liberalen Kreisen zeigt sich hierin schon ein Wandel, nicht jedoch in der Hocharistokratie. Eine Prinzessin meinte dazu: „Über Sexualität wurde bei uns nie gesprochen. Um Gottes willen. Das steckt auch in mir. Gewisse Dinge würde ich nie fragen, obwohl es interessant wäre, die Reaktion zu testen." Andererseits ist die Erziehung, wie mir scheint, ähnlich wie im klassischen Bürgertum auf eine gewisse Weltoffenheit hin ausgerichtet. Gerade bei Nachkommen der Hocharistokratie fiel mir auf, daß sie angehalten waren, Weltsprachen zu erlernen und im Ausland noblen Tätigkeiten nachzugehen. Dies hängt wohl auch mit der oben bereits diskutierten Internationalität des Adels zusammen, die zumindest in den europäischen Staaten dazu führt, daß die adelige und noble Verwandtschaft stets hilfreich zur Stelle ist.

Das Studium

Da in hochadeligen Kreisen ein großer Besitz zu verwalten ist, ist man für gewöhnlich wohl auch daran interessiert, daß einige der Jungaristokraten ein Studium absolvieren, welches von einiger Nützlichkeit für die eigene wirtschaftliche Existenz ist. Dazu gehört auch die Verwaltung der Bankgeschäfte. Ein beliebtes Studium für die Söhne ist wohl die Forstwirtschaft, aber auch die Handelswissenschaft und die Jurisprudenz. Töchtern wird es zugestanden, irgendwelchen schöngeistigen Studien, wie der Kunstgeschichte, der Germanistik oder dem Dolmetschstudium nachzugehen. Allerdings zeigt sich hier ein grundsätzlicher Wandel, denn heute finden sich immer häufiger aristokratische Mädchen, die ein Studium wählen, welches nicht bloß der „Heiratsvorbereitung" dient. Dazu erzählte mir eine hochadelige Studentin, die selbst nun Betriebswirtschaft studiert, daß diese Tendenz neu sei, früher wäre der Druck auf den jungen adeligen Menschen viel größer gewesen. „Man hat sich gegen die Eltern nicht aufzulehnen getraut, man hat sie damals ja noch mit 'Sie' angesprochen und ihnen die Hände geküßt. Auch bei meinem Vater war es noch so. Er wollte als Zwanzigjähriger Medizin studieren, aber er durfte es nicht. Er ist Forstwirt geworden und hat im Holzhandel, den meine Familie betreibt, bis zu seiner Pension gearbeitet. Nun, in der Pension, studiert er auf seine alten Tage Medizin mit viel Freude. Heute noch gibt es diesen Druck durch die Familien auf die Kinder, die beginnen jedoch schon langsam sich dagegen aufzulehnen, wie ich sehe. Aber viele lassen sich von ihren Eltern noch immer einschüchtern und tun, was die Eltern von ihnen erwarten."

Die Erziehung bei klassischen Ganoven

Auf gute und in gewissem Sinn noble Erziehung legte auch der klassische Ganove, dem sämtliche Möglichkeiten des sozialen Aufstiegs so gut wie verschlossen waren, Wert. Ihm kam es darauf an, Kinder heranzuziehen, die ihm auf elegante Weise zu einem angenehmen Leben verhalfen.
Die Kinder der Gauner bedürfen, ebenso wie die der Aristokraten und die der Bürger, einer umfassenden Bildung, um in der spezifischen Kultur der Gauner akzeptiert zu werden und überleben zu können. Anders als in der aristokratischen und großbürgerlichen Erziehung besteht bei den Ganoven zwischen den Kindern und Eltern nicht jene oben beschriebene Distanz. Im Gegenteil, die Mütter haben eine sehr enge Bindung zu ihren Kindern. So heißt es in dem bereits zitierten Buch über das Gaunerleben im 18. Jahrhundert: „Die Weiber lieben ihre Kleinen meistens außerordentlich, warten ihnen, besonders wenn sie noch unmündig sind, mit mütterlicher Zärtlichkeit, verwahren sie bei rauher Witterung, pflegen ihrer, wenn sie krank sind, mit möglichster Sorgfalt, und unterziehen sich eher den größten Beschwerlichkeiten und Gefahren, als daß sie solche vernachläßigten." In dieser Kultur der Ganoven wächst das Kind zumindest die erste Zeit mit großer Liebe auf, wie es scheint. Aber es lernt schließlich auch, wie man in dieser Kultur einigermaßen entsprechend wirksam handeln kann. Darüber ist freilich der Chronist entsetzt: „So weit geht alles gut. Aber desto schlimmer steht es, wenn von Erziehung und moralischer Bildung die

Rede ist. Nicht genug, daß sie (die Ganoven) bei ihren Kindern alles versäumen, was im Stande wäre, gute Gesinnungen bei ihnen anzufachen und zu unterhalten: sie arbeiten auch aller Entwicklung guter Triebe entgegen, und machen sichs zum Geschäfte, die zarten Gemüter zu verderben, mit dem Gift sie anzustecken, wovon sie selbst angesteckt sind. An Unterricht im Lesen und Schreiben und in der Religion ist bei ihnen nicht zu denken. Das sind Dinge, davon sie meistens selber gar nichts verstehen ..."

Für diese Kultur der Ganoven sind ein typisches Wissen und typische Fähigkeiten notwendig, die in krassem Gegensatz zu den Vorstellungen von einem „anständigen" Leben stehen. Die Beschreibung dieser Gegenkultur zeigt reizvoll, daß bestimmte Formen der Kriminalität (bzw. abweichendes Verhalten) nicht anlagebedingt sind, sondern in einem charakteristischen sozialen Umfeld erlernt werden (vgl. Becker, 1981, S.133ff). So ist in diesem Buch weiter zu lesen: „Sie (die Kinder) sind bestimmt, einmal zu werden, was ihre Väter und Mütter sind. Auf diesen Zweck wird bei ihnen alles losgearbeitet. Ihre Erziehung ist Anleitung zur Gaunerei. Frühzeitig, so wie sich ihr Verstand und ihre Kräfte entwickeln, werden sie nach Verhältnis ihrer Fähigkeit in allem unterrichtet, was zur Gaunerei gehört.

Man lehrt sie die Gaunersprache, man zeigt ihnen die Handgriffe des Stehlens, man bringt ihnen die Kunst und die Fertigkeit bei, sich zu verstellen, zu schweigen, zu lügen, wo — zur Sicherheit — Verstellung, Verschwiegenheit und Lügen nötig sind. Man nimmt sie zu kleineren Diebstählen mit, läßt sie Zeugen davon sein, läßt sie, wenn sie den mündlichen und praktischen Unterricht hinlänglich begriffen zu haben scheinen, selbst Proben mit kleinen und minder gefährlichen Diebstählen besonders auf Märkten machen, muntert sie dazu auf, erteilt ihnen Lob, wenn sie einen schlau und glücklich vollbracht haben, schimpft sie, wann sie zu träg zum Stehlen sind, und zwingt sie auch wohl dazu. Das schlimme Beispiel der übrigen gottlosen Aufführung und Lebensart der Eltern vollendet ihre klägliche Erziehung. Alles, was sie an ihren Eltern sehen und von ihnen hören, hilft dazu, sie zu verschlimmern. Die unzüchtigsten und ruchlosesten Gespräche werden vor ihnen geführt, ähnliche Handlungen vor ihren Augen begangen, Händel und Schlägereien in ihrer Gegenwart angefangen, und nichts von der Vorsicht gebraucht, die lasterhafte Leute im bürgerlichen Leben noch gebrauchen, um ihre Schandtaten vor ihren Kindern zu verbergen. Unter solcher Aufführung wachsen sie heran, und die Früchte zeigen sich sehr frühzeitig. Kinder von 6 bis 7 Jahren sind oft recht treffliche Diebe, und tun es im Fluchen, Schwören, in Schimpfreden und rohen Scherzen manchem Alten zuvor, bei dem geringsten Anlaß schlagen sie sich mit ihresgleichen, und kein Mutwille ist, den sie nicht verüben. Selbst die unzüchtigen Handlungen, die sie bei den Erwachsenen sehen, machen sie nach, und man hat schon 14jährige Knaben mit noch jüngeren Mädchen in einem Bette angetroffen. Die Eltern sehen und hören dies alles, ohne Mißbilligung und Bestrafung, oft noch mit Wohlgefallen und lautem Gelächter . . . Die Knaben treten (im Alter von 14 Jahren) sofort in die Gesellschaft der Männer ein, von der sie als Kinder ausgeschlossen waren, werden mit zu ihren Saufgelagen und Beratschlagungen, und dann auch zu ihren Einbrüchen und Diebsunternehmungen gezogen und bekommen dabei ihre Rollen. Die Mädchen begeben sich von dieser Zeit an auch mit ihresgleichen auf den Strich, fangen ihre Liebschaften an . . ." (Schäffer, 1793, S.245ff).

Um ein „guter" und angesehener Ganove zu werden, bedarf es demnach eines weiten Wissens, das hart erlernt werden muß. Ist der so erzogene Sproß aus altem Ganovengeschlecht zum Manne gereift, so ist er — ähnlich wie andere feine Leute — einigermaßen stolz auf seinen Stand, dem voll anzugehören er seiner sorgfältigen Erziehung verdankt. Diese Kultur der Kriminalität gibt es allerdings heute nur mehr in Relikten, jedoch eine Erziehung zu bestimmten Formen abweichenden Verhaltens und das Erlernen diverser Strategien, um dieses durchzuführen, ist auch heute feststellbar (vgl. dazu mein Buch: Der Adler und die drei Punkte, Wien 1985); nicht bloß in der „Unterwelt", sondern ebenso in der Geschäftswelt und in den Szenen, in denen Korruption traditionell gepflegt wird.

Der noble Sport

Der amerikanische Kulturwissenschaftler und Soziologe Thorstein Veblen schreibt in seinem 1899 erschienenen Werk „Theorie der feinen Leute", daß der Sport ein Überrest der Tapferkeit alter barbarischer Lebensweise im modernen Leben sei. Er hat da nicht unrecht. Seine wesentliche Überlegung ist, daß der Sport eine Ausdrucksform räuberischer Vorliebe für den Wettbewerb ist. Der Sport, der in der „räuberischen" Kultur als eine ehrenvolle Beschäftigung gilt, ist wesentlich auch ein Zeichen dafür, daß man Muße, Zeit und ebenso Geld hat, einer Tätigkeit nachzugehen, die als solche nicht besonders sinnvoll erscheint. Sportlicher Wettbewerb war somit eine Sache des vornehmen „Barbaren". Für den feinen Menschen bietet der Sport auch heute eine wichtige Möglichkeit, sich als jemand darzustellen, der es sich leisten kann, unnützen Beschäftigungen nachzugehen.

Seine Wurzeln hat der Sport also, wie Veblen andeutet, in einer kriegerischen bzw. „barbarischen" Kultur. Historisch läßt sich im Sinne Veblens belegen, daß vor allem im Griechenland der Antike der Sport zunächst eine Sache des Adels war. Dies zeigt sich bei Homer, aber auch bei späteren griechischen Dichtern, wie bei Pindar. Die von Pindar besungenen sportlichen Sieger waren durchwegs vornehme Herren. Und es waren Edelleute, die im Athen des 6. Jahrhunderts v. Chr. Hockey spielten. Dies schließt man aus dem im Grab eines vornehmen Atheners entdeckten Fresko, welches Hockeyspieler zeigt.

Sport konnte im alten Athen nur der begüterte vornehme Mann betreiben. Er hatte Zeit für das Training und das nötige Geld für den Pferderennsport und die Reise nach Olympia. Erst später kommt es zu einer allgemeinen Sportbegeisterung und einer Vergötterung von Sportgrößen, über die sich übrigens bereits Xenophon beklagte (vgl. Schröder, 1927).

Eine wichtige Quelle für die These, daß Sport zunächst eine Angelegenheit des vornehmen Mannes als Krieger (ist identisch mit Veblens Terminus „Barbar") gewesen ist, ist der 23. Gesang

von Homers Ilias. Homer schildert in der Ilias den Kampf zwischen Griechen und Trojanern in Kleinasien. Den Griechen gelang es, Troja durch die List mit dem trojanischen Pferd einzunehmen. Der Trojaner Hektor hatte im Kampf den griechischen Helden Patroklos getötet. Diesen rächte sein Freund Achill, indem er Hektor um die Mauern Trojas jagte und ihn schließlich erstach. Bei den Trauerfeierlichkeiten für Patroklos wurden zu dessen Ehren sportliche Wettkämpfe durchgeführt.
Die Wettkämpfe beschreibt Homer spannend. Zuerst kommt es zum Wagenrennen. Dann folgen der Faustkampf, das Ringen, das Laufen, der Waffenkampf, der Kugelwurf, der Bogenschuß und der Speerwurf. Der vornehmste Wettkampf war wohl das Wagenrennen, für dessen Sieger eine schöne Frau und ein gehenkelter Kessel ausgesetzt waren. Grundsätzlich jedoch stehen sich die von Homer angeführten Sportarten von ihrem Ansehen her bei den griechischen Helden als gleichrangig gegenüber. Bei den Wettkämpfen beteiligen sich, wie Homer schreibt, Könige und ruhmreiche Helden. So tritt zum Ringkampf, der heute kaum als Sport feiner Leute gilt, der König von Ithaka, der listenreiche Odysseus, an. Und auch als Wettläufer ist Odysseus zu sehen. Reizvoll ist Homers aufregende Beschreibung des Faustkampfes, welcher sich kaum vom heutigen Boxen unterschieden haben dürfte. Ich will hier diese Erzählung Homers einfügen, denn sie veranschaulicht, welch gewalttätigen Sport der damalige feine Herr und vornehme Krieger auszuüben geneigt war. Homer schildert diesen Kampf in Hexametern (hier in der klassischen Übersetzung von J. H. Voß) so:

„Jetzt der schrecklichen Wette des Faustkampfes setzt er (Achill) die Preise ...
Jener sprach's; da erhob sich ein Mann machtvoll und gewaltig,
Panopeus Sohn Epeios, geübt in der Kunde des Faustkampfs ...
Nur der göttliche Mann Euryalos trat ihm entgegen, ...
Als sich beide gegürtet, da traten sie vor in den Kampfkreis.
Gegeneinander zugleich, mit gewaltigen Armen sich hebend,

stürmten sie an, und es mischten die lastenden Arme sich ringsum;
schrecklich erscholl um die Kiefer der Fäuste Geklatsch, und der Angstschweiß
floß von den Gliedern herab. Nun erhob sich der edle Epeios
hoch und schlug auf den Backen des Schauenden, daß er nicht länger
stehen konnt', und zur Erde die blühenden Glieder ihm sanken.
. . . und traute Freunde, ihn umeilend,
führten ihn weg durch den Kreis mit schwer nachschleppenden Füßen,
dickes Blut ausspeiend, das Haupt gehängt auf der Schulter . . .".

Homer zeichnet hier ein klassisches K.O. nach, bei dem der zu Boden Geschlagene Blut spuckt und weggetragen wird. Zur Frage der Vornehmheit des Sports ist bemerkenswert, daß einer der Boxer, Euryalos, der Sohn des Königs Mekisteus ist. Interessant ist auch, daß Homer den Faustkampf „schrecklich" nennt, er ihn jedoch gleichrangig neben Wagenlenken, Bogenschießen und andere Sportarten stellt. Der moderne europäische Wettsport hat also eine lange Tradition und war im alten Griechenland eine Sache des vornehmen Helden und edlen Kriegers.
Diese Tradition wird später vor allem im Mittelalter fortgesetzt, als es vornehme Pflicht der Ritter war, sich in Turnieren zu messen. Charakteristisch für die „barbarische" Lebenswelt ist es, sich im sportlichen Wettkampf mit allerlei Listen hervorzutun. Die List wird dabei als achtenswert gesehen. In diesem Sinn spricht Homer auch vom listenreichen Odysseus, der mit diversen Tricks versucht hat, den Gegner hinters Licht zu führen. Sport und ein gewisses Maß an Verschlagenheit entsprechen also durchaus alter „barbarischer" Auffassung.
Grundsätzlich ermöglichen es alle Sportarten wie Jagen, Fußball, Boxen, Tennis usw., sich nicht nur in der Geschicklichkeit zu üben, sondern auch in Grausamkeit und Verschlagenheit — den Merkmalen des „räuberischen" Lebens (so Veblen) — mit

anderen zu wetteifern. Der edle Mensch rechtfertigt jedoch den Sport mit dem Hinweis, Sport wäre ein wichtiges Erziehungsmittel, nicht nur für den Ausübenden, sondern auch für den Zuschauer. Es soll nicht nur der Körper gestählt werden, sondern angeblich auch ein männlicher, kameradschaftlicher Geist hervorgebracht werden.
Exotische Grausamkeit und Verschlagenheit zeigen sich übrigens auch in der vom Fußball hervorgebrachten Kultur. Der Fußballer (oder ein anderer Kampfsportler) gilt auf der einen Seite als „guter Kamerad" und auf der anderen kann man ihn während seiner sportlichen Tätigkeit die schönen Eigenschaften der Schläue, bisweilen der Rohheit und auch der Hinterlist anwenden sehen. Der moderne Sport führt die barbarischen Heldentaten weiter.

Der Sport der feinen Leute: Tennis und Golf

In der Folge und schlußendlich seit dem vorigen Jahrhundert (siehe die Turnbewegung, dann den Arbeitersport, das Aufkommen des Fußballspiels usw.) wird der Zugang zum Sport auch für Angehörige unterer sozialer Schichten interessant und möglich. Damit beginnt das Problem der feinen Leute, sich bei der sportlichen Betätigung vom „gewöhnlichen Volk" zu unterscheiden.
Auch der moderne, vornehme Sportsmann ist auf Exklusivität bedacht. Spezifische Rituale und Barrieren ermöglichen den Zugang zur noblen Sportart nur einer auserwählten und erlauchten Schar. Zu solchen Erschwernissen, einen feinen Sport auszuüben, zählen eine teure Ausrüstung, wie beim Fechten, oder hohe Gebühren, die gezahlt werden müssen, um z. B. in einen Tennisclub oder einen Golfclub aufgenommen zu werden. Oder eben auch die adelige Abstammung: Es gibt Jagd- und Golfclubs, die ihre hohe Wertigkeit dadurch herausstrei-

chen, daß sie vornehmlich Aristokraten aufnehmen. Oder sie achten zumindest darauf, daß durch ein paar adelige Mitglieder die heilige Einmaligkeit des Clubs betont wird. Der Bürger, der sich durch die Mitgliedschaft in einem solchen Club Nobilität verspricht, ist geneigt, dafür auch entsprechend zu zahlen. Auf diese Weise soll der „kleine“ Mann, die „Masse“, ferngehalten werden. Die Barrieren werden jedoch immer komplizierter, denn auch der „kleine“ Mann sucht die Vornehmheit, den Zugang zum Tennis und anderen noblen Sportarten.
Der Tennissport war noch in diesem Jahrhundert lange Zeit eine Sache vornehmlich adeliger Leute. Darauf wird auch in dem Buch über die Enkelin von Kaiser Franz Joseph, Elisabeth Maria hingewiesen. Da heißt es: „Am 9. September 1900 begab sie sich zum Herbstaufenthalt nach Laxenburg. Sie spielte Tennis, widmete sich dem Reitsport, veranstaltete Gartenparties und umgab sich mit einem Kreis junger Aristokraten . . .“ (Weissensteiner, 1987, S.75).
Heute hat Tennis seinen aristokratischen Charakter weitgehend eingebüßt. Allerdings hat es gerade für Leute aus dem aufgestiegenen Bürgertum noch immer den Reiz des Vornehmen und Exklusiven. Um dem Tennissport weiter den Anschein feiner Lebensart und nobler Distanz zu geben, verlangen daher alte und feine Tennisclubs hohe Aufnahmegebühren und vornehme Referenzen. Die traditionell hohe Wertschätzung des Tennissports und seine Verknüpfung mit der noblen Klasse zeigt sich heute noch dramatisch beim klassischen alljährlichen Tennisturnier in Wimbledon. Die besondere Noblesse dieser Tennisveranstaltung wird durch die regelmäßige Anwesenheit von Mitgliedern des englischen Königshauses geheiligt.
Das Tennisturnier in Wimbledon — genauso wie bestimmte Pferderennen — ist ein wichtiges gesellschaftliches Ereignis für feine Leute. Bedeutende britische Firmen laden daher besonders geschätzte Mitarbeiter und Kunden zu dieser repräsentativen Veranstaltung ein, die somit zu einem idealen Instrument der Kundenpflege und Mitarbeiterhonorierung wird. Für umgerechnet 90.000 Schilling (ca. 12.000 DM) bieten die Firmen prestigebewußten Kundengruppen eine „Teilnahme“ an.

Dieser Preis, der sich nur auf einen Tag bezieht, gilt für eine Gruppe von 25 Personen, einschließlich Trinken und Essen unter einem buntgestreiften Zelt in unmittelbarer Nähe der Tennisplätze. Der so geehrte Kunde hat damit nicht nur die Möglichkeit, auf erlauchter Stätte zu schlemmen, sondern er erhält auch eine, für gewöhnliche Sterbliche beinahe unerreichbare, privilegierte Karte, um zum Beispiel dem Männerfinale beiwohnen zu können. Firmen lassen sich es also einiges kosten, ihren Mitarbeitern und Kunden Vornehmheit zu demonstrieren und ihnen das Gefühl zu vermitteln, selbst vornehm zu sein. Dies mag vor allem für künftige Geschäftsabschlüsse förderlich sein.

Eine besondere Attraktivität, um als Sportsmann sich von anderen Zeitgenossen zu distanzieren, genießt heute vor allem das Golfspiel, dessen prominente Turniere von herausragender gesellschaftlicher Anziehungskraft sind. Die Golfclubs sind eifrig darauf bedacht, die klassische Exklusivität ihres Sports zu bewahren.
Entstanden ist der Golfsport in Schottland und wurde bereits im 17. Jahrhundert zu einer Angelegenheit des vornehmen Engländers. Noble englische Tradition und noble Rituale beim Golf — ähnlich wie auch beim Tennis — sind seit damals Vorbild für kontinentaleuropäische, amerikanische, japanische und afrikanische feine Leute. Als erster Golfclub wurde vor 1700 ein Club mit dem vornehmen Namen „The Honourable Company of Edinburgh Golfers" gegründet. Entscheidende Bedeutung in der Geschichte des Golfsports erhielt 1834 „The Royal & Ancient Golf Club of St. Andrews". Im Titel dieses Clubs wird die Beziehung zu königlicher Lebenswelt deutlich. Es entspricht der vornehmen Tradition des modernen Golfsports, daß der königliche Golfclub von St. Andrews heute noch Regelentscheidungen gemeinsam mit der USGA (United States Golf Association) trifft. In den USA konnte der Golfsport erst gegen Ende des 19. Jahrhunderts Fuß fassen, als offensichtlich reiche Amerikaner sich an englischer sportlicher Noblesse zu orientieren begannen.

Der Golfsport ist noch heute eine Angelegenheit feiner Menschen, die viel Geld dafür einsetzen, um die alte königliche Tradition des Golfsports fortzusetzen. Die relativ hohen Aufnahmegebühren (zwischen 16.000 bis 70.000 Schilling für Einzelpersonen) halten gewöhnliche Leute ab. Manche Clubs verhängen außerdem Aufnahmesperren oder legen Wartelisten aus. Unbedingte Aufnahmesperren haben beispielsweise ein Golfclub im Wienerwald und einer, der in einem Schloß bei Kitzbühel residiert. Die noble Gesellschaft will also unter sich bleiben.
Über die vornehme Exklusivität eines Clubs hinsichtlich seiner Mitglieder sprach ich mit einer Dame, die aufgrund ihrer Tätigkeit einen guten Einblick in diesen einen Club gewonnen hat: „Der Club hat 227 Mitglieder. Von diesen habe ich höchstens 60 im letzten Jahr gesehen. Es gibt viele, die brav ihren Mitgliedsbeitrag zahlen, um wahrscheinlich stolz darauf verweisen zu können, bei einem Golfclub zu sein. Sie sind wegen des guten Tons dabei, weil es sich heute schickt, Mitglied eines Golfclubs zu sein. Die Clubmitgliedschaft bringt sicherlich in der kleinen Stadt, bei der der Golfplatz ist, einiges Ansehen. Aus der Stadt sind bei dem Club ein Architekt, ein Baumeister, Ärzte, Sparkassendirektoren, einige kommen aus Wien. Auch ein Graf T. ist dabei. Die Mitglieder hier tun so, als ob sie die nobleren Leute sind. Sie reden im Clubrestaurant nur über Golf, Frauen und das Auto. Große Angeber gibt es darunter, mit teuren Autos und Autotelefon. Ich habe einmal mit dem Bahnhofsvorstand dieser Stadt gesprochen, ob er nicht gerne bei dem Golfclub wäre. Er antwortete mir, er habe sicherlich keine Chance aufgenommen zu werden, er probiere es auch gar nicht, denn im Golfclub seien nur die 'Höheren', wie er meinte."
Und tatsächlich ist nach den Statuten und dem Beitrittsmodus zu schließen, daß es für jemanden, der nicht als feiner Mensch erscheint, kaum möglich ist, Aufnahme in diesen Club zu finden. In der Beitrittserklärung muß der Bewerber nicht nur seinen Beruf angeben, sondern auch würdige Personen — wahrscheinlich angesehene Mitglieder des Clubs — als „Referenzen" anführen. Schließlich wird am unteren Teil des Bewerbungsbogens festgehalten, ob der Vorstand die Aufnahme befürwortet

und welche Gebühren zu zahlen sind. Die endgültige Aufnahme erfolgt schließlich in der Vorstandssitzung. Nach den Satzungen des Clubs kann allerdings die Aufnahme ohne Angabe von Gründen verweigert werden. Außerdem halten die Satzungen als Voraussetzung für die Aufnahme „persönliche Ehrenhaftigkeit" und „geordnete wirtschaftliche Verhältnisse" fest. Die Namen der zur Aufnahme vorgeschlagenen Person und ihrer Befürworter müssen durch drei Wochen hindurch an der Verlautbarungstafel des Clubs angeschlagen sein. Erfolgt kein Widerspruch, ist der Vorstand berechtigt, die Aufnahme durchzuführen. Um die Vornehmheit des Clubs zu sichern, ist nach den Satzungen derjenige auszuschließen, der den „guten Ruf" des Clubs schädigt.

Der Golfclub ist also sorgfältig darauf bedacht, nur ehrenwerte Personen zu seinen Mitgliedern zu zählen. Die feinen Leute wollen unter Ihresgleichen bleiben. Vor diesem Hintergrund wird verständlich, daß bei einem besonders noblen Wiener Golfclub im Aufnahmeformular danach gefragt wird, ob der Bewerber adeliger Herkunft ist. Leute aus adeliger Familie heben das Prestige des Clubs und sollen offensichtlich daran erinnern, daß der Golfsport eine exklusive Betätigung ist.

Nicht billig sind auch die außer der Einschreibgebühr notwendigen Investitionen. Für spezielle Schuhe, eine vornehme Golfkleidung, Handschuhe, Golfschläger, Golfbag und Trainingsgeräte ist ein stattlicher Betrag zu zahlen.

Um ihre Vornehmheit und ihre Attraktivität für eventuell zahlungswillige Neumitglieder zu dokumentieren, verweisen Golfclubs in der Öffentlichkeit auf ihre edlen Ehrenmitglieder. So gehören zu den Ehrenmitgliedern eines Clubs im südlichen Salzburg eine Prinzessin der Niederlande, eine ehemaliger deutscher Bundespräsident, ein Automobilweltmeister, ein Wimbledonsieger und die Gattin des österreichischen Bundeskanzlers. Ein anderer Club wieder prahlt mit der Ehrenmitgliedschaft eines Schiweltmeisters.

Die Vornehmheit der Golfclubs dokumentieren Abzeichen, Kleidung, Golfturniere, etc. Die Veranstaltungen sind eingehüllt in noble Rituale. Charakteristisch dafür ist der von dem bekannten französischen Juwelier Cartier, der in Wien eine Filiale besitzt, auf dem Platz eines im östlichen Niederösterreich angesiedelten Golfclubs veranstaltete „Cartier-Cup". In der förmlichen Einladung dazu ist zu lesen, daß Cartier nach dem Turnier zu einem Cocktail mit „Champagner-Pyramide" einlädt.

Diesem Drang nach Vornehmheit, der den feinen Bürger beseelt, kommen Golfclubs durchwegs entgegen. Der Fremdenverkehr und noble Hotels, die in Verbindung mit Golfclubs stehen, versuchen, durch entsprechende Angebote Gäste mit feinen Allüren zu gewinnen. So wird in einem exquisiten, dem Golfsport gewidmeten Journal auf teure Golf-Hotels hingewiesen. Beispielsweise heißt es in einer Ankündigung: „Urlaub im Grand Hotel G. auf der Walliser Sonnenterrasse. Das 5-Sterne-Hotel für höchste Ansprüche. Herrliche Lage direkt am 18-Loch-Golfplatz Plan Bramois. Der Abschlag zum 3. Loch und Putting Green liegt auf dem Hotelgelände. Elegante Einrichtung im Stil des Art Deco . . ."

Auf feine Kunden hofft auch ein ganzer Ort in Kärnten, der einiges getan hat, um einen gediegenen Golfplatz und noble Hotels zu schaffen. In einem Clubmagazin des in diesem Gebirgsort gegründeten Golfclubs wird dies alles herausgestrichen. Club und Hotellerie erwarten sich brav zahlende Gäste. Man erhofft sich Belebung des Fremdenverkehrs und großen Profit. Der Vorteil: es ist nicht notwendig, Mitglied eines Clubs zu sein. Der in diesem Fall nicht ganz so exklusive Gast genießt in der vornehmen Atmosphäre eines vorzüglichen Hotels die Chance, sich zumindest für ein oder zwei Wochen als nobler Golfspieler zu fühlen.

In dem erwähnten Clubmagazin wird das edle Leben am Golfplatz und in den Hotels farbig geschildert. Dabei wird auf „ehemalige" golfspielende „Schigrößen aus unserem Weltcup-Ort" verwiesen und darauf, daß „Sponsoren sich im Clubhaus die Klinke in die Hand" gaben und „VIPs" anwesend waren. Außerdem wird der Anfänger im Golfsport darauf aufmerksam gemacht, es wäre günstig, in einem sogenannten „Gründerhotel" abzusteigen. Die Inhaber dieser Hotels sind Gründungsmitglieder des Golfclubs und erleichtern dem Gast den Einstieg in den

Golfsport. Es heißt in diesem Zusammenhang: „Unsere Pros (Golflehrer) sind auch vom Feinsten (!). Sie empfehlen übrigens für Rabbits (Anfänger) die 'Golf-Intensivwochen' unserer Gründerhotels". Und diese Hotels preisen ihre edle Klasse unter anderem so an: „300 m Drivingrange und Putting Green sind Bestandteil des riesigen Hotel-Naturparks . . . Gepflegte 4-Stern-Atmosphäre . . . junge Kärntner Küche im feinen Restaurant . . ."

Es läßt sich festhalten, daß der Golfsport so ab der Mitte der achtziger Jahre an allgemeinem Interesse gewinnt. Das Angebot an Golfplätzen erweitert sich. Auch Leute mit adeligen Namen vermieten entweder ihre Gründe für den Golfsport oder treten selbst als Errichter von Golfplätzen auf. In einer speziellen Golfzeitschrift wird darüber im Juni 1988 berichtet. Unter dem Titel „Zwischen Wunsch und Wirklichkeit: der Golfplatzboom" heißt es: „Der sich epidemieartig ausbreitende Golfbazillus . . . sorgt für überfüllte Wartezimmer, sprich Wartelisten. Den Patienten soll geholfen werden. Im Zuge der subventionierten Stillegung bisher landwirtschaftlich genutzter Flächen und Überproduktionen sehen besonders Großgrundbesitzer im Golfplatzbau eine neue Nutzungsmöglichkeit. In Baden-Württemberg erlaubt Herzog Carl von Württemberg auf seiner 115 Hektar großen Domäne . . . den Bau einer 18- und einer 9-Löcher Anlage, letztere soll öffentlich werden. Auch Graf Leutrum von Ertingen will sein Gelände . . . langfristig als Golfgelände verpachten . . ." (Golf-Report, Juni 1988, S.17).

Wie nobel der Golfsport ist, zeigt auch eine Erwähnung in der Klatschspalte einer österreichischen Zeitung. Da heißt es: „In der W.-Bar des Grand Hotel in Z. trafen die 80 Teilnehmer des 4. S.-Golfturnieres zusammen . . . für die fünf Ehrenmitglieder wurden die begehrten Einladungen ausgeschickt: Prinzessin Margriet der Niederlande . . ., Kanzlergattin . . ., Deutschlands Alt-Bundespräsident . . . Im Aufgebot der Golfer . . . sind neben Tibetforscher und Eigernordwand-Jubiläumsbuchautor Heinrich Harrer S.-Banker H. I. und Olympiasiegerin R. M." (Kurier, 20. 8. 1988, S.4).

Wie andere Statussymbole und vornehme Ersatzhandlungen steht auch der Golfsport vor dem Problem der „Proletarisierung". Auch hohe Eintrittsgebühren feiner Clubs vermögen wohl nur für einige Zeit — beim Tennis gab es einen ähnlichen Prozeß — die originelle Vornehmheit der Golfspieler aufrechtzuerhalten. Bei Wien wurde vor kurzem von feinen Leuten ein Golfclub gegründet, dessen Eintrittsgebühr ungewöhnlich hoch ist. Nur zehn begüterte noble Herren traten bei. Die erwarteten anderen vornehmen Golfer blieben jedoch aus. Dies ist wohl als ein Anzeichen zu deuten, daß der Golf den Charakter seiner Exklusivität zu verlieren beginnt, zumal sich die Zahl der Golfclubs und Golfplätze erheblich vermehrt hat.

Der Reitsport — Pferderennen und Polo

Ähnlich wie mit dem Golfsport und den Golfclubs verhält es sich mit dem Reitsport und den Reitclubs. Für letztere gilt im wesentlichen dasselbe wie für die Golfclubs. Reitschulen und Pferdebesitzer profitieren an der Lust der Leute, die ihre Freiheit auf dem Rücken von Pferden symbolisch ausdrücken wollen.

Kurz skizzieren möchte ich jedoch noch die Pferderennen als eine Sache feiner Leute. Von alters her gelten Pferderennen, wie bereits Homer schildert, als Symbol edler Menschen und Aristokraten. In England wird diese Tradition beim berühmten Ascot-Rennen deutlich. Die Königsfamilie heiligt auch hier — wie in Wimbledon — die Veranstaltung. Eine bestimmte Symbolik der Bekleidung ist augenfällig. Cut und Zylinder bei den Herren, aufsehenerregende Kleider und breite bunte Hüte bei den Damen. Sie geben dem Rennen eine besondere Würde. Man zeigt sich, trifft andere noble Herrschaften und wettet.

In der Freudenau bei Wien gibt es alljährlich ein Pferderennen, welches sich am englischen Vorbild orientiert und auch Ascot-

Rennen genannt wird. Hier ist eine ähnlich vornehme Symbolik zu sehen wie im echten Ascot. Interessant für die Frage nach der Kultur der feinen Leute ist in der Freudenau, daß es dort zusätzlich einen Golfplatz gibt, der von der Pferderennbahn zu einem Teil umschlossen wird. Der Golfsport und der Pferdesport als noble Betätigungen begegnen sich hier. Während des Ascot-Rennens 1988 fand auch gleichzeitig ein Golfturnier statt. Die Teilnehmer und Zuseher beim Golf ignorierten dabei geflissentlich in aller Vornehmheit das Pferderennen. Sie blickten bewußt, wie es schien, nicht auf, wenn Pferde in ihrer Nähe vorbeigaloppierten. Und ebenso sahen die Interessierten am Rennsport nobel über die Golfer hinweg. Ein Radioreporter meinte dazu: „Die Golfsnobs nehmen die Rennsnobs nicht wahr und umgekehrt." Eine interessante Situation. Teilnehmer an zwei unterschiedlichen, feinen Sportveranstaltungen treffen zusammen und die einen versuchen den anderen zu zeigen, daß ihr Sport der noblere sei.
Die feinen Leute genießen die Szenerie des Rennens, sie sind unter sich und lassen sich in ihrer Kleidung, die mitunter betont englisch ist, sehen. Beim diesjährigen Wiener Ascot-Rennen zeigten sich zwei junge Wiener Angehörige der feinen Gesellschaft (zwei sogenannte Yuppies) in Schottenröcken, was auffiel, aber nicht negativ, denn die englische Tradition blieb bewahrt.
Der noble Mensch wettet gewöhnlich auch. Es geht bisweilen um große Summen, sowohl für diejenigen, die wetten, als auch für die Stallbesitzer, die viel Geld dafür ausgeben, um mit guten Pferden die ausgesetzten Preisgelder zu erringen. Die Stallbesitzer unterscheiden sich noch beträchtlich vom „gewöhnlichen" Renn- und Wettpublikum. Eine adelige Dame, deren Familie einen solchen Rennstall besitzt, meinte zu mir auf meine Frage, ob sie auch bei den Pferderennen wetten würde, mit einigem Stolz: „Die Mitglieder unseres Hauses wetten nicht, wir haben selbst die Pferde."
Diese Sportarten — Tennis, Golf und Reiten — die sich alle an britischer Vornehmheit orientieren, öffnen sich allmählich dem zu Geld gekommenen Bürger. Es wird immer schwerer für

den klassischen alten und begüterten Adel und ebenso für reiche Kaufleute, sich beim Sport vom „gemeinen Volk“ zu distanzieren.
Eine Sportart scheint jedoch noch weitgehend eine Bastion der Aristokraten und Geldleute zu sein, nämlich Polo, das Hockeyspiel zu Pferd. Darüber schreibt eine Sport-Illustrierte: „Es ist eine der letzten elitären Sportarten, die ihren absoluten Höhepunkt beim Royal-Polo am 24. Juli in Windsor erlebt. Dort trifft der Geldadel den Erbadel. Champagner und Kaviar sind nette Snacks. Und irgendwo dazwischen raufen acht Reiter um einen Ball.“ (Sport-Magazin, Wien, Juli/August 1988, S.94)
Der Hinweis, daß Polo noch eine der „letzten elitären Sportarten“ ist, macht das Problem des heutigen feinen Menschen deutlich: die Nachahmer. Die Kosten für die Dinge, die ein wackerer Polospieler braucht, sind jedoch derart hoch, daß es einigen finanziellen Aufwandes bedarf, um bei diesem vornehmen Spiel mithalten zu können. Der „gewöhnliche“ feine Mann wird zwar kaum Probleme haben, sich die Grundausrüstung für diesen Sport, wie Schläger, Sattel, Reithose, Shirt und Jacke, zu besorgen. Sie ist nicht wesentlich teurer als die des Golfspielers, jedoch die Nebenkosten sind exorbitant. Diese können sich nur die echten Angehörigen des Geld- und Erbadels leisten. So braucht jeder Spieler wenigstens vier Pferde, weil er dreimal pro Match das Pony wechseln muß. Für ein derartiges Pony, welches aus einer Spezialzüchtung stammt, sind mindestens 70.000 Schilling (10.000 DM) zu bezahlen. Die Pflege der Pferde, ihr Transport mit Tiefladern zu den Turnieren kosten den vornehmen Spieler außerdem pro Saison zumindest 2 Millionen Schilling (300.000 DM).
Das Polospiel steht also nur wenigen feinen Leuten offen. Es wird von denen, die es betreiben, stolz als ein Sport der Könige bezeichnet. Als ein solcher soll er sich im 16. Jahrhundert unter Schah Abbas durchgesetzt haben. Der Schah ließ angeblich sein neues Isfahan rund um den Poloplatz errichten. Die steinernen Torpfosten stehen heute noch. Die Engländer entdeckten Polo 1835 in Indien, wo es zum Spiel englischer Offiziere wurde.

Heute gilt Polo vor allem in England weiterhin als ein königliches Spiel, an dem sich auch Prinz Charles beteiligt. Er weiß, daß er es hier mit feinen Leuten zu tun hat, die finanziell stark sind und die weit über denen stehen, die sich diesen würdigen Sport nicht leisten können. Allerdings haben, nicht ohne Erfolg, einige findige Geschäftsleute bereits Poloschulen gegründet. Eine solche Poloschule gibt es unter anderem in Holzkirchen bei München, wo ein einwöchiges Trainingscamp etwa 3000 DM kostet. Allerdings wird als Voraussetzung für die Teilnahme verlangt, daß man ein hervorragender Reiter ist. Der klassische vornehme Sport des Reitens verknüpft sich hier mit einem Spiel, bei welchem der vornehme Mann nicht bloß Mut und Tapferkeit — die klassischen Tugenden des „barbarischen Menschen" — zeigen kann, sondern auch, daß für ihn Geld keine Rolle spielt.

Fußball, Schilauf und Boxen: Wege zur feinen Gesellschaft

Die Sportarten, die jedem offen stehen, sei es weil die Geräte zur Sportausübung billig oder weil sie leicht verfügbar sind, gelten dem feinen Mann als wenig ausübenswert. Zu diesen Sportarten gehören vorrangig das Fußballspiel, welches in noblen Kreisen als „Proletensport" apostrophiert wird, der Schisport und das Boxen. Diese Sportarten sind nicht bloß für den „gewöhnlichen" Mann zugänglich, sondern sie bieten auch die Möglichkeit, durch eifriges Training, geschickte Aktionen und auch — wie beim Fußball — „Verschlagenheit" Ruhm und Ehre zu erwerben.

Sportliche Betätigungen dieser Art bringen nicht bloß soziale Kontakte, Abwechslung und Erholung, sondern können unter Umständen auch Türen zum sozialen Aufstieg eröffnen. Boxen, Schifahren und Fußball stellen sich somit als Möglichkeit für einen aus einem Slum, einer Vorstadt, einem Arbeiterviertel

oder einem Bergbauerndorf kommenden Burschen (beim Schifahren auch Mädchen) dar, hohes öffentliches Ansehen und Geld zu erringen. Da diese Sportarten jedem zugänglich sind und die Fußballer, Boxer oder Schifahrer sich von ihrer sozialen Herkunft kaum vom begeisterten Publikum unterscheiden, ist das Interesse und die Identifikation des Publikums mit den Sportlern sehr groß. Der berühmt gewordene Fußballer, Boxer oder Schikünstler wird bejubelt, man verehrt ihn und macht ihn zu einem Helden, auf den eine ganze Nation stolz sein kann und der verehrungswürdig ist. Er gehört, weil er eben nun auch Geld hat, zu den feinen Leuten. Zeitungsreporter und Fernsehjournalisten berichten über ihn ähnlich wie über Politiker, Bankchefs, Aristokraten und andere wunderbare Menschen. Er wird zu großen Bällen, wie dem Opernball, zu Eröffnungen und anderen würdigen gesellschaftlichen Ereignissen eingeladen. Er ist bekannt und feine Leute schmücken sich mit der Gesellschaft des prominenten Sportlers.
Dieses Wissen, solche Sportarten selbst ausüben zu können und über diese selbst zu einem „feinen Menschen" zu werden, übt auf den „gewöhnlichen" Bürger einen unerhörten Reiz aus. Fanclubs entstehen und über diese erhofft man sich offensichtlich einen direkten Kontakt zu der renommierten Lebenswelt der Stars und ihrer Vereine.
Nicht ganz so bedeutungsvoll wie die zitierten Sporttypen sind die einzelnen Disziplinen der Leichtathletik. Allerdings vermögen Rekordhalter oder die Sieger bei Olympischen Spielen höchste Ehren zu erwerben und rücken damit in die Nähe der erlauchten Sportheroen.
Nicht uninteressant ist es, daß in kommunistischen Ländern (im sogenannten „Ostblock") der Sport die Chance für einen jungen Menschen schlechthin ist, die starre, auf angeblicher Gleichheit basierende Gesellschaftsordnung zu übersteigen, gesellschaftliche Schranken niederzureißen und zu einer gefeierten noblen Person zu werden. Der Sport ist also in solchen Ländern ein Mittel, um den staatlich vorgegebenen Gleichheitsgrundsatz (an dem sich freilich Politiker, Parteispezialisten und Funktionäre nur sehr vage orientieren) legal zu durchbre-

chen. Ein attraktiver Weg, um zu den Leuten zu gehören, die „besser“ als die anderen erscheinen und daher als die „feinen Leute“ bezeichnet werden können.

Die kraftvolle Figur des feinen Menschen: Gewichtheben und Fitneßstudios

Eine ähnliche Tendenz, Ansehen zu erringen, zeigt sich auch in den alten Gewichthebervereinen und in den heutigen Fitneßclubs. Früher versprach das Training mit Hanteln Kraft und eine muskulöse Figur, mit der gerade Leute aus unteren sozialen Schichten zu imponieren und sich über andere zu erheben versucht hatten.
Feinere Menschen standen daher diesem Sport eher skeptisch gegenüber. Dies schildert auch ein ehemaliger Gewichtheber, dessen Vater nicht einsehen wollte, daß sein Sohn einem solchen Sport frönt: „Auf dem Weg dahin (zum Training bei den Gewichthebern) hat mich mein Vater abgepaßt: 'Wo willst du hin?' 'Zu den Gewichthebern!' 'Bist du wahnsinnig? Dös san doch die Gscherten . . .' Das waren damals die untersten Schichten, die Kraftsport betrieben haben. Proleten . . .“ (Würzberg, 1987, S.114).
Die modernen Fitneßstudios führen in gewisser Weise diese Tradition der alten Gewichthebervereine, die in Wien oft in den Hinterzimmern von Vorstadtgasthäusern trainierten, weiter. In den Fitneßclubs ist es heute dem „gewöhnlichen Menschen“ gegen Bezahlung einer, im Vergleich zu den noblen Sportarten niedrigen Mitgliedsgebühr möglich, zu einer kraftvollen Figur zu kommen und damit ein bewundertes sportliches und feines Individuum zu werden. Der Weg dazu ist weniger mühevoll als beim Fußball, Schilauf oder Boxen — und billiger als beim Golf oder Tennis.
Es wird auch hier das Verlangen deutlich, anderen Menschen

zu demonstrieren, daß man intensiv Sport betreibt; eine Betätigung, die als solche wenig Sinn hat (vgl. Veblen), die aber traditionell eine Sache der feinen Leute ist.
Inhaber moderner Fintneßclubs versuchen daher durch eine Vielzahl von Übungsgeräten, ein vornehmes Ambiente, ein Restaurant oder eine Bar und sogar durch Konzerte, Lesungen und Ausstellungen ein attraktives feines Publikum anzulocken, um das Fitneßtraining zu einer noblen Angelegenheit zu machen. Der Hinweis, prominente Sänger, Schauspieler und Sportler würden zu den Besuchern des Clubs zählen, soll offensichtlich klarstellen, daß das Fitneßstudio keine proletarische Angelegenheit ist — wie manche vielleicht vermuten könnten —, sondern eine Sache feiner Leute.
Um die Noblesse des Fitneßstudios symbolisch darzutun, wird den Kunden eine erhebliche Eintrittsgebühr und ein gediegener Mitgliedsbeitrag abverlangt, die allerdings weit unter den in den Golfclubs und ähnlichen Vereinen zu zahlenden Geldern liegen. Daher gibt gerade das Fitneßstudio dem „kleinen Mann" eine deutliche Chance, in einem exquisiten Rahmen und mit zum Teil erlauchten Leuten zu prachtvollen Muskeln zu gelangen und so zu einem noblen Menschen zu werden.

Sowohl beim exklusiven Golf, beim elitären Polo, beim weit verbreiteten Schisport, beim „primitiven" Boxen, beim „proletarischen" Fußball wie auch beim eifrigen Muskeltraining in den Fitneßclubs finden sich im Grund dieselben Wurzeln: die Absicht, sich als „heldenhaft" darzustellen. Hier werden Überreste, wie auch Veblen meint, des alten Tapferkeitsstrebens der ehrvollen Männer vergangener Zeiten, der Krieger und Barbaren sichtbar.
In den Heldenepen des Homer aus der Zeit um 1000 v. Chr. gibt es noch nicht die Unterscheidung der Sportarten nach feinen und weniger feinen. Für den klassischen Helden der Antike waren sie alle noch gleich ehrvoll. Und tatsächlich gab es noch bis in die jüngste Zeit Aristokraten, die sich zum Beispiel im Boxen ehrenvoll betätigten, wohl im Gegensatz zu ihren Standesbrüdern.

Einer dieser Herren war der Vater eines mir sympathischen Mannes, er hieß Johann Baptist Graf G. Als wackerer Leichtgewichtler gelang es ihm in der Zwischenkriegszeit, boxerischen Lorbeer zu holen. Sein Sohn erzählt heute noch stolz davon. Hier wird ein Rest des alten griechischen Ideals vom Sport als Attribut des noblen und tapferen „barbarischen“ Mannes deutlich.

Der vornehme Club

Ergänzend und weiterführend will ich nun auf jene noblen Clubs eingehen, in denen erlauchte Männer sich zusammengetan haben, um unter sich zu sein. Im feinen Gespräch, beim gemeinsamen Essen und bei anregenden Vorträgen demonstriert man noble Distanz und Abgrenzung gegenüber dem „gewöhnlichen Bürger".

Für uns sind zwei Clubs besonders interessant, da in diesen die alte aristokratische Exklusivität zum Ausdruck kommt. Grundsätzlich ähneln sie in Absicht und Struktur den feudalen Sportclubs, jedoch ihre Existenz und ihr Clubleben liegt außerhalb öffentlicher Wahrnehmung.

Der exklusivere der beiden adeligen Vereine, der J.-Club, hat allerdings auch eine vornehme sportliche Tradition. Er ist nach englischem Vorbild mit dem Pferdesport verknüpft und erfüllt heute noch bestimmte Funktionen für diesen.

Der zweite der beiden Clubs, der S.-Club, hat mehr Mitglieder als der J.-Club. Es ist nicht einfach, in diese erlauchte Gesellschaft aufgenommen zu werden. Gewöhnlich, wie zum Beispiel in den Golf-Clubs, kann der noble Mann einen Antrag auf Aufnahme stellen. Dies ist in dem vornehmen S.-Club nicht möglich. Die Exklusivität wird dadurch gewahrt, daß „die Aufnahme in den Club", wie es in den Satzungen heißt, „ausschließlich durch schriftliche Einladung zum Eintritt seitens des Präsidenten und durch schriftliche Annahme dieser Einladung durch den Eingeladenen erfolgt". Um sich vor weniger vornehmen Menschen erfolgreich zu schützen, wird weiter verlangt: „Eine Einladung durch den Präsidenten kann nur dann ausgesprochen werden, wenn der Ausschuß in zwei Ausschußsitzungen durch Abstimmung seine Zustimmung zu einer solchen Einladung erteilt. Die Zustimmung gilt dann als erteilt, wenn in den zwei Ausschußsitzungen jeweils mindestens drei Viertel der abgegebenen Stimmen sich für die Aufnahme und somit für eine Einladung ausgesprochen haben."Es ist also nicht leicht, Mitglied dieser illustren Gesellschaft zu werden.

Der S.-Club bietet Angehörigen des „alten Adels", Diplomaten und gewissen feinen Bürgern die Möglichkeit, sich vom „gewöhnlichen" Bürger räumlich und symbolisch abzuheben. Interessant sind die Berufe der ungefähr 400 vornehmen Mitglieder: 56 kommen aus der Land- und Forstwirtschaft, 44 aus dem Bankgeschäft, 32 aus juristischen Berufen, 38 aus dem diplomatischen Dienst und die übrigen aus der Industrie, dem Handel, der Wissenschaft und dem Journalismus (entnommen dem Mitgliederverzeichnis von 1980). Der hohe Anteil an Forst- und Landwirten sowie an Bankleuten und Diplomaten entspricht alter aristokratischer Tradition, mit der Grund- und Waldbesitz, aber auch der Zugang zum Geld und internationale Bindungen verknüpft sind.
Der S.-Club, in den eingeladen zu werden ich die Ehre hatte und dessen Mitglieder ich schätzen gelernt habe, repräsentiert für mich deutlich die feine Distanz des vornehmen Mannes. Diesem Club gelingt es, obwohl ihm eine Reihe prominenter Leute angehören, von der Öffentlichkeit so gut wie nicht bemerkt zu werden und abseits der Medien nobel zu existieren. Dies ist wohl auch im Sinne vornehmer Zurückgezogenheit, die mit der „Flitterwelt" der Zeitungen, dem täglichen Tratsch und jeder anderen Art von Publicity nichts zu tun haben will.
Die Räume, in denen der S.-Club untergebracht ist, befinden sich in einem prachtvollen Wiener Ringstraßenbau aus den letzten Jahrzehnten des vorigen Jahrhunderts. Den Räumen, in denen auch der vornehmere J. Club tagt, merkt man das englische Vorbild und englische Noblesse an. Bilder von englischen Pferderennen, berühmten Pferden und Reitern zieren die dunkel getönten, aber nicht unfreundlichen Wände. Sitzecken bieten den Mitgliedern die Möglichkeit, sich zu vertraulichem Gespräch zusammenzusetzen.
Dem Club ist ein kleiner Restaurantbetrieb angeschlossen. Zu dessen alleiniger Obliegenheit gehört es, den noblen Herren den Mittagstisch zu bereiten und das Clubleben durch das Anbieten von Trank und Speise angenehm zu gestalten. Die Kellner tragen Livree, bewegen sich unauffällig und beherrschen

die Regeln vornehmen Bedienens. Sie passen zu den Clubräumen und vermitteln dem Besucher den Eindruck, eine Welt der Noblesse zu betreten.
Ein liebenswürdiger adeliger Offizier, dem ich die Einladung verdanke, stellte mich dem deutschen Militärattaché, dem Vertreter einer Bierfirma und anderen noblen Leuten vor. Höflich zeigte man Interesse für meine Studien über Randgruppen und war erstaunt, daß ich nun in adeligem Kreis auftauche. Ich wurde zum Mittagstisch, der in einem hellen Speisesaal bereits gedeckt war, gebeten. Mir fiel das schwere Silber auf. In knappen Sätzen wurde ich den speisenden Herrn vorgestellt. Die Hand gab mir niemand. Dies ist nicht üblich. Man nickte mir gelassen zu. Ein anderes Verhalten wäre als störend empfunden worden. Die Mitglieder untereinander begrüßen sich mit „Servus". Komplizierte Begrüßungs- und Vorstellungsrituale würden die persönliche Sphäre des einzelnen beeinträchtigen. Während des Essens sprach man über die Jagd und andere vornehmen Betätigungen des noblen Mannes.
Der S.-Club veranstaltet jährlich einen Ball, dessen Patronanz Angehörige des Hochadels übernehmen und an dem teilzunehmen dem gewöhnlichen Bürger versagt bleibt.
Die Symbolik dieses Clubs, die dezenten Rituale und die Noblesse der Mitglieder sind durch das Prinzip der vornehmen Unaufdringlichkeit bestimmt. Sie präsentieren eine Lebensform der Abhebung und Distanz. Das einzelne Mitglied hat im Club allerdings nicht nur die Gelegenheit, mit feinen Menschen zu dinieren, sondern auch mit Leuten in Kontakt zu kommen, die für seine Karriere nicht uninteressant sein können.
Der eine Stufe feinere J.-Club besteht aus ausgesucht vornehmen Mitgliedern, die grundsätzlich aus der Hocharistokratie kommen. Seine Mitgliederzahl scheint bewußt niedrig gehalten zu sein, was seine Exklusivität erhöht.
Der Club hat mit vier anderen noblen Clubs — sie sind in London, Mailand, Paris und Rom angesiedelt — „Reziprozitäts-Abkommen". Also auch im Ausland kann der feine Herr damit rechnen, Leute mit noblem Umgang und einer ähnlichen Lebensauffassung anzutreffen und mit ihnen zu speisen.

Aber auch bei speziellen Vereinigungen von ehrenwerten Leuten, die als Mafiosi oder Ganoven anderer Art auftreten, finden sich die Charakteristika feiner Clubs.
Die Mafia besteht aus unabhängig voneinander operierenden Gruppen, zu denen Personen gehören, die zueinander Freundschaft hegen und sich gegenseitig ihrer Treue versichern. Meist handelt es sich dabei um Verwandte, die nach Möglichkeit durch Heirat oder Patenschaften mit der jeweiligen Gruppe, der „Familie" verbunden wurden. Bei manchen dieser Familien gab es richtige Aufnahmerituale. Das wirklich agierende Mitglied der Mafia trägt den stolzen Titel des „Mafioso". Dieser Mafioso ist die Verkörperung eines bestimmten Männlichkeitsideals, das die noble Pflicht der „Omertà" beinhaltet, die durch folgenden Spruch symbolisiert wird: „Cu e surdu, orbu e taci campa cent 'anni 'mpaci" (Wer taub und stumm ist, lebt 100 Jahre in Frieden). Mit noch vielen anderen Sprichwörtern wird die Struktur der einzelnen Gruppen verfestigt, wie zum Beispiel diesen: „Ein einflußreicher Freund ist mehr wert als hundert Unzen in der Tasche", oder: „Wer Geld und Freunde hat, kann sich die Justiz in den Arsch stecken" (dazu: Stölting, 1983, S.4,9,13).
Deutlich sind die Hinweise auf den Wert und die Wichtigkeit der Freundschaft, auf die man im Kampf gegen die Polizei und andere Gegner angewiesen ist. Man ist stolz auf eine gewisse Tradition, auch wenn sie verbrecherisch ist, und achtet sorgsam darauf, daß nur diejenigen Zugang zu den einzelnen Familien finden, die eine gewisse Ehre haben. Ähnlich wie in den oben besprochenen Clubs vollzieht sich auch das Leben in den einzelnen Familien, in denen man peinlich jeden Regelverstoß ahndet und darauf Wert legt, nobel über den anderen Menschen zu stehen.
Stolz waren auch die alten Vaganten des frühen Mittelalters. Es waren gebildete Männer, die oft als fertige Magistri oder Theologen durch Europa zogen. Zu diesem Umherziehen waren sie veranlaßt, weil sie keine Möglichkeit bekommen hatten, eine entsprechende Anstellung zu bekommen. In ihren Liedern machten sie sich über die feisten Pfaffen und das bürgerliche

Leben lustig. Einer dieser Vagantendichter war der „Archipoeta“, wie er mit seinem Spitznamen hieß. Er schrieb das sogenannte Bundeslied der Vaganten, in welchem er den Orden der Vaganten in witziger Weise als eine vornehme Angelegenheit preist: „. . . der Vaganten Ordensrecht sollt ihr nun erfahren: Wie der Adel leben sie, bieder ihr Gebaren . . .“ (Vagantendichtung, 1984, S.127). Auch hier der Hinweis auf eine gewisse Noblesse. Man richtete sich an adeligem Leben aus und bei Wein und Bier belustigte man sich über die „gewöhnlichen“ Leute. Daneben gab es bis in die frühe Neuzeit Bruderschaften von allerlei fahrendem Volk, so zum Beispiel die berühmt gewordene Pfeiferbruderschaft von Rappoltsweiler, in der ab etwa 1400 alle elsässischen Musikanten zusammengeschlossen sind. Diese Organisation kann sich bis zur Französischen Revolution 1789 mit strengen Satzungen, einer Schutzpatronin und einem Anführer, der stolz Pfeiferkönig genannt wurde, halten (siehe dazu: Kopecny, 1980, S.152).
Alle diese Bruderschaften, die ähnlich den üblichen Zünften organisiert waren, umfaßten Leute mit bestimmten Kunstfertigkeiten. Sie pflegten zueinander gediegenen Kontakt und schauten auf die Leute herab, die nicht zu ihnen gehörten.
Mit diesen Hinweisen will ich belegen, daß alle die hier besprochenen „Clubs“ — begonnen bei den Aristokraten und Golfern bis zu den Mafiosi und „unehrlichen Leuten“ — sorgsam auf ihre Exklusivität achteten. Ihre Mitglieder erhielten auf diese Weise eine Vorstellung von der Würde der eigenen Person, die man nobel vor anderem „dahergelaufenem Volk“ zu schützen hat.

Die Faszination feiner Lebensart

Ich habe versucht darzutun, daß adeliger und vornehmer Lebensstil für etwas durchaus Nachahmenswertes und Schätzenswertes gehalten wird. Die feine Gesellschaft ist für den „kleinen Mann“ anziehend. Sie stellt für ihn eine heile Welt dar, in der Menschen hochgeachtet und in feiner Distanz zu allerlei Mühsalen ein nobles Leben führen.
Schon sehr früh haben sich Märchenerzähler und dann ein ganzer Literaturzweig dieser faszinierenden Sache bemächtigt. In den Märchen wird das Leben am Königshof gepriesen und die Prinzessin oder der Prinz als über andere Menschen erhaben und schön beschrieben. Diese Tradition setzt sich in der Literatur fort. Theaterstücke über königliches Leben und Romane über Liebes- und andere Affairen im Milieu der Aristokratie faszinierten und faszinieren die weniger feinen Leute und gestatten ihnen, sich mit den adeligen Herrschaften und deren angeblich heiler Welt zu identifizieren.

Feine Leute als Vorbild und Schmuck bei Festen

Bevor ich näher auf dieses Thema eingehe, möchte ich auf Interviews mit Hocharistokratinnen zurückgreifen. Aus diesen geht hervor, daß man in der adeligen und feinen Gesellschaft sehr darauf bedacht ist, einen Lebensstil zu erlernen, der deutlich unterschieden ist von dem anderer Leute. Im Kapitel über die Erziehung bin ich zwar bereits darauf eingegangen, aber hier möchte ich noch ergänzend aufzeigen, was der adelige und feine Mensch außerdem noch unternimmt, um in seiner noblen Distanz hofiert zu werden und seiner „Vorbildfunktion“ zu entsprechen. In diesem Sinn erzählte mir eine Prinzessin: „Meine Mutter hat uns immer eingebläut, daß Adel verpflichtet, denn die Leute würden auf uns achten, wenn sie erfahren, wer wir sind. Man muß ein gewisses Vorbild sein, man muß sich ordentlich benehmen. Durch den adeligen Namen steht man irgendwie immer im Rampenlicht. Das war bereits in der Schule so. Jeder hat gewußt, wer wir sind. In Bayern ist es zum Beispiel oft so, daß bei Eröffnungen und Ausstellungen ein Familienmitglied unseres Hauses gebeten wird, dabei zu sein. Irgendwie ist man im Rahmen der Öffentlichkeit. Der Satz 'Adel verpflichtet' heißt, ein gutes Beispiel zu geben. Das, was in den Klatschspalten steht, ist ein schlechtes Beispiel. Die Adeligen, die immer in den Zeitungen stehen oder nur den Adelstitel dazu gebrauchen, um es zu etwas zu bringen, das muß nicht sein". Unaufdringlichkeit und eine gewisse zur Schau getragene Bescheidenheit machen die Noblesse aus, die zur sonstigen Vornehmheit hinzutritt. Das übt eine gewisse Faszination aus.

Eine andere Prinzessin meinte dazu: „Wenn man adelig ist, so läßt das niemanden kalt. Entweder wird man ungut behandelt — oder man behandelt uns besonders freundlich und schleimig. Ich lehne es ab, wenn die Leute damit protzen, als Adelige etwas Besseres zu sein. Wenn nur die Adeligen den Titel toll fänden, wäre er sicherlich nur halb so interessant. Viele nichtadelige Leute beschwören den Titel. Sie erzählen zum Beispiel nicht, ich bin mit dem Hubert oder der Katharina befreundet, sondern mit dem Grafen Soundso und der Prinzessin Irgendetwas."

Den Bürgerlichen fasziniert also der Adelige, er steht ihm zum Teil verunsichert, zum Teil mit einigem Neid gegenüber und zum Teil verehrt er ihn. Dies kann freilich für einzelne Aristokraten zur Belastung werden, wie mir meine adelige Interviewpartnerin bestätigte.

Feine Leute mit großem Namen werden auch gerne zu Festen reicher Bürger eingeladen: „Es gibt genug Leute, die mit Adeligen Feten schmeißen wollen und die sich den Aristokraten anbiedern. Die tun dies nicht, weil die Adeligen einen feinen Charakter haben oder sonst nette Leute sind, sondern wegen ihres hochadeligen Namens. Viele Menschen lassen sich vom Adeligen beeindrucken, weil sie eben einen bestimmten Stil haben und auch sonst beeindrucken. Ich selbst bin oft von Leuten, die ich gar nicht kenne, eingeladen worden, weil ich Katharina von P. heiße. Und nur deshalb. Für manche Adelige ist es vielleicht toll, daß man sie hofiert und daß sie eingeladen werden. Mir ist das höchst unsympathisch. Es gibt aber viele Leute, die adelsfromm sind, die also dem Adeligen schön tun. Ich kümmere mich nicht um solche Leute. Als ich zum Beispiel zur Fahrprüfung antrat, war der Prüfer ungeheuer adelsfromm und freundlich zu mir, als ich ihm meinen Paß gezeigt habe und er gelesen hat, aus welcher Familie ich komme. Er hat übrigens auch einen Steireranzug angehabt. Auch an der Universität gibt es Dozenten und Professoren, die ziemlich adelsfromm sind. Bei einem Dozenten in Geschichte habe ich mir eine gute Note herausgeholt, weil er mich gezielt nach den ehemaligen Besitztümern unserer Familie in der Tschechoslowakei gefragt hat. Er hat mich gefragt, ob ich diesem Geschlecht angehöre. Oft kommt jemand zu mir, der sagt, er kennt irgendwelche Verwandte von mir oder den Grafen Soundso. Das imponiert mir überhaupt nicht."

Diese Ausführungen der Prinzessin zeigen ganz gut die Faszination auf, die die Aristokratie als solche und bestimmte alte Familien speziell auf den „gewöhnlichen Mann" auszuüben vermögen.

Besonders auffällig ist diese Anbiederung in den USA, wo Leute der Hochfinanz, der Politik und des Showbusiness Mitglieder der europäischen Hocharistokratie einladen, um dem jeweiligen Fest Noblesse zu geben.

Ähnlich wie die Leute mit aristokratischem Namen werden prominente Schauspieler, feine Sportler und vor allem berühmte Automobilrennfahrer behandelt und herumgereicht. Auch sie dienen, wie ihre adeligen Vorbilder, dazu, einer Einladung oder einem Fest einen reizvollen Rahmen zu geben.

In dem Bedürfnis nach Verzierung eines Festes durch besonders feine Leute witterten vor Jahren einige Herren in Deutschland ein großes Geschäft. Sie gründeten eine Firma, die vor allem prominente Schauspieler für einen Abend vermietete. Aufgabe dieser „Mietmänner" und „Mietfrauen" war es, gegen hohe Bezahlung nicht nur die betreffende gesellige Zusammenkunft zu würdigen, sondern auch Talkshows vorzuführen. Den einladenden Hausherrn sollte somit ein nobles Ereignis, welches nur vom Fernsehen her bekannt ist, direkt in das Zimmer geliefert werden. Den Gästen konnte auf diese Art einiges geboten werden, sie erlebten direkt Berühmtheiten und unmittelbar ein attraktives Programm. Für rund 140.000 Schilling (20.000 DM) war es zum Beispiel möglich, einen bekannten Diskussionsleiter mit vier interessanten populären Gesprächspartnern zu mieten (siehe Kurier, 30. 1. 1983, S.8).

Ein Wiener Nachkomme des fürstlichen Geschlechtes T. ist ein beliebter Gast bei diversen Festen. Man brüstet sich mit seinem bekannten Namen und die Zeitungen verweisen in den Klatschspalten auf diesen noblen und trinkfreudigen Herrn und damit auch auf das jeweilige Fest samt Gastgeber. Er weiß um seine Qualität als nobler Sproß mit aristokratischem Namen und vermarktet sich selbst geschickt. Er verlangt grundsätzlich für seine Anwesenheit bei Festen von wackeren Bürgern und Emporkömmlingen den stolzen Betrag von ungefähr 22.000 Schilling. Man ziert sich mit seiner Anwesenheit und hofft, durch ihn attraktiv und interessant für die neidvolle Umwelt und die Gesellschaftsspalten der Zeitungen zu sein.

Spektakulär sind die vornehmen Abendessen, zu denen der amerikanische Präsident bittet. Die Einladung dazu erfolgt auf Büttenpapier und mit der Hand geschrieben. Ungefähr zwei Drittel der Gäste einer solchen Veranstaltung sind Personen, die eingeladen werden „müssen", wie die den Staatsbesuch begleitenden Leute, Botschafter, zuständige Politiker und Handelsleute. Das restliche Drittel sind Leute der Hochfinanz, bekannte Filmschauspieler und manchmal sogar Nobelpreisträger, die eine ähnliche Funktion haben wie früher die Gelehrten und Hofnarren bei den Königen. Dazwischen tummeln sich einige noble Journalisten. (Siehe dazu: Stern, 1987, Okt., Heft 41, S.164ff). Die Hofhaltung des Weißen Hauses unterscheidet sich bei Staatsbanketten in keiner Weise von ihren königlichen Vorbildern. Prominente Leute dienen heute wie früher dazu, dem Ganzen einen eigenen, leuchtenden und einmaligen Glanz zu verleihen.

Die besondere Attraktivität des alten Adels für den reichen, aber bürgerlichen Amerikaner nützen einige österreichische Fremdenverkehrsspezialisten. Sie veranstalten regelmäßig in Wien den „Ball der silbernen Rose". Zu diesem Ball im Palais Schwarzenberg kommen hoffnungsvolle Töchter von Ölmagnaten und anderen vermögenden Leuten aus den USA und „marode Erlauchte" aus Österreich. Die Damen denken bei ihrem Besuch an einen Ehemann mit klingendem Namen und die edlen Herren an eine Dame mit Geld (Wochenpresse, 12. 12. 1986, S.59).

Die Tradition der Märchenerzähler

Bereits in den alten Märchen wird die Lebenswelt der Vornehmen als besonders erstrebenswert erzählt. Der „kleine" Mann hatte durch das Märchen die Möglichkeit, sich mit den adeligen und noblen Leuten und Helden zu identifizieren. Dies erklärt auch die große Faszination des Märchens.
Eine direkte Linie von den traditionellen Märchen führt hin zu den modernen Berichten über adelige Hochzeiten und adeliges Leben in diversen Illustrierten und Journalen. So ist es charakteristisch für derartige Blätter, daß an erster Stelle eine rührende Geschichte aus einem heutigen Königshaus berichtet wird. In einem dieser Journale heißt es zum Beispiel: „Königin Elisabeth — bittere Tränen in der Kirche". Die Sorgen der Königin werden zu den eigenen Sorgen gemacht. In dem darauf folgenden Artikel wird detailliert ausgeführt und aufgezählt, warum die Königin weinte, daß sie mütterliche Gefühle habe und daß sie ihren Sohn lieben würde. Die Identifikation mit der Königin ist vor allem deshalb so groß, weil sie anscheinend dieselben Gefühle wie eine 'gewöhnliche' Hausfrau und Mutter zeigt.
Gerne gelesen werden außerdem Berichte über prächtige Hochzeiten von Leuten, die einen alten klangvollen Namen haben, wie Bismarck oder Erbprinz Karl von Hohenzollern. Ty-

pisch ist folgender Titel: „Was Albert bei Biancas Hochzeit empfindet." Bianca gehört dem italienischen Adelshaus Aosta an. Und eine andere Geschichte ist überschrieben: „Prinzessin Paola von Belgien — Ich bin die glücklichste Oma der Welt". Der „gewöhnliche Bürger" sieht so, daß der gepriesene Aristokrat, der angeblich höherwertiger ist als er, doch auch menschliche, allerdings veredelte Züge besitzt.

Ähnliche Gefühle bemächtigen sich des nichtadeligen Menschen, wenn er folgendes ließt: „Da läuft dem japanischen Kaiser geradezu das Wasser im Mund zusammen. Schweinefleisch aus Südwales ist die Leibspeise des 87jährigen Hirohito. Gerade erst hatte der alte Herr wieder sechs Schweinchen bestellt. Die bekommt er immer von einem Bauern aus Usk in Südwales. Denn von allen Schweinchen schmeckt dem japanischen Kaiser die Züchtung des britischen Landwirts am besten". Also auch der Kaiser liebt Schweinefleisch, genauso wie ein Arbeiter. Das imponiert.

Das Hauptaugenmerk diverser Journale liegt bei den Aristokraten und Königen, die formal noch politische Bedeutung haben, wie das englische und das spanische Königshaus oder eben der japanische Kaiser.

Die Freude am Kaiserhaus und sein Einsatz für die Werbung

Besonderes Interesse findet auch das alte österreichische Kaiserhaus, welches es laut Gesetz eigentlich nicht mehr gibt, das aber in der Alltagskultur dennoch eine große Rolle spielt. Es wird geradezu als Inbegriff aller Vornehmheit und adeligen Lebens gesehen. Große Artikel über Hochzeiten der Nachfahren des letzten Kaisers, die noblen Aktivitäten des Kaiserenkels und ähnlich würdevolle Dinge versprechen den Journalisten eine interessierte Leserschaft.

Aber nicht nur Journalisten, sondern auch eigene Vereine wackerer kaisertreuer Bürger bewahren dem Kaiserhaus ihre Hochachtung. Sie versuchen mit viel Aufwand und mehr oder weniger großem Erfolg, der Welt mitzuteilen, daß man das alte Kaiserhaus zu ehren habe und dieses eigentlich zu Unrecht durch die Republik beseitigt worden ist. So ist ein Plakat zu verstehen, welches im August 1987 von einem Kulturverein „Panorama" herausgegeben wurde. Auf diesem wird „anläßlich des 157. Geburtstages S. M. Kaiser Franz Joseph des I." das „3. Wiener Franz-Joseph-Fest" angekündigt. Zum Festprogramm gehört eine Festmesse in der Kapuzinerkirche und eine „Gedenkfeier mit Kranzniederlegung vor dem Kaiserdenkmal im Burggarten". Diese feierliche Aktion steht unter dem Ehrenschutz von „Ihrer Durchlaucht Prinzessin Eleonore von Thurn und Taxis". Hier wird einiges deutlich: Zunächst, daß man trotz republikanischer Staatsform an alten monarchistischen Rechtsformen festhalten will. Und außerdem, daß man nichts dabei findet, offiziell gegen österreichische Rechtsnormen zu verstoßen. Nach diesen wurde die Monarchie beseitigt und mit dem Gesetz von 1919 das Tragen von Adelstitel bei Strafe verboten. Es ist interessant, daß dennoch — bei bewußter Gesetzesverletzung — die ehemalige Kaiserfamilie hofiert wird und die heutigen Nachkommen des Kaisers geradezu als legitime österreichische Herrscher gesehen und betitelt werden. Auf einer Ansichtskarte, die die Frau des letzten österreichischen Kaisers Zita zeigt, wird diese als „Kaiserin von Österreich" und „Königin von Ungarn" angesprochen und festgestellt, daß sie ". . . umjubelt von ihren getreuen Österreichern, hin und wieder in ihr (!) Land kommt". Es wurde also so getan, als ob Zita noch immer die rechtmäßige österreichische Kaiserin gewesen sei.

Es sind nicht viele, aber doch einige Österreicher, die an einem solchen eigentlich rechtswidrigen Festhalten an der alten Monarchie ihren delikaten Gefallen haben. So auch der „Verband der Österreicher zur Wahrung der Geschichte Österreichs", welcher im Mitteilungsheft vom Mai 1987 den 95. Geburtstag von „Kaiserin und Königin Zita feiert und festhält: „Ihrer Majestät Kaiserin und Königin Zita erlauben wir uns, zum 95. Geburtstag am 9. Mai die herzlichsten Glückwünsche zu entbieten. Der Segen und die Gnade Gottes mögen unsere Hohe Landesmutter (!) behüten." Auch eine Studentenverbindung verbeugte sich demütig vor der „Landesmutter" und schrieb ähnlich unterwürfig: „Am 9. Mai begeht unsere (!) Kaiserin ihren 95. Geburtstag . . ."

Das Kaiserhaus übt ungehindert seine Faszination auf einige brave Bürger aus, die sich gerne dafür verwenden lassen, die Nachkommen dieses Hauses zu preisen. Sie romantisieren liebevoll diese feinen Leute und vergöttlichen sie. Kaiser Franz Joseph wird dabei zu einer hehren und wunderbaren Gestalt und man vergißt geflissentlich dabei, mit welch herbem Charme Habsburg die bürgerliche Revolution von 1848 niedergeschlagen hat und eine Reihe von aufrechten liberalen Männern, darunter viele Studenten — und als Prominentesten das Mitglied der Frankfurter Paulskirche, Robert Blum —, niederschießen ließ. Genauso ging man mit den Ungarn vor und fand nichts dabei, hohe Offiziere und ehrliche Denker hinzurichten. Das ist liebevoll vergessen und man zelebriert die Würde kaiserlicher Menschen.

Auch die Wiener Geschäftswelt vermarktet werbewirksam die kaiserliche Tradition. Diejenigen Geschäfte, die in der Monarchie die Ehrenbezeichnung „k. u. k. Hoflieferant" erhalten haben, rühmen sich weiter dieses Titels. Zu diesen „Hoflieferanten" zählt in der Wiener Innenstadt eine Konditorei, die im Schaufenster auf einer Tafel sämtliche Titel Seiner Apostolischen Majestät Kaiser Franz Joseph I. festhält. Mit den erlauchten kaiserlichen Herrschaften renommieren auch ein Klavierhersteller, ein Uhrmacher, eine Apotheke und andere wichtige Geschäfte.

Auch wer kein „Hoflieferant" ist, aber trotzdem eine innige Beziehung zu den ruhmvollen kaiserlichen Leuten herstellen will, gibt einfach seinem Betrieb einen hoheitsvollen Namen. So gibt es in Wien ein „Hotel Kaiserhof" und ein „Hotel Kaiserin Elisabeth". Ein Kaffeehaus nennt sich „Monarchie". In ihm treffen sich jugendliche Möchtegern-Aristokraten. In einem Restaurant mit dem Namen „Kaiserwalzer" werden Spezialitäten aus den ehemaligen Kronländern serviert. Das Interieur dieses Lokals ist würdig mit Büsten von Kaiser Franz Joseph und Kaiserin Elisabeth ausgestattet. Auch der Besitzer einer Wiener Bar hat diese mit einer Vielzahl von Erinnerungsstücken an den alten Kaiser versehen.

Zu dieser Faszination, die das kaiserliche Haus ausübt, paßt auch, daß angeblich die jetzigen Nachkommen des Kaisers, wie eine republikanische Zeitung resigniert feststellt, planen, die Republik Österreich auf die Aufhebung der Habsburger-Gesetze und auf die Rückgabe des habsburgischen „Privatbesitzes" zu klagen. Man vergißt freundlich, daß die jetzigen Freiheitsrechte vom Volk gegen Aristokratie und Kaiser erkämpft worden sind, und tut so, als ob zur Zeit des Kaisers die Menschen friedvoll und glücklich leben durften. Man denkt nicht daran, daß Wiener zur Zeit der Jahrhundertwende in Elendssiedlungen und sogar in den Kanälen wohnen mußten, während das Kaiserhaus im Überfluß schwelgte (siehe dazu: Kläger, 1908). Diese Erinnerung verblaßt und man feiert das kaiserliche Wien als eine wundervolle Stadt.

Die Werbung bedient sich dieses Interesses für die alte Aristokratie und für alten noblen Lebensstil. Typisch dafür ist auch eine Annonce, die am 30. Juni 1988 in einer österreichischen Tageszeitung erschien und in der ein Bild Papst Johannes Paul II. mit einem Glas Sekt in der Hand zeigt. Darunter ist zu lesen: „Unserem Heiligen Vater Papst Johannes Paul II. wurde in Enns-Lorch als Aperitif vor dem Mittagsmahl unsere große traditionsreiche Sektmarke XY als bester Sekt Österreichs gereicht. Schon Kaiser Franz Joseph hat wiederholt XY Sekt getrunken. Papst und Kaiser — die höchsten Würdenträger dieser Welt — eine höhere Auszeichnung gibt es nicht!" Man beruft sich auf den Kaiser als einen würdevollen Menschen, dem heute sogar der kleine Mann, der zu Geld gekommen ist, nacheifern kann, wenn er den betreffenden Sekt kauft.

Diese Verherrlichung des Kaiserhauses und der Einsatz alten adeligen Stils vor allem für die Werbung steht ebenfalls in der Tradition der alten Märchen, in denen Kaiser, König und Edelmann glorreich und entgegen der rauhen Wirklichkeit oft liebevoll geschildert wurden. Nämlich als das wichtigste Objekt bürgerlicher Anbetung.

Modernes adeliges Leben

In diese Diskussion über die Faszination des Adels und anderer feiner Leute für den „normalen" Bürger gehört auch das Phänomen des Entstehens von spezifischen sozialen Gruppen und Klassen, die in übertriebener Weise das adelige Leben nachahmen und sich als besonders feine Leute gebärden.
Es sind vor allem junge Menschen, die dies tun. Das Wohlleben ließ eine Kultur des Konsums und des Erfolges entstehen, die sich deutlich an dem alten adeligen Vorbild ausrichtet. In den USA etikettierte man diese Leute als „The Ultra Costumers", abgekürzt Ultras. Den Begriff erfand die New Yorker Werbeagentur Grey aufgrund einer Lifestyle-Studie in repräsentativen Großstädten. Charakteristisch für diese Ultras ist unter anderem die Suche nach Erlebnis und Abenteuer (vgl. was über den Sport des Aristokraten oben geschrieben wurde), der Wunsch, „im Rampenlicht zu stehen" (vgl. die adelige augenfällige Vornehmheit), hohe Konsumansprüche und „Markenfetischisierung" (vgl. das Kapitel über Kleidung und Essen des Adeligen) und Ablehnung einer Auseinandersetzung mit sozialpolitischen und gesellschaftlichen Themen (vgl. die noble Distanz des Adeligen zum gewöhnlichen Volk). Zu den Ultras gehören nach Grey Jugendliche und Erwachsene bis in die mittlere Lebensphase um die Fünfzig. Ihr Anteil an der bundesdeutschen Bevölkerung wird mit 10 bis 15 Prozent geschätzt (Der Spiegel, Nr.48, 1986, S.234).
X Eine Untergruppe der Ultras sind die „Yuppies" (Young urban professional people). Hier handelt es sich um junge städtische Berufsaufsteiger mit hochdotierten Zukunftsberufen und ex-

quisitem Stilbewußtsein. Auch für diese feinen Leute ist es charakteristisch, durch einen demonstrativen Konsum sich vom „Pöbel" zu unterscheiden. Teure Kleidung, teure Autos, der Besuch bestimmter Gaststätten und eine Reihe anderer Symbole feiner Leute dienen ihnen dazu, bewundert zu werden und in die Nähe des alten Adels zu rücken. Nachkommen der alten Aristokratie finden bei ihnen freundliche Aufnahme und werden sogar zu Symbolfiguren, derer man sich bedient, um in die Klatschspalten und in Fernsehspots zu kommen. Eine dieser Fernsehreihen widmet dieser noblen, feine Lebensweise demonstrierenden Klasse regelmäßig einige Minuten. Dabei wird gezeigt, welch vornehme Menschen diese Leute sind und wie sie mit Noblesse zu feiern verstehen. Diese Sendung über die feinen Leute hat etwas Märchenhaftes an sich, sie präsentiert nicht nur würdige Nachkommen alter aristokratischer Familien, sondern sie stellt auch einen Lebensstil Nichtadeliger vor, der sich grundsätzlich nicht von dem des früher ausschweifend lebenden Adels unterscheidet.

Die Faszination des edlen und kühnen Ganoven

Unter alle diese feinen Leute mengt sich auch der aktive und intelligente Gauner und Kriminelle, der von alters her durchaus mit einiger Hochachtung rechnen kann. Auf den „braven" Bürger und den Intellektuellen übten große und berühmte Ganoven schon immer eine gesteigerte Faszination aus. Hier, in der Gunst der Mittelschicht, treffen sich die beiden — adeliger Herr und vornehmer Gangster.
In Schillers „Die Räuber" klingt diese Faszination an und der am 21. November 1803 guillotinierte Johannes Bückler vulgo Schinderhannes berauschte zur selben Zeit tatsächlich die Bürger. Schinderhannes, dessen Hinrichtung eine Unmenge von Zuschauern bestaunten, wurde in den „Kriminalgeschichten"

des vorigen Jahrhunderts zu einem „edlen Räuber" und endlich zu einer „vaterländischen" Figur (Franke, 1984, S.321). 1890 wird Schinderhannes sogar für würdig befunden, in die „Allgemeine Deutsche Biographie" aufgenommen zu werden. Eine bemerkenswerte Ehrung für einen Räuber und Mordbrenner, der zu einer Legende und damit unsterblich wurde. Diesen eigenartigen Reiz, den Schinderhannes und viele andere Ganoven auf den „gewöhnlichen Menschen" ausüben, erklärt der Literat Carl Zuckmayer so: „Der Schinderhannes, der sich nichts gefallen läßt, der nimmt, was er findet, der hergibt, was er hat, der die Bedrücker hart angeht und gut Freund ist mit allem Volk . . . und auf den Volksfesten tanzt, singt, säuft, während hundert Gendarmen die Wälder nach ihm absuchen — der Schinderhannes, auf den die Frauen fliegen und der mit seinem Elan, seiner wilden Grazie und seiner stählernen Energie die Bande wüster Krakeeler und Marodeure beherrscht und zwingt: so ein Kerl möchte jeder gern sein, und selbst wer bei Tag bis über die Ohren in Ehrbarkeit steckt, nachts regt sich auch in ihm zuweilen der Drang zum verteufelten Burschen" (Franke, 1984, S.365).

Schinderhannes wurde zum Volksheld, genauso wie für den niederösterreichischen Raum der Räuberhauptmann Johann Georg Grasl, der am 31. Jänner 1818 auf dem Glacis in Wien zwischen Burg und Schottentor mit sechs seiner Gefährten im Alter von 27 Jahren hingerichtet wurde. Um diesen Grasl, einen schlauen und kühnen Räuber, ranken sich eine Menge Legenden. Bücher wurden über ihn und seine Taten geschrieben und Filme gedreht.

Interesse erweckt ein im Jahre 1861 erschienener „historischer Roman" von Eduard Breier mit dem Titel „Die beiden Grasl". In diesem werden Vater und Sohn Grasl als verwegene Verbrecher und die ihren Sohn warnende Mutter Grasl als üble Keife geschildert. So zum Beispiel heißt es, als der junge Grasl im zarten Alter von 6 Jahren seinem Vater eine gestohlene Brieftasche zeigt und dieser ihn auffordert, leise zu reden, damit die Mutter nicht aufwache: „Da fragte plötzlich eine hohle Frauenstimme, und Vater und Sohn fuhren überrascht empor, denn hinter

ihnen, im Nachtkleide, stand die Gattin des Einen und die Mutter des Anderen und ließ auf beiden ihre finsteren Blicke ruhen" (Breier, 1861, S.43).
Der Autor beschreibt den jungen Grasl, der seinen Vater an Bedeutung überragte, als einen nicht unsympathischen „Erzspitzbuben", der mit allerlei zum Teil heiteren Listen seinen begüterten Opfern das Geld wegnahm. Es heißt: „Wer war der Grasl? Ein Räuberanführer . . . nicht sein Gewerbe machte ihn berüchtigt, sondern die Art und Weise, wie er es betrieb . . . die tausend Geschichten, die nach Wien verpflanzt und hier von Mund zu Mund gingen, verschafften ihm eine Art Berühmtheit" (Breier, 1861, S.82).
An einer anderen Stelle zitiert Breier die Wiener Dichterin des Biedermeier, Karoline Pichler, die in ihren „Denkwürdigkeiten aus meinem Leben" (1844) dies festhält: „Eben in diesem Winter (1815 bis 1816) machte eine Räuberbande, deren Haupt ein ehemaliger Soldat mit Namen Grasl war, . . . hier viel Aufsehen . . . allerlei sonderbare und poetische Züge wurden von ihm erzählt, die von einem wilden, aber nicht gemeinen (!) Charakter zeigten." (Breier, 1861, S.85). Karoline Pichler faszinierten die Erzählungen um den kühnen und ihr sympathischen Räuberhauptmann Grasl derart, daß sie darüber eine viel beachtete und in andere Sprachen übersetzte Erzählung mit dem Titel „Der schwarze Fritz" schrieb. Grasl bot vor allem den Wienern reichlichen Gesprächsstoff, man sah ihn als edlen Ganoven und bis heute spricht man im Osten Österreichs mit gebotener Ehrfurcht von diesem Waldviertler Räuber.
Charakteristisch für Ganoven von der Art des Schinderhannes und des Grasl ist, daß man sie nicht für normale Räuber, Diebe oder sonstige Kriminelle hält, sondern ihnen Stil, Vornehmheit und Großzügigkeit nachsagt, also Eigenschaften, die man gewöhnlich auch einem Aristokraten zuzuerkennen geneigt ist. Es ist ein sozialer Aufstieg, den der Ganove hier vollzieht, nämlich vom gewöhnlichen Menschen und Kriminellen zum gefeierten Helden, der mutig die Rechtsnormen bricht.
Eine geradezu klassische Faszination übten und üben in ganz Europa und den USA die Chefs sizilianischer Banden aus. Ein

berühmter sizilianischer Bandit, den ich als Bub von den Illustrierten her kannte und der mich faszinierte, war Salvatore Giuliano. Dieser Bandenführer, der fast 70 Polizisten auf dem Gewissen hatte, wurde von der italienischen Regierung zum Staatsfeind Nummer 1 gestempelt. Trotzdem sympathisierte die sizilianische, zum Teil in Armut lebende Bevölkerung mit Giuliano. Über ihn berichteten in großer Aufmachung einige europäische Illustrierte. Man schrieb über ihn wie über einen Helden oder einen beliebten Fürsten. Ein solcher Artikel erschien auch in der Münchner „Revue" im Oktober 1949. Das Titelbild der „Revue" zeigt zwei italienische schwerbewaffnete Polizisten, die einem jungen Mann die Handschellen entfernen. Unterschrieben ist dieses Bild mit den Worten „Der Falsche". Polizisten hatten diesen Mann irrtümlich für Giuliano gehalten. Die Nähe dieses Banditenchefs zur Aristokratie zeigt sich übrigens auch darin, daß Giuliano den Beinamen „König von Montelepre" hatte.
Und im Blattinneren wird Salvatore Giuliano, den 5000 Polizisten suchten, wie ein Filmschauspieler vorgestellt. Ein Bild zeigt ihn als schönen und verwegenen Herrn, der leger an einem Baum lehnt. Auf einem anderen Bild ist seine Verlobte, die in einem Waisenhaus arbeitet, abgebildet. Und wieder auf einem anderen Bild ist der „Hund des Banditen" zu sehen, der „seit vier Jahren ständig vor der Türschwelle des Hauses in Montelepre liegt und darauf wartet, die Stimme seines Herrn wieder einmal zu hören". Abgebildet ist auch das Bett des Banditen. Über dieses hatte Giuliano einen Löwen als „Symbol seiner Macht" gemalt. „Er lebt nach dem Wort Mussolinis: 'Lieber einen Tag Löwe als hundert Tage Lamm'. Seine Schlafstube ist jetzt Polizeiwache." (Revue, 16. Oktober 1949, S.11).
Diese Beschreibung der Lebenswelt des Banditen dient eher seiner Verherrlichung als seiner Degradierung. Die Hinweise auf seine Verlobte, seinen Hund und seine Schlafstelle erinnern an Schilderungen in illustrierten Blättern über adelige und andere prominente Leute. Auch bei diesen werden, um die noble Person attraktiv zu machen, ihr Alltag und ihre familiären Bindungen leuchtend aufgezeichnet. Der Hinweis auf den liebens-

würdigen und geduldig auf seinen Herrn wartenden Hund gibt Salvatore Giuliano den Hauch von Menschlichkeit, den man auch beim wahren Aristokraten zu sehen hofft.
Als Polizisten nach langer Jagd Giuliano endlich stellen und töten, wird dieser sizilianische Bandenchef schließlich zu einer legendären Figur, ähnlich wie der Schinderhannes, zu der der „gewöhnliche Mensch", der arme Bauer, der brave Bürger, der frühere Bänkelsänger und der heutige Journalist in schönem Gleichklang ehrfürchtig aufschauen.
Der tote Giuliano — „König von Montelepre" und Bandit — wurde wie ein Heiliger bestattet und lange Zeit als ein solcher verehrt. Zu seinem Gedächtnis baute man in Sizilien sogar eine eigene Kapelle.
Vor allem dem intelligenten Ganoven, dem es gelingt, große Geschäfte und viel Geld zu machen, gilt heute ein gewisses Maß an Hochachtung. So auch den englischen Räubern, die in den sechziger Jahren in England einen Postzug überfallen und einige Millionen Pfund dabei geraubt hatten. Weil dieser Streich unblutig verlief, erwarben diese Leute in der Öffentlichkeit einige Sympathien. Lediglich dem Zugführer verpaßte man einen Hieb, für den sich jedoch der betreffende Räuber vorher entschuldigt hatte. Einer dieser Gangster zog sich nach Brasilien zurück. Er wußte, daß man ihn von dort nicht an England ausliefern werde. In Brasilien wurde er zu einem gefragten und angesehenen Mann. Mit dem erbeuteten Geld machte er sich das schöne Leben eines Playboys und trat sogar im Fernsehen auf. Die Journalisten aller großen Welt-Illustrierten rissen sich um ihn und waren froh, über ihn berichten zu können. Und sogar in der Wiener „Arbeiterzeitung" vom 17. 9. 1988 war über einen dieser Posträuber sehr freundlich unter dem Titel „Stürmischer Empfang für den Posträuber" zu lesen: „Der ehemalige Posträuber Ronald Edward war der meistbejubelte Gast bei der Premiere des Films 'Buster' am Donnerstag abend im Londoner West End. 'Buster' erzählt die Geschichte des Posträubers 'Buster' Edwards, der nach dem legendären Postraub 1963 neun Jahre Haft absaß und heute einen Blumenstand am Londoner Waterloo-Bahnhof besitzt. Ursprünglich waren Prinz Charles und

Prinzessin Diana zur Gala-Premiere eingeladen worden. Sie hatten jedoch nach einer Kontroverse um den Film in der britischen Presse abgesagt." Der Posträuber genießt sein hohes Ansehen, welches ihn in die Nähe der beiden königlichen Hoheiten stellt und das breite Publikum zollt ihm als Symbol der Freiheit und Verwegenheit Applaus.
Der mutige, gefinkelte oder weltmännische Ganove strahlt eine gewisse Faszination auf den braven Bürger aus. In gewisser Weise trifft sich hierin der Ganove mit dem Aristokraten. Beiden gilt die Bewunderung des kleinen Mannes. Schließlich basiert auch die aristokratische Lebensweise, wie Thorstein Veblen überlegt, auf einer „barbarischen Kultur" der Vornehmheit. Auch Aristokraten können zum Teil auf Vorfahren verweisen, die als Piraten und Räuber ihre erste Karriere gemacht haben. Beide, Aristokrat und Ganove, stehen außerhalb der engen, durch Routine bestimmten Lebenswelt des Bürgers, sie binden sich nicht an die Normen des Alltags und sie zeigen oft, daß man mit einiger Eleganz gut leben kann.

Eine Moritat auf einen modernen Ganoven: Der „Pumpgun-Ronnie"

Im Frühjahr 1988 erregte ein kühner Bankräuber einiges Aufsehen. Mit einer Maske, die das Gesicht des amerikanischen Präsidenten Ronald Reagan zeigte, überfiel er in knappen Abständen hintereinander drei Bankinstitute und erbeutete dabei einige Millionen Schilling. Die Zeitungen brachten in großer Aufmachung aufsehenerregende Artikel über diesen verwegenen Burschen, dem es stets elegant gelungen war, der Polizei zu entwischen. Die Nachforschungen führten zunächst zu keinem Ergebnis.
Im November 1988 endlich konnte man ihn — wahrscheinlich aufgrund einer Information aus der Unterwelt — festnehmen.

Der Räuber entpuppte sich als ein gewisser Johann Kastenberger, der bereits einmal wegen Raubes einige Jahre im Gefängnis eingesessen war. Als man ihn aus der Haft entlassen hatte, wurde er durch hartes Lauftraining zu einem bekannten Marathonläufer, der unter anderem sogar einen Berglauf gewinnen konnte. Er war gut durchtrainiert — eine Ausbildung als Ranger beim österreichischen Bundesheer kam ihm dabei zugute — und er sah attraktiv aus. In sportlicher Manier führte er auch die spektakulären Banküberfälle aus, bei denen er stets eine Pumpgun mit sich führte. Wegen dieser Pumpgun und der Reagan-Maske wurde er bewundernd in den Zeitungen mit „Pumpgun-Ronnie" tituliert. Als Kastenberger nun gefaßt worden war, wurde er von Gendarmeriebeamten verhört. In einer Verhörpause sprang er behend aus einem Fenster und flüchtete. Er lief durch ganz Wien und hinein in den Wienerwald. Zwei Gendarmen hielten ihn auf der Straße an. Geschickt entwendete er einem der beiden dessen Dienstpistole und verschwand. Die Zeitungen und das Fernsehen berichteten sensationslüstern von der Jagd, an der einige hundert Gendarmen beteiligt waren. Geradezu liebevoll wurde der Räuber in den Schlagzeilen als „Ronnie" oder „Pumpgun-Ronnie" bezeichnet. Man spürte die Sympathie mit dem ca. dreißigjährigen Bankräuber, der allerdings auch einen Mord an einem Mann aus dem Zuhältermilieu gestanden hatte. Er hatte diesen Mann erschossen, weil er ihm 'widerlich' gewesen sei und in seiner Gegenwart geraucht habe. Schließlich sei er Nichtraucher. Nach intensiver und brutaler Menschenjagd wurde Kastenberger in seinem Fluchtauto von einer verirrten Kugel in den Rücken getroffen. Er sah nun keinen Ausweg mehr und erschoß sich „heldenhaft" mit der dem Gendarm geraubten Dienstpistole.
In einer Fernsehsendung über den „Fall Kastenberger" wurden auch einige seiner Sportfreunde interviewt. Diese betonten traurig, daß er ein liebenswürdiger Mensch und guter Sportkamerad gewesen sei. Übrigens hatte der Räuber das erbeutete Geld geschickt bei diversen Banken und sogar im Ausland angelegt. Nicht wenige Menschen zeigten für Johann Kastenberger, vulgo „Pumpgun-Ronnie", Sympathien. Es scheint, daß einige

Leute insgeheim gehofft hatten, der Mann würde seinen Jägern entkommen. Er entsprach von seinem Äußeren und seinen Aktionen her dem Bild des klassischen und kühnen Räubers. Sein zäher und muskulöser Körper war gepaart mit angenehmen und hübschen Gesichtszügen. Ein Freund von mir, ein eifriger Dauerläufer, meinte sogar, er hätte aus Respekt und Mitleid einen „Johann Kastenberger-Gedächtnislauf" durchgeführt. Eine schätzenswerte und gebildete Dame mittleren Alters, eine Künstlerin, beschrieb mir die Faszination, die dieser Mann auf sie ausgeübt habe. In einer der Nächte nach dem Selbstmord des verwegenen und auch eleganten Bankräubers verfaßte sie eine Moritat auf diesen Mann im Stil alter Bänkelsänger. Diese moderne Moritat erinnert an die alten, auf die Taten von Schinderhannes und anderen Burschen gedichteten Lieder:

Johannes Kastenberger war sein Name
Ein Räuber groß, gewandt und schnell.
So manche schöne Wiener Dame
Hätt' ihn gewünscht sich zum Gesell'.

Mit siebzehn Jahren fing er an zu rauben
Man macht es nicht, er tat es doch.
Schlug einen nieder, wollte Geld ausklauen;
Für dies und anderes: ab mit ihm ins Loch!

So saß er sieben Jahre im Gefängnis.
Die lange Strafe machte ihn nicht gut.
Zu flüchten suchte er aus der Bedrängnis
Und drohte neues Böses an in Wut.

Die Zeit verging; es schien sich nun zu mildern
Der wilde Bursch. Da ließen sie ihn frei.
Oh süße Freiheit. Kaum zu schildern!
Gleich fing er an sein böses Tun auf's Neu.

Zwar wollt' er erst sein Wissen mehren
Studiert' nun fleißig, trieb auch fleißig Sport.
Doch leider sog am Ort der Lehren
Er ständig Ärger ein, denn einer rauchte dort.

Verfluchter Rauch! Er mußt' ihn deshalb töten.
Schoß nächtens nieder ihn, grad ins Gesicht.
Und gleich tags drauf, da sucht' er ohn' Erröten,
Die erste Bank zu überfallen, doch es glückte nicht.

Kurz drauf da macht er es schon besser
Versucht es noch einmal mit einer Bank.
Mit Mask' und Flinte, nicht mit einem Messer
Trug eine Menge Geld heim in den Schrank.

Und wieder zieht er aus, vier Monat später
Wagt dreimal es an einem Tag.
Man kennt' ihn nun als „Pumpgun-Ronnie"-Täter.
Hat Geld nun, soviel immer er auch mag.

Doch ist's ihm nicht genug, schon wieder muß er rauben.
Noch drei Mal zieht er aus, die Maske vorm Gesicht.
Drei Tage lang muß jeweils eine Bank dran glauben
Und dennoch fängt man ihn noch immer nicht.

Denn flink ist er, ein kühner Renner
So schnell, wie selten sonst ein Mann.
Tagtäglich läuft er als ein großer Könner,
So daß schier niemand ihn verfolgen kann.

Er zog auch seine Bahn zum Freudenauer Hafen
Ärger bereitet ihm ein Polizist.
Den schoß er einfach tot, den Braven,
Weil's Töten gar so einfach ist.

Da war auch eine Dame von der leichten Gilde.
Zum Schrecken erst, dann ernst schoß er auf sie;
Denn sie zeigt' an in einem flugs gemachten Bilde
Das Angesicht des Mörders, wann und wie.

Ach! Sie war auch die Erste nicht der Frauen,
Die er ermordet. Früher noch als sie
Erschoß er eine, die sich wollte trauen
Zu widerstehen ihm, dem widerstand man nie.

Nicht ewig führt' er fort sein heimlich Treiben.
Man faßt Verdacht, man fing ihn ein.
Noch einmal flüchtet' er, sprang durch die Scheiben.
Die Polizei schaut dumm dahinter drein.

Vier Tage versuchten sie zu fangen,
Den kühnen Burschen, doch es glückt' noch nicht.
Wie weit wird er auf seiner Flucht gelangen,
Bis man bekommt ihn lebend zu Gesicht?

Fünfhundert Männer folgen ihm vier Tage auf der Sohle,
Und immer wieder narrt er sie.
Entreißt einem der Häscher gar seine Pistole,
So schnell, daß er nicht wußte wie.

Doch ging es, wie es gehen mußte.
Vielhundert Hunde sind des Hasen Tod.
Es traf die Kugel, die bewußte,
Von hinten ihn, färbte mit Blut ihn rot.

Ach! hast verspielt Dein liebes Leben!
Aus ist's. Er spürt, er muß nun gehn.
So macht er selber einen Schluß dem Leben,
Weil sie ihn nur als Toten sollen sehn.

Bedenke, der Du dies vernommen,
Die traurige Geschichte gut,
Wie's gar so schnell zu einem bösen End'
Für einen, der nichts Gutes tut, kommen kann.

Ist er gefällig auch, ein hübsch' Geselle,
Find er ein Liebchen, das harret sein,
Er kommt mit seinem Plan nicht von der Stelle,
Und das Verhängnis holt ihn ein.

Wie liegt er nun so kalt und still im Grabe,
Und wartet auf den jüngsten Tag!
Mit einem Vaterunser fromm ihn labe,
Daß er doch nicht ewig büßen mag.

Denn war er auch ein arg' Verbrecher,
So war er auch ein wagemutiger Mann.
Laß hoffen ihn auf himmlische Fürsprecher,
Weil er im Leben nicht mehr hoffen kann.

(Nina).

In dieser zeitgenössischen Moritat wird der Räuber als kühner und faszinierender Mann geschildert.[1] Seine Heldenhaftigkeit zeigt sich in dem Mut, Bank und Polizei zu narren, und auch in der Intelligenz, ein Leben als feiner Mann zu führen, der Geld auf der Bank hat. Dies regt zur Bewunderung an und fasziniert. Ähnlich wie auch Schinderhannes, Grasl und Al Capone. Und tatsächlich unterscheidet sich Kastenberger in seinen verbrecherischen Aktivitäten nicht wesentlich von diesen noblen Leuten.

[1] Die Verfasserin dieser Moritat ist „Nina". Sie will anonym bleiben, dennoch finde ich es gerechtfertigt, daß hier ihr gekürzter Vorname „Nina" festgehalten wird. Sie verdient, daß man ihr zumindest unter diesem Namen für diese Moritat den Respekt ausspricht.

Der vornehme Tod

Die feinen Leute achten nicht nur sorgsam darauf, ihre Lebensjahre nobel zu führen, sondern auch den Tod zu einer vornehmen Angelegenheit zu machen. Völkerkunde und Urgeschichte zeigen, wie vielfältig die Strategien sind, um toten vornehmen Menschen ein würdiges Jenseits zu ermöglichen. Schon zu Lebzeiten bauen feine Menschen für ihre künftige Existenz Mausoleen, legen Grüfte an oder kaufen Grabplätze, lassen von Künstlern Grabkreuze herstellen und sparen für ein würdiges Begräbnis. Feine Menschen wollen auch in ihrem Tod anderen Menschen demonstrieren, daß sie von herausragender Bedeutung sind. Bereits in alten Kulturen — im europäischen Raum zumindest seit der Bronzezeit — bemühten sich Häuptlinge, Priester und Adelige, durch die Vornehmheit ihrer Grabstätten sich auch im Tode vom gewöhnlichen Volk zu unterscheiden. Besonders deutlich wurde dieser Drang zur unsterblichen Vornehmheit bei den alten Ägyptern. Die Pyramiden ihrer Pharaonen waren und sind weithin sichtbare Symbole für die Heiligkeit ihrer Person.

Die prachtvolle Bestattung feiner Leute

In der Tradition der Pyramiden stehen die bis in die Jetztzeit reichenden Totenkulte edler Menschen. Dazu gehört auch die sogenannte Kapuzinergruft in Wien. Die Kapuzinergruft beherbergt die mehr oder weniger prunkvollen Sarkophage der Mitglieder des ehemaligen österreichischen Herrscherhauses. Den Toten wurden hier Denkmale in Bronze und Stein gesetzt. Den Barocksarg Karls VI. schmückt ein Totenkopf mit der römischen Kaiserkrone. Prachtvoll ist der Gruftraum von Erzherzogin Maria Theresia. Man spürt in dieser Gruft die Macht, die von diesen toten noblen Leuten einmal ausgegangen ist.

Typisch für die feinen Leute ist — dies wird vor allem in der Kapuzinergruft dezent deutlich —, daß ihr Körper im allgemeinen nicht der Erde übergeben wird. In die Erde kommt der gewöhnliche Mensch. Die Heiligkeit der bestatteten Person wird noch dadurch herausgestrichen, daß ihr Körper kunstvoll einbalsamiert wird — im Stil der alten Ägypter. Der Körper kann also nicht zu Staub zerfallen und zu Erde werden. Dies ist dem weniger feinen Volk vorbehalten. Ein solches Ritual der Einbalsamierung in Verbindung mit einer separaten Aufbewahrung von Herz und anderen Innereien, wie es bei den toten Habsburgern üblich war — auch die tote Kaiserin Zita erfuhr 1989 eine ähnliche Behandlung —, erhöht die noble Person gegenüber dem gewöhnlichen Sterblichen und gibt ihr den Schein des Unsterblichen. Die Beisetzung in einer Gruft und die Einbalsamierung halten sie fern von der Erde, in die der gemeine Mensch in seinem Tode überzugehen hat.

Gerade bei der Bestattung von Herrschern und deren Verwandten wird die Wichtigkeit der verstorbenen vornehmen Person sorgfältig dargetan. Eine Vielzahl von Ritualen wird dabei eingesetzt. Ein bemerkenswertes Ritual war bei den Bestattungsfeierlichkeiten der Habsburger in Wien üblich — auch bei Zitas Trauerfeierlichkeiten wurde es angewendet. Als der Sarg vor der Kapuzinergruft angelangt war, klopfte der Zeremonienmeister mit einem Stab an die Eingangstür. Ein Kapuzinerpater, der drinnen wartete, fragte:

„Wer begehrt Einlaß?"

„Zita, die Kaiserin von Österreich, gekrönte Königin von Ungarn, Königin von Böhmen, von Dalmatien, Kroatien, Slawonien, Galizien, Lodomerien, Illyrien usw.", antwortete der Zeremonienmeister.

„Kenne ich nicht!", erwiderte der Pater.

Der Zeremonienmeister klopfte abermals dreimal an die Türe der Gruft. Der Kapuziner wiederholte seine erste Frage: „Wer begehrt Einlaß?"

Der Zeremonienmeister: „Zita. Ihre Majestät, die Kaiserin und Königin!"

Der Pater wieder: „Wir kennen Sie nicht!"

Der Zeremonienmeister pochte nochmals dreimal gegen die Türe. Nun fragte der Pater ein letztes Mal, wer Einlaß begehre. Der Zeremonienmeister antwortete: „Zita, ein sterblicher, sündiger Mensch.“ Der Kapuzinerpater gab sich mit dieser Antwort nun zufrieden und öffnete die Türe mit den Worten: „So komme sie herein.“

Diese Zeremonie hat einen tiefen Sinn. Sie bekräftigt die Vornehmheit und Heiligkeit der Person. Nicht bloß durch die Nennung ihrer hohen Titel, sondern schließlich auch dadurch, daß sie gegenüber der Welt als ein Mensch mit bescheidener Würde — ein Attribut der feinen Leute — erscheint.

Wien ist wohl die einzige Stadt der Welt, die ein Bestattungsmuseum besitzt. Gediegen und in bescheidener Pracht stellt sich dieses Museum in der Goldeggasse, im 4. Wiener Gemeindebezirk, dem Besucher dar. Dieser sieht hier historisch bemerkenswerte Objekte, die mit Aufbahrung, Kondukt und Begräbnis des kostbaren Toten zu tun haben.

Mannigfaltige Symbole edler, ins Jenseits abgegangener Leute demonstrieren die Wichtigkeit vornehmer Bestattungsriten. Bis zum ersten Weltkrieg waren folgende Aufbahrungsformen üblich: Aufbahrung der Pracht-Classe, der I. Classe, der II. Classe, der III. Classe, der IV. Classe, der V. Classe und der armseligen VI. Classe. Innerhalb der I. Classe wurden drei verschiedene Ausstattungsmöglichkeiten angeboten.

Bei der Pracht-Classe war „der zur Aufbewahrung bestimmte Paradesaal durchgehend mit schwarzem Tuch ausgeschlagen, der Plafond schwarz drapiert, der Fußboden mit Teppichen belegt und der Sarg auf einen Katafalk unter einem Baldachin gestellt“. Beim Katafalk hielten „zwei Hausofficiere in Trauer-Staatskleidern“ bei Tag und Nacht Wache. Am Tor des Trauerhauses wurde die große Tordekoration angebracht, vor der ein in „reichste Trauer-Livree“ gekleideter Portier zwei Tage lang postiert war (Bestattungswesen, 1982, S.48).

Ein Kondukt schließlich brachte den feinen Toten mit imposantem Aufwand zum Friedhof. Die vornehme soziale Stellung des Toten wurde so für jeden sichtbar. In Wien war das spanische Hofzeremoniell Vorbild für die Ausstattung des Konduktes und

der Traueruniformen. Bei einer Leiche der Pracht-Classe bot das Bestattungsunternehmen einen Herold zu Pferd, zwei Reiter mit Laternen, eine Musikkapelle, einen Prachtleichenwagen mit acht Rappen, acht in spanischer Tracht gekleidete Stallmeister, acht Sargträger, 20 Fackelträger und 12 Wappenträger auf (Bestattungswesen, 1982, S.78).
Die Begräbnisrituale bieten also die hervorragende Möglichkeit, eindrucksvoll die vornehme Bedeutung und einzigartige Exklusivität des Toten und seiner Familie vorzuführen. Aus folgender Zeitungsnotiz aus dem „Illustrierten Wiener Extrablatt" vom 15. Februar 1886 geht dies plastisch hervor. Und es wird auf die noble Distanz zwischen feinen und armen Leuten hingewiesen. Der Text steht unter zwei gezeichneten Bildern. Das eine zeigt den Kondukt einer Leiche der „Pracht-Classe" und das andere die Ankunft eines Leichenwagens mit Särgen von in bitterer Armut verstorbenen Leuten. Es heißt zur Bedeutung prachtvoller Begräbnisriten: „Wie anders dagegen präsentiert sich die prunkvolle Gruft des Reichen, der aus seinem Palaste hinausgeführt worden zur letzten Ruhe. Verschwendung und Sucht, zu glänzen, spielen da keine geringe Rolle (!). Es ist heutzutage nahezu ein Sport der Reichen (!) geworden, am Allerseelen-Tage sich gegenseitig mit prächtigem Gräberschmuck zu überbieten, und der größte Theil des Publicums geht nicht mehr aus Pietät auf die Friedhöfe, sondern um möglichst viel zu sehen. So kraß die Gegensätze zwischen Arm und Reich im Leben uns entgegentreten, so auch im Tode . . .".
Trotz einiger Änderungen der Bestattungsriten ist das Begräbnis der feinen Leute auch heute ein vornehmes Ereignis geblieben, das an alte Traditionen anschließen kann.

Auch bei modernen militärischen Begräbnissen wird deutlich, welch noble Leute hier zur ewigen und vornehmen Ruhe getragen werden. Nach der „Paradeordnung-Begräbnisordnung" des österreichischen Bundesheeres (Erlaß vom 16. Oktober 1986) gehören zu einem militärischen Kondukt ein Kommandant, eine Ehrenformation — für Soldaten, Chargen und Unteroffiziere ist dies ein Ehrenzug mit Militärmusik; für Offiziere wird eine Ehrenkompanie mit Insignientrupp und Militärmusik eingesetzt — und ein Sargspalier. Ist keine Militärmusik vorhanden, so rücken ein Trompeter und ein Trommler aus. Auf dem aufgebahrten, mit der Staatsflagge bedeckten Sarg wird ein Innenhelm befestigt. Am Fußende des Sarges befindet sich ein Polster mit den Orden und Ehrenzeichen des Verstorbenen. In der Regel nimmt das Spalier eine halbe Stunde vor der Feier beiderseits des Sarges „in Reihe" Aufstellung. Nach der Feier in der Aufbahrungshalle wird der Sarg hinausgetragen, die Ehrenformation leistet den militärischen Gruß mit Blickwendung und bildet den Anfang des Trauerzuges. In der Nähe des Grabes nehmen die Ehrenformation und die Militärmusik Aufstellung. Beim Versenken des Sarges, nach Entfernen der Flagge und des Helmes, wird die Ehrenformation zum letzten militärischen Gruß mit Blickwendung kommandiert. Auf dieses Kommando hin beginnt auch die Militärmusik, das Lied „Ich hatt' einen Kameraden" zu spielen. Ist keine vorhanden, bläst der Trompeter den Zapfenstreich (vgl. Müller, 1988, S.14ff).

Das Militär hat eine gewisse Tradition, seine toten Herren, die bisweilen die Ehrenbezeichnung „Helden" bekommen, nobel beizusetzen. Es kann allerdings dabei auch zu einigen Extravaganzen kommen, wie die Bestattung des Feldmarschalls Radetzky im Jänner 1858 zeigt. Der Heereslieferant und Besitzer des Schloßes von Wetzdorf in Niederösterreich, Joseph Gottfried Pargfrieder, hatte bei seinem Schloß den sogenannten „Heldenberg" angelegt. Auf diesem Heldenberg erinnern eine Vielzahl von Statuen berühmter Militärs der k. u. k. Armee an

eine glanzvolle Zeit. Pargfrieder ließ auch eine Gruft errichten, für die er als ersten den Feldmarschall von Wimpffen bewegen konnte, dort seine letzte Ruhestätte zu wählen. Von Wimpffen wurde 1854 dort auch beigesetzt. Pargfrieder setzte nun alles daran, auch Feldmarschall Radetzky zu motivieren, sich am Heldenberg bestatten zu lassen. Das war aber nicht einfach. Pargfrieder richtete wiederholt Briefe an Radetzky mit der entsprechenden demutsvollen Bitte. Radetzky sollen diese Anträge eher unangenehm gewesen sein, doch 1855 bestimmte er in seinem Testament, das ehrende Angebot Pargfrieders annehmen zu wollen.
Radetzkys Beisetzung am Heldenberg war für Pargfrieder der Glanzpunkt in der Geschichte dieser von ihm geschaffenen noblen Stätte. Radetzky war am 5. Jänner 1858 in Mailand verstorben und dortselbst drei Tage lang in einem schwarz ausgeschlagenen Saal der Villa Reale ausgestellt. Seine Bestattung gestaltete sich zu einer prachtvollen Trauerkundgebung. Der Sarg Radetzkys wurde mit dem Zug nach Venedig gebracht und von dort nach Wien. In jeder Garnison, die durchfahren wurde, waren Soldaten am Bahnhof angetreten, um den toten „Vater Radetzky" zu ehren. Am 17. Jänner wurden die kostbaren Überreste Radetzkys von hohen Militärs und der Bevölkerung in Wien empfangen. Es wurde eine große Trauerkundgebung auf dem Glacis abgehalten. Kaiser Franz Joseph kommandierte selbst zu Pferde den Kondukt. Der vornehme Leichenzug bewegte sich zum Stephansdom und dann weiter zum Nordbahnhof. Von dort wurde die Leiche Radetzkys am 18. Jänner in einem „Separattrain" nach Wetzdorf übergeführt, begleitet von 45 Mann der Kavallerie, Offizieren, Wachtmeistern, Korporälen und allen Stabsoffizieren der Radetzky-Husaren. In der Schloßkapelle wurde der Sarg aufgebahrt. Am nächsten Tag trafen um 10 Uhr vormittags zahlreiche österreichische und ausländische Generäle und die Erzherzöge ein, um 11 Uhr erschien der Kaiser. Ein Galaleichenwagen, bespannt mit 6 Rappen, brachte die Überreste des teuren Toten zu seiner letzten Ruhestätte. Während der Sarg in die Gruft hinabgetragen wurde, ertönten 100 Kanonenschüsse. Der Heldenberg Pargfrieders, der sich selbst später ne-

ben Radetzky bestatten ließ, hatte damit seine Vollendung erfahren (vgl. Vocelka-Zeidler, 1986). Die Vornehmheit des edlen Verblichenen wurde also hier sehr eindrucksvoll vor Augen geführt. Seine heilige, in das Jenseits abgegangene Person wurde durch eine Reihe von Ritualen hoheitsvoll verehrt und eine Vielzahl von Menschen wohnte den Zeremonien des Totenkults bei.

Die vornehme Todesanzeige

Strukturell gleichen sich die Begräbnisse von würdevollen Menschen bis heute. Sterben Staatspräsidenten, hohe Politiker, Angehörige der Hochfinanz, reiche Leute der Wirtschaft, noble Gelehrte und andere feine Leute, so wird zunächst die feine und die übrige Welt vom Tod der kostbaren Person benachrichtigt. Früher geschah dies wohl durch Depeschen, fliegende Reiter u. ä., heute sind dies vorrangig Partezettel, auf denen die Würde des Toten und seine Verdienste diskret angedeutet werden, und meist großflächige Anzeigen in den Zeitungen. Handelt es sich um einen sehr teuren und prominenten Verblichenen, so erscheinen in der Regel — dies ist wohl im gesamten europäisch-anglo-amerikanischen Raum so — in verschiedenen wichtigen Zeitungen mehrere Todesanzeigen. Die Menge dieser Anzeigen gibt Auskunft über die Nobilität des bedeutungsvollen Toten. Je mehr solcher Anzeigen zu lesen sind, um so höher ist wohl der noble Stand des Verewigten. Die Zahl der Anzeigen weist darauf hin, daß der Tote in verschiedenen Gruppen, Bereichen, Wirtschaftsgremien, Ausschüssen, Vorständen und anderen Institutionen hoch geachtet und auch sonst ein ehrenvoller Mensch war. Bei mächtigen Politikern mit ihren vielen Nebengeschäften werden die Zeitungen viele derartige — große und kleine — Benachrichtigungen bringen.
Dieser Partezettel und die Traueranzeigen bieten weitere Mög-

lichkeiten, neben der Würde des Toten auch die Noblesse der Verwandten, Freunde und Kollegen mit der gebotenen Diskretion herauszustreichen. Folgende Traueranzeige — die Namen wurden aus verständlichen Gründen geändert und abgekürzt — zeigt dies gut auf. Der Verstorbene ist ein Mitglied einer alten aristokratischen Familie gewesen. Daher wird in dieser Anzeige die hohe Wertigkeit des Adels auch entsprechend hervorgekehrt: „Franz Prinz von und zu P. gibt im eigenen Namen sowie im Namen seiner Mutter Elisabeth Prinzessin von und zu P. Erzherzogin von Österreich, seiner Brüder Alfred und Georg Prinzen von und zu P., seiner Schwester Maria Prinzessin von und zu P. . . . und aller übrigen Verwandten tiefbetrübt Nachricht vom Hinscheiden seines geliebten Vaters Seiner Durchlaucht K. A. Prinz von und zu P., Dipl.-Ing., Inhaber des Großkreuzes mit Brillanten des F. Verdienstordens, Inhaber des Großen Goldenen Ehrenzeichens am Bande für Verdienste um die Republik Österreich, welcher am Samstag, den . . . versehen mit den Tröstungen der Heiligen Religion . . . verschieden ist . . . Wien, am . . ."

Gefühlvoll wird hier die Vornehmheit des Toten und der Trauernden dargetan. Bemerkenswert ist, daß nicht die Ehefrau des verstorbenen Aristokraten die Nachricht vom Tod ihres Mannes kundgibt, sondern der älteste Sohn. Dies entspricht, wie ich oben ausgeführt habe, den patriarchalischen Prinzipien der Hocharistokratie. In dieser Traueranzeige wird dies eindringlich vorgeführt.

Die Trauernden ehren nicht nur stilvoll den Toten, sondern auch sich selbst. Sie verkünden der Welt die Vornehmheit der Bestattung und der an dieser Teilhabenden.

Auch bei meiner Studie über den Wandel eines bergbäuerlichen Dorfes wurde mir die hohe symbolische Bedeutung des Totenrituals, durch welches die respektierliche Stellung des begüterten Bauern aufgezeigt wurde, bewußt. Starb ein Bauer, so wurde er durch drei Tage in der sogenannten „guten Stube" aufgebahrt. Er lag im offenen Sarg und jeden Abend fanden sich bei diesem die Familienmitglieder, Freunde und Nachbarn ein, um gemeinsam zu beten und Totenlieder zu singen. Dieses gemeinsame Beten und Singen hatte für die Teilnehmenden eine wichtige Funktion, denn nach diesen rituellen Akten blieb man noch beisammen, trank ordentlich Most und aß Bauernbrot dazu. Die Burschen fanden dabei Gelegenheit, mit den Mädchen anzubandeln, und auch sonst betätigte man sich wenig trauernd. Man begann nach einer Zeit, wie mir erzählt wurde, sogar heitere Lieder zu singen und zu jodeln (Girtler, 1987, S.229ff).
Das Begräbnis des Bauern gestaltete sich zu einem großen Ereignis, bei dem so ziemlich alle Einwohner des Gebirgsdorfes mit Musik, uniformierter Feuerwehr, Jägern und anderen Ehrengarden die Würde des Toten zelebrierten. Auch hier sind es viele Menschen, die die Vornehmheit des toten Bauern symbolisieren.
Ganz anders ging es jedoch dem Knecht des Bauern, überhaupt wenn er alt war und keine Leistungen mehr erbringen konnte. Er wurde aus dem Haus hinausgedrängt, oft aß und schlief er im Stall und starb auch dort. Von einem toten Knecht machte man nicht viel Aufhebens. Man schlug ihn für gewöhnlich in ein Leintuch ein und brachte ihn in die Totenkammer des Dorfes. Die Gemeinde legte ihn in einen billigen Sarg und als er begraben wurde, gaben ihm — wenn überhaupt — nur eine Handvoll Leute die letzte Ehre. Der Knecht war kein nobler Mensch wie der Bauer, er hatte keine soziale Macht und auch im Tod blieb er eine unbeachtete, degradierte und sehr bald vergessene Person.

War jedoch ein Knecht, ein kleiner Arbeiter oder ein armer Kleinbauer auch als Wilderer tätig, so hatte er in der dörflichen Männergemeinschaft im Gebirge, wie ich schon ausgeführt habe, einiges Ansehen und konnte hoch geachtet werden. Das Begräbnis eines Wilderers war daher auch kein gewöhnliches Ereignis. An ihm nahmen andere Wilderer teil, die dem toten Kollegen noch einen letzten „frischen Bruch", einen Tannenzweig, mit ins Grab gaben.
Beim Begräbnis von vier von Gendarmen erschossenen Wilderern im Jahre 1919 in Molln (Oberösterreich) nahmen 1500 Arbeiter teil. Sie hatten aus Protest gegenüber dem Vorgehen der Gendarmerie ihre Arbeit für einen Tag niedergelegt. Das Wildererbegräbnis wurde so zu einer Demonstration der kleinen Leute gegen den gräflichen Jagdherrn. Sie waren zahlreich erschienen und ehrten die Wilderer als hoch achtbare Rebellen (näher in: Girtler, 1988).

Die Bestattung des vornehmen Ganoven

Die Vornehmheit des Totenrituals läßt sich also daran ersehen, wieviele Menschen bei der Beerdigung anwesend sind. Ein großes Publikum beim noblen Begräbnis, gleichgültig ob es sich um das eines Kardinals, eines bekannten Schauspielers, eines großen Staatsmannes, eines wohlhabenden Bauern, eines reichen Arztes oder sonst eines feinen Menschen handelt, gibt der Zeremonie die Würde der Vornehmheit. Die Anwesenheit von vielen Menschen ist auch charakteristisch für die Beisetzung des großen Ganoven und des feinen Mafioso.
Mario Puzo schildert das Begräbnis des „Paten" Don Corleone, einer der großen Chefs der amerikanischen Mafia, als ein großes Ereignis mit einem großen Publikum: „Die Beisetzung war eines Königs würdig. Die fünf Familien schickten ihre Dons und capiregime, desgleichen die Familien von Tessio und Cle-

menza . . . In einem Interview sagte Fontane, daß Vito Corleone sein Pate und überdies der großartigste Mann gewesen sei, den er kenne, daß es ihm eine Ehre sei, einem solchen Mann das letzte Geleit zu geben, und daß es ihn einen Dreck kümmere, wer davon erfahre. Die Totenfeier im alten Stil fand im Hause des Don in der Promenade statt. Nie hatte Amerigo Bonasera (der Bestatter) bessere Arbeit geleistet. Er hatte alle Verpflichtungen abgesagt und seinen alten Freund und padrino so liebevoll hergerichtet . . . Alle alten Freunde und Gefolgsleute strömten herbei. Nazorine, der Bäcker, kam mit Frau, Tochter, Schwiegersohn und Enkeln . . . Den Sarg trugen Rocco Lampone und Albert Neri gemeinsam mit Clemenza, Tessio und — natürlich den Söhnen des Don. Die Promenade und all ihre Häuser waren mit Blumenkränzen geschmückt. Draußen vor den Toren warteten Zeitungsreporter, Photographen und ein Lieferwagen, in dem, wie man wußte, FBI-Männer saßen und das Geschehen mit Filmkameras festhielten . . . Michael Corleone blieb fast den ganzen Tag . . . in der Bibliothek. Immer wieder wurden Gäste herbeigeführt, die ihm ihr Beileid aussprechen wollten. Michael begrüßte sie alle sehr höflich, sogar als einige von diesen Leuten ihn Don Michael oder sogar padrino nannten . . . Es war fast zehn Jahre her, seit sich zum letztenmal so viele Menschen in diesem Haus versammelt hatten, um eine feierliche Gelegenheit zu begehen . . . Nun wurde es Zeit, zum Friedhof zu gehen. Zeit, den großen Don zu Grabe zu tragen. Michael schob seine Hand unter Kays Arm, und sie gingen hinaus zu der Menge der anderen Trauernden. Hinter ihnen kamen die capiregime, gefolgt von ihren Soldaten, und dann alle einfachen Leute, denen der padrino zu Lebzeiten geholfen hatte. Nazorine, der Bäcker, die Witwe Colombo mit ihren Söhnen und alle die zahllosen anderen Menschen seiner Welt, die er gerecht, aber mit fester Hand regiert hatte. Sogar einige seiner Feinde waren gekommen, um ihm die letzte Ehre zu erweisen . . ." (Puzo, 1969, S.523ff).

Dem großen Mafia-Boß wird eine ähnliche Ehrung zuteil, wie sie auch bei einem hohen und adeligen Herrn zu erwarten ist. Die Würde des noblen Toten wird durch die vielen Trauergäste dokumentiert. Der Außenstehende sieht, hier wird ein feiner Mensch beerdigt, der soziale Macht hatte und ein hohes Ansehen genoß.

Bei einem Begräbnis eines bekannten, plötzlich verstorbenen Herrn, der in Wien den Strich wirksam kontrolliert hat und in dessen Bordellen einige attraktive Frauen ihr hartes Brot verdient hatten, ging es ähnlich zu wie bei der Beisetzung des Don Corleone. Das Begräbnis fand auf einem Wiener Nobelfriedhof statt. Dem ehrenvollen Toten, der als „Wiens ungekrönter Unterweltkönig" bezeichnet wurde, gab ein großes Publikum die letzte Ehre.

Wiens Zuhälterprominenz und viele arbeitsame Mädchen vom Strich, dazwischen einige unauffällige Herren von der Kriminalpolizei, waren erschienen und verschafften dem Begräbnis einen würdigen Rahmen. Die Friedhofskapelle, in der man den Toten aufgebahrt hatte, war zum Bersten voll. Ein Männerchor der Städtischen Bestattung und Heurigensänger untermalten musikalisch die Trauerfeier. Zunächst stimmten die Heurigensänger das alte wehmütige Wienerlied „Stellts meine Roß in Stall . . ." an. Ein Journalist schrieb darüber, dies wäre ein „beziehungsvolles Lied" gewesen, welches „nicht nur den zahlreich vertretenen — so plötzlich ihrer schützenden Hand beraubten — Damen die Tränen in die Augen treibt" (Wochenpresse, 1985, Nr. 20, S.58).

Im weiteren Verlauf der Trauerfeier sangen die Sänger der Städtischen Bestattung Verdis „Gefangenenchor", womit offensichtlich auf die heldenhafte Karriere des „Unterweltkönigs", nicht zuletzt in den Gefängnissen, hingewiesen werden sollte. Und schließlich kam wieder die Heurigenpartie mit „A echts Weana Kind" an die Reihe.

Die Würde des noblen Verstorbenen dokumentierte sich durch die vielen Kränze. Auf einer Kranzschleife war zu lesen: „Letzte Grüße vom Elferhaus". Das „Elferhaus" ist ein bekanntes Bordell am Wiener Gürtel. Auf einer anderen Schleife stand: „Wir werden Dich nie vergessen". Und wieder eine andere Schleife verkündete: „Letzte Grüße — die Mädchen vom 69er Haus". Auch hier der Hinweis auf ein Bordell.

Der lange Trauerzug bewegte sich ruhig zur Grabstätte. Die trauernden Damen und Herren vom Wiener Strich warfen ihrem verstorbenen „König" ein mit einer rosa Masche verziertes Hufeisen, einige Tonbandkassetten und schließlich auch Spielkarten in das Grab nach. Mit dem Hufeisen verband sich offenbar der Wunsch, der tote vornehme Mann der Unterwelt möge im Jenseits Glück haben. Die Kassetten sollten ihm seine Lieblingslieder in der Ewigkeit verkünden. Und die Spielkarten dienten wohl der Erinnerung an seine Bedeutung beim verbotenen Glücksspiel, welches er kontrolliert und an welchem er groß verdient haben dürfte.
Die Würde dieses toten Unterweltkönigs kommt bei diesem Begräbnis gut zum Ausdruck. Das große Trauerpublikum, die gemütvollen Lieder und auch die Grabbeigaben der Damen und Herren aus dem Geschäft der Wiener Prostitution und des Glücksspiels verschafften in ihrer Symbolik dem Zuseher ein Bild von der Vornehmheit und dem hohen Ansehen, welches der kostbare Unterwelttote zu seinen Lebzeiten genoß. Die Symbolik der Grabbeigaben ist bemerkenswert, zumal hier an alte Tradition, wie sie die vorchristliche Bevölkerung und heute noch die Zigeuner kennen, angeknüpft wird.
Der vornehme Mann der Unterwelt kann also genauso wie der feine Aristokrat damit rechnen, auch in seinem Tod gewürdigt und gefeiert zu werden.
Ganz anders als mit den mächtigen toten Ganoven verfuhr und verfährt man mit den kleinen verstorbenen Dieben, den verstorbenen obdachlosen Nichtseßhaften (den „Sandlern"), den im Gefängnis armselig verstorbenen Sträflingen und anderen arm und verachtet verstorbenen Leuten. Für sie gibt es kein Begräbnis im üblichen Sinn. Viele von ihnen kommen in die Pathologie, das wissen sie auch, oder werden in Armengräbern bestattet. Die in der Pathologie in Wien gelandeten degradierten Toten werden, nachdem sie seziert und der Medizin zu Diensten waren, in ein bestimmtes ehrenvolles Massengrab am Wiener Zentralfriedhof zur ewigen Ruhe gebettet.
Mir erscheint es wichtig, darauf hinzuweisen, um den Kontrast zu dem Begräbnis des vornehmen Ganoven hervorzukehren.

Besonders plastisch schildert Erwin Kisch, der „rasende“ Reporter, diese Degradierung noch im Tod. Der mit „Besuch bei den toten Sträflingen“ übertitelte Aufsatz von Egon Erwin Kisch zeigt dramatisch die Mißachtung gegenüber dem Ganoven, der es nicht sehr weit gebracht hat: „Der Kondukt rangiert sich. Ein Sträfling mit einem Kreuz voran, die sechs anderen tragen den Sarg. Die Bajonette, die geladenen Gewehre gehen neben und hinter dem Leichenzug. Über eine Viertelstunde lang bewegt sich der traurige Zug auf Feldwegen vorwärts, bis man den Anstaltsfriedhof erreicht hat. Dort verscharrt man den Toten, steckt ein Kreuz (zwei Holzlatten) an die Kopfseite des Hügels, man läutet die Totenglocke in dem kleinen Turm und geht dann in den Kirchhof, den niemand betreten darf, der nicht aus der Anstalt kommt. Es ist der einsamste Friedhof der Stadt.“ Kisch beschreibt weiter die schmucklosen Gräber der verstorbenen Sträflinge. Auf den Grabkreuzen ist kein Name angebracht und Blumen gibt es auch keine. Das Ausgestoßensein dieser verfemten und strafbar gewordenen Menschen geht bis in den Tod (Kisch, 1980a, S.427ff).
Eindringlich wird diese staatlich verordnete Erniedrigung in den namenlosen Gräbern deutlich. Dem toten Sträfling wird sogar sein Name genommen. Nichts soll an ihn erinnern. Diese Schilderung steht in plastischem Gegensatz zu den oben dargestellten Bestattungen, in denen prachtvoll die Würde des Toten hervorgekehrt wurde. Hier deutet sich die hohe Symbolik des Begräbnisses an.

Ergänzend zu obigen Ausführungen sind hier noch einige Hinweise auf die Würde der letzten Ruhestätte feiner Leute anzubringen. Für besonders angesehene und erlauchte Tote halten Städte, Märkte und Dörfer besondere Grabstätten, sogenannte Ehrengräber bereit. Am Zentralfriedhof der Stadt Wien gibt es eine Präsidentengruft, Grabmäler für berühmte Musiker, wie Johann Strauß, für Schauspieler, für Künstler jeder Art, Dichter, Wissenschaftler, Architekten, Sportler, wie den Fußballer Matthias Sindelar, und andere ehrenvolle Tote.
Die mit dem Tod verknüpften Rituale und Symbole, wobei der Grabstein oder das Grabkreuz wohl die wichtigsten sind, präsentieren anschaulich die Würde und die hohe Stellung des Verblichenen. Sie sind Hinweise auf die soziale Macht, die die Gruppe, welcher der Tote angehört hat, für sich in Anspruch nimmt. Dies ist in der Aristokratie so, in der Kirche, in guten bürgerlichen Kreisen, wenn Primarärzte, politische Funktionäre und andere teure Leute zu Grabe getragen werden, aber auch beim mächtigen Ganoven. An Bestattungen und Grabmälern wird die Distanz zu anderen, „gewöhnlichen" Leuten deutlich, für die sich niemand findet, um ein solches 1. Klasse-Begräbnis und einen herrschaftlichen Gedenkstein zu zahlen.
Man ist, so scheint es, sorgsam darauf bedacht, einen kostbaren Toten für die Ewigkeit vor allen anderen Menschen auszuzeichnen. Das Grabkreuz, der Grabstein oder das Mausoleum weisen dezent, aber doch eindringlich auf den sozialen Status des Verblichenen hin. Als ich eine Studie über ein Männerkloster durchführte, fiel mir etwas Seltsames, dem urchristlichen Prinzip von der Gleichheit der Menschen Widersprechendes, auf. In diesem Kloster leben und arbeiten Mönche und Brüder. Den Mönchen obliegt die mehr organisatorische und spirituelle Arbeit und den Brüdern die übrige. Letztere kümmern sich um den Garten, werken in den verschiedenen Betrieben des Klosters und stehen auch sonst den Patres zu Diensten. Diese soziale Unterordnung setzt sich auch im Tode, am Friedhof fort. Dort

sind die Grabkreuze der Brüder weniger verziert als die der Priester. Die Priester dürfen demnach für sich auf einen Grabhügel im klostereigenen Friedhof hoffen, auf dem ein schmiedeeisernes Kreuz mit diversen schmiedeeisernen Rosen und ähnlichem Zierat dem Friedhofsbesucher verkündet, daß hier ein würdiger Mensch begraben liegt. Das Kreuz für den toten Bruder ist bescheidener. Die soziale Distanz des Priesters zum „gewöhnlichen" Klosterbruder bleibt am Friedhof und — offensichtlich nach priesterlichem Wunsch — in der Ewigkeit gewahrt. Die Vornehmheit ist gesichert.

Der vornehme Tote als Mittelpunkt eines gesellschaftlichen Ereignisses

Die vorhergehenden Ausführungen sollten zeigen, daß eine vornehme Bestattung und feierliches Totengedenken eine wichtige soziale Funktion haben. Sie streichen nicht nur die einmalige Noblesse eines wichtigen Toten heraus, sondern sie weisen auch mehr oder weniger bewußt darauf hin, daß der Tote für die betreffende Gemeinschaft von hohem Wert ist. Außenstehenden wird so die hervorragende Gemeinschaft, der der Tote einmal angehört hat, klargemacht. Die diversen Trauerzeremonien und vor allem die Trauerreden verkünden der Umwelt die Hochwertigkeit des nun Verstorbenen. Und an dieser wollen die zurückgebliebenen Nahestehenden partizipieren. So ist es bei militärischen Begräbnissen, bei denen der Hinweis auf die Heldenhaftigkeit des toten Soldaten auch den lebenden Soldaten zugute kommt und ihre Aktivität in einem edlen Lichte erscheinen läßt. Oder bei einem Begräbnis eines toten prominenten Angehörigen einer politischen Partei verweist dessen lobende Würdigung auf die enorme Heiligkeit der gesamten Partei. Dasselbe zeigt sich auch in anderen Bereichen. Ein pikantes und in obigem Sinn interessantes Totenritual ereignete sich in Wien im Jahr 1988. Der 1938 in Paris verstorbene österreichische Schriftsteller Ödön von Horvath war noch im selben Jahr in dieser Stadt begraben worden. Ein österreichischer Verlag und die Ehefrau des inzwischen ebenfalls verstorbenen Bruders von Ödön von Horvath kamen nun auf die gute Idee, die sterblichen Überreste dieses in der Theaterwelt hoch angesehenen Österreichers nach Wien überführen und auf dem Heiligenstädter Friedhof beerdigen zu lassen. Aus diesem Anlaß verschickte man noble Einladungen. Darauf war auf der einen Seite zu lesen, daß dem Wiener Bürgermeister für „die großzügige Unterstützung und die Widmung der Ehrengruft" zu danken sei. Und auf der anderen, der rechten Seite „beehren sich" die Schwägerin Ödön von Horvaths und der betreffende Verlag „bekanntzugeben", „daß die Feierstunde anläßlich der Überführung des in Paris verstorbenen Schriftstellers Ödön von Horvath, 9. XII.1901 bis 1. VII.1938, am Dienstag, dem 7. Juni 1988 um 13.00 Uhr am Heiligenstädter Friedhof stattfindet". Und auf der Rückseite wurde zu „einem kurzen Beisammensein" in einem Gasthaus in der Nähe des Friedhofs eingeladen.

Bei der „Feierstunde" trug die Frau des Bruders von Horvath als nächste Verwandte die rituelle schwarze Trauerkleidung. Und ein Schauspieler sprach einige schöne Sätze, denen er den Dank an Horvath anschloß. Fernsehen und Presse widmeten dem würdigen Totenschauspiel weihevolle Beiträge. Diese Zeremonie wollte nicht nur Ödön von Horvath ehren — was allen gar nicht so wichtig war, wie es schien —, sondern aller Welt vorführen, daß der Bürgermeister und die Leute vom Theater ehrenwerte, gebildete und hoch zu achtende Menschen sind.

Eine kleine Geschichte, die sich beim Begräbnis Ödön von Horvaths in Paris zutrug und die mir ein Bekannter der Familie Horvath erzählte, sollte hier kurz erwähnt werden. Sie ergänzt das Kapitel zum Thema "Gaunerehre".

Ödön von Horvath war in Paris auf der Straße durch einen herabfallenden Ast erschlagen worden. Sein Bruder und sein Verleger eilten nach Paris, um das Begräbnis zu organisieren. Sie hatten in einem Pariser Hotel Quartier bezogen. Am Tag nach ihrer

Ankunft erschien am Vormittag ein Herr in dunklem Anzug und mit Zylinder. Er stellte sich als Angestellter der Bestattungsfirma vor, die das Begräbnis Horvaths durchführen sollte. Man gab ihm darauf den von ihm verlangten nicht geringen Betrag, der damals (1938) für den Bruder und auch den Verleger einiges bedeutete.
Der würdige Herr verabschiedete sich. Einige Stunden später sprach wiederum ein Herr mit würdigem Äußeren bei Horvaths Bruder vor. Auch er gab sich als Bevollmächtigter der betreffenden Bestattungsanstalt aus. Als Horvaths Bruder meinte, es sei schon jemand hier gewesen, um das Geld für die Bestattung, nämlich für ein Begräbnis 1. Klasse, zu kassieren, stellte sich heraus, daß dieser erste Besucher ein bekannter Betrüger war, der regelmäßig solche Gaunereien durchführe. Da Horvaths Bruder und der Verleger nur mehr wenig Geld zur Verfügung hatten, blieb ihnen nichts anderes übrig, als dem echten Bestatter bloß den Betrag für ein 3. Klasse-Begräbnis zu übergeben.
Die Überraschung der beiden war groß, als sie dann zum Friedhof kamen und sahen, daß das Begräbnis doch in sehr würdiger Weise, nämlich in Form der 1. Klasse, veranstaltet war. Die beiden wunderten sich, hatten sie doch ein Begräbnis 3. Klasse erwartet.
Der Bruder Horvaths erblickte nun etwas abseits der Trauergäste den Herrn, dem er als ersten das Geld gezahlt hatte und der sich als Ganove entpuppt hatte. Er ging zu ihm und fragte ihn, warum nun doch ein Begräbnis 1. Klasse für seinen Bruder hier stattfinde. Der würdige Herr antwortete ihm, er hätte erfahren, daß es sich bei dem Toten um einen Künstler handle und er als Gauner sei auch so etwas wie ein Künstler. Und einen Kollegen samt seinen Freunden dürfe man nicht betrügen, dies widerspreche der Ehre.
Der Ganove demonstrierte Vornehmheit, indem er von seiner ursprünglichen Absicht abging. Er gab sich betont großzügig, denn der tote Künstler verdiente ein nobles Begräbnis.
Eine wichtige rituelle Funktion bei der Würdigung des Toten, oder besser: seiner Hinterbliebenen, haben das Bestattungsunternehmen und seine Angestellten. Es wird daher ungemein

sorgfältig von den betreffenden Trauerinstituten darauf geachtet, daß das von ihnen veranstaltete Begräbnis eine ehrenvolle Angelegenheit ist. Der Verstorbene, der zu seinen Lebzeiten vielleicht ein glanzvolles Leben geführt hat, wird glänzend herausgestellt und seine Verwandten und Freunde auf diese Weise entsprechend gewürdigt.

Die Verhaltensvorschriften für den Bestatter sind demnach an besonders vornehmer Noblesse ausgerichtet. U. a. heißt es in diesem Sinn in einer Schrift der Wiener „Städtischen Bestattung“: „Der Bestatter ist verpflichtet, die Ehre seines Standes zu wahren und gegen alle ungerechtfertigten Angriffe zu verteidigen . . . Zur Rücksichtnahme auf die Empfindlichkeit der Bevölkerung gerade auf dem Gebiet des Totenkultes gehört es auch, daß der Bestatter dafür Sorge trägt, daß die dem Totenkult gewidmeten Gegenstände nicht profaniert werden, wie dies z.B. der Fall ist, wenn man einen Totenwagen vor einem Gasthaus (!) stehen sieht . . . Die besondere Empfindlichkeit der Hinterbliebenen macht besonders gute Umgangsformen zur Pflicht.“

Vom Bestatter wird also verlangt, die Trauerfeierlichkeiten zu einer noblen Angelegenheit zu machen. Ein feines Benehmen entspricht der Weihe des Anlasses und kündet von der Würde der Trauerzeremonie und ihrer Teilnehmer.

Moderne Priester und Heilslehrer — Wissenschaftler, Autoren, Theaterleute und andere feine Leute

Zu den legitimen Nachfolgern der alten Propheten, Priester und Geheimlehrer gehören heute Wissenschaftler, hochachtbare Universitätsgelehrte, aber auch diverse Intellektuelle, wie Dichter, Künstler, Schauspieler, Theaterschriftsteller, Kabarettisten und Journalisten. Sie alle stehen in dem Ruf, den sie auch pflegen, Geheimnisse des Lebens zu kennen und über „Wahrheiten" berichten zu können. Ihr Ansehen ist daher traditionell hoch.

Kulturwissenschaftlich und soziologisch nicht uninteressant sind deshalb ein paar Gedanken von Adolf Freiherr von Knigge zum Thema „Gelehrte und Künstler". Der Freiherr hat vor all jenen Respekt, die sich redlich mit ihrer Wissenschaft und ihrer Kunst auseinandersetzen. Er kritisiert jedoch scharf die feinen Leute, denen es mit allerhand Tricks gelingt, sich als große Gelehrte oder Künstler prächtig darzustellen: „Wenn aber heutzutage jeder elende Verseschmied, Kompilator, Journalist, Anekdotenjäger, Übersetzer, Plünderer fremder literarischer Güter und überhaupt jeder, der die unbegreifliche Nachsicht unseres Publikums mißbraucht, um ganze Bände voll Unsinn, Torheit, Wiederholung längst besser gesagter Dinge drucken zu lassen, sich selber einen Gelehrten nennt, wenn die Wissenschaften nicht nach dem Grade ihrer Nützlichkeit für die Welt, sondern nach dem veränderlichen, leichtfertigen Geschmack des lesenden Pöbels geschätzt, grüblerische Grillen Weisheit genannt werden, fieberhafte Phantasie für Schwung und Begeisterung gilt . . . dann muß man wohl ein paar Worte darüber sagen, wie man sich im Umgang mit solchen Leuten zu betragen hat" (Knigge, 1929, 1788, S.259f).

Die Priesterherrschaft der Wissenschaftler — Ehre und Karriere

Im allgemeinen genießen Wissenschaftler ein besonderes Ansehen und sind im Rahmen der sogenannten Lehrfreiheit keiner Stelle hinsichtlich dessen, was sie verbreiten, verantwortlich. Sie verfügen als Berufsstand traditionell über ein Charisma, welches zu hoher Ehre verhilft und sorgfältig gehütet wird. Der Kulturanthropologe Stagl meint daher, daß die heutigen Wissenschaftler in vielem den früheren Priestern gleichen. Zu ihrem Ehrbegriff gehört es, daß sie der „Wahrheit", die an die Stelle von „Gott" tritt, „mehr . . . gehorchen als den Menschen" (Stagl, 1988, S.99ff). Der Wissenschaftler ist demnach jener ehrenvolle Mensch, der die Wahrheit angeblich ohne Rücksicht auf den eigenen Vorteil und die eigene Bequemlichkeit sucht, unbeirrbar und unbeeinflußbar vom Unverstand des Laien. Er präsentiert sich als Wahrheitssuchender und als ein solcher verlangt er für sich die Freiheit der Wissenschaft.

Diese Freiheit ist verfassungsrechtlich verankert und verschafft einige Privilegien, die man durchaus mit den Ämtern und Pfründen der früheren Priester vergleichen kann (vgl. Stagl, 1988, S.116). Der Wissenschaftler, der eine feste Universitätsstelle hat, verfügt über ein den Hohepriestern ähnliches Amt. Derart geachtet und gepriesen sind in den Institutionen der Wissenschaft freilich nur die „obersten Gelehrten", nämlich die, die nicht mehr gekündigt werden können und über Geld und Menschen verfügen können. Um innerhalb der Gemeinschaft einen solchen ehrenvollen Platz einzunehmen, bedarf es einiger Anstrengungen und einiger Kämpfe.

Charakteristisch für diese priesterähnliche Einschätzung des Wissenschaftlers ist, daß er bei wichtigen Fachfragen konsultiert wird und so sein Wort zu einem heiligen wird. Besonders auffällig ist dies, wenn „gewöhnliche" Menschen sich von Philosophen, Soziologen, Biologen und anderen die Lösung ihrer Zeit- und Lebensprobleme erwarten. Interessanterweise werden dabei sehr häufig Vogelkundeexperten oder Meeresbiologen befragt. Diesen ist es durch allerlei Arbeiten, zum Beispiel über typische Vogelarten oder Meerestiere, gelungen, als Experten angesehen zu werden, die sich legitimiert sehen, über die Vielfalt des menschlichen Lebens etwas Bedeutendes auszusagen. Mitunter präsentieren sich diese Leute geradezu als Heilslehrer, die so tun, als ob sie die Weisheiten kennen würden, die die Menschheit dringend benötigt.

Voraussetzung, um ein ehrenvoller Wissenschaftler zu werden, ist es, eine Reihe von Ritualen über sich ergehen zu lassen und auf erbrachte Leistungen, das sind vor allem die veröffentlichten Bücher und Artikel, verweisen zu können. Es sind also einige Barrieren zu überwinden, um einen hohen Ruf als Wissenschaftler zu erlangen. Die exklusive Vornehmheit bleibt auf diese Weise sorgsam abgesichert.

Die Karriere ist bisweilen mühevoll. Für gewöhnlich beginnt sie mit einer Assistentenstelle an der Universität. Dies ist ein wesentlicher Schritt, um in die Universität — den Elfenbeinturm der Wissenschaft — eingegliedert zu werden. Er ist wichtig, denn die Universität verleiht dem Gelehrten die Legitimation, zu bestimmten Dingen Weisheiten zu erzählen. Der Assistent kommt in Kontakt zu Kollegen, er wirkt in Gremien mit und erhält die Chance, sich dem System der Universität fest einzufügen. In diesem Stadium ist es von existentieller Wichtigkeit, durch diverse Artikel in Fachzeitschriften und eventuell durch ein Buch den Kollegen klarzumachen, daß man zur Zunft gehört. Dabei kommt es allerdings darauf an, in fachlich renommierten Zeitschriften oder Buchreihen zu veröffentlichen. Dies verschafft Ansehen. Es ist aber nicht ganz leicht, dort unterzukommen, denn die Herausgeber, zu denen gewöhnlich namhafte Professoren gehören, prüfen die vorgelegte Schrift und entscheiden aufgrund nicht immer einsichtiger Kriterien — persönliche Kontakte spielen eine große Rolle —, ob sie gedruckt wird.

Das Prestige steigt mit der Anzahl der Publikationen. Die Publikation wird somit zu einer rituellen Notwendigkeit, durch die der Zugang in das Heiligtum der Wissenschaft ermöglicht wird. Der junge Gelehrte rechtfertigt auf diese Weise seine Laufbahn als Universitätswissenschaftler. Kann er damit rechnen, das Wohlwollen der mächtigen Professoren des Instituts und der Fakultät zu besitzen, so steht seiner Habilitation nicht mehr allzu viel im Wege. Für gewöhnlich ist die Habilitation eine sakrale Angelegenheit, bei der eine Arbeit des Kandidaten begutachtet und er einem Kolloquium vor der Habilitationskommission unterzogen wird. Hat der Habilitant persönliche und freundschaftliche Beziehungen zu den betreffenden Professoren, so hilft dies wesentlich. Weiß jemand geschickt ein Minimum an wissenschaftlichem Ehrgeiz und Leistung mit der Freundschaft zu renommierten Professoren zu verbinden, so kann er mit einer ehrenvollen Karriere rechnen — vorausgesetzt, an der Universität ist eine entsprechende Stelle frei. Solche Freundschaften können durch gemeinsame Aktivitäten, wie Gasthausbesuche, Ferienfahrten und sogar Kletterabenteuer verstärkt werden.

Für einen Gelehrten, der außerhalb des Universitätsbetriebes wirkt und dennoch an der Universität lehren und sich habilitieren will, ist es jedoch erheblich schwieriger, die inneruniversitäre Erfolgsleiter zu erklimmen. Grundsätzlich muß er damit rechnen, als unliebsame Konkurrenz und damit auch als Gefahr für die noble Einmaligkeit der „kollegialen" Universitätsgelehrten gesehen zu werden.

Professoren an der Universität verfügen über ausgeklügelte Strategien, mit denen sie ihre Kunst und ihr Wissen als hochwertig und sich selbst als sehr nobel dartun können. Zu diesen Strategien zählen zunächst eine eigene, nicht immer verständliche, distanzierte und vornehme Sprache, eine feine Abhebung vom Studenten und von anderen weniger wichtigen Personen, mitunter eine feine Kleidung, rituelle Räume und die Verfügungsgewalt über Sekretärinnen und Assistenten.

Die vornehme Sprache der Wissenschaften kann, wie traditionell in der Medizin und heute vor allem in der Philosophie und Soziologie beobachtbar, zu einer Art exklusiver Geheimsprache werden. Besonders in der Soziologie zeigte sich dies in den siebziger Jahren, als eifrige Soziologen sich offensichtlich ab-

mühten, die soziale Wirklichkeit vor den Menschen zu verschleiern. Die Sprache des Soziologen wurde so zu einer Art Liturgiesprache mit sakralen Zügen.
Außerdem heiligen eine Reihe anderer Privilegien und Symbole den Professor. Dazu gehören seine Mitgliedschaft in universitären und außeruniversitären Gremien, seine Tätigkeit an Sommerhochschulen, seine Teilnahme an wichtigen Kongressen und sein Auftreten bei diversen öffentlichen und auch privaten Feiern. Bei diesen wird für gewöhnlich das Publikum über die Anwesenheit des Professors feierlich unterrichtet. Fast alle diese Veranstaltungen haben die wichtige symbolische Funktion, die Würde des Professors und die der durch seine Anwesenheit Geehrten darzutun. Das Charisma des Universitätsprofessors heiligt eine Veranstaltung.
Vom Professor wird daher auch ein entsprechendes rituelles Handeln erwartet, welches bei dem Professor der Medizin zu einem betont sakralen wird; z.B. wenn er bei einer Visite durch die Krankensäle schreitet. Ihn umgeben — ähnlich wie bei kirchlichen Prozessionen — zeremoniell unmittelbar andere Ärzte als Würdenträger; und am Rand der Einherschreitenden oder in würdevollem Abstand hinter ihnen bewegen sich schließlich die Krankenschwestern (bei ihnen liegt ein wesentlicher Teil der Arbeit bei der Krankenbetreuung). Eine ähnliche rituelle Funktion haben die Assistenten in anderen Wissenschaftsbereichen. Sie unterstreichen bereits durch ihre Anwesenheit bei Vorlesungen und ähnlichen Veranstaltungen die Erlauchtheit des Professors.

Innerhalb der Wissenschaften genießt der feine Wissenschaftler Respekt, wenn er darauf verweisen kann, Bücher und Zeitschriftenartikel in großem Umfang veröffentlicht zu haben. Die Publikationen werden dabei zum Maßstab der professoralen Dignität. An ihnen wird der Wissenschaftler gemessen, wobei es mitunter weniger auf inhaltliche als auf quantitative Kriterien ankommt. Eine große Publikationsliste, die Mitarbeit an Fachwörterbüchern und Referate bei Kongressen weisen den Wissenschaftler als ein achtbares Mitglied der universitären Zunft aus. Einige Gelehrte verstehen es überdies, durch die Herausgabe von Studien, die Kollegen geschrieben haben und denen sie ein stolzes Vorwort voransetzen (eventuell in Verbindung mit einem eigenen Artikel), ihre gelehrte Vornehmheit darzutun.
Aber noch etwas spielt hier herein: das Zitiertwerden. Werden Arbeiten eines Wissenschaftlers in Publikationen von Kollegen zitiert, so hebt das sein Ansehen. Je öfter sein Name in den Literaturverzeichnissen und Fußnoten aufscheint, umso bedeutungsvoller und ehrenhafter ist er. Wissenschaftler, die aus irgendeinem Grund — sei es aus politischen oder persönlichen Gründen — an Prestige verloren haben oder nie ein solches hatten, bleiben geflissentlich unerwähnt. Mit Verbitterung müssen sie feststellen, in bestimmten Werken nicht ehrenvoll genannt zu werden.
Historisch haben sich eine Reihe von Strategien und Ritualen entwickelt, durch die Wissenschaftler, vor allem an den Universitäten, ihre Vornehmheit und soziale Macht präsentieren. Zu solchen Strategien gehören auch die Versuche, Kollegen und mißliebige Konkurrenten durch schlechte Gutachten zu degradieren, das Infragestellen ihrer Wissenschaftlichkeit, sie bei der Besetzung von wichtigen Stellen (wie einer Professur) zu umgehen und andere wenig freundliche, intrigenhafte Aktionen innerhalb der wissenschaftlichen Gemeinschaft. Eine klassische Strategie, die bereits die Inquisition kannte, besteht darin, dem Konkurrenten vorzuwerfen, er wür-

de bestimmte Glaubenssätze einer Wissenschaft nicht ernst nehmen. Die Wissenschaftlichkeit von Studien zeigt sich beim modernen, „echten“ Wissenschaftler darin, daß er möglichst viele Anmerkungen zum Text anbringt und möglichst viele Werke der wissenschaftlichen Literatur nennt. Ein solches Vorgehen weist den ordentlichen Gelehrten aus und zeigt an, daß er die Welt der Bücher kennt.
Eine spezielle Strategie einiger Gruppen von Wissenschaftlern ist es, sich jeweils gegenseitig zu zitieren. Auf diese Weise bilden sich sogenannte „Zitierkartelle“, deren Mitglieder hoffen, von bestimmten Kollegen in deren Arbeiten, wenn schon nicht mit Lob, so doch mit dem Hinweis auf ihre Existenz und die ihrer Elaborate bedacht zu werden. Dies verfestigt die Würde und verleiht einen respektablen Platz unter anderen noblen Leuten. Knigge analysiert dies so: „Lustig anzusehen aber ist es, wenn zwei Schriftsteller sich einander mündlich oder schriftlich loben und preisen, vorteilhafte Rezensionen erschleichen, sich bei lebendigem Leib einbalsamieren und sich eine glänzende Ewigkeit zusichern“ (Knigge, 1788, S. 263).

Nur wer die Regeln einhält, bekommt die Anerkennung durch die Kollegen. Schreibt jemand nicht im jeweiligen wissenschaftlichen Jargon des Faches, werden äußerliche Formalitäten nicht erfüllt, dann setzt er sich mit ziemlicher Sicherheit dem Vorwurf der Unwissenschaftlichkeit aus. Meist ist mit diesem Vorwurf auch die Auseinandersetzung mit dem „unwissenschaftlichen“ Inhalt überflüssig geworden. Was bereits — schon äußerlich — als unwissenschaftlich erkannt wurde, braucht inhaltlich nicht beachtet zu werden.

Es entspricht der „ständischen Ehre" des Professors, der Welt zu zeigen, daß er uneigennützig und „weltfremd" nur dazu da ist, der wissenschaftlichen Wahrheit zu dienen. Die Gesellschaft finanziert ihn jedoch trotzdem und macht ihn zu einem Gehaltsempfänger. Der klassische Wissenschaftler versucht, sich als uneigennütziger und opferbereiter Sucher nach Wahrheit zu geben, aber er kassiert dabei. Die noble Distanz zum Geld wird allerdings dadurch symbolisch gewahrt, daß der Wissenschaftler nicht von Geld oder Bezahlung spricht, sondern vom „Honorar", welches ihm angeblich zu Recht gebührt. Es gebührt ihm für eine Leistung, die sakralen Charakter hat und die so hoch zu bewerten ist, daß man sie mit Geld ohnehin nicht aufwiegen kann, daher gibt man ein „Honorar".
Hier sei eingefügt: grundsätzlich lassen sich zwei Typen von Wissenschaftlern ausnehmen. Einmal jene, die mit Studium und Forschung ein echtes Anliegen verknüpfen und erst zweitrangig Interesse an einer steilen Karriere zu haben scheinen. Und dann jene, auf die ich mich hier vorrangig beziehe, von denen Friedrich Schiller meint, für sie sei die Wissenschaft „eine tüchtige Kuh", die sie „mit Butter versorgt". Diese feinen Leute dürften an den Universitäten in der Mehrzahl sein (Statistiken darüber gibt es begreiflicherweise nicht). Sie kennen die universitären Rituale und nutzen sie, um ein nobles Leben zu führen, welches allerdings wenig mit einem Leben in würdiger Bescheidenheit zu tun hat.

Eine wichtige einträgliche und vornehme Geldquelle sind die diversen Forschungsgelder, die regelmäßig von Ministerien und anderen Institutionen ausgegeben werden. Teile dieser Gelder, die zweifellos auch nützlich eingesetzt werden, finden jedoch mitunter private Verwendung. Von einem Professor wurde mir erzählt, er habe mit Forschungsgeldern die Einrichtung seiner Wohnung, seine Fotoausrüstung und andere Dinge finanziert, um ein nobles Leben führen zu können.

Eine andere beliebte Möglichkeit (sie steht besonders schroff im Gegensatz zu dem griechischen Ideal der Uneigennützigkeit des Gelehrten), um das professorale Gehalt aufzubessern, bietet sich in der Abhaltung von Massenvorlesungen an, über deren Inhalt die Hörer Prüfungen abzulegen haben. An den dafür ausgestellten Zeugnissen verdient der wackere Gelehrte, ebenso wie an den Lehrbüchern, die er für seine Vorlesungen verfaßt und deren Kauf er den Studenten nahegelegt hat. Um diese angenehme Geldquelle auch richtig auszubeuten, geben einige Professoren das von ihnen verfaßte Lehrbuch, das die Studenten zu kaufen haben, periodisch in stets etwas veränderter Form heraus.

Die mittelalterliche Tradition der Gelehrten

Viele heutige Gelehrte stehen nicht nur in priesterlicher Tradition, sondern sie sind im besten Sinn auch die Nachfolger der vagierenden mittelalterlichen Magistri und geschickten Quacksalber, die ihre Künste einem staunenden Publikum teuer zu verkaufen verstanden. Unter diesen Leuten gab es welche, die sich mit Vorliebe als Gelehrte ausgaben. Von den Strategien und Ritualen dieser alten, zum Teil fahrenden, betrügerischen „Gelehrten" her besteht kaum ein Unterschied zu jenen Aktivitäten, die auch heute noch an den Universitäten zu beobachten sind. Vor allem bei den Professoren, auf die Schiller sich bezieht. In dem Buch über das „Gaunerwesen" in Schwaben aus dem Jahre 1793 werden die Vorgänger der heutigen gelehrten Herren so geschildert: „Die Vornehmsten unter ihnen (den Gaunern) erscheinen gewöhnlich in einem vornehmen Aufzug . . . Sie treten meistens nur in Städten, am liebsten in Reichsstädten und deren Gebiet auf . . . und aus begreiflichen Gründen wählen sie gerne die Marktzeit dazu. Sie geben sich für Ärzte, die, wo nicht alle, doch die wichtigsten und gefährlichsten desperatesten

Krankheiten heilen könnten, für Operateurs, Zahn- und Augenärzte, Stein- und Bruchschneider, Harnbeschauer usw. aus, und führen gedruckte Zettel bei sich, auf welche ihre ganze Kunst der Länge und der Breite nach beschrieben ist, und gerade so wie es am kräftigsten auf den Pöbel wirken kann, mit ungemeiner Zuversicht, mit Berufung auf viele glücklich vollbrachten Curen, und Einstreuung vieler biblischen und religiösen Floskeln: sogar mit Klagen über Betrüger und Quacksalber . . . Da sie ihre Rolle bei einer völligen Unwissenheit unmöglich mit Erfolg spielen könnten: so sind sie auch nie ganz leer an Wissenschaft und Kunst . . . Gegen diejenigen, die sich bei ihnen einfinden, sind sie außerordentlich höflich." (Schäffer, 1793, S.85ff).

Schlaue Vornehmheit gepaart mit wissenschaftlichem Ernst vermag zu beeindrucken. Ein gewisses Maß, wie auch dieser alte Text andeutet, an Wissen ist allerdings notwendig — genauso wie an der modernen Universität —, um als Gelehrter geehrt zu sein und gefeiert zu werden.

Die Rituale, wie sie hier für bestimmte Ganoven, die sich als noble Ärzte ausgeben, geschildert werden, unterscheiden sich in ihrem Wesen nur wenig von den „vornehmen Aufzügen" geachteter Professoren heute, wenn sie in Hörsälen, Kliniken und Kongreßhallen ihre Auftritte haben.

Weise Künstler, Journalisten und Autoren

Was oben über Wissenschaftler — auch von Knigge — festgehalten wurde, gilt in gewisser Hinsicht auch für Theaterschriftsteller, Dichter, Künstler, Schauspieler, Journalisten und Autoren. Ich beziehe mich hier grundsätzlich — genauso wie oben bei den Wissenschaftlern — bloß auf jene Leute, die dem „zweiten Typus des Gelehrten" entsprechen, die also mit ihren Tätigkeiten vorrangig das Geschäft im Auge haben. Diese Leute genießen traditionell ein öffentliches Ansehen, sie stehen im Mittelpunkt der Medien und besitzen die Möglichkeit, ihre Weisheiten über die Zeitungen und das Fernsehen zu verbreiten. Auch sie ähneln den alten Priestern, zumal ihrem Wort bisweilen geradezu eine heilige und seherische Kraft zugeschrieben wird. Typisch zeigt sich dieses Phänomen bei anerkannten Autoren und Theaterschriftstellern, denen ein gläubiges Publikum dankbar folgt.

Es ist eine beliebte Strategie bestimmter Schauspieler, Sänger oder Dichter, durch irgendwelche aufrührerischen Produkte aufzufallen und dafür großen Applaus einzuheimsen. Sie stellen sich als Heilslehrer dar und werden dafür großzügig bezahlt. Auch für diese weisen Leute gilt, was oben bei der Diskussion über die Gelehrten angedeutet wurde, daß sie nämlich versuchen, mit ihren genialen Verkündigungen von einer Kritik an sich selbst — nämlich als gut verdienende und geschickt den Geschmack des Publikums findende Gruppe — abzulenken.

Eine Wiener Schauspielerin, die als „kritische" Sängerin und als Vorkämpferin für diverse emanzipatorische Dinge dem Publikum ein Begriff ist, weiß zum Beispiel geschickt ihren großbürgerlichen Lebensstil zu verbergen, zu dem ein Porsche und Kontakte zu einer gewissen Schickeria gehören.

Auch die Lebenswelt weiser Künstler und anderer Leute ist bestimmt durch eine noble Distanz zu anderen Menschen, vor allem zu denen, auf deren Kosten sie ein nobles Leben zu führen vermögen — das sind sowohl diejenigen, die sie bezahlen, als auch die, die Gegenstand ihrer Lieder, Bücher und Theaterstücke sind. Es hat sich so etwas wie eine eigene Kultur (oder Subkultur) dieser distanziert-kritisch feinen Leute herausgebildet. Charakteristisch für sie sind eine gemeinsame Vorstellung vom „Kleinbürger", von dem sie sich in aller Vornehmheit abgehoben sehen wollen, der Besuch diverser Lokale und gemeinsame rituelle Veranstaltungen.

Auch diese Gruppe der Künstler, Sänger und Dichter, zu der auch auserwählte Journalisten zählen, hat ihre Tradition. Knigge meinte über sie: „Dann ziehen sie durch das Land, um . . . mit dem Schwerte der Verleumdung jeden zu verfolgen, der nicht zu ihrer Fahne schwören will, jedem das Maul zu stopfen, der es wagt, an ihrer Unfehlbarkeit zu zweifeln. Ein einziges Wörtchen, das nicht in ihr System paßt, gibt ihnen Stoff zur Verketzerung, zu unwürdigen Neckereien, zu Verfolgungen der besten, sorglosesten, planlosesten Menschen. Sei behutsam, wenn ein solcher dich freundlich besucht, und erwarte, daß er nachher einmal . . . alles drucken lassen werde, was er bei dir gesehen und gehört hat!" Knigge rät außerdem, „jeden Unbekannten, der gewisse Modewörter, wie zum Beispiel: Aufklärung, Denkfreiheit, Toleranz . . . höhere Wissenschaften . . . oder dergleichen gar zu oft im Mund führt" für einen „schadenfrohen Spitzbuben" zu halten, der „umhergeht wie ein brüllender Löwe, um zu suchen, wen er verschlingen könne" (Knigge, 1788, S.265). Knigge spricht hier jene soziale Macht an, die Künstler und auch diverse weise Journalisten — weil sie eben Zugang zu den Medien besitzen — auszüben imstande sind. Diese Macht, die ein vornehmes und angenehmes Leben verspricht, weiß sich, wie Knigge meint, durch allerhand „modische" und „philanthropische" Thesen zu rechtfertigen. Wesentlich ist für diese Kultur der feinen Künstler und klugen Journalisten, daß sie für sich in Anspruch nehmen, die „Wahrheit" zu kennen und anderen vorschreiben zu können, was als „richtig" empfunden werden darf.

Wir haben es also auch hier mit Priestern und Heilslehrern zu tun, die sich selbst als außeralltäglich sehen und feine Distanz zu anderen, weniger würdigen Individuen halten.

Die vornehme Geistlichkeit

Rituale und Symbole in der Religion und der Politik

Heilige Rituale und Symbole sind nicht nur für den Bestand religiöser Gruppen wichtig, sondern auch für andere, weltliche Gemeinschaften. Auch diese brauchen Männer mit Charisma, sakrale Symbole (wie Fahnen und Talare) und feierliche Zeremonien, um zentrale Vorstellungen, wie die von der „Richtigkeit" einer bestimmten Gesellschaftsordnung, zu verfestigen. Die Wichtigkeit derartiger Rituale und Symbole für die Existenz einer Gruppe kennen auch Revolutionäre. So z. B. wenn sie mit dem Verbrennen einer Fahne kundtun wollen, daß die alten Werte überholt sind und eine neue, angeblich menschenfreundlichere Zeit anbricht.

Umgekehrt haben soziale Rituale und Symbole, auch die politischen, etwas Religiöses an sich (vgl. Weber, 1922, S.237). Schließlich sind Religion und Politik kulturgeschichtlich eng miteinander verwoben. Das Charisma des politischen Führers wurde und wird durch religiöse Rituale hergestellt und geheiligt. Und religiöse Normen lenkten über lange Zeit das Leben einzelner "Gruppen", in manchen Gebieten tun sie es heute noch. Die ägyptischen Pharaonen waren gleichzeitig hohe Priester; im Namen der Religion und der politischen Macht zogen islamische und katholische Heere durch Asien, Afrika und Europa; der römisch-deutsche Kaiser bedurfte der Segnung durch den Papst und religiöse Führer des Vorderen Orients werden heute zu mächtigen Politikern und Kriegsherrn.

Erst nach und nach kam und kommt es zu einer Verweltlichung der Politik, die zeigen will, daß sie mit der Religion nichts zu tun hat. Aber dennoch führen politische Gruppen Rituale und Symbole weiter, die an religiöse Ursprünge erinnern. Der staatliche Minister und der hohe ministerielle Beamte pflegen noble Distanz und achtunggebietende Vornehmheit in ähnlicher Weise, wie sie typisch sind für den orientalischen Hohepriester, den römischen Pontifex Maximus oder den modernen Bischof.

Traditionell sind religiöse und weltliche Bereiche eng miteinander verknüpft. Hohe kirchliche Würdenträger wurden zu machtvollen politischen Führern und weltliche Potentaten sicherten ihre Autorität stets mit dem Segen der Kirche ab. Kaiserkrönungen, Kriegserklärungen, Friedensabschlüsse und andere wichtige politische Akte erhalten durch das Beisein von würdigen Geistlichen eine besondere politische Kraft. Dem dienenden Volk wird auf diese Weise durch würdige Männer und religiöse oder quasireligiöse Rituale vor Augen geführt, daß eine bestimmte Ordnung heilig ist und nicht hinterfragt werden darf. Rituale dieser Art verschaffen Legitimität. Dies ist auch so in den Regimen, in denen kirchliche Institutionen verboten oder in ihrer Macht eingeschränkt sind. Gottesdienstzeremonien, Prozessionsfahnen und Heiligenbilder als klassische kirchliche Rituale und Symbole finden sich auch hier, allerdings etwas verändert, aber ähnlich im Gehalt. Sie dienen der Heiligung angeblich legitimer politischer, wenn auch nicht gläubiger Führer und ihrer Aktionen.
Dies zeigte sich charakteristisch bei den von Hitler inszenierten Kundgebungen, Gedenkandachten und Feiern. Sie waren alle, was Dramaturgie und Inszenierung betrifft, stark religiös bestimmt. Hitler konnte dabei auf alte kirchliche Traditionen zurückgreifen, mit denen er bereits als Schüler der Volksschule Fischlham, dann in der Pfarre des Stiftes Kremsmünster und als Sängerknabe im nahen Kloster Lambach konfrontiert worden war. Ernste Historiker glauben übrigens, daß Hitler im Stift Lambach das erstemal das Hakenkreuz gesehen und es aus der Jugenderinnerung für seine Bewegung gewählt habe. Dieses alte Zeichen findet sich im Wappen des Abtes Theoderich Hagn (1858 bis 1872), eines früheren Novizen von Kremsmünster (Neumüller, 1976, S. 53) und ist im Lambacher Stiftshof über dem Brunnen eingraviert.
Der Ablauf der Nürnberger Reichsparteitage war der christlichen Liturgie nachempfunden. Stets war ihr Grundschema dasselbe: Aufruf, Verkündigung und Bekenntnis (vgl. Thamer, 1988, S.352ff). Flammende Führerworte und quasireligiöse Bekenntnisse zur Idee des Nationalsozialismus und seinem Füh-

rer waren die Gipfelpunkte solcher sakral gestalteter Feiern. Von der kleinsten Feier bis hin zu den Massenritualen in Nürnberg und München erinnerte das Szenarium an Kirchenräume und Altäre. Fahnen umstellten den Kultraum oder hoben den Altarraum heraus. Für die Predigt dieses „Hohen Priesters" waren gigantische Führerkanzeln errichtet worden. Es gab eine unübersehbare Fülle von Gedenkstunden, Weihefesten und Kundgebungen. Das nationalsozialistische Jahr hatte Ähnlichkeiten mit dem Kirchenjahr. Am 24. Februar gedachte man der Verkündigung des Parteiprogrammes, am 16. März folgte der Heldengedenktag und am 20. April war „Führers Geburtstag" mit der nächtlichen Vereidigung der neuen politischen Leiter. Strukturell ähnlich vollziehen sich die diversen Aufmärsche und politischen Demonstrationen in modernen kommunistischen Staaten. Heilige rote Fahnen und Bilder kommunistischer Heiliger werden dabei dem Publikum präsentiert. Den Charakter von Hochämtern haben die klassischen Veranstaltungen, bei denen in einem großen Saal vor kommunistischen Funktionären und anderen mehr oder weniger wichtigen Leuten an einem, mit roten Parteifahnen und Bildern von Marx, Engels und Lenin, den Heiligen, verzierten Rednerpult ein hohes Mitglied der Parteiführung spricht. Der Rede, in welcher gewöhnlich unter anderem auf gewisse Prinzipien hingewiesen wird, folgen rituelles Klatschen und das gemeinsame Absingen der „Internationale", eines heiligen Liedes. Derartige Reden und Parteiveranstaltungen, zu denen auch die klassischen Maifeiern gehören, stärken durch die zeremonielle Berufung auf eine gemeinsame politische Idee die Gemeinschaft. Sie erinnern daher an religiöse Meßfeiern, in denen den Gläubigen bestimmte christliche Werte und diverse Pflichten stets aufs Neue nahegebracht werden.

Gemeinsam ist diesen sakralen Feiern — sowohl bei Katholiken, Kommunisten, Nationalsozialisten und anderen —, daß eine würdige Person von fundamentalen Dingen erzählt. Meist wird gegen Ende solcher Veranstaltungen von allen Teilnehmern ein beeindruckendes Lied gesungen, wie: „Großer Gott, wir loben Dich", die „Internationale" oder eine Nationalhymne.

Dies ist für das Gemeinschaftsgefühl wichtig, aber ebenso für die Bewußtmachung der wesentlichen Prinzipien, an die alle zu glauben haben.
Noch etwas haben die Ideologien, wie der Nationalsozialismus oder der Kommunismus, mit Religionen gemeinsam: nämlich die Berufung auf ein heiliges Buch. Was für die christliche Religion die Bibel oder der Koran für den Islam ist, das war „Mein Kampf" für den Nationalsozialismus und ist „Das Kapital" für den Kommunismus. Ein solches Buch, welches für gewöhnlich von einem politisch mächtigen Mann stammt, heiligt das betreffende soziale Gebilde und verschafft ihm eine würdige Legitimation.

Charakteristisch für die modernen kirchlichen Hierarchien ist, daß — im Gegensatz zum Adel — ihre würdevollen Anreden und Titel, wie „Eure Heiligkeit" für den Papst und Eminenz für den Kardinal, wohl in den meisten europäischen Ländern noch immer, sogar von sozialistischen Bundeskanzlern, tradiert werden. Damit ist es ihr gelungen, alte herrschaftliche Symbole weiterzuführen.

Die Beziehung zum Außerweltlichen

Die Heiligkeit Hoher Priester wird durch eine vornehme rituelle Distanz zum „gewöhnlichen Volk" verdeutlicht. Dies geschieht unter anderem durch einen speziellen Tragsessel, eine zeremonielle Kleidung und eine Vielzahl würdiger Personen, die den heiligen Mann abschirmen. Gegenüber weltlichen Herrschern genießt der Hohe Priester den Vorzug, durch eine direkte Beziehung zur Göttlichkeit geheiligt zu sein. Dies verschafft ihm ein spezielles Charisma. Aber auch Landesfürsten und umjubelte Politiker wollen ein solches Charisma. Daher leiteten Häuptlinge und Könige ihren Stammbaum auch direkt von den Göttern ab. Und die österreichischen Kaiser nannten sich stolz „Apostolische Majestät von Gottes Gnaden". Ruhmreiche, wenn schon nicht göttliche Ahnen legitimierten den mächtigen Herrscher.

Schwieriger hatten es diejenigen machtvollen Führer, die auf keine würdigen Vorfahren zurückgreifen können. Solche Leute neigen dazu, ihre Herkunft entweder selbst ins Dunkle zu rücken, oder ihre Anhänger tun dies. Das Geheimnis ihrer Geburt gibt ihnen ein besonderes Charisma (vgl. Lipp, 1985).

Das klassische Beispiel dafür sind die Brüder Romulus und Remus, die legendären Gründer Roms, von denen erzählt wird, sie seien von einer Wölfin gesäugt und aufgezogen worden. Interessant ist nun, daß „Wölfin" im Lateinischen „lupa" heißt. „Lupa" ist aber auch die Bezeichnung für „Hure". Nach dem Geschichtsschreiber Valerius war tatsächlich eine Dirne, die hieß Acca-Laurentia, aufgefunden worden. Mit dem Erlös aus ihrem „Gewerbe" soll sie die Felder zwischen den sieben Hügeln erworben und sie ihren Pflegesöhnen geschenkt haben, welche darauf die ewige Stadt gründeten. Rom verdankt also seine Entstehung einer Dirne. Sie soll im Rufe einer großen Hure gestorben sein (Dufour, um 1900, S.175). Die Geburt der beiden Romgründer wird jedoch in ein legendäres Dunkel gerückt, in der keine Dirne vorkommen darf, wohl aber eine mythische Wölfin. Romulus und Remus erhielten dadurch ein charakteristisches Charisma, welches sie außerhalb der „normalen" Wirklichkeit stellte. In ganz ähnlicher Weise werden Religionsstifter begriffen. So auch Christus, dessen Geburt als ein übernatürliches und göttliches Geschehen dargestellt wird. Christus besitzt keinen weltlichen Stammbaum, er steht über den anderen Menschen, seine Herkunft ist geheimnisvoll und bezieht sich direkt auf Gott selbst.

In mystische Finsternis wollte offensichtlich auch Adolf Hitler seine Vorfahren tauchen, als er das Grab seiner Großeltern, die auch Hitler hießen, im niederösterreichischen Waldviertel im Rahmen der Errichtung des Allentsteiger Truppenübungsplatzes verschwinden ließ. Er tat dies, obwohl dieses Grab — ebenso wie das seiner Eltern in Leonding, welches er allerdings nicht verbergen konnte — bereits Gegenstand der Verehrung geworden war. Hitler war es wichtig, so scheint es, seine Außeralltäglichkeit und damit sein Charisma zu betonen. Vorfahren passen nicht in dieses Konzept. Die heilige Person benötigt also entweder eine würdige Abstammung oder sie präsentiert sich als einzigartig, von Gott, der Allmacht oder der Vorsehung den Menschen gegeben.

Würdevolle Visiten

Beispiele für Rituale, mit denen die Außeralltäglichkeit von heiligen Personen zelebriert wird, sind die Papstbesuche. Ich will hier einen Auszug aus einem Bericht über den Besuch von Papst Pius VI. im Jahre 1782 in Wien bringen. Pius VI. ist in gewisser Weise als reisender Kirchenhirt ein Vorläufer von Johannes Paul II. Dieser Bericht zeigt gut die Rituale und Symbole der sozialen Distanz auf, mit denen der Papst und der Kaiser sich selbst als sakrale Personen zelebrierten: „Ursprünglich war geplant, daß Papst und Kaiser zusammen im großen Imperialwagen, begleitet von je dreißig adeligen ungarischen und galizischen Leibgarden in Galauniformen, am Ostersonntag nach St. Stephan fuhren . . . Trotzdem wurde das Papsthochamt 1782 in Wien der überwältigendste Eindruck, den die Bevölkerung der Stadt empfangen hatte . . . Der Papst kam am Ostersonntag um 9 Uhr in weißem Talar mit Rochett, weißseidener Mozetta, die mit weißem Pelz verbrämt war, weißgoldgestickter Stola und rotem Hut in Begleitung der beiden Kardinäle Migazzi und Bathyany und mit seinem ganzen Gefolge beim südlichen Seitentor von St. Stephan an." (Kovacs, 1983, S.78f).
Der Papst als kirchlicher Monarch zeigt durch eine eindrucksvolle Symbolik, durch eine Reihe von Zeremonien und ein großes Gefolge seine hohe Würde und Vornehmheit, die ihn aus aller Welt heraushebt. Das Gefolge hat die Funktion (ähnlich

wie die Leibwächter von Staatsmännern und großen Ganoven), die noble Distanz für den gewöhnlichen Menschen unüberbrückbar zu machen. Dadurch wird die Heiligkeit besonders herausgestrichen.
Die beiden Pastoralbesuche von Johannes Paul II. 1983 und 1988 in Österreich waren ähnlich pompös organisiert wie die Visite von Pius VI. Allerdings konnte durch den Einsatz der modernen Technik Papst Johannes Paul II. in seiner würdevollen und heiligen Hoheit noch wirkungsvoller glorifiziert werden. Bei seinem ersten Besuch in Wien fuhr der Papst in einem speziellen weißen Auto, dem „Papamobil", vom Flughafen zum Heldenplatz, wo ihn eine riesige Menschenmenge erwartete. Am Heldenplatz war ein überdimensionaler Bildschirm angebracht worden, auf dem via Fernsehen die Fahrt des Papstes zum Heldenplatz vom Publikum miterlebt werden konnte. Diese Übertragung mutete wie die Herabkunft eines Erzengels vom Himmel an, der dann plötzlich leibhaftig vor den Menschen steht.
Auch die anderen Auftritte des Papstes, bei denen er jeweils eine Botschaft vorlas, waren so angelegt und organisiert, daß in dem Zuschauer der Eindruck erweckt wurde, es sei hier eine dem gewöhnlichen Menschsein entrückte charismatische Person erschienen.
Besuche von Staatsmännern und anderen erhabenen Personen ähneln solchen Visiten in ihrer weihevollen Durchführung.

Die vornehme Geistlichkeit

Etablierte Religionsgemeinschaften verfügen gewöhnlich über ein gewisses, meist recht ansehnliches Vermögen. Dieses setzt sich aus Stiftungen früherer Regenten, den Spenden Gläubiger, Erbschaften und Mitgliedsbeiträgen zusammen. Dadurch kann ein ritueller Rahmen (Gotteshäuser, Klöster oder ähnliches) geschaffen und aufrecht erhalten werden. Innerhalb dieses Rahmens ist es dem noblen Geistlichen — als Brahmane, Chorherr oder sonstwie — möglich, ein vornehmes Leben, welches zum Teil durch Müßiggang, ein klassisches Symbol der Vornehmheit, bestimmt ist, zu führen.

Einer solchen Lebensführung stand Adolf Freiherr von Knigge kritisch gegenüber: „Lehrreich und wohltätig ist der Umgang mit einem Geistlichen, der sich aus ganzer Seele seinem heiligen Berufe widmet . . . Allein nicht alle Diener der Kirche sehen diesem Bild ähnlich. Menschen ohne Erziehung und Sitten, aus den untersten Ständen entsprossen, . . . drängen sich in diesen Stand ein . . . Haben sie nun ihren Zweck erreicht, dann fährt der Pfaffengeist in sie. Geizig, habsüchtig, wollüstig, gefräßig, Schmeichler der Großen und Reichen, übermütig und stolz (!) gegen Niedere . . . Zu Domherren braucht man größtenteils nur Appetit zum Essen und Trinken, mutwillige, ein wenig faunische Laune . . .“ (Knigge, 1788, S.301).

Knigge will mit diesen rebellischen Gedanken wohl deutlich machen, daß der Beruf des geistlichen Herrn sowohl die Möglichkeit des sozialen Aufstiegs in elitäre Kreise bietet als auch ein vornehmes und genußvolles Dasein gestattet. Auf dieses Thema ging übrigens auch Ludwig Thoma in seiner heiteren Novelle „Der heilige Hias“ ein. Er schildert launig, wie ein Bub eines kleinen Bergbauerndorfes es trotz eines trinkfreudigen Lebenswandels schafft, zum Priester geweiht zu werden. Die Primiz, das erste feierliche Meßopfer, wird dabei zu einer großen Zeremonie, an der das ganze Dorf teilnimmt und „seinen“ Hias, der nun ein „geistlicher Herr“ ist, besonders ehrt. Diese Verehrung steht in einem krassen Gegensatz zu früheren Jahren, in denen sich Hias als junger Bursche wegen seiner Eskapaden den Mißmut der Dorfbewohner zugezogen hatte. Diese Geschichte Thomas’ führt heiter vor Augen, wie man über den Beruf des Geistlichen sozial aufsteigen und hohes Ansehen erringen kann.

Während im Mittelalter hohe kirchliche Ämter grundsätzlich der Aristokratie vorbehalten waren, bietet in der Neuzeit die Kirche auch dem „kleinen Mann“ die Chance, als Erzbischof,

Kardinal oder gar Papst mit hocharistokratischen Ehren ausgezeichnet zu werden. Die Kirche ebnet dem klugen Mann also einen Weg in die Vornehmheit, die mit alten Ritualen und Symbolen der Erhabenheit verbunden ist.

Viel Geld und Arbeit wird in den verschiedenen Religionen für die Schaffung heiliger Räume aufgewendet. Bestimmte Sakralräume sind nicht jedem zugänglich und verlangen demutsvolles Handeln. In gewisser Weise haben diese heiligen Bezirke Vorbildcharakter für jene noblen Räume, die ich bereits beschrieben habe. Diese Räume betonen das Außeralltägliche und Heilige der Gottheit, aber auch die Würde der Personen, die in diesen Räumen rituell tätig sind. In ähnlicher Weise verkünden die prachtvollen Büros von Bürgermeistern, Direktoren, Universitätsprofessoren und anderen noblen Personen, von welcher außerordentlichen Bedeutung diese Leute sind.
Diese Ausführungen zum Thema „vornehme Geistlichkeit" sollen deutlich machen, daß der würdige und charismatische Mensch Rituale und Symbole verwendet, die nach kulturwissenschaftlichen und historischen Überlegungen ihre gemeinsamen Wurzeln in der Religion haben.

Abschließende theoretische Gedanken: der Mensch als „animal ambitiosum"

Freiherr von Knigge schreibt in seinem Buch „Umgang mit Menschen": „Es ist mir äußerst zuwider, zu sehn, wie manche unsrer armseligen neuern Schriftsteller es sich zum Geschäfte machen, auf die höheren Stände zu schimpfen" (Knigge, 1788, S.237).

Knigge, der sich in sehr kritischer Weise mit den hohen Herren beschäftigt, mißbilligt jedoch jene Autoren, die über Adelige, wohlhabende Geschäftsmenschen und andere „feine Leute" abschätzig und offenbar böswillig berichten. Denn ein solches Vorgehen ist wohl mit einer gehörigen Portion Neid und dem Drang verknüpft, selbst ähnlich vornehm zu leben, wie diejenigen, die man angreift. Bezeichnenderweise übernehmen Rebellen und politische Gruppen, die ein Machtsystem bekämpfen, für gewöhnlich nicht nur dessen Besitz, sondern auch dessen heilige Räume und noble Symbole. Denn mit dem Menschen und seinem täglichen Handeln ist wesentlich das Streben verknüpft, vor anderen Individuen als vornehm und würdig zu erscheinen. Dies zeigt sich in allen Kulturen und Gruppen und ist — dies vorzuführen, war meine Absicht — mit dem Menschsein schlechthin verbunden.

Die Verhaltensforschung kennt beim Tier wohl eine Art „Imponiergehabe"; ein solches „tierisches Imponiergehabe" hat jedoch mit dem menschlichen Drang nach Noblesse wenig zu tun, denn der Mensch setzt bewußt (!) — historisch wandelbare — Symbole und Rituale ein, wie ich einleitend diskutiert habe. Mit meinen Beschreibungen und kulturanthropologischen bzw. kultursoziologischen Überlegungen wollte ich deutlich machen, daß Menschen — vom Aristokraten bis „hinunter" zum Ganoven — viel Mühe auf sich nehmen und viele „Tricks" einsetzen, um die Heiligkeit und Vornehmheit ihrer Personen der Welt zu verkünden. Mit dieser Studie gehe ich über Veblens Überlegungen in seinem Buch „Theorie der feinen Leute" hinaus, da ich meine, daß es „feine Leute" in allen sozialen Bereichen und „Schichten“ gibt. Und es sind nicht bloß der „demonstrative Konsum“ oder der „demonstrative Müßiggang“, wie Veblen meint, die den noblen Menschen ausmachen. Es gibt daneben noch ein Vielzahl von anderen Symbolen und Ritualen der Vornehmheit, die, wie wir sahen, mehr oder weniger feierlich erzeugt und tradiert werden.

Der feine Mensch hält sich nicht an die Einordnung, die der Soziologe für ihn vorgesehen haben mag. Der würdige obdachlose Nichtseßhafte, der Sandler, tritt in vornehme Distanz zu seinen Kollegen, die sich am Wirtshaustisch an keine Disziplin halten. Und der noble Bürger deutet durch Geld und Schloß an, daß er eigentlich zu den Aristokraten gezählt werden möchte. Manche Soziologen sprechen von solchen Gruppen, an denen sich der sozial Tieferstehende orientiert, die er nachäfft oder deren Perspektiven er übernimmt, als den „Bezugsgruppen“. Dieser Terminus drückt jedoch zu abstrakt und zu wenig deutlich aus, worauf es mir ankommt, nämlich, daß Menschen andern zeigen wollen, sie seien die „besseren“, „würdigeren“ und „edleren“ Menschen. Man orientiert sich ja nicht nur an einer Gruppe, sondern an mehreren. Und schließlich — dies erscheint mir vor allem wichtig — entwickeln Menschen unabhängig von irgendwelchen Gruppen Strategien, um die eigene Person geheiligt zu sehen und sich von angeblich weniger vornehmen Individuen symbolisch zu distanzieren. Allerdings faszinieren traditionell in allen Kulturen feine Menschen als Häuptlinge, Edle, Kriegsführer, Priesterkönige, räuberische Ritter, Fürsten und ganz allgemein als Aristokraten. Ebenso gilt heute noch — trotz Demokratie und Republik — nobles adeliges Leben als attraktiv.

Dennoch möchte ich von Adeligen und anderen feinen Leuten nicht bloß als „Bezugsgruppe“ sprechen. Sie verfügen über Instrumentarien, wie ein bestimmtes Benehmen, Schloß, Grund und Wald, noble Kleidung und andere Symbole und Rituale, welche man nachahmen und mit welchen man trefflich die Vornehmheit der eigenen heiligen Person zelebrieren kann. Und schließlich fasziniert die Außeralltäglichkeit der noblen Leute, unter die sich auch vornehme Ganoven mischen.

Interessant ist eine bemerkenswerte Hofierung des alten Adels und des alten Kaiserhauses. Solche Bemühungen stehen in einem merkwürdigen Gegensatz zu den Grundsätzen, auf denen die moderne Republik aufbaut, nach denen Vorrechte der Geburt, des Geschlechts, des Standes, der Klasse und des Bekenntnisses ausgeschlossen sind. Leute mit (ererbtem oder erschwindeltem) aristokratischem Namen genießen einige Vorteile und je mehr Zeit seit dem Ende der Monarchie vergeht, um so mehr wird das Schicksal der Kaiserfamilie — ein wichtiges Symbol der Vornehmheit — verklärt und mystifiziert.
Bücher über den Kaiser und seine Verwandten sind ein großes Geschäft. Fremdenverkehrsunternehmen machen viel Geld mit Führungen nach Mayerling in der Nähe Wiens, wo sich der letzte Kronprinz mit seiner Geliebten erschossen hat. Mit tiefer Ergriffenheit beobachten republikanische Bürger die Zeremonien anläßlich der Beisetzung „Ihrer Majestät, der letzten österreichischen Kaiserin". Fernsehstationen aus aller Welt berichten von diesem monarchistischen Ereignis in einer Zeit, in der es die Monarchie in Österreich schon lange nicht mehr gibt. Kirchliche Würdenträger, Mitglieder der europäischen Aristokratie, politische Exzellenzen, Kutschen, Pferde, Polizisten und Lakaien jeder Art verkünden vom Gottesgnadentum der Dahingeschiedenen. Man bestaunt die Prunkbauten der Kaiserzeit und vergißt geflissentlich die ungeheure Armut bedürftiger Menschen in der alten Kaiserstadt. In wohliges Vergessen scheint auch zu geraten, daß Bürger und Arbeiter ihre Freiheitsrechte gegen die Monarchie und den Hochadel erkämpfen mußten.
Moderne Politiker stehen insofern — vor allem was ihre Korrumpierbarkeit ausmacht — in bester aristokratischer Tradition und genießen den Nimbus der Außerordentlichkeit — ähnlich wie die feinen Ganoven.

Vornehmheit bestimmt das Leben in vielfältiger Weise. Die Überlegung, daß Menschen nach Vornehmheit streben, wird auch dadurch bestätigt, daß „Arbeiter" zu sein nicht Sache des „feinen Mannes" ist und die Arbeiterschaft ihrerseits „verbür-

gerlicht" (vgl. Bolte u. Hradil, 1984, S.105). Arbeiter zu sein, bedeutet trotz Sozialdemokratie und alter „Arbeiterkultur" nicht unbedingt etwas Ehrenvolles. Der feine Mann macht sich nicht dreckig, er geht dem körperlichen Einsatz aus dem Weg.
Als Student war ich gezwungen, mir zeitweise Geld als Arbeiter zu verdienen. Mir wurde damals erstmals so richtig bewußt, daß man als „einfacher" Arbeiter gesamtgesellschaftlich kein besonders hohes Ansehen besitzt. Soziologische Studien unterstützen diese Erfahrung (vgl. Bolte und Hradil, 1984, S.103ff). Es ist daher auch verständlich, daß Dinge, die mit dem Wort „Arbeiter" verbunden sind (z. B. „Arbeitersiedlung", „Arbeiterzeitung"), an Attraktivität verlieren. Der Arbeiter will seine sozialen Grenzen sprengen und stellt sich bei wachsendem Wohlstand vorrangig durch Symbole, wie das Auto und die Kleidung, als feiner Herr dar.
Es ist bemerkenswert, daß es grundsätzlich Leute aus dem intellektuellen und geruhsamen Bürgertum sind, die in einem romantisierenden Überschwang bisweilen den Stand des Arbeiters literarisch und in Liedern verklären. Der typische Arbeiter, der nobel sein will und zum Vagabunden und fahrendem Volk einen vornehmen Abstand einhält, macht bei dieser Stilisierung nicht mit.
Die moderne „Überflußgesellschaft" und die Industrie schaffen und brauchen verstärkt Menschen, die Gefallen an der feinen Welt und ihren Symbolen haben. Fernsehserien über das Leben reicher und vornehmer Leute in Europa und den USA sind ein gutes Geschäft für die Produzenten und faszinieren die Zuschauer allabendlich.

Um die feinen Leute wissenschaftlich einzuordnen, verwenden Soziologen — aber nicht nur sie — verschiedene Begriffe. Einer ist der der „Elite", aber keineswegs wurde mit ihm befriedigend die gesellschaftliche Gliederung (oder was man für diese hält) erfaßt. Der Soziologe Dreitzel definiert zum Beispiel „Elite" so: „Eine Elite bilden diejenigen Inhaber der Spitzenpositionen in einer Gruppe, Organisation oder Institution, die auf Grund einer sich wesentlich an dem (persönlichen) Leistungswissen orientierenden Auslese in diese Position gelangt sind und die kraft ihrer Positions-Rolle die Macht oder den Einfluß haben, über ihre Gruppenbelange hinaus zur Erhaltung oder Veränderung der Sozialstruktur und der sie tragenden Normen unmittelbar beizutragen, oder die auf Grund ihres Prestiges eine Vorbildrolle spielen können, die über ihre Gruppe hinaus das Verhalten anderer normativ mitbestimmt" (Dreitzel, 1962, S.71).

Dieser Elite-Begriff, wie ihn Dreitzel formuliert, ist genauso starr wie der der „sozialen Schicht", denn hier wird so getan, als ob eine bestimmte Gruppe alleine genügend Macht besitzt, die „Sozialstruktur" zu verändern. Tatsächlich, dies ist historisch und soziologisch leicht darzutun, sind es oft Menschen, die keinen Zugang zur Macht haben und die man als Unterdrückte bezeichnen kann — wie die Bauern des 16. Jahrhunderts, die Arbeiter des vorigen Jahrhunderts, hungernde Künstler, verwegene Literaten und andere aufrührerische Geister —, die gesellschaftliche Zustände mehr oder weniger rabiat zu ändern vermögen. Auch sie können, sogar für Angehörige „oberer Schichten", zum Vorbild werden. So hatte für das liberale Bürgertum der deutschen Romantik der herumziehende, aber „freie" Vagabund, den man gewiß nicht zur „Elite" zählen kann, eine größere Vorbildwirkung als der feine Aristokrat. Dies zeigt sich beispielhaft in den Liedern über fahrendes Volk, die durchwegs von „braven" Bürgern gedichtet wurden (vgl. das 1858 in Lahr herausgegebene „Allgemeine Deutsche Kommersbuch").

Ein anderer Elitebegriff zielt auf die von bestimmten Menschen für die gesamte Gesellschaft erbrachten Leistungen ab. Pareto will anhand dieses Kriteriums Eliten identifizieren. Endruweit wendet zu Paretos Überlegungen ein, daß er „bestenfalls Brancheneliten ermittelt" (Endruweit, 1978, S.38f). Pareto gliedert zwar in herrschende und nichtherrschende Gesamteliten, jedoch geht er kaum darauf ein, wie innerhalb bestimmter Gruppen es einzelne schaffen, durch bestimmte Formen der Würde, wie ich sie oben gezeigt habe, sich über andere zu stellen usw.

Auch die anderen Elitebegriffe, wie die der Machtelite, der Wertelite und der Positionselite, sind für meine Gedanken nicht sehr

brauchbar. Endruweit meint übrigens, daß der Elitebegriff in der Soziologie noch ziemlich uneinheitlich sei: „Eine Einigung ist noch nicht absehbar“ (Endruweit, 1978, S.35).
Die Wirklichkeit ist in ihrer Buntheit kompliziert, denn der Mensch trachtet danach, sich von den angeblich weniger würdigen Individuen durch bestimmte vornehme Symbole zu distanzieren. Er sucht nach Außeralltäglichkeit. Er will seine Person geheiligt und über andere erhoben sehen, sogar und vor allem in fatalen Situationen. Durch die Vornehmheit erhält der Mensch also eine besondere Qualität, sie verkündet der Umwelt, der noble Mensch ist in einer gewissen Weise „besser“, „gescheiter“ oder eben „eleganter“ als andere. Er weiß Situationen zu meistern und zelebriert Würde in unangenehmen Situationen.

Eine derartige Vornehmheit „feiner Leute“ findet sich, wie gesagt, in allen sozialen Bereichen. In diesem Sinn gibt es also keine „feinen Unterschiede“ zwischen den sozialen Schichten, wie Bourdieu meint, denn die Menschen als potentiell „feine Leute“ lassen sich keiner „Schicht“ zuordnen, sie verweigern sich sogar erfolgreich dem einordnenden und typisierenden Soziologen. Der Begriff der „sozialen Schicht“ (oder der „sozialen Klasse“) ist somit genauso wie der der „Elite“ fragwürdig, zumal es sich bei beiden um von Soziologen geschaffene Konstrukte handelt, die nicht geeignet sind, eine gesellschaftliche Wirklichkeit ähnlich objektiv abzubilden, wie dies z. B. einer geologischen Karte über die Formationen der Alpen gelingt.
Ich stelle somit die übliche Schichtungstheorie der Soziologie in Frage. Und tatsächlich ist es ein Problem für die Soziologen, Kriterien zu finden, anhand derer soziale Schichten sinnvoll beschrieben werden können. Gewöhnlich sind es das Einkommen, die Ausbildung und ein paar weitere Indikatoren, die hier herangezogen werden. Doch sie genügen nicht, die ganze Buntheit der gesellschaftlichen Schichtungen festzuhalten. Die Wirklichkeit ist zu kompliziert.
Denn der Mensch trägt in sich das Verlangen — und setzt dafür alle seine Raffinesse ein —, sich über „seine“ und manchmal

auch alle anderen „Schichten“ zu erheben. Er will vornehm sein, er will sich als Mensch geachtet und verehrt sehen. Menschliche Kultur ist ohne Symbole und vor allem ohne das Streben nach Vornehmheit nicht denkbar. In diesem Sinne ist der Mensch ein „animal ambitiosum“.

Literatur

Adlersfeld-Ballestrem, E. v. (um 1890): Der gute Ton und die feine Sitte; Leipzig, o. J.

Avé-Lallemant, F. C. B. (1858): Das deutsche Gaunertum, Teil 1 und 2; Wiesbaden.

Becker, H. (1958): Außenseiter; Frankfurt a. M.

Becker (1804): Actenmäßige Geschichte der Räuberbanden an den beyden Ufern des Rheins; Cöln.

Berger, P. L. und Berger, B. (1976): Wir und die Gesellschaft; Hamburg.

Bibl, V. (1940): Ironie im Weltgeschehen; Wien.

Bolte, K. und Hradil, S. (1984): Soziale Ungleichheit; Opladen.

Bourdieu, P. (1987): Die feinen Unterschiede; Frankfurt a. M.

Breier, E. (1861): Die beiden Grasl; Wien.

Brusten, M. und Hohmeier, J. (1975): Stigmatisierung; Bd. 1; Neuwied.

Cassirer, E. (1923-1929): Philosophie der symbolischen Formen, 3 Bde.; Berlin.

Cepek, G. (1987): Die Hierarchisierung und Disziplinierung des Raumes — Untersuchung zur Konzeption und Wahrnehmung des Raumes im Zeitalter des höfischen Absolutismus; (unveröff. Seminararbeit), Wien.

Dincklage, Freiherr von F. (1980): Waidmannsbrauch und Jägerart; Berlin.

Dopsch, H. (1980): Der österreichische Adel, in: Zöllner, E. (Hg.): Österreichs Sozialstrukturen in historischer Sicht; Wien, S.25ff.

Draskovich, K. (1971): Adeliges Landleben, in: Siegert, H. (Hg.): Adel in Österreich; Wien.

Dreitzel, H. P. (1962): Elitebegriff und Sozialstruktur; Stuttgart.

Dufour, P. (um 1900): Geschichte der Prostitution; Berlin.

Eberhardt, F. (um 1890): Der gute Ton in allen Lebenslagen; Leipzig, o. J.

Eberhardt, F. (um 1900): Der gute Ton. Ein Handbuch für den Verkehr in der Familie, in der Gesellschaft und im öffentlichen Leben, 15. Aufl.; Leipzig, o. J.
Eberhardt, F. (1919): Der gute Ton in allen Lebenslagen; 19. Aufl., Leipzig.
Endruweit, G. (1978): Elitebegriff in der Sozialwissenschaft, in: Zeitschrift für Politikwissenschaft, S.30ff.
Franke, M. (1984): Schinderhannes; Düsseldorf.
Girtler, R. (1979): Kulturanthropologie; München.
Girtler, R. (1980): Vagabunden der Großstadt; Stuttgart.
Girtler, R. (1983): Der Adler und die drei Punkte; Wien.
Girtler, R. (1984): Methoden der qualitativen Sozialforschung; Wien.
Girtler, R. (1985): Der Strich — Das Geschäft mit der Sexualität; Wien u. 1987, München.
Girtler, R. (1987): Aschenlauge; Linz.
Girtler, R. (1988): Wilderer; Linz.
Goffman, E. (1981): Asyle; Frankfurt.
Grumbeck, M., Reischl, I. und Reischmann, H. (1987): Die Kultur der neuen Eliten; (unveröff. Seminararbeit); Wien.
Harnischmacher, R. und Müther, J. (1987): Die Mafia in den Vereinigten Staaten, In: Der Kriminalbeamte, Oktober-Heft; Wien.
Homer, Ilias, (deutsch von J. H. Voss); Berlin; o. J.
Janisch, P. (1981): Gehst mir aufs Leben, Schütz? Wildererkämpfe und Jägermorde in den österreichischen Alpen; Lauffen b. Bad Ischl.
Johansen, U. (1983): Grundmuster des Wohn- und Empfangsraumes in Orient und Okzident, in: Ethnologie und Geschichte. Festschrift für Karl Jettmar; Wiesbaden, S.331ff.
Kisch, E.E. (1980a): Abenteuer in Prag; Berlin, DDR.
Kisch, E.E. (1980b): Aus Prager Gassen und Nächten; Berlin, DDR.
Kläger, E. (1908): Durch die Wiener Quartiere des Elends und Verbrechens; Wien.
Klein, C. (um 1900): Wie soll man sich benehmen? Ein Buch über den guten Ton; Leipzig, o. J.

Knigge, A. Freiherr v. (1788): Umgang mit Menschen, Ausgabe von 1929; Leipzig.

Köhler, B. (um 1910): Allgemeine Trachtenkunde, Teil 6, o. J.; Leipzig.

König, R. (1971): Macht und Reiz der Mode; Düsseldorf.

Kopecny, A. (1980): Fahrende und Vagabunden; Berlin.

Kovacs, E. (1983): Der Papst in Deutschland; Wien.

Leip, H. (1977): Bordbuch des Satans; Herford.

Leisching, P. (1987): Die Nobilitierung des Malers und Galeriedirektors August Schaffer von Wienwald, in: Adler, Heft 7, 1987.

Levi-Strauss, C. (1972): Rasse und Geschichte; Frankfurt a. M.

Lindesmith, A. R. und Strauss, A. L. (1974): Symbolische Bedingungen der Sozialisation, Bd. 1.; Düsseldorf.

Lipp, W. (1975): Selbststigmatisierung, in: M. Brusten und W. Hohmeier (Hg.): Stigmatisierung, 1. Bd.; Berlin.

Lipp, W. (1985): Stigma und Charisma; Berlin.

Malinowski, B. (1922): The Argonauts of the Western Pacific; London.

Margutti, A. v. (1921): Vom alten Kaiser; Wien.

Mauss, M. (1968): Die Gabe; Frankfurt a. M., Original: Essai sur le Don; Paris 1950.

Mead, G. H. (1968): Geist, Identität und Gesellschaft; Frankfurt a. M.

Merton, R. (1957): Social Theory and Social Structure; New York.

Müller, J. (1988). Die militärische Trauerfeier, in: Der österreichische Bestatter; Feb. 1988; Wien.

Müller-Staats, D. (1987): Klagen über Dienstboten; Frankfurt a. M.

Musto, S. (1984): Soll man heute Soziologie studieren?, in: Soziologie (Hg. Deutsche Gesellschaft für Soziologie); Stuttgart.

Neumüller, W. (1976): Kremsmünster am Rande der Weltgeschichte, in: Kremsmünster. 1200 Jahre Benediktinerstift; Linz, S.51ff.

Nieberl, F. (1909): Klettern im Fels; München.

Pichler, K. (1844): Denkwürdigkeiten aus meinem Leben; Wien.

Pichler, K. (1859): Der schwarze Fritz; Wien.

Puzo, M. (1969): Der Pate; Wien.

Radcliffe-Brown, M. (1922): The Andaman Islanders; Cambridge.

Reden, A. v. (1984): Österreich-Ungarn; Salzburg.

Richter, K. G. (1790): Über Gesinde, Gesindeordnung und deren Verbesserung; Berlin.

Ristow, G. (1909): Ehrenkodex; Wien.

Schade, O. (1856); Über Jünglingsweihen, in: Weimarisches Jahrbuch, Bd. 4, Heft 2; Weimar, S. 291ff.

Schäffer, G. J. (1793): Abriß des Gauner- und Bettelwesens in Schwaben — nach Akten und anderen sicheren Quellen; Stuttgart.

Schelsky; H. (1975): Die Arbeit tun die anderen — Klassenkampf und Priesterherrschaft der Intellektuellen; Opladen.

Schröder, B. (1927): Sport im Altertum; Berlin.

Simmel, G. (1907): Philosophie des Geldes; Berlin.

Sombart, W. (1986): Liebe, Luxus und Kapitalismus; Berlin.

Stagl, J. (1988): Die Ehre des Wissenschaftlers. In: Soziologie der Ehre; Hagen.

Steiger, G. (1967): Aufbruch — Urburschenschaft und Wartburgfest; Jena.

Stillich, O. (1902): Die Lage der weiblichen Dienstboten in Berlin; Bern.

Stölting, E. (1983): Mafia als Methode; Stuttgart.

Stölting, E. (1987): Mafia-Faszination. Würde im historischen und literarischen Diskurs, in: H. Harth und T. Heydenreich; Sizilien — Geschichte, Kultur, Aktualität; Tübingen.

Thamer, H.-U. (1988): Faszination und Manipulation — Die Nürnberger Reichsparteitage der NSDAP, in: U. Schulz (Hg.): Das Fest; München, S.352ff.

Titulaturen — sowie Anleitungen zum schriftlichen Verkehr in Rechtsangelegenheiten; (Miniatur Bibliothek Nr. 16); Leipzig, o. J. (um 1900).

Treiber, H. (1986): Obertanen, Gesellschaftsklatsch — ein Zugang zur geschlossenen Gesellschaft der Prestige-Oberschicht, in: Journal für Sozialforschung, 26. Jg., Heft 2, S.140ff.

Vagantendichtung (1984), hg. und übersetzt von K. Langosch; Leipzig.

Veblen, T. (1986): Theorie der feinen Leute; Frankfurt. Original: The Theory of the Leisure Class, 1899.

Vocelka-Zeidler, S. (1986): Die Trauerfeierlichkeiten für Feldmarschall Radetzky im Jänner 1858, in: Schloß Wetzdorf — Parkfrieder, Radetzky, Wimpffen; Wetzdorf.

Vowinckel, G. (1983): Von politischen Köpfen und schönen Seelen; Weinheim.

Waldow, M. (1980): Frühaufsteher mit Frack und Pistole; Düsseldorf.

Wandruszka, A. (1971): Die „zweite Gesellschaft" der Donaumonarchie, in: Adel in Österreich; Wien, S. 56ff.

Weber, M. (1922): Wirtschaft und Gesellschaft; Frankfurt.

Weissensteiner, F. (1987): Die rote Erzherzogin; Wien.

Wildt, D. (1963): Kölner Stadtanzeiger.

Würzberg, G. (1987): Muskelmänner — In den Maschinenhallen der neuen Körperkultur; Reinbek.

Wurzbach, C. v. (1887): Biographisches Lexikon des Kaiserthums Österreich; 36 Teile, Wien.

Zdarsky, M. (1910): Alpine Schifahrtechnik, in: Der Schnee; Mai-Heft 1910; Wien.

Zur Geschichte des Bestattungswesens in Wien (1982); Wien.

S. 17

Von Roland Girtler sind folgende Bücher erschienen:

Aschenlauge
Bergbauernleben im Wandel
304 Seiten, geb.
ISBN 3-85214-486-8

Aufbauend auf Erzählungen von ehemaligen Mägden, Knechten, Bauern und Handwerkern wird das bergbäuerliche Leben und seine sozialen und kulturellen Veränderungen nachgezeichnet.

Wilderer
Soziale Rebellen im Konflikt mit Jagdherren
336 Seiten, geb.
ISBN 3-85214-500-7

Die »klassische« Lebenswelt des Wilderers wird durch Interviews mit ehemaligen Wilderern und Jägern rekonstruiert.

Über die Grenzen
Ein Kulturwissenschaftler auf dem Fahrrad
208 Seiten, geb.
ISBN 3-85329-869-9

16 Tage unterwegs mit dem Fahrrad regen zu Überlegungen über Begrenzungen an, über Menschen und ihre vielfältigen Versuche, solche zu überwinden.

Verbannt und vergessen
Eine untergehende deutschsprachige Kultur in Rumänien
208 Seiten, geb.
ISBN 3-85329-978-4

Die intensive Beschäftigung mit der Kultur der Landler in Rumänien mit der Absicht die bäuerliche Kultur zu studieren, bevor sie endgültig verschwindet.

Schmuggler
Von Grenzen und ihren Überwindern
440 Seiten, geb.
ISBN 3-85329-991-1

Es geht um kleine Gauner, große Kokainbarone, Spitzel, Geldwäscher und Schwarzhändler, deren Dasein der Kulturwissenschaftler lebendig, humorvoll und detailreich schildert.